主编简介

谢德运 男,生于1938年1月18日,汉族,蒲城县桥陵镇谢家村人,大专学历,高级教师,1958年参加教育工作,1976年加入中国共产党,1990年参加了北京师范大学全国教育史志研修班学习,颁发有结业证书。1986年负责主编《蒲城县教育志》工作,2015年编纂出版发行,2016年特邀编纂《蒲城县第三高级中学校志》,但任主编。2018年被陕西省教育厅《教育志》编委会评为"陕西省首届修志专家"称号。曾多次荣获县级先进,多篇论文曾获省市级奖励。

魏伯余 男,生于1956年6月,汉族,蒲城县紫荆街道祥塬村人,中共党员,大专学历,高级教师。1980年12月参加教育工作,长期工作在一线,2010年9月但任《蒲城教育报》编辑并参与《蒲城县教育志》的编撰工作,任副主编,2012年参加省教育志培训班学习,2000年荣获蒲城县"夸世纪有突出贡献先进人物"奖;2015年获"渭南市《教育志》编纂工作先进个人";2016年被邀参与主编《第三高级中学校志》的编纂工作;2018年被陕西省教育厅授予"陕西省首届《教育志》修志专家"称号。曾有论文《浅谈语文课堂教学的和谐美》获2004年市教育学会优秀论文一等奖;《确立工具性与人文性并举的语文教学思路》在市刊《教育研究》2008第6期发表;《打破传统的教学模式,开辟语文教学新天地》获2008年省"学习科学研究教育教学"二等奖。

Pu Cheng Xian Di San Gao Ji Zhong Xue Xiao Zhi

蒲城县第三高级中学校志

谢德运　魏伯余◎主编

线装书局

图书在版编目（CIP）数据

蒲城县第三高级中学校志／谢德远,魏伯余主编.
—北京:线装书局,2019.6
ISBN 978－7－5120－3693－2

Ⅰ.①蒲… Ⅱ.①谢…②魏… Ⅲ.①蒲城县第三高
级中学—校史—2010－2018 Ⅳ.①G639.284.14

中国版本图书馆 CIP 数据核字（2019）第 112009 号

蒲城县第三高级中学校志

主　　编:谢德远　魏伯余

责任编辑:姚　欣

出版发行:线 装 書 局

　　　　地　　址:北京市丰台区方庄日月天地大厦 B 座 17 层(100078)

　　　　电　　话:010－58077126(发行部)　010－58076938(总编室)

　　　　网　　址:www.zgxzsj.com

经　　销:新华书店

印　　制:三河市华东印刷有限公司

开　　本:880mm×1230mm　　1/16

印　　张:23.5

字　　数:564 千字

版　　次:2019 年 6 月第 1 版第 1 次印刷

定　　价:120.00 元

线装书局官方微信

蒲城县第三高级中学校志编纂委员会

主　任：苏耀锋

顾　问：澹台典谱　张化林

副主任：陈　娟　梁双纪　姜新民　董　洁　曹育红
　　　　刘海林　蒋宏杰

策　划：王少峰　王东升

委　员：张月宾　刘小利　张　涛　王　军　杨　蕾
　　　　张天龙　万永强　姚建军　范志刚　张海潮
　　　　曹东峰　侯胜斌　李　莹

《校志》编撰工作办公室

主　任：陈　娟

主　编：谢德运（2016.10—2017.07）　魏伯余（2017.07—今）

副主编：魏伯余（2016.10—2017.07）　王正杰（2017.07—今）

编　辑：张　涛　马建义　李华平　王东周　李　芳
　　　　李华丽　樊云芳　程红茹

凡 例

一、《蒲城县第三高级中学校志》的编撰,以党的十八大和十九大精神为指导,遵循党的教育方针和国家有关指示,客观地记述了八年以来学校的办学历程。力求突出学校的主要做法和经验,达到思想性、科学性与史料性的统一。

二、校志的编撰,坚持"实事求是、翔实记载、述而不评、体现特色"的原则,依据原始资料记载,理清顺序,按章节目记述。

三、校志依据编排体例,分为图片、序言、凡例、综述、十二章、大事记、编后记、附录共22部分,做到志书记述的"横不断块,竖不断线"。

四、校志的时限:上限2010年7月,下限2018年9月,历时八年。

五、校志的表达采用传统体裁,以志为主,记、传、录并用,图、表穿插其中。大事记以编年体为主,编年与记事本末结合。

六、全书数字用法、计量单位,一律以1995年12月国家技术监督局公布的《中华人民共和国法定计量单位》中的规定为准。

七、人物称谓直呼其名,坚持生不立传的原则,人物简介、表录,以发生的时间先后为序。

八、校志资料,主要来源于蒲城县教育局档案室档案,《蒲城县教育志》,学校各部室、档案室纸质、电子档案。

序　一

为即将付印的《蒲城县第三高级中学校志》作序,我很高兴,欣然应允。

蒲城县第三高级中学原址初为蒲城县师范学校,后为渭南地区蒲城师范学校、陕西省蒲城师范学校、渭南职业技术学院蒲城校区。从1959年7月蒲城县师范学校建立,至2010年7月交办蒲城县第三高级中学,历时51年。先后为渭南地区培养出大批中小学教师、职业技术人员,学校被誉为"渭北教师摇篮""职工摇篮",其中部分学员成为各级领导干部,为中小学教育事业、职工教育做出了优异的成绩。我也是陕西省蒲城师范学校的毕业生,自然和校园有着深厚的感情。三中在此建校以来,教育教学成果连年攀升。我相信,立足于这片沃土,三中明天会更加美好。

历史是一段不能忘却的记忆,是一笔弥足珍贵的精神财富。盛世修志,乃千秋大业。三中校志是继《蒲城县教育志》出版后编撰的第一部中学校志,是地方志的一种、教育志的一部分,为全县校志的编撰工作带了个好头,起到了示范引领作用,可庆可贺!

编修校志,是一项浩繁的工程,又是一件琐碎的工作。据悉,三中领导敢于担当,决心大,有毅力,亲自抓,为校志编撰创造条件,为编撰人员排忧解难,历时两年,编写出22万字的校志稿,这其中浸透着大家的汗水,包含着大家的智慧和心血,真是来之不易!

纵览校志,能用翔实的资料、图文并茂的版面、规范化的志体结构、规范化的行文规则,如实地记述了建校八年来各项工作的发展历程。校志突出反映了学校先进的办学理念、创新的管理模式、高效廉洁的领导班子作风、朝气蓬勃的教师队伍、高效的课堂教学、精细化的服务、全新的校园风采、丰硕的业绩,值得为之点赞。其做法和经验,值得推广。

通览校志,体例完整,做到横排竖写,横不缺块,竖不断线。革故鼎新,与时俱进,体现了学校特色,是一部完整的校志样本,值得借鉴。

我县是教育大县,教育源远流长,自古称盛,闻名于世。有创建百余年的完全小学,有创建七八十年的中学。改革开放以来,有创建的标准化示范性幼儿园、小学、中学和职业学校,均应该编写校志,以完成盛世修志的任务。这是历史赋予的任务,我们应该填补这个历史空白。

编纂校志,是学校发展史上的一件大事,亦是校园文化建设的一个重要部分。各校领导要有为历史负责的精神,编写出符合学校特色的校志。以志为鉴,可为学校领导提供重要的史料,为教师了解学校的历史、现状和研究教育教学提供科学依据,为对学生进行爱国主义教育、革命传统教育提供生动鲜活的历史教材,必将对学校今后的科学发展产生很大的推动作用。

蒲城县教育局局长　庞建军

2018年9月

序 二

编纂校志是学校文化建设的重要工作,是学校发展史上的一件大事。《蒲城县第三高级中学校志》本着实事求是的原则,以通俗易懂的文字,客观记录了学校在党建行政、教育教学、后勤保障、改革创新、名校创建等方面的工作,真实反映了三中自2010年建校以来的发展变化历程,足以达到溯本求源,启迪后人的目的。

在县委、县政府的亲切关怀和教育局的大力支持下,蒲城三中领导班子带领全体教职员工,团结一致,齐心协力,付出巨大心血,克服无数困难,培养了一批批德正学优的高中毕业生,得到了上级的肯定、社会的认可、家长的好评、同行的尊重。

近年来,学校以党的十八大、十九大精神为指导,准确把握教育事业发展的新形势,以立德树人为根本任务,确立了"科学、民主、人文"的管理思路,不断改革和优化内部管理,以"三注重、两侧重"(注重态度、能力、实绩,侧重班主任、一线教师)为出发点,完成了"岗位聘任、绩效考核、鼓励激励"三位一体的制度建设,充分激发和调动了教职工的工作积极性。

学校注重校园文化建设,以社会主义核心价值观为引领,以培养具有核心素养的学生为目标,结合蒲城的历史人文,凝练成了"贤相仰止、君子行止"的校园文化主题,丰富了学校的办学内涵,提升了学校的文化品位。

学校一贯重视师德师风建设和教师专业成长。经过多年的锤炼,打造了一支具有教育情怀和仁爱之心、在专业上善于钻研和精益求精、用人格魅力和人生经历感染学生的教师团队,涌现出一大批名师和骨干教师,大大提高了学校的教育水平。

建校八年来,学校获得了"全国和谐校园先进学校""陕西省标准化高中""陕西省德育工作先进集体""陕西省平安校园"及渭南市九项"示范校""蒲城名校"等殊荣,已成为享誉东秦大地的一颗明珠。

值校志付梓之际,百感交集。学校之成绩,已成既往;未来之辉煌,犹待奋蹄。愿我校同仁,再接再厉,实现师生的成功和幸福,书写持续飞跃的华美篇章!

蒲城县第三高级中学校长 苏耀锋

2018年9月

目 录
CONTENTS

综　述

　　蒲城县第三高级中学(简称三中)位于尧山街东段迎宾路十字东侧,坐北向南46号,原址为陕西省蒲城师范学校。创建于1959年7月,初名蒲城县师范学校。1974年8月由渭南地区接管,校名为渭南地区蒲城师范学校。1983年,学校被陕西省教育厅命名为"陕西省蒲城师范学校",受陕西省教育厅和渭南地区教育局双重领导。后改办为"渭南职业技术学院蒲城校区"。2010年5月,渭南职业技术学院和蒲城县人民政府签订移交协议。7月,由蒲城县教育局接收,在原校基础上改建为蒲城县第三高级中学,现在是一所全日制公办高中,属省级标准化中学。2017年6月18日,根据教育局《关于进一步做好对全县高中进行资源整合的实施方案》精神,顺利平稳地接收党睦中学、罕井中学新并入学生。

2010.07—2011.07

　　一年来,学校领导团结和带领学校一班人,紧紧依靠全体教职工,积极推进规范管理、高效管理、精细管理,坚持以"注重学校内涵发展、注重教师专业发展、注重学生全面发展"的思路,深化素质教育,提升学校特色建设水平,促进学校优质协调发展,各项工作初见成效,得到各级领导充分肯定和社会各界普遍认可。2010年9月开学至2011年7月,一名教师获省级奖励,两名教师获市级奖励,九名教师获县级奖励,四十名教师获学校奖励。2011年被陕西省教育厅评为"德育工作先进集体",被蒲城县教育局评为"和谐校园",学校党支部被教育局党委评为"先进党支部",高中学生篮球运动会被评为"道德风尚奖"。2011年12月,学校通过了省级标准化高中验收。

2011.07—2012.07

　　一年来,在县委县、政府和教育局领导下,蒲城县第三高级中学以科学发展观为指导,围绕提高教育质量这一中心,积极推进规范管理,关心师生健康发展,突出课堂教学改革、师生德育与行为规范、学生才艺培养三个重点,积极创建文化校园、廉洁校园、平安校园、特色校园。教育教学工作成绩突出,其中三名教师获省级奖励,六名教师获市级奖励,十九名教师获县级奖励,六十名教师获学校奖励。2012年学校被评为国家级"国家和谐校园先进集体""陕西省平安校园",在蒲城县第六届中学生田径运动会上,获团体总分第三名、男子团体总分第二名的好成绩。

2012.07—2013.07

本学年,在各级领导的关怀和指导下,经学校全体师生的共同努力,各项工作顺利开展,取得了骄人的成绩。2013年首届高考初战告捷,成绩喜人。应届二本上线人数170人,其中,一本上线45人,创蒲城县普通高中应届二本上线人数历史之最,真正实现了三中高考质量新跨越的目标,为学校增添了光彩。一年来学校先后被评为"陕西省德育工作先进集体""渭南市平安校园""渭南市校园文化建设示范校""渭南市学生资助标准化学校";蒲城县"十佳法制校园";陕西省第十届"星星火炬"青少年舞蹈比赛高中组金奖;三名学生获得全国奥林匹克生物竞赛二等奖;学生何丽倩诗朗诵《地球,我的母亲》荣获陕西省朗诵专业高中组银奖,并被渭南市广播电台聘为特约播音员;在第二届陕西省青少年科技大赛中,许飞、薛宇、张鑫三名学生获二等奖;八十六名学生在全国中学生书信大赛中获奖。

2013.07—2014.07

这学年,在领导班子建设、精细化管理、德育工作、课堂教学改革、校园安全与后勤服务等诸多方面都取得了可喜的成绩。学校高考二本上线达190人,实现了高考质量新跨越的目标。本年度为了更上一个台阶,学校组织教师赴宜川中学、富平曹村中学、西电附中学习参观交流,为学校的高效课堂积累经验。一年来,学校荣获渭南市"教育系统师德先进集体""校园文化建设示范校";蒲城县"2014届高考先进单位""十佳法制校园""2014年中学生篮球运动会高中男子组冠军";学校正在创建的渭南市"平安校园示范校""德育工作示范校""规范办学示范校""教育信息化示范校""艺术教育示范校",已顺利通过专家组评审验收。

2014.07—2015.07

这学年,学校深入开展党的群众路线教育实践活动,围绕全面提高教育质量这个核心,以提高学生的素质为宗旨,注重学生的可持续性发展。秉承"让教师享受终生执教的幸福,给学生锻造一把成功的钥匙"的办学理念和"为学生的终身发展和幸福奠基"的教育理念,坚持育人为本,德育为先的发展原则,抓实抓好学生的规范教育和养成教育;进一步强化教育教研工作的中心地位,坚定不移地提高教育质量,取得了较好的成绩。学校获得了渭南市"师德先进集体""规范办学示范校""德育工作示范校""平安校园示范校""信息化示范校""艺术教育示范校"、蒲城县"教学常规管理先进单位""学校安全工作先进单位""2015届高考工作先进集体""后勤管理服务工作先进单位"、市"中学生篮球运动会道德风尚奖"、蒲城县2015年中学生篮球运动会高中男子组第一名、县"第七届中学生田径运动会开幕式表演优秀奖"等荣誉。

2015.07—2016.07

本学年,学校认真贯彻党的十八大精神,紧扣"追赶超越"和"五个扎实"的要求,深入推进学校精细化管理。以育人为本、德育为先的发展原则,加强党风廉政建设,积极推进民主管理进程,强化学部竞争机制。高效创新德育工作,强化校本研修,实施高效课堂,推进"双高双普"的创建工作。学校教育教学工作成绩喜人。先后荣获渭南市"高效课堂示范校"、蒲城县2016年"中学生篮球运动会高中男子组第一名""第八届教育信息化应用成果优秀组织奖""第七届中学生田径运动会开幕式优秀表演奖""首届微课大赛优秀组织奖""教育信息化先进集体""安全工作先进单位""第三十届青少年创新科技大赛优秀组织奖"等荣誉。2016年高考,学校应届毕业生二本上线206人,突破200人大关,超额完成县下达指标97人,得到社会各界广泛赞誉。

2016.07—2017.07

一年来,三中的办学质量不断提升,学校教育教学工作取得了显著的成绩,受到上级领导的肯定和社会的赞誉。先后取得了"蒲城县高考先进单位""阳光生活优秀展演奖""一师一优课、一课一名师"优秀组织奖、蒲城县第二届"微课大赛"优秀组织奖、2017年度中小学"经典诵读"比赛三等奖、2017年度"德育工作"先进单位、2017年度"责任目标考评"先进单位、2017年度"教育信息化"工作先进单位。董洁、李芳、曹东峰、樊云芳、马卫国、樊雪梅六位老师被评为首批蒲城名师;王军、李宇鹏被评为渭南市教学能手;范志刚获县市两级模范班主任;王宝红、李发民等四十余名教师受到县教育局的表彰奖励。

2017.07—2018.09

在党的十八大、十九大精神的指引下,在县委、县政府的关怀及教育主管部门的正确领导下,加强党员活动阵地建设,严格按照"六有"要求,完善"三会一课"制度,将"两学一做"学习教育常态化、制度化。全体教师凝心聚力,以办人民满意的教育为目标,认真贯彻执行党的基本路线和教育方针,坚持以教学为中心、育人为根本的工作思路,紧张、有序、扎实、高效地开展工作。一年来,在全体师生的共同努力下,我校的办学质量不断提升,教育教学工作取得了显著的成绩,受到上级领导的肯定和社会的赞誉。先后取得了"蒲城名校""蒲城县2018年高考先进单位""当代青年实践活动先进单位""2017年目标责任考核先进单位""教育信息化工作先进单位"、渭南市绿色文明示范工程"绿色学校"、陕西省第十三届青少年儿童书信文化活动渭南赛区"优秀组织单位"等诸多荣誉。李宇鹏老师获得"蒲城县师德标兵",程红茹老师获得"蒲城县先进教师",段磊、张天龙老师获得"渭南市教学能手"。

2010.07—2018.09

2010年7月至2018年9月,蒲城县第三高级中学创建八年来,由初创稚鹏到羽翼丰满,由起步待发到腾空展翅,飞向蓝天,飞往既定航向,矢志不移。这八年,学校各方面工作的主要做法和经验:

一、注重领导班子建设,发挥集体领导作用。

1. 学校创建伊始,就确立了"领导聘任,教师聘用,学部管理,精细服务"的办学原则。学校领导班子成员由校长提议,教育局研究聘任,组建了既有先进办学理念,又有开拓创新精神的领导班子。同时,学校注重领导班子的自身建设,提出依法行政、勤政廉政、提高效率、促进发展。在党的群众路线教育实践活动中,以中央关于改进工作作风的"八项规定"和市委、市政府的"十不准"严格要求,清清白白做官,堂堂正正做人,要求教职工做到的班子成员必须率先垂范,以此作为考核班子成员的主要依据。一支学习型、干事型、服务型、创新型、廉洁型的领导班子队伍已经基本形成。坚持集体领导与个人分工负责相结合的民主集中制原则,履行"一岗双责""纠建并举,标本兼治"的要求,扩大民主,不搞一言堂,形成既统一、又民主,团结协作,各司其职的工作格局。学校领导班子民主制定了各种规章制度,坚持各项工作规范化管理,并不断优化制度管理,营造了"事事有制度、处处讲制度、人人守制度"的良好校园环境。领导班子的工作效率、工作能力已经得到了学校广大师生的一致认可。2015年至2016年度,学校领导班子带头学习"三严三实"教育、教学、管理方面的业务理论,努力构建学习型的领导班子队伍。安排"两学一做"手抄党章活动,认真遵守党风廉政建设的各项规定,实施领导班子考核制度,做到工作上爱岗敬业,业务上务实求精,作风上廉洁自律,有力地推动了学校各项工作的民主管理进程,使学校工作有序、高效推进。2017年,在党总支的总体部署下,开展"十九大精神"进校园系列活动。党员活动阵地按照"六有"要求建设,完善"三会一课"制度,将"两学一做"学习教育常态化、制度化,融入日常工作中。结合十九大精神上党课,鼓励优秀党员大胆创新课堂内容,激发了党员参与的积极性和创造性;党员代表畅谈学习十九大精神体会,撰写心得。开展"十九大精神进课堂"主题研讨会,联系学科教学实际,结合十九大报告热点,分析教学、学情和高考,为学科教学与复习指明了方向。建立健全党务制度,抓好党总支建设工作,打造三中"智慧党建"微信平台,积极参与上级布置的各项网上答题、知识竞赛等活动,增强党性认识,服务党建工作。

2. 在职能明确、分工细化的基础上,加强主动、加强互动、加强统筹、加强和谐。提出领导干部队伍建设的"廉洁自律、民主公正、扎实高效、团结协作、开拓创新"的五项基本要求。坚持理论学习和周例会制度,领导班子成员坐在一起总结每周工作的点点滴滴,集思广益、各抒己见、取长补短,并研究部署下周工作,增强了领导班子的凝聚力和开拓创新精神。

3. 深入教师、深入学生、深入教育教学一线,发现问题、研究问题、解决问题、反馈问题。学校领导坚持每周听课、评课,坚持早查、晚查,与教师共同战斗在教育教学一线上;学校组织的各项活动,事无巨细,领导班子成员都积极参与、开展工作;从学生主题班会的督导、大小考试的巡视、组织听课的包组进班,都做到身先士卒,受到老师们的一致好评。

二、以人为本,狠抓师资队伍建设。

三中成立伊始,就提出让教师享受终生执教的幸福。为此,培养高素质"新型师资队伍",就成为提升办学品位的关键。

1. 创新管理体制。学校教师实行聘用制,所有聘用教师的行政、工资关系保留在原单位,一年一聘,实行优胜劣汰。2014年初,所有教师的行政、工资关系全部调入三中,再未采用一年一聘制。教育教学工作实行学部制管理,将教师和每个年级学生均衡分为两部分,设学部一处和学部二处,形成竞争格局。

2. 强化校本研修,促进教师专业发展。坚持"教研兴校",在改变学生的学习方式和学习习惯的同时,通过新课程的实施,促进教师课程教学能力、课程开发能力、课程创新能力的提高,促进教师的专业成长,保证课堂教学质量。学校成立教研处,强化学校教学研究工作,分学期制订教研计划,以校本教研为主要内容,以课题研究为主要途径,使教师教研意识逐步增强,学术氛围日益浓厚。注重团队合作,充分发挥每个教师的兴趣爱好和个性特长,打破了以往教师备课单兵作战的局面,每一堂课都是教研组集体劳动的结晶,教师在互动、互补、合作中提高了自己实施新课程的能力,将已形成的教育观念顺利地转化成能动的教育教学行为,使教师不断走向成熟。语文组编写的《愉快学对联》,历史组编写的《蒲城历史名人》,已经成为学校的特色校本教材。2013年学校编印了《教师论文集》《课题改编》,创办了校报《起步》等,教研课改蓬勃发展。2015年,学校参与研究渭南市"十二五"教育规划课题,已结题两项。后有市级立项课题4个,县级立项3个;全校各学部各备课组全员参与校本研修,完成阶段性研修课题19项,另有多人论文获得国家、省、市级奖励。2017年,董洁等6名教师获得蒲城县首批名师,学校获蒲城县首批名校。

3. 加强学习、与时俱进。加强学习和宣传,使教师掌握新思想、新理念、新方法,激发其参加培训进修、提高自我的积极性和自觉性,在竞争中焕发生机。学校利用教师会、座谈会、培训会、走出去、请进来等方式,组织学习,宣传教育形势,学习素质教育及课程改革有关理论,学习他人之长,明确高考制度变化,使教师认清形势,形成共识,提升自身的责任意识、参与意识、科研意识和服务意识。同时,以《中小学教师职业道德规范》为主题内容,贯穿师德教育的全过程,认真组织开展党的群众路线教育实践活动、开展"教师职业道德""廉洁从教承诺""教师十不准""学习《公民道德实施纲要》"等一系列师德教育活动。通过活动,内强素质,外树形象。

4. 以活动,促深化。学校每学期进行一次家长"调查问卷"和召开一次家长座谈会活动,形成了学校重师德、教师重师表、学生尊重教师,家长配合学校的良好氛围;召开教师职业道德座谈会和师德经验交流会,引导教师认识师德丰富的内涵,增强职业使命感,提高工作效率;组织教师开展大家访活动,树立教育新理念,探索师德建设新思路,促进了师德教育的不断深化。

5. 积极参与师德教育教学交流,注重示范引领作用。八年来,学校先后选派多名教师参加培训,到知名学校参观学习。省、地、县兄弟学校纷纷前来学校参观,就师德教育、教学管理等方面进行交流,共同提高,取得了显著的效果。

三、彰显特色,注重德育的实效性和针对性。

1. 学校始终坚持把德育工作摆在首要位置,强化学生养成教育,培养其良好的行为习惯。学校设立了德育管理处,成立了以德育管理处主任为组长,各处室主任、团委书记、年级组长、班主任为成员的德育工作领导小组,有效形成了分级管理、全员参与的德育管理网络,对学生的行为养成教育常抓不懈。学校坚持开展了学生一日常规教育,制定了相关的规章制度,在学生日常管理的一言一行上下功夫,关怀学生、服务学生。

2. 实施家校交流无缝链接制度。学校实行教师包联制度,每位教师包联10至15名学生,跟踪管理,采取师生经常谈心交流、定期不定期电话家访、登门家访等措施,拉近了师生之间、家校之间的距离,实现了真正意义上的社会、学校、家庭三结合。2011年5月,学校组织召开了家长会,参会率达百分之百。11月,学校组织教师150余人次,利用双休日深入全体学生家中进行家访,足迹遍布学区各个村镇,真正实现了学校教育与家庭教育的无缝链接。家长教师共同商讨孩子的教育方法和策略,使家校教育形成合力。这种大家访活动,遂形成制度,教育效果良好。

3. 加强校园文化建设。学校以校园物质文化建设为基础,以校园精神文化建设为核心,以校园文化制度建设为保证,以校园文化活动为载体,突出创建之初"聚心智、创新学、育新人"的校园文化核心和党的十九大以来新确立的"贤相仰止、君子行止"学校文化主题。全面优化育人环境,促进学校、教师、学生全面和谐发展。加强学生爱国主义教育、文明礼仪教育和革命传统教育。组建了篮球队、乒乓球队、学科特长班、美术组、舞蹈组、合唱队、广播站、文学社等兴趣小组,定期开展活动,培养学生的兴趣。八年来,先后开展了"校园艺术文化节""师生书画展""我学弟子规"情景剧表演、英语话剧表演、"阳光体操　秀我风采"比赛、"田径运动会""师生冬季越野赛""体操比赛""感恩父母""感恩老师""感恩成长　逐梦未来"毕业典礼、"告别陋习,净化校园"等校园文化活动,丰富了学生的文化生活,营造了良好的学习氛围,为学生学习生活拓展了空间,校园处处洋溢着欢乐和谐的氛围。

4. 利用现代教育技术加强德育管理。从 2013 年度开始,学校积极利用"校园网"开辟师生交流平台,架起师生思想交流、心理疏导的桥梁。越来越多的学生、家长和关心学校发展的人士,通过"校园网"了解学校、提出建议、倾诉困惑。这在一定程度上实现了充分弘扬正气、交流思想和抵制歪风的网络育人功能。

5. 高效创新德育工作。为加强学生养成教育,培养良好学风,强化文明礼貌教育和爱国主义教育,2015—2016 学年,学校先后举办了抗战胜利暨世界反法西斯战争胜利 70 周年纪念活动、中秋节社会实践活动、"三月文明礼貌月"活动、"展自信风貌,为青春添彩"庆元旦学生才艺大赛、以"青春励志,成长收获"为主题的 2016 届毕业典礼等校园文化活动;开展了"'七·五'普法法律进校园"报告会、"黄金 4 分钟"应急救护技能演练等活动,加强了师生的爱国主义、艺术素养及安全防范意识教育。营造了良好的教育环境,校园处处洋溢着欢乐气氛。

6. 文化引领,体现学校"正"能量。2015—2016 学年,学校深入开展以"公平、竞争"为核心价值观的学校正文化建设,通过"正文化"系列活动,以"正"为基本理念,推动校风、政风、教风、学风建设,形成人人讲正、事事重正、时时求正、处处显正的良好局面。学校党总支组织全体党员干部去红色圣地照金革命根据地参观学习;开展了全体党员"三严三实"专题教育活动;制作了"红色教育"文化墙等。为进一步弘扬延安革命精神,增强党性修养,提高广大党员教师的思想政治素养,加强作风建设,聚力三中发展,校党总支组织部分党员及高三教师 52 人,于 2018 年 6 月 11—12 日赴梁家河等地开展"梁家河读写思行"学习教育活动,重走红色革命道路,感悟"梁家河",传承延安精神。这些举措丰富了校园文化内涵,调动了广大教师工作的积极性和能动性,增强了教师的责任感和主人翁意识,有力地推动了学校各项工作的进展。

7. 彰显教育理念、办学特色。2017 年 10 月,学校做客渭南电视台直播间,向社会全面细致地展示学校在"立德""树人""名师培养""因材施教、分类推进"以及学校民主、科学管理方法的具体措施,增强了师生自豪荣誉感,取得了良好的效果。

四、常规管理精细化。2017 年 9 月以来,学校在新一届领导班子带领下,以"民主管理、科学管理、人文管理"为总体指导思想,发挥群体智慧和力量,推动和促进学校健康持续发展。建立健全考核制度,全面落实三项机制,真正体现"多劳多得、优劳优酬",让干与不干不一样、干多干少不一样、干好干差不一样。

1. 班子分工明确,责任落实。通过校务会,行政会强化班子成员的思想观念,价值取向,工作作风等,要求做到处处带头,以身作则,率先垂范,不断提升班子的凝聚力,战斗力。

2. 开展"自我提升,建言献策"活动,调动全体教职工积极参与学校管理,推动学校发展。

3. 从学校实际出发,讲究针对性,追求实效性。全面落实"三注重,两侧重"即注重态度、能力、实绩,侧重一线教师和班主任工作。优化考核机制,激发工作热情,推进科学发展。

4. 落实常规,加强教学质量的有效性管理。常规检查实行教学月常规定期检查制度,集体备课、个人备课、听评课、作业及批改、辅导检测等都在检查范围之内;检查的结果及时公布,反馈给教师本人,并由学部、年级、备课组督查落实整改情况,确保每一位教师在教学常规上都能做到规范、合格,同时检查结果与量化挂钩,纳入教师绩效考核之中。

5. 分层管理,分层教学,分类推进。针对高一高二学生,采取"走班"的新形式,让学生选报两门弱科,学校安排教师利用周五至周六免费为学生弥补薄弱学科,促成全面发展。针对高三年级实行分类推进,培优补差,利用周日至周五晚自习分学科进行推进,确保有望生、助推近线生。同时采取推门听课,领导包班下组,深入教学一线,促进教学效果再提升。

6. 德育入手,活动引导。通过开展系列活动培养学生品德,提高人文素质,树立人生目标。同时开展各类主题班会、心理健康教育、青春期生理心理教育,举办"学习十九大 做有为青年""纪念西安事变重温历史"、观看国家公祭日活动仪式等主题教育活动,以达到立德树人的目的。

7. 全力开展学校新闻宣传工作,为长足发展夯实思想文化阵地,营造良好舆论氛围。通过建立学校微信公众号、班级微信、QQ群等新媒介,让家长、社会及时了解、掌握校园动态。通过三中周报、校报、美篇提高家长、社会知晓率。

8. 团队建设提士气。携手名校,助推教育,与西电附中、句容三中结友帮扶,利用"名校帮带、示范引领、定期交流、资源共享"的渠道,在学校管理、教育教学、教师专业成长、学生培养、学校特色建设、校园文化建设等方面进行深入合作交流,全面提升办学水平,努力提高教育教学质量。本年度赴西电跟岗学习涉及10余科目30余人次。

9. 聘请专家团队,全员培训,全面提升。利用暑期学习会机会邀请著名教育专家杜金山等,为我校全体教职工进行全方位、覆盖式培训。

10. 抓青年教师培养,打造中青骨干团队。本年度在青蓝工程师徒结对子赛教活动(16节32人次)、党员与骨干教师示范课月活动、中青年教师基本功大赛、名师大讲堂、校本研修教材讲座等活动中,培养优秀骨干教师队伍。

11. 加强教学研究,提升校本培训。通过领导包班下组,进一步落实教研组作用,采取同课异构活动,发挥团队智慧,校本课题研修形式丰富灵活,逐步形成人人爱研修、大家共研修的良好局面。此次同课异构活动,共计4科14节,校本研修结题20余项。

五、深化课改,提高教育教学质量。

1. 从实际出发,全面推进课程改革,全面提高教育教学质量。学校首先着手解决了教师的观念问题。在三中组建后的第一次教师大会上,就明确指出:要使第三高级中学健康快速发展,实现三中的办学目标,必须顺应教育改革发展的潮流,进行课堂教学改革。作为三中聘用的教师,要走的第一步就是要更新教育理念,充分调动学生学习积极性,激发他们的潜在动力,让他们在老师的引导下遨游课堂,享受课堂,使整个课堂"活起来"。

2. 扎实实施优质课堂工程,大面积提高课堂教学效率。课堂要求"三变":由以教师为主变为以学生为主,由边教边学变为先学后教,由课后训练变为当堂训练,促使学生由接受式学习向研究、探索式学习转变,培养学生自主学习习惯,多让学生体验、感悟。按照"目标导入、问题引领、重点点拨、变式训练、效果反馈、教学小结"的教学六环节,遵循"教师为主导、学生为主体、训练为主线、能力为核心"的原则,做到"目标明确,先学后教,当堂训练,注重效率"。课堂形成了师生平等和谐、互动的新型关系和教学环境,使学生的主动性和创造性得到了充分发挥,极大地促进了课堂教学质量的提高。

3. 强化监督检查,加强教学常规管理。学校加强对教学过程的管理,分学部、分学科制定了教学目标及保障措施。坚持集体备课制度,集思广益,博采众长,互相学习,共同提高。每星期召开备课组会议,研讨、交流教学经验,随时发现问题,及时纠正工作失误,使教学工作总体上有了很大的提高。同时,由各学部总体负责,每个月进行一次教学常规检查,对教师的备课、作业批改等工作进行全方位检查,并将检查结果及时公布,把提高教育教学质量内化为每个教师的自觉行为,使教学常规管理工作更加科学有序。

4. 构建高效课堂,提高教学质量。高效课堂创建没有固定模式,只有充分发挥教师的主导作用,最大限度地调动学生参与学习的积极性,引导学生自主、合作、探究学习,培养学生独立思考、解决问题的能力,才能实现高效课堂。为此,学校要求教师优化教学策略,恰当灵活地运用有效的教学方法和手段,精讲精练,及时反馈,有效调控,切实提高教学活动实效。要求集体备课,充分发挥集体力量,锻炼每个成员的业务能力;课堂提倡讲练结合,每一节课都要给学生留出最少1/3的练习时间,达到自我吸收,巩固效果。开展各学科、各学段、各种课型的课堂教学观摩、展示、研讨活动,组织全校性的组内听评课、青年教师基本功大比武、新分配及调入教师上岗汇报课、能手选拔赛等各种活动,成立了教学能手工作室,以"高效课堂"为主题,开展能手示范课展示活动,开展"一师一优"课晒课评课活动,真正提高课堂教学的高效性。有计划组织高三教师、中青年教师、骨干教师走出去交流学习。组织教师赴渭南杜桥中学、澄城县王庄中学学习高效课堂,为学校的高效课堂积累经验。

5. 质量立校。学校始终把教学质量作为学校的生命线,树立了科学的质量意识,正确处理新课程下的成人与成才、素质与分数、今天与明天的辩证关系,基本形成了一个全新的观念,就是既要注重学生成才、更要注重学生成人;既要追求学生分数、更要注重学生素质;既要今天的高考成绩、更要明天的可持续发展。

6. 强化毕业班的质量监控。高考成绩是学校的生命线,从2012年开始,学校进一步加强对毕业班工作的监管,实行毕业班教师高考质量目标责任制和高考质量奖励制。研究制定了毕业班教学、复习、考试工作的进度安排,注重发挥班级、学科的集体智慧,加强复习策略、高考复习方向和高考信息的搜集,加强教情、学情的沟通和交流,确保教与学的质量。进一步抓好学生的理想信念教育,自信自强教育,最大限度地激发学生的学习积极性。同时,高度重视与家长的沟通配合,形成齐抓共管的合力。2013年首届高考,取得了应届二本上线170人的好成绩。2014届毕业班高考二本上线达190人,成绩再创辉煌。2015届高考二本上线172人。2016届二本上线207人。2017届二本上线214人。2018届二本上线270人。高考年年取得好成绩,连续六年获高考"先进集体"荣誉称号。

八年来,学校的教学质量持续提高。2011年全县统考中,三中的考试成绩在全县联评中名列前茅,与中考相比较,2013届中考时全县前600名在三中就读的仅3人,高一统考时已达45人,高二统考时已达到75人,中考时全县前2000名在三中就读的仅95人,高一统考时已达262人,高二统考时已达到355人。2014届中考时全县前600名在三中就读的仅1人,高一统考时已达85人,中考时前2000名在三中就读的仅247人,高一统考时已达406人。现在,三中已经成为蒲城学子向往、社会认可、家长好评、同行尊重的"蒲城名校"。

六、设学部管理,在竞争中推动学校各项工作。

2010年8月,学校始设学部,分学部一处和学部二处,将教师和各年级学生分为两部分,形成竞争格局。后不断强化竞争机制,并不断优化学部管理,各学部在竞争中互相学习,取长补短,使学校各项工作充满活力。

1. 以活动促学风、提质量。2010 年 8 月至 2016 年 7 月,学校每学期均开展各种比赛活动,各学部均组织学生参加学部制管理工作竞争机制,使活动有序开展。2015 年秋,学部一处高一年级开展了红色经典朗诵,学部二处高二年级进行"青春励志"诵读;学部二处举办了高一年级英语情景剧表演,学部一处进行了高二年级英语口语秀表演。两部之间活动精彩纷呈,展示了师生才艺,丰富了校园文化生活。

2. 以竞争促质量、提成绩。贯穿在学部中的主旋律始终是教学质量的提升。两学部高一高二基础年级在高效课堂的实施中,从质量检测体现各自的优势与发展;高三年级在学校总体部署下,分学部分年级落实高考目标任务,实行量化竞争、奖励。

3. 高三工作高效提升。每届高三工作,组织并召开 200 天动员大会、100 天主题班会、50 天冲刺大会、英语复考专题讲座、毕业典礼等活动,各学部充分调动教师和学生的积极性,保证复习备考能够有序高效地进行。

七、强化安全工作。在安全管理制度中落实"严"的责任,创建平安校园。安全工作是学校一切工作的保障,学校始终把校园安全放在第一位,树立起"安全重于泰山"的责任意识,用高度的责任心筑起了校园安全的屏障。

1. 不断提高安全防范能力。组建了安全工作领导小组、平安校园建设领导小组等,健全了《学校安全管理制度》《夜间巡逻和假期值班制度》《宿舍安全管理制度》等制度,为学校的长治久安提供了组织保证和制度保证。

2. 签订了安全责任书,形成了人人有责任,事事有人管的群防群治安全工作体系,使学校各项安全工作落到了实处。

3. 开展"学法、守法、用法"法制报告会,"防震、防火演练""法制平安进校园"等教育活动,增强全体师生的安全防范意识。

4. 注重校园周边环境治理,学校设立了警务室,成立了巡逻队,上、放学期间在校门口执勤,晚自习后在校园内执勤,确保校园安全。

5. 对学生餐厅、商店把好"三关";即卫生关、质量关、价格关,杜绝了一切变质、过期和"三无"商品出售给学生。学校师生灶设有防蚊、防蝇、防鼠设施,所有的米、面、菜、油等物品必须经过学校餐饮专管人员检验方可使用,餐饮从业人员和服务人员必须持健康证上岗。

6. 医疗室坚持定期为师生作卫生防疫知识报告,对肝炎、流感、肺结核等传染病、流行病严密监控。

八年来,由于学校领导班子高度重视校园安全管理工作,安全管理制度健全,在执行中落实"严"的责任,牢固地构建起校园安全网络,无一例不安全事故发生。经上级主管部门历次检查确认,多次被各级评为校园安全先进集体,也得到社会各界广泛认可。

八、注重人文关怀,坚持民主管理,构建和谐校园

学校领导始终将自己当作教师的服务员,最大限度地关心教师的学习、生活,为他们排忧解难,教师家中红白喜事,均按规定分别予以祝贺或慰问。定期召开教代会,征询他们对学校工作的意见和建议,改进工作。同时,成立教代会,推进学校民主化管理进程,充分发挥工会组织的民

主监督职能,学校大宗采购及建设,坚持集体讨论,民主决策。2014 年,学校更换了教职工宿舍和前教学楼地下暖气管道,进行了线路整修,改建了一所微机教室。2016 年 5 月 10 日至 11 日,学校召开第一届教职工代表大会第一次会议,与会代表 52 人,代表全校 214 名教职工,讨论了学校《教职工(奖励性)绩效工资考核分配实施办法》(审议稿)和《教师岗位设置管理及聘用工作实施方案》(审议稿),提交了对相关条款修改的提案,选举产生了评审考核组和监督监察组委员候选人。2018 年 9 月 9 日,召开了第一届教代会第二次会议。会议期间,副校长姜新民做了《2017—2018 学年度财务工作报告》。接着,副校长董洁解读学校教师聘用实施方案(草案)。然后,各小组进行讨论,在分组讨论中代表围绕议题畅所欲言,就广大教职工关心的教师聘用方案发表意见、建议,为学校的发展建设献计献策。大会主席团根据代表的意见和建议对本次方案进行了修订。大会表决,全票通过了《第三高中教师聘用实施方案》,使学校各项工作,做到民主、公开、透明。这些举措调动了广大教师工作的积极性和能动性,排除了他们的后顾之忧,增强了教师的工作责任感,有力地推动了学校各项工作的开展。

九、精准扶贫送温暖,加大脱贫攻坚工作的宣传力度,落实了建档立卡学生精准扶贫工作。

1. 通过召开全干会、帮扶教师专题会、主题班会、国旗下讲话、校园广播、黑板报、周报、校报等形式,向学生、教师、家长宣传脱贫攻坚工作相关政策,让脱贫攻坚工作深入人心,形成人人关注、人人参与的工作格局。

2. 学校免收贫困生的住宿费、本子费、校服费、新生军训费,给予学生经济上的最大帮扶。

3. 全体党员及骨干教师每人包联一名贫困生,进行学业、思想心理、生活等各方面的帮扶指导。

4. 切实做好"精准资助基层行"走访活动。学校组织帮扶党员、教师对建档立卡学生进行登门家访,深入贫困家庭送温暖、为贫困家庭教育子女出新招,为贫困家庭脱贫想办法、出主意,教育引导家长、学生通过自身的努力,通过自己的双手创造财富,创造未来,根除贫困。2017 年 11 月中旬,组织教师对全体高一学生进行家访,着重关注贫困家庭学生;同时做好家访和电话家访工作,做到家校无缝链接,助推孩子健康成长。

十、努力推进"双高双普"创建工作。学校在现有设施的基础上,以"双高双普"活动为契机,推进校园硬件设施建设。2013 年末,蒲城县教育局召开"双高双普"动员大会,局长雷林瑞根据上级指示精神,全面部署推动"双高双普"工作,按照"全面启动、分批实施、逐校定位、示范引领、重点突破"的思路,建立了"双高双普"领导管理机制。学校在现有设施的基础上,以"双高双普"活动为契机,推进校园软硬件设施建设。至 2016 年 7 月,学校通过县级检查,软件设施验收基本过关,硬件设施建设尚待完成。

1. 投资 30 万元对多功能厅进行加固、维修、改造,给师生的活动提供了明亮宽敞的场所,活跃了校园气氛,提升了文化品位。

2. 运动操场施工完成。

3. 各部室之间有效合作、密切配合,将"双高双普"档案进行归类整理,装订成册。

4. 2017—2018 学年度,学校投资 238.727 万元,用于校舍建设维修改造。绿化种草 2514 平方米;硬化了西南及 3 号公寓楼北两处停车场 3436 平方米;拆除危房 740 平方米;新建开水房 54 平方米;新修卫生厕所252平方米;旱厕改造95平方米;维修体育器材室270平方米;单身楼改造923平方米;空调安装22台;购买燃气锅炉1台,接入天然气;新装供暖管道300米、暖气片87组;阶梯教室改造147平方米;屋面防水1523平方米。

至此,蒲城县第三高级中学,以优雅的育人环境,严格的管理制度,严谨的教风,浓厚的学风,赢得了社会广泛认可!全体三中人将继续团结一致,一心一意谋发展,为把蒲城三中打造成渭北名校而努力奋斗!

第一章

管理机构

第一节　管理机构示意图

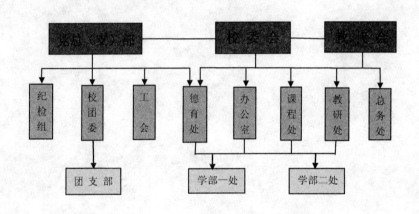

第二节　学校管理

一、党组织

（一）党总（支）部

2010年11月1日，根据中共中央"关于加强党对学校工作领导"的指示，中共蒲城县教育局委员会决定组建蒲城县第三高级中学党支部，任命梁双纪担任蒲城县第三高级中学党支部副书记。2013年8月，张化林任党支部书记。2017年5月25日，中共蒲城县第三高级中学党总支成立，党总支委员会由7人组成，张化林任党总支书记，澹台典谱、陈娟任党总支副书记，姜新民、梁双纪、曹育红、蒋宏杰等四名同志为党总支委员。2017年7月，苏耀锋任党总支书记。

学校成立之初，全校共有党员31名。2014年，校党支部下设学部一处、学部二处、行政教辅三个党小组。2017年6月，学校党总支成立后，下设行政、学部一处、学部二处三个党支部，全校党员87名。

学校党总（支）部是团结带领教职工完成党在学校各项任务中的政治核心，在参与服务学校行政工作中发挥监督保证作用。

1. 历任党总(支)部书记：

张化林　　　　　　苏耀锋

（2013.08—2017.07）　　（2017.07—今）

2. 历任党总(支)部副书记：

梁双纪　　　　　　陈　娟　　　　　　澹台典谱

（2010.11—2013.08）　（2016.09—今）　（2017.05—2017.07）

3. 历任党总(支)部成员：

组织委员：王建涛（2010.11—2013.08）

　　　　　姜新民（2013.09—今）

宣传委员：仇小娥　李小平（2010.11—2013.08）

　　　　　梁双纪（2013.09—今）

纪检委员：曹育红（2017.06—今）

文体委员：蒋宏杰（2017.06—今）

群工委员：刘海林（2018.06—今）

（二）纪检组

2016年5月，中共蒲城县纪委向第三高级中学派驻纪检组，纪检组履行纪检和监察两项职能，在县纪委、监察局授予的职权范围内开展工作。

组　长：

曹育红

（2016.05—今）

二、行政管理

2010 年 7 月,蒲城县委、县政府决定在原蒲城师范学校校址基础上成立蒲城县第三高级中学,随后学校由校长、副校长等领导组成校委会。校委会由校长主持召集,传达政策,贯彻党的教育方针和教育部门的指示,围绕学校总体和长远发展规划,制定学校工作的主要目标和任务;研讨学校工作计划、工作总结,研究学校各项活动,部署各项工作的有效开展;对师生进行思想教育,决定奖惩与处分;审查学校财务,决策校园建设并交由教代会审议通过。

校委会下设校办公室、德育管理处、课程管理处、教研处、总务处、学部一处、学部二处。

（一）历任校长：

澹台典谱　　　　　苏耀锋

（2010.07—2017.07）　（2017.07—今）

（二）历任副校长：

张化林　　　　梁双纪　　　　王建涛　　　　姜新民　　　　董　洁
（2010.07—　　（2013.09—今）　（2013.09—　　（2014.09—今）　（2018.08—今）
2013.08）　　　　　　　　　　2015.03）

1. 办公室
历任主任、副主任：

蒋宏杰　　　　　　　　　　张　涛
副主任（2010.07—2012.08）　　副主任（2014.09—2018.07）
主任（2012.07—2014.08）　　　主任（2018.08—今）

2. 德育管理处
历任主任：

王建涛　　　　　　蒋宏杰（2013.09—2014.08）
（2010.09—2013.08）　　办公室主任（兼）
　　　　　　　　　　　（2014.09—今）

历任副主任：

张天龙　　　　　　　姚建军　　　　　　　范志刚
（2017.07—2018.07）　（2018.08—今）　　（2018.08—今）

3. 课程管理处：

（1）历任主任：

梁双纪　　　　　　陈　娟　　　　　　董　洁　　　　　　杨　蕾
（2010.09—2014.08）（2014.09—2016.08）（2016.09—2018.07）（2018.08—今）

（2）历任副主任：

韩　斌　　　　　　　张海潮　　　　　　　曹东峰
（2014.09—2018.08）　（2018.08—今）　　（2018.08—今）

4. 教研处

历任主任：

陈 娟
（2012.09—2014.08）

张月宾
（2014.09—今）

副主任：

侯胜斌
（2018.08—今）

5. 学部

2010 年 8 月，蒲城县第三高级中学成立。学校首任领导班子组建后，创新管理机制，实行学部制管理，将教师和每个年级学生均衡分为两部分，分设学部一处和学部二处，形成竞争格局，各学部在竞争中相互学习，使学校教育教学工作充满活力，教育教学质量不断提升。

（1）学部一处

历任主任：

仇小娥　　　　　　　陈　娟　　　　　　　王　军
（2011.08—2013.08）　（2012.09—2014.08）　（2014.09—今）

（2）学部二处
历任主任：

李小平　　　　　　董　洁　　　　　　杨　蕾　　　　　　张天龙
（2011.08—2013.08）（2013.09—2016.08）（2014.09—2018.07）（2018.08—今）

6. 总务处
（1）历任主任：

姜新民　　　　　　刘小利
（2010.07—2014.07）　（2014.08—今）

（2）副主任

万永强

（2017.08—今）

三、群团组织

（一）教代会

教职工代表大会是学校实行民主管理的基本形式，是教职工行使民主参政、议政的管理机构，是集体意志的体现，是教职工当家做主的重要途径，是教职工知情权、参与权、表达权、监督权的基本保障方式。教代会参与民主管理和民主监督，是校长负责制的重要组成部分。

第一届教职工代表大会第一次会议

2016 年 5 月 10 日至 11 日，学校召开第一届教职工代表大会第一次会议，与会代表 52 人，代表全校 214 名教职工。

会议期间：

1. 张月宾同志对《蒲城县第三高级中学教职工（奖励性）绩效工资考核分配实施办法》（简称《办法》）进行了解读。

2. 梁双纪同志对《蒲城县第三高级中学教师岗位设置管理及聘用工作实施方案》（简称《方案》）进行了解读。

3. 陈娟同志对《蒲城县第三高级中学评审考核组、监督监察组选举办法》进行了解读。

4. 全体代表分小组审议，以认真负责的态度讨论了学校《教职工（奖励性）绩效工资考核分

配实施办法》(审议稿)和《教师岗位设置管理及聘用工作实施方案》(审议稿),提交了对相关条款修改的提案,选举产生了评审考核组和监督监察组委员候选人。

5. 主席团对提案进行了客观的讨论和评价,补充、修订、完善了《办法》和《方案》。

6. 代表们再次讨论、交流、审议了《办法》《方案》的修订条款。

第一届教职工代表大会第二次会议

为了适应新时代教育改革发展需要,贯彻落实县教育局"三项机制"实施细则,不断完善和改进学校各项管理制度,充分发挥教职工参与学校管理和监督的权利。2018 年 9 月 9 日,学校召开了第一届教代会第二次会议。本次会议由工会主席刘海林主持。

在庄严的国歌声中,工会主席刘海林郑重宣布大会开幕。首先,党总支副书记陈娟致开幕辞。其次,副校长姜新民做了《2017—2018 学年度财务工作报告》。接着,副校长董洁解读《学校教师聘用实施方案》(草案)、《教职工绩效工资考核分配实施办法》(草案)、《落实"三项机制"鼓励激励实施办法》(草案)。然后,分小组进行讨论,代表围绕议题畅所欲言,对"一个方案"(草案)、"两个办法"(草案)发表意见和建议。

大会主席团根据代表的意见和建议对本次《方案》和《办法》进行了修订。随后大会表决,全票通过了新的《教师聘用实施方案》《教职工绩效工资考核分配实施办法》《落实"三项机制"鼓励激励实施办法》。最后,苏耀锋校长作了总结性讲话。

<h1 style="text-align:center">附一、教职工奖励性绩效工资考核分配实施办法</h1>
<h2 style="text-align:center">(2016 年 5 月 11 日表决通过)</h2>

为深化教师聘用制度改革,建立科学、规范的教师绩效考核评价机制,充分调动广大教师工作的积极性、主动性和创造性,切实保障教师绩效工资顺利实施,根据陕西省《关于学校实施绩效工资的指导意见》(陕政办发〔2009〕24 号)和《蒲城县事业单位实施绩效工资考核暂行办法》以及《蒲城县教育系统教师绩效工资考核分配指导意见》等文件精神,结合学校实际,制定本实施办法。

一、指导思想

以邓小平理论和"三个代表"重要思想为指导,深入贯彻落实科学发展观,全面贯彻党的十八大和十八届三中、四中全会精神,以服务和促进教育教学工作稳步持续发展为目标,以提高教师队伍素质为核心,以促进教师绩效为导向,着力构建符合教育教学和教师成长规律,以及导向明确、标准科学、体系完善的教师绩效考核评价制度,充分发挥绩效工资的杠杆作用,真正做到干与不干不一样、干多干少不一样、干好干坏不一样,激励广大教职工爱岗敬业、扎实工作、开拓进取,积极主动地完成各项工作任务,努力推进学校各项工作规范有序、扎实高效地开展。

二、基本原则

1. 尊重规律,以人为本。尊重教育规律,尊重教师主体地位,充分体现教师教书育人工作的专业性、实践性、长期性等特点。

2. 以德为先,注重实绩。在把师德放在首位的同时,坚持"多劳多得、优绩多酬"的原则,根据管理、专业技术、工勤技能等岗位的不同特点,实行分类考核,重点向一线教师、骨干教师和做出突出贡献的其他工作人员倾斜,并妥善处理好学校内部各类人员收入分配关系。

3. 激励先进,促进发展。鼓励教师全身心投入到教书育人工作中,引导教师不断提高自身素质和教育教学能力。

4. 客观公正,简便易行。坚持实事求是、民主公开、科学合理、程序规范、讲求实效、力戒繁琐。

三、实施范围和时间

按国家规定执行事业单位岗位绩效工资制度的本校正式在编在岗的教职工,具体执行时间为 2016 年 6 月 1 日。

四、绩效工资的发放形式

1. 绩效工资分为基础性绩效工资和奖励性绩效工资两部分,分别占绩效工资总量的 60% 和 40%。

①基础性绩效工资:由学校对教职工进行绩效考核,把考核合格者造册上报教育局考核领导小组办公室,教育局审批并上报县绩效考核小组同意后,执行我县核定的在职人员职称职务岗位基础性绩效工资标准,由财政部门预算并按月直接划拨到个人工资卡上。

②奖励性绩效工资:学校依据考核分配实施办法每月考核公示一次并上报奖励性绩效工资分配结果,每季度由县教育局、县财政局进行预算并直接划拨到个人绩效工资账户。

2. 奖励性绩效工资将依据学校制定的考核分配实施办法进行分配。以平时考核为主,坚持周考核、月公示上报、季度汇总发放的原则。寒假、暑假的奖励性绩效工资分别纳入学年度的上、下学期。

五、奖励性绩效工资考核的内容及分配办法

(一)奖励性绩效工资考核的内容及计分标准

1. 职称分:以二级职称的奖励性绩效工资标准为基数进行计算。中二、高工的职称分计 0 分;中高、中一、技师、中工、初工等的职称分按:

$$职称分 = \frac{所属职称的绩效标准 - 中二职称的绩效标准}{每分的金额}$$ 进行计算,其中"每分的金额" $= \frac{本月学校奖励性绩效工资总额}{本月学校绩效考核赋分总和}$

2. 德能勤绩(100 分)

①师德师纪(10 分)

1）依据教育部 2014 年 1 月 11 日印发的关于《中小学教师违反职业道德行为处理办法的通知》和《陕西省中小学教师职业道德规范》，以及蒲城县教育局 2014 年 3 月 1 日制定的关于强化教师队伍职业道德纪律作风的十条规定等法规，重点考核爱国守法、爱岗敬业、关爱学生、教书育人、为人师表、终身学习 6 个方面，对存在违反行为的除给予相应的处分外，该项不计分。

2）学校升旗和全干会、学校及学部大型集会缺勤一次少计 3 分，事假、病假每次分别少计 2分、1 分。如果处在请假期间，不重复计分。

3）坐班考勤：科任教师、行政教辅人员的坐班分别按照达到总次数的 80%、90% 为满量，不满量的，每缺一次少计 1 分。一晌两次均未坐班的，视为旷职一晌，少计 2 分，一天四次均未坐班的，视为旷职一天，少计 5 分。

②考勤（20 分）

1）对教职工的出勤情况进行考核。病假 3 天少计 1 分，事假 2 天少计 1 分，事假超过 2 天按实际多出天数累加，每天按减 1 分累计，旷职 1 天扣 5 分，扣完为止。婚、丧、产等假期按有关规定执行。考核依据为学校考勤记载。出勤按月进行考核，一月内病假累计超过 15 天或事假累计超过 7 天的，本月考勤不计分。（说明：对学校安排的各类常规工作，例如：各类考试的监考、组考、阅卷等，不能接受和执行的，按请假对待，需履行请销假手续，分事假和病假，病假须有医院的诊断证明。）

③工作量（30 分）

1）工作量按周课时，语文、数学、英语 10 节；物理、化学、生物、政治、历史、地理 12 节；体育、音乐、美术、信息技术、通用技术等 14 节为满量。

2）工作量达到满量的计 30 分。单班课、课时量一半的计 28. 125 分；课时达不到满量的，按照实际课时与标准课时量的一半，相差一节加、减 0. 25 分进行计分。

3）行政教辅人员的工作量，单岗的计 29. 5 分。

4）班主任（3 分、加分）

担任班主任工作，计 3 分。

④教育教学过程（20 分）

1）班务量化考核（5 分、加分）

依据班务量化考核结果分别计 5 分、4. 5 分、4 分、3. 5 分。

2）教学常规检查（20 分）

依据每月常规检查结果分别计 20 分、19. 75 分、19. 5 分、19. 25 分。

主要考核教师在教育教学过程中的工作岗位职责履行情况，以及备、教、批、辅等常规教学落实情况及听评课、集体备课等教学研究及研究活动参与情况。

⑤教育教学实绩（20 分）

1）班级总评成绩（5 分、加分）

依据班级成绩总评结果，班主任分别计 5 分、4. 5 分、4 分、3. 5 分。

2）学科成绩（20 分）

依据教师所带班级的学科成绩总评结果，科任教师分别计 20 分、19. 75 分、19. 5 分、19. 25分。非统考科目的教师，依据学生评议结果，分别计 20 分、19. 75 分、19. 5 分、19. 25 分。（说明：

学校每组织一次检测或学生评议,进行一次量化考核,结果用于下一次检测或学生评议前的绩效考核。)

以下⑥、⑦两项用于行政教辅人员考核,对应一线科任教师考核的④、⑤两项。

⑥工作过程(20分)

1)履职情况(4分)。能按照要求履行岗位职责,无事故发生,计4分。有事故发生的,该项不计分。

2)工作过程(6分)。工作积极主动,无推诿拖拉现象,计6分。对因拖拉造成工作贻误的,每次少计3分;对学校整体工作造成影响的,该项不计分。

3)工作日志(3分)。工作日志记录规范、完整,内容翔实,计3分。评出1/3优秀的,计3分;良好的,计2分。

4)组内评议(4分)。定期个人述职,组内互评。评出1/3优秀,计4分;良好的,计3分。

5)领导评议(3分)。由主管领导进行综合评价,确定出1/3优秀,计3分;良好的,计2分。

综合考核分为四档,分别计19.75分、19.5分、19.25分、19分。

⑦工作实绩(20分)

1)工作数量(6分)。能按时按量完成岗位工作任务及临时性工作任务,多岗的计6分,单岗的计5分。

2)工作效果(10分)。工作完成效率高、质量好,计10分。对不能按时完成或者完成情况不符合要求的,每次少计2分。

3)工作评议(4分)。工作细心、有耐心,服务意识强,教师满意度高,计4分。定期组织任课教师对行政教辅人员进行评议,评出1/3优秀,计4分;良好的计3分;一般的计2分。

综合考核分为四档,分别计19.75分、19.5分、19.25分、19分。

以上④、⑤、⑥、⑦各项四档,一、二、三档比例各为30%,四档比例为10%。

3. 加减分项目及标准。

①加分(10分)

1)高三岗(1.5分)。担任高三教育教学工作,工作量满量的,计1.5分,工作量不满量的,按比例折算计分。

2)课时量超量(2分)。周课时每超1节计0.5分。

3)教育科研及获奖(2分)。按照省、市、县、校级分别计2分、1.5分、1分、0.5分。(包括课题获奖、论文发表或获奖、各类赛教课、展示课、示范交流课、学术交流、学术报告等,按级别分别计分;非论文发表、科研获奖、活动获奖的,按级别分别计1.5分、1分、0.5分、0.25分)。

4)先进、优秀(1分)。经学校评选、推荐上报的各类先进、优秀,按照省、市、县、校级分别计1分、0.75分、0.5分、0.25分。

5)多岗、兼职(1.5分)。多岗或兼职,双岗的计1分,双岗以上的计1.5分。跨课头的计1.5分。年级组长、备课组长分别计1分、0.5分。

②减分

1)工作不服从组织分配者扣2.5分。

2)不安心工作无理取闹者扣2.5分。

3）违规补课、滥发资料者扣5分。

凡学期内受到教育局通报批评、警告处分者,分别扣除其绩效考核得分的10%、15%。受记过、降低岗位等级或者撤职处分者,在处分期内,停发奖励性绩效工资。受开除公职处分者,从做出处分决定的次月起,取消原工资(含绩效工资)待遇。处分决定被变更,需要调整绩效工资待遇者,从处分决定被变更的次月起执行。

(二)绩效工资的分配

教职工奖励性绩效工资分配以绩效考核结果(职称、德能勤绩、加减分等三项得分相加之和)为依据。每位教职工绩效考核得分相加,得到全校教职工工作绩效考核得分总和。全校奖励性绩效工资总额除以全校教职工工作绩效考核得分总和,得到分值,分值乘以教职工工作绩效考核得分即为教职工个人应得的绩效工资额度。计算公式为:

$$\frac{学校奖励性绩效工资总额}{学校绩效考核得分总和} \times 教职工个人绩效考核得分 = 教职工个人奖励性绩效工资额$$

(三)绩效工资发放有关规定

1. 经教育局批准,系统内借调、支教和参与校际交流教师的奖励性绩效工资,由教育局核定、预算到受援学校,经受援学校考核上报后由财政局发放。

2. 教育局批准离职进修者,学习期间只享受基础性绩效工资;经教育局批准在民办学校支教者,支教期间只享受基础性绩效工资;私自离岗人员和未经教育局批准离职进修、到其他单位工作的人员,不享受基础性和奖励性绩效工资。由组织选派的各级各类培训人员按在职对待。

3. 经教育局批准借用到外系统工作的人员,借调期满超过15个工作日未返岗者,停发奖励性绩效工资。

4. 一学期内病事假累计30天以上的,停发本学期三个月奖励性绩效工资;一学期内病事假累计超过60天的,停发本学期的奖励性绩效工资(教职工确属患重大疾病有实际困难者,经教职工代表大会讨论通过后,上报教育局批准,由学校根据实际予以发放。)

5. 由组织部管理的人员,教育局对其进行考核。各单位的巡视、教参员,按照教育局和学校安排的工作任务另行考核。接近退休年龄的教职工(男58周岁,女53周岁以上),学校在工作量考核时予以适当照顾。

六、本方案经学校第一次教职工代表大会第一次会议2016年5月11日表决通过,即日起实施。

附二、职工岗位设置管理及聘用工作实施方案

(2016年5月11日表决通过)

根据蒲教发【2015】91号蒲城县教育局关于转发《渭南市机关事业单位机构编制实名制管理暂行办法》、蒲人社发(2015)202号《关于蒲城县重新核定事业单位岗位设置管理工作的实施意见》、蒲人社发(2015)204号《关于加快事业单位岗位设置管理实施工作的通知》、蒲教发【2015】102号蒲城县教育局关于印发《蒲城县教育系统岗位设置聘用工作指导意见》的通知、蒲教发〔2015〕103号蒲城县教育局关于印发《蒲城县教育系统岗位设置管理工作实施意见》的通知等文件精神,结合学校实际,特制定《蒲城县第三高级中学教职工岗位设置管理及聘用工作实施方案》。

一、组织机构

为确保我校教职工聘用工作规范管理、有序开展、平稳推进,特成立蒲城县第三高级中学教职工岗位设置管理及聘用工作组织机构。

1. 领导小组:由学校校委会成员组成

2. 评审考核组:由教代会选举产生

3. 监督监察组:由教代会选举产生

二、岗位聘用

(一)岗位核准(定编)

由县人力资源和社会保障局核准学校编制。

(二)岗位设置(定岗)

按照县人社局核准的岗位,确定学校的聘用岗位。

(三)岗位聘用(定员)

依据《蒲城县第三高级中学教职工岗位设置管理及聘用工作实施方案》,按程序进行聘用。

三、聘用原则

教职工的岗位设置及聘用工作坚持"民主、公开、客观、公正、科学、量化"的原则,对竞聘人员的理论水平、工作资历、政治表现、思想素质、工作态度、业务能力和工作业绩等方面进行全面、认真的考核。

四、聘用程序

1. 学校在核准的岗位总量、结构比例和最高等级限额内,制定聘用实施方案,广泛征求教职工的意见,经教职工代表大会讨论,集体研究通过。

2. 学校聘用工作领导小组根据岗位的职责任务和任职条件,编制岗位说明书,公布岗位名称、岗位职责、聘用条件等相关事宜,按照公开聘任、竞聘上岗的原则择优聘用。

3. 应聘人员报名申请应聘相应的岗位,聘用工作领导小组组织考核小组对应聘人员的资格、条件进行初审,并对通过初审的应聘人员按照聘用实施方案进行赋分排序,由聘用工作领导小组依据排序结果择优提出拟聘人员名单,在单位醒目处予以公示(总分相同的,按照资历得分、是否一线科任教师、工作实绩得分等项目,逐次进行区分,确定排序)。

4. 经公示,本人或其他教职工有异议的,可提请学校聘用工作领导小组按程序进行复议;无异议的,按七至十级管理(职员)岗位、三至十三级专业技术岗位、一至五级工勤技能岗位予以聘用。

五、聘用的条件及办法

(一)基本条件

1. 能认真贯彻执行党和国家《教育法》《教师法》和有关政策、法规。

2. 具有胜任竞聘岗位所需的操作技能、理论知识和管理水平。

3. 单位在编在册职工,身体健康,能胜任本岗位工作。

(二)岗位专业条件

竞聘专业技术岗位的基本任职条件,按照国家和省市现行专业技术职务评聘的有关规定执行。管理岗位和工勤技能岗位的聘用方案,参照《蒲城县教育系统岗位设置管理工作实施意见》

制定。

（三）赋分办法

1．思想素质及政治表现（10分）。

主要包括爱国守法、爱岗敬业、关爱学生、教书育人、为人师表、终身学习6个方面的情况。具体考核办法按照（蒲教发〔2015〕34号）《蒲城县中小学教师师德考核办法》中规定的程序和方法进行，将考核总分按10%比例折合后作为该项的考核赋分。

1）对违反教师职业道德规范和纪律作风规定的，按规定给予相应的处分，该项不计分。

2）学校升旗和全干会、学校及学部会议、活动缺勤一次少计3分，事假、病假分别每次少计2分、1分。缺勤如果处在请假期间，不重复计分，病假应有医院的诊断证明。

3）坐班考勤：科任教师、行政教辅人员的坐班按照达到总次数的80%、90%以上为满量。对不满量的，每缺一次少计1分。一晌两次均未坐班者，视为旷职一晌，少计2分，一天四次均未坐班者，视为旷职一天，少计5分。如果坐班缺勤处在请假期间，不重复计分。

2．学历方面（15分）。

应聘人员报名申请应聘副高级、中级、初级岗位的教师，具有大学本科及以上学历计15分，具有大学专科学历计10分，中师及以下学历不计分。

3．资历方面（20分）。

（1）截止竞聘时教龄满25年以上计10分，20－24年计8分，15－19年计6分，10－14年计4分，6—9年计3分，3—5年计2分，2年以下计1分。

（2）截止竞聘时任现职满20年以上计10分，15－19年计8分，11－14年计6分，8－10年计4分，5—7年计3分，3—4年计2分，2年以下计1分。

4．年度考核（10分）。

在任现职期间专业技术职务考核为优秀等次或受到学校表彰的各类先进，每学年计2分，考核为称职等次每次计1分，但最高不超过10分。

5．业务能力（15分）。

（1）科任教师（15分）

①能否胜任大循环教学。能胜任的计2分，不能胜任的不得分。所带课程不属统考科目的科任教师、能胜任全程教学的计2分，不能胜任的不得分。

②是否完成规定的教师继续教育学习。已按规定完成的计2分，未完成的不得分。

③听课评课情况（3分）。依据检查结果分别计3分、2.5分、2分、1.5分。

④指导青年教师情况（2分）。有指导青年教师任务的计1分，被学校评为优秀指导教师的计2分。

⑤在日常教学中教育教学研究及实施新课改情况（3分）。依据教研活动考勤、活动记录，新课改实施过程记载，取得成果等，分别计3分、2.5分、2分、1.5分。

⑥担任班主任工作（3分）。依据班务量化考核结果和班级成绩总评结果进行考核，分别计3分、2.5分、2分、1.5分。

（2）行政教辅人员（15分）

①履职情况（3分）。能按照要求履行岗位职责，无事故发生，计3分。因失职造成事故发生

的或受到通报批评的,该项不计分。

②工作过程(5分)。工作积极主动,无推诿拖拉现象,计5分。对因拖拉造成工作贻误的,每次少计3分;对学校整体工作造成影响的,该项不计分。

③工作日志(2分)。工作日志记录规范、完整,内容翔实,计2分。评出1/3优秀,计2分;良好的,计1分。

④组内评议(2分)。定期个人述职,组内互评。评出1/3优秀,计2分;良好的,计1分。

⑤领导评议(3分)。由主管领导进行综合评价,确定出1/3优秀,计3分;良好的,计2分。

$$该项得分 = 考核得分 \times \frac{科任教师平均分}{行政教辅人员平均分} \times 99\%$$

6. 工作实绩(30分)。

(1)科任教师(30分)

①常规教学(5分)。主要包括备课、上课、作业批改、自习辅导等环节。按照平时抓常规的各项记载、评比等情况分别计5分、4.5分、4分、3.5分;对所带课程不属统考科目的科任教师,考核备课、上课、课外辅导及学生评议等项目,分别计5分、4.5分、4分、3.5分。

②教学效果(10分)。所带课程在期中、期末或其他检测中,按成绩分别计10分、9分、8分、7分。对所带课程不属统考科目的科任教师,按照学生评议结果分别计10分、9分、8分、7分。

③公开教学(6分)。任现职以来(任现职时间长的考核近5年),承担的公开教学获得过省、市、县、学区、校等各级表彰奖励的,按获奖级别进行赋分,分别计6分、5分、4分、3分、2分,没有承担公开教学的不得分。

④教研成果(3分)。任现职以来(任现职时间长的考核近5年),撰写的教育教学论文或教学心得在面向全国发行的教育报刊、杂志和其他类教育报刊、杂志上发表〔国际标准刊号:ISSN;国内统一刊号:CN;省内报刊刊号:陕新出(内)印字第 XX 号〕或在各级教育行政部门、教学研究机构组织(指国家、省、市教科所,县教研室)交流、评选中获奖。按照发表或获奖层次进行赋分。发表的按国家、省、市、县级分别计3分、2.5分、2分、1.5分,获奖的分别计2.5分、2分、1.5分、1分。

⑤教研课题或校本研修(3分)。任现职以来,参加完成市级以上教研课题有结题证书者计3分,县级计2分,参加完成校本研修任务2项者计2分,1项者计1分,没参加者不计分。

⑥教学评议(3分)。组织教师对申报人员的教学工作进行评议,评议优秀率排在前1/3的为优秀,计3分;排在中间1/3的为良好,计2分;排在后1/3的为一般,计1分。

(2)行政教辅人员(30分)

①工作数量(6分)。能按时按量完成岗位工作任务及临时性工作任务,多岗的计6分,单岗的计5分。

②工作效果(12分)。工作完成效率高、质量好,计12分。对不能按时完成或者完成情况不符合要求的,每次少计2分。

③工作评议(6分)。工作细心、有耐心,服务意识强,教师满意度高,计6分。定期组织任课教师对行政教辅人员进行评议,评出1/3优秀,计6分;良好计5分;一般计3分。

④教研成果(3分)。任现职以来(任现职时间长的考核近5年),撰写的教育教学论文或教学心得在面向全国发行的教育报刊、杂志和其它类教育报刊、杂志上发表〔国际标准刊号:ISSN;

国内统一刊号:CN;省内报刊刊号:陕新出(内)印字第 XX 号]或在各级教育行政部门、教学研究机构组织交流、评选中获奖。按照发表或获奖层次进行赋分。发表的按国家、省、市、县级分别计3分、2.5分、2分、1.5分,获奖的分别计2.5分、2分、1.5分、1分。

⑤教研课题或校本研修(3分)。任现职以来,参加完成市级以上教研课题有结题证书者计3分,县级计2分,参加完成校本研修任务2项者计2分,1项者计1分,没参加者不计分。

$$该项得分 = 考核得分 \times \frac{科任教师平均分}{行政教辅人员平均分} \times 99\%$$

7. 奖惩情况(加减分范围在10分以内)。

(1)奖励加分

①所带班级及学生获奖(5分)。在任现职期间(任现职时间长的考核近5年),所带班级或所带科目的学生在教育行政部门、教育科研部门组织的各类活动中获省级以上奖励的计5分,获市级以上奖励的计3分,获县级以上奖励的计2分;在非教育行政、科研部门组织的各类活动中获省级以上奖励的计4分,获市级以上奖励的计2分,获县级以上奖励的计1分(获辅导奖的教师不在教师获奖中重复计分)。

②教师获奖(5分)。在任现职期间(任现职时间长的考核近5年)通过学校评选推荐县局上报:

1)获县级以上党委政府、教育行政部门、教育科研部门奖励的(不含省市县教学能手),省级计5分,市级的计3分,县级的计2分;

2)获教育行政、科研部门省级以上单项奖励的计4分,市级的计2分,县级的计1分;

3)获非教育行政、科研部门表彰者,省级以上计3分,市级计2分,县级计1分。

③教师交流轮岗活动(5分)。参与了县局、片区、学校(中心校)组织的教师交流轮岗活动,两学期考核均为优秀等次人员,计5分,有一次考核为称职的人员计3分,两次考核均为称职等次的计2分,有一次考核为称职以下等次的不计分。

④多岗、兼职与课时超量(3分)。多岗或兼职,双岗的计2分,双岗以上的计3分。跨课头的计3分。周课时超过标准工作量1/3的计3分,不足1/3的计2分。

(2)惩处减分

①在县局组织的教师业务能力抽考活动中,对受到约谈的教师,每次减1分,最高减10分;

②从本学期开始,请假累计超过1个月者,减2分,两个月者减4分,三个月减6分,依次类推,最高减10分;

③对缺乏师德修养,不服从学校安排,工作不负责任,不遵守纪律,言行仪表与教师身份不符,吵架打架,在师生中或社会上造成不良影响者,减10分;

④不安心工作,自由散漫、耽误学生课程,旷课一次减1分,不按时上课一次减0.5分,最高减10分;

⑤近三年来,受到县局及以上警告处分者或在各类考试、监考、阅卷工作中有舞弊行为者,减10分。

六、本方案经学校第一次教职工代表大会第一次会议2016年5月11日表决通过,即日起实施。

附三、教师聘用实施方案

（2018 年 9 月 9 日表决通过）

为了做好学校教师聘用工作，充分调动广大教师的工作积极性，不断提高教职工的业务能力，按照县教育局《蒲城县教育系统岗位设置管理工作实施意见》（蒲教发〔2015〕103 号）文件精神，依据"三注重、两侧重"原则，结合我校实际，制定本方案。

一、聘用范围

学校正式在册的工作人员，包括管理人员（职员）、专业技术人员和工勤技能人员，均纳入岗位聘用管理，正式借调人员回原单位进行聘任。

二、聘用期限

聘用期限一般为一年，即每年度 8 月至下年度 7 月。

三、聘用程序

1. 学校在核准的岗位总量、结构比例和最高等级限额内，依据县教育局印发的《蒲城县教育系统岗位聘任工作实施意见》和《蒲城县教育系统岗位设置聘用工作指导意见》（蒲教发〔2015〕102 号）制定切合学校实际的聘用实施方案。

2. 岗位聘用实施方案在广泛征求职工意见的基础上，经教职工代表大会讨论研究通过，并作为学校聘用工作人员、确定岗位等级、调整岗位以及核定工资的依据。

3. 学校根据岗位的职责任务和任职条件，公布岗位名称、岗位职责、聘用条件等相关事宜，按照分级负责、双向选择、竞聘上岗的原则，和"先一线后教辅"的顺序，先由学部和年级组聘用班主任和一线教学人员，然后由各处室根据岗位需求聘用教辅人员，学校对初聘人员进行公示，无异议后正式聘任。落聘人员将根据《蒲城县教师退出机制暂行办法》文件精神，予以退出。

4. 所有人员都必须参加竞聘或者服从学校安排，对在规定时间内没有报名申请竞聘岗位的人员，视为自动放弃，直接退出。

5. 按照聘用合同管理的有关规定与聘用人员签订聘用合同，续聘教师只签订聘用合同续签书，新参加工作教师按照要求签订事业单位聘用合同书。由教育局与学校主要负责人签订聘用合同，由学校与教职工签订聘用合同（出文退休人员不再签订）。学校在教职工聘用期内，可根据实际需要，经校务会研究，对聘用人员工作岗位予以适当调整，同时对聘用合同的相关内容做出相应变更。

6. 学校岗位结构比例和岗位数额严格按照上级政策执行。

四、聘用形式及考核办法

（一）直接聘用

以下人员由学校直接安排在学校直聘岗位，享受对应职称最低工资待遇，对不满意学校安排的岗位，参加学校竞聘。

（1）临近退休时间不满一学年的；

（2）请产假的；

（3）患有重大疾病的；

（4）其他特殊情况。

（二）退出教师竞聘

落聘的教师(退出人员),按教育局规定,由本人降低学段自行联系学校,经联系学校聘用后,办理调动手续。

(三)副高级年满55周岁女教师延迟退休聘用。

学校副高级职称年满55周岁的女教师,申请延迟退休,必须从事学校教学工作,学校每学期对其进行考核,对考核不合格或身体等原因不能胜任正常教学工作的,学校不予聘用,报教育局为其办理退休手续。

(四)考核办法

将全体人员根据岗位情况,分成一线教师、教辅人员及行政领导三个类别,

再按照本方案规定比例分别予以聘岗定级。

(1)一线教师考核办法

指标档次	一级指标	二级指标	三级指标	四级指标	五级指标	六级指标	七级指标	八级指标	九级指标
	类别	工作量	代班代课情况	备课组长	高三岗	工作实绩	出勤	教龄	年龄
一档	年级组长	按实际工作量排序	是否重点班班主任	是/否	是/否	根据上学年期中、期末考试年级成绩,评出A、B两个等级	依据上学年学校考勤记录	按教龄排序	按年龄排序
二档	班主任学科中心组组长			是/否	是/否	根据上学年期中、期末班级成绩,按1:1:1:1比例,评出A、B、C、D四个等级			
三档	教师		是否重点班教师	是/否	是/否	根据上学年期中、期末学科成绩,按3:3:3:1比例,评出A、B、C、D四个等级			

学校结合所设岗位,进行综合排序后,严格按照聘岗比例,确定岗位等级,

具体核算办法如下:

注意:

①一线教师兼任教辅工作的,将教辅工作折合工作量后合并核算;

②高三年级工作实绩将参考市一模、市二模成绩及高考目标任务完成情况进行核算。

（2）教辅人员考核办法

指标 档次	一级指标	二级指标	三级指标	四级指标	五级指标
一　档	组长	由各部室根据工作情况,进行考核排序,按照3：3：3：1的比例评出 A、B、C、D 四个等级	依据上学年学校考勤记录	按教龄排序	按年龄排序
二　档	学部干事				
三　档	普通教辅人员				

（3）行政领导考核办法

①根据实有人数,按照规定比例核算对应职称各档次指标人数。

②由学校办公室制定考核办法,经校务会研究后实施。

（五）有关事项

（1）类学校毕业生中招聘的新任教师,学校要求教师本人提供现学历,本科以上学历的聘用在初级十二档,专科学历的聘用在初级十三档;

（2）晋升高一级职称和新调入的教师,聘在对应职称的最低档;

（3）中高、中一最高档只聘一线人员;

（4）高级六档、中级九档和初级十一档中,教辅人员所占指标按规定比例核算,按原则只舍不入。

五、附则

（一）本方案由校务会负责解释。

（二）未尽事宜由相关处室提出方案,经校务会研究同意后实施。

附四、教职工绩效工资考核分配实施办法
（2018 年 9 月 9 日表决通过）

为建立科学、规范的教师绩效考核评价机制,充分调动广大教师工作的积极性、主动性和创造性,依据《蒲城县事业单位实施绩效工资考核暂行办法》和《蒲城县教育系统教师绩效工资考核分配指导意见》等文件精神,结合我校实际,制定本办法。

一、实施范围

我校全体正式在编教职工。

二、考核内容及发放形式

绩效工资分为基础性绩效工资和奖励性绩效工资两部分,分别占工资总量的60%和40%。

（一）基础性绩效工资

由学校对教职工进行考核,考核合格者造册上报教育局,由有关部门按月划拨到个人绩效工资账户。

（二）奖励性绩效工资

在教育局核定的奖励性绩效工资总量的基础上,根据学校考核办法确定分配结果,经教育局

审批后直接划拨到个人绩效工资账户。

三、奖励性绩效工资考核办法

我校奖励性绩效工资考核内容由职称、考勤和工作情况三部分组成。职称和考勤采用直接考核的办法进行分配,工作情况采用量化赋分的办法进行分配。

(一)直接核算部分

1. 职称

分配标准:

高级278元/人·月,中级198元/人·月,初级122元/人·月,

高工122元/人·月,中工102元/人·月,初工76元/人·月.

2. 考勤(300元/人·月)

(1)请假

①除离职进修、婚假、产假、哺乳假、病假、丧假外,其余均为事假,所有假期均按自然日计算,并按上级规定执行。

②请假天数及扣发标准:

病假		事假		旷职	
天数	扣发标准	天数	扣发标准	天数	扣发标准
1-3天	10元/天	1-2天	20元/天	1-3天	100元/天
4-10天	15元/天	3-5天	30元/天		
11-15天	20元/天	6-7天	40元/天		
16-20天	300元	8-14天	300元		

(2)会议、重大活动等

全干会、升旗、学校大型集会、学部会议等缺席3次以内,每次扣发10元,3次以上的每次扣发20元;请假3次以内的每次扣发5元,3次以上的每次扣发10元。在请假期间,不重复扣发。

(3)坐班考勤:

科任教师每月坐班累计不足45次的,每次扣10元;行政教辅人员的坐班累计不足50次的,每次扣10元。

(二)赋分核算部分(100分)

工作情况:一线教师、教辅人员和行政领导分类考核、核算。

1. 一线教师考核内容及赋分标准

教师 (100分)	(1)教学 (80分)	备课(20分)	按照3:3:3:1的比例确定优、良、中、差4个等次,分别赋予20、18、16、14分。
		上课(20分)	依据学生评议结果,按照3:3:3:1的比例确定优、良、中、差4个等次,分别赋予20、18、16、14分。
		课堂管理(10分)	依据检查结果,按照3:3:3:1的比例确定优、良、中、差4个等次,分别赋予10、9、8、7分。
		作业(10分)	
		听评课活动(10分)	
		自习辅导(10分)	依据学生评议结果,按照3:3:3:1的比例确定优、良、中、差4个等次,分别赋予10、9、8、7分。
	(2)教研 (20分)	中心组活动(6分)	无故缺席一次少计6分,病假每次少计2分,事假每次少计4分。
		备课组活动(12分)	无故缺席一次少计4分,病假每次少计1分,事假每次少计2分。
		教研成果(2分)	本季度有论文发表的每篇计1.5分,获奖的计0.5分。
			本季度有课题立项的或结题的按中、省、市、县、校级,分别计0.5分、0.4分、0.3分、0.2分和0.1分。

2.教辅人员考核内容及赋分标准

教辅 (100分)	工作过程(50分)	依据工作开展及落实情况确定优、良、中、差4个等次,分别赋予50、45、40、35分。
	工作日志(10分)	按照工作日志记录情况确定优、良、中、差4个等次,分别赋予10、9、8、7分。
	个人述职(10分)	根据个人定期述职情况确定优、良、中、差4个等次,分别赋予10、9、8、7分。
	组内评议(10分)	依据组内互评结果确定优、良、中、差4个等次,分别赋予10、9、8、7分。
	领导评议(20分)	依据主管领导的评议结果确定优、良、中、差4个等次,分别赋予20、18、16、14分。

3. 行政领导考核内容及赋分标准

行政领导(100分)	（1）工作量（40分）	①超量②满量③不满量	对照标准工作量,将班主任工作及教学工作折合成对应的工作量进行排序,并结合岗位工作特点,确定超量、满量、不满量三个等次,分别计40分、37分、34分。
	（2）工作过程（60分）	①日常工作（20分）	日常工作开展良好,计20分。因工作开展对学校造成不良影响的,每次少计10分。
		②包班工作（5分）	能积极参与所包班级的管理及教学工作,并有过程记录,视情况分别计5分、4.5分、4分.
		③包组工作（5分）	能按时参加备课组活动,并指导备课组工作计5分,否则此项不计分。
		④推门听课（10分）	能按要求每周进行推门听课2节以上计10分,每少1节少计2分。
		⑤值周工作（10分）	值周过程中,由于个人原因,有不安全事故发生,此项不计分;有脱岗现象的,每次少计2分。
		⑥组考巡考（10分）	参加对应年级的巡考工作,出现雷同试卷或大面积的作弊现象,此项不计分;巡考期间有脱岗现象的,每次少计2分。组考工作,出现试题泄露的,此项不计分;因组考不严密而引起其他问题的,每科少计2分。

4. 奖励性绩效工资工作情况部分核算办法:

$$每分的金额 = \frac{400元 \times 分类教职工人数}{本月学校分类绩效考核赋分总和}$$

5. 个人奖励性绩效 = 职称部分 + 考勤部分 + 工作情况部分

四、有关规定

（一）有下列情形之一的,第一次扣100元,第二次扣200元,第三次扣发当月奖励性绩效:

①上课、上自习、监考期间,非教学需要使用手机的;

②校园内公共场合吸烟的;

③不上交计划、总结、学习心得等各类相关材料的;

④ 在学校组织的各类活动或检查中,提供虚假材料、证明的;

⑤所监考考场出现雷同试卷的;

⑥其他严重影响教学工作、有损教师形象的;

⑦行政教辅人员在规定时间不能完成工作的。

（二）有以下情况不享受奖励性绩效工资:

1. 经学校同意、教育局批准的离职进修人员；

2. 经教育局批准借用到外系统工作的人员，借调期满超过 15 个工作日未返岗者，停发奖励性绩效工资。

（三）有下列情形的，扣发一个月奖励性绩效工资：

病假	月累计 21 天以上	不足一月
事假	月累计 15 天以上	
旷职	4 – 7 天	

（四）有以下情形的，扣发本季度的奖励性绩效工资：

1. 一学期内病事假累计 30 天以上的人员；

2. 违规补课、滥发资料或要求学生到指定地点购买资料者；

3. 旷职 8 至 14 天的。

（五）有以下情形的，扣发两季度奖励性绩效工资：

1. 一学期内病事假累计超过 60 天的。（教职工确属患重大疾病有实际困难者，经教职工代表大会讨论通过后，上报教育局批准，由学校根据实际予以发放。）；

2. 因出现重大工作失误或不服从工作安排被学校停止工作 15 日以上的；

3. 旷职累计 15 至 30 天的。

（六）有下列情形之一的，扣除本季度奖励性绩效的 20%、30%：

1. 凡学期内受到教育局通报批评的，扣除本季度奖励性绩效的 20%；

2. 凡学期内受到教育局警告处分者，扣除本季度奖励性绩效的 30%。

（七）受记过、降低岗位等级或者撤职处分者，在处分期内，停发奖励性绩效工资。处分决定被变更，需要调整绩效工资待遇者，从处分决定被变更的次月起执行。

（八）受开除公职处分者，从做出处分决定的次月起，取消原工资（含绩效工资）待遇。

（九）一学期内旷职累计 30 天以上的，报上级主管部门，按有关法律法规，予以处理。

（十）一学年内，因中途岗位变化而影响的岗位等级工资差额部分，用奖励性绩效工资予以调整。

（十一）接近退休年龄的教职工（男 58 周岁、女 53 周岁以上），在考核时予以适当照顾。

（十二）由组织选派的各级各类培训人员按在岗对待。

（十三）所扣发的奖励性绩效工资，用于临时性工作的绩效考核奖励。

五、附则

（一）未尽事宜由相关处室提出方案，经校务会研究同意后实施。

（二）本方案由校务会负责解释。

附五、落实"三项机制"鼓励激励实施办法
（2018 年 9 月 9 日表决通过）

为了落实《蒲城县"三项机制"实施细则》和县政府《关于进一步提升普通高中教育教学质量实施意见》，充分调动广大教职工的工作积极性，全面提高教育教学质量，按照"按劳分配，多劳多得，优绩优酬"的原则，结合我校实际，特制订本办法。

一、奖励对象

全校正式在编在岗教职工和在校学生。

二、奖励设置及奖励标准

(一)超工作量奖

1. 标准工作量

语文、数学、英语等学科周课时 10 节；

物理、化学、生物、政治、历史、地理等学科周课时 12 节；

体育、音乐、美术、信息技术、通用技术等学科周课时 14 节。

2. 工作量核算

①以标准工作量为基础进行核算,超出部分每节折合 2 课时；

②早读、自习折合 0.5 课时；

③替代课的,未超出标准工作量的每节计 1 课时,超出标准工作量的每节计 2 课时；

④跨课头每周折合 2 课时；

⑤体育教师课间操每次折合 0.4 课时；

⑥社团活动、体训队训练每次折合 3 课时；

⑦学校组织的考试中,教师监考每小时折合 1.5 课时,阅卷每次 5 课时；

⑧专题讲座、大班辅导每次折合 10 课时。

3. 节假日期间,高三复课、推进辅导、答疑解惑及高一、高二年级培优补差,根据工作需要予以安排,按照效能考核情况予以核算。

(二)教学质量奖

1. 高考奖(含过程奖)

依据县局奖励方案,结合学校实际,由课程处制定奖励方案,经校务会同意后实施。

2. 工作实绩奖

工作实绩奖由学部奖、班级奖和教师学科奖三部分组成。

基础年级奖励

①学部奖(6000 元)

每次考试按规定范围内学生各科均分名次和排序:第一名奖总奖金的 60%,第二名奖总奖金的 40%。由学部根据教师工作情况进行分配。

②班级奖

根据同层次班级学科均分名次和进行排序:第一名奖励班级 900 元,第二名 700 元,第三名 500 元,第四名 200 元。如果第四名的成绩积分低于同层次班级平均积分 10 分以上,本次考试不予奖励。

班主任奖金占班级奖的 10%;其余奖金为班级集体奖,按实际课时权重占比进行分配。

班级均分名次	高一重点班	高一次重点	高一平行班
	高二侧重班	高二平行班	高二文科
第一名	900		
第二名	700		
第三名	500		
第四名	200		

具体核算公式如下：

A. 班主任奖金 ＝ 班级奖 × 10%

B. 教师班级奖 ＝（班级奖 － 班主任奖金）

A. 高一年级教师班级奖分配办法如下：

科目	班级课时	占教师班级奖比例
语数外	5 节	1/6
物化	4 节	1/9
生历	3 节	1/12
政地	2 节	1/18

b. 高二年级教师班级奖分配办法如下：

科目	班级课时	占教师班级奖比例
语数外	5 节	6/32
物化政史	5 节	5/32
生地	4 节	4/32

③学科奖

学科奖依据同层次班级一定范围内学生平均成绩排序,第一名、第二名、第三名分别予以奖励,第四名不予奖励。

A. 高一年级学科奖分配办法如下：

名　次	语、数、外	物、化、生、历	政　治
第一名	80 元	60 元	40 元
第二名	60 元	40 元	30 元
第三名	40 元	20 元	20 元
第四名			

B. 高二年级学科奖分配办法如下：

名 次	语、数、外、物、化、政、史、地	生物
第一名	80 元	65 元
第二名	60 元	40 元
第三名	40 元	30 元
第四名	0 元	

C. 高三年级奖励

a. 学部奖（6000 元）：

每次考试按规定范围内学生各科均分名次和排序：第一名的奖金占学部奖的 60%，第二名占学部奖的 40%。由学部根据教师工作情况进行分配。

b. 班级奖

每次考试取理科前 150 名、文科前 40 名进行统计。理科重点班每生 40 元，平行班每生 300 元，复读班每生 55 元；文科应届班每生 130 元，复读班每生 100 元。核算出班级总奖金。班主任奖金占班级奖的 10%，教师奖金按高考成绩所占比例进行核算。

理科	侧重班	平行班	复读班
前 150 名	40 元/生	300 元/生	55 元/生

文科	应届	复读
前 40 名	130 元/生	100 元/生

A. 班主任奖金 = 班级总奖金 × 10%；

B. 教师奖金：

语数外　奖金 = （班级总奖金 - 班主任奖金）$\times \dfrac{150}{750}$

物　理　奖金 = （班级总奖金 - 班主任奖金）$\times \dfrac{100}{750}$

化　学　奖金 = （班级总奖金 - 班主任奖金）$\times \dfrac{100}{750}$

生　物　奖金 = （班级总奖金 - 班主任奖金）$\times \dfrac{90}{750}$

政史地　奖金 = （班级总奖金 - 班主任奖金）$\times \dfrac{100}{750}$

C. 教师学科奖

学科奖按同层次班级一定范围内学生平均成绩排序：第一名奖励 80 元，第二名奖励 60 元，第三名奖励 40 元，第四名奖励 20 元，第五名奖励 10 元。每一层次班级的最后一名不予奖励。

名次	理科侧重、理补	理科平行	文科
第一名	80 元		
第二名	60 元		
第三名	40 元		
第四名	20 元		
第五名	0 元	10 元	0 元
第六名	/	0 元	/

D. 非统考科目科任教师

工作开展情况符合教学标准要求,并能出色完成工作任务的予以奖励。具体核算办法如下:

实际课时达到满量的,个人奖金按本年级统考科目科任教师平均奖金70%折算;实际课时达不到满量的,个人奖金计算办法为,本年级统考科目科任教师平均奖金70%,减去【(标准课时 – 实际课时)×1 元】

E. 学部主任、年级组长

学部主任奖金 = 学部班级奖 ×2%

年级组长奖金 = 学部班级奖 ×3%

F. 教辅人员依据各处室考核结果,按照3∶3∶3∶1的比例进行排序,最高奖金不超过教师平均值的55%。

位次	奖金
30%	教师平均值×55%
30%	教师平均值×50%
30%	教师平均值×45%
10%	0

(三)获奖奖励

1. 各类先进奖

奖项	省级	市级	县级	校级
名师	5000	3000	2000	500
学科带头人	3000	2000	1000	400
教学能手 优秀党员 党务工作者 先进教师 模范班主任 先进教育工作者 师德标兵	2000	1000	500	300

①对获得国家级以上荣誉的,按省级标准的两倍予以奖励;获得省特级教师荣誉称号的一次性奖励3000元;

②以上奖项属于同一类别的,按最高获奖等级对待,不重复奖励;

③对与本方案不一致的荣誉称号名称,若属于同一类别,按相应等级标准予以奖励;对本方案未涉及的荣誉称号,原则上不予奖励,确应奖励的,由校务会研究决定相关事宜。

2. 技能贡献奖

教职工和学生参加各级各类竞赛,对获奖教师及学生予以奖励。奖金数额由校务会决定,最高不超过1000元。

3. 教学活动奖

在学校组织的各类教学赛事活动中,获得一、二、三等奖的教师分别奖励200元、150元、100元;在学部组织的同类活动,获得一、二、三等奖的教师分别奖励150元、100元、60元。

4. 教研活动奖

在青年教师培养中,获得优秀指导教师奖,或所指导的教师获得中、省、市及县级奖励的,分别予以500元、300元、200元、100元奖励;对承担教育主管部门课题研究并结题的,中、省、市、县级分别予以500元、300元、200元、100元奖励;对承担校本课题研究并结题的,中、省、市、县、校级分别予以1000元、800元、600元、400元、200元奖励;对在县级以上的正规刊物发表和获奖的论文,分别予以200元和100元的奖励。

5. 先进集体奖

获得先进学科中心组,20人以上的奖励1000元,15人以上的奖励800元,10人以上的奖励600元,9人以下的奖励500元;对获得先进备课组的予以300元奖励;在学校组织的各类集体比赛活动中,获得一、二、三等奖的班级分别予以500元、300元、200元奖励;在学部组织的各类集体比赛中,获得一、二、三等奖的班级分别予以300元、200元、100元的奖励。

6. 奖学金

①高考奖学金

对在我校实际就读的高三学生,高考成绩理科前15名,文科前5名予以1000元、800元及500元的奖励,具体标准如下:

年　级	科类	一等奖奖学金	二等奖奖学金	三等奖奖学金
高　三	理科	1名	4名	10名
	文科	1名	1名	3名

②基础年级学年度奖学金

对在学年度期末考试中取得优异成绩的学生予以500元、200元及100元的奖励,具体标准如下:

年 级	科 类	一等奖学金	二等奖学金	三等奖学金
高 一		15 名	35 名	50 名
高 二	理 科	15 名	30 名	45 名
	文 科	5 名	10 名	15 名
总 计	220 名	35 名	75 名	110 名

三、奖励方式及时间

1. 超工作量奖每学期期中、期末各发放一次;

2. 工作实绩奖将结合考试情况进行发放;

3. 高考奖(含过程奖)根据具体情况及时核算发放;

4. 各类先进奖金每年教师节予以核算发放;

5. 其他奖项奖金发放时间、方式由主管处室及学部根据工作需要决定。

四、附则

1. 本方案中的荣誉称号,是指受到各级党委、政府及教育行政主管部门表彰的各类先进;

2. 未尽事宜由有关处室(学部)提出建议,经校务会同意后实施;

3. 本方案自 2018 年 9 月 1 日起实施;

4. 本方案由校务会负责解释。

(一)教育工会

学校工会是党组织联系教职工的桥梁和纽带,是教职工参与学校民主管理的具体形式,是学校管理体制的重要组成部分,是维护广大教职工利益的重要保障。它在促进学校教育教学改革中具有重要地位和不可替代的作用。

2010 年 11 月 25 日,蒲城县教育工会批准成立"蒲城县第三高级中学教育工会"。

历任工会主席:

王建涛	梁建民	刘海林
(2010. 11—2013. 08)	(2013. 09—2014. 08)	(2017. 08—今)

（二）校团委

中国共产主义青年团是中国共产党的助手和后备军,是先进青年的群众组织。2011 年 4 月 27 日,共青团蒲城县委同意成立"共青团第三高级中学委员会"。2013 年 8 月 26 日,共青团蒲城县委任命杨蕾担任第三高级中学团委书记。2014 年 9 月,李莹任校团委书记。

历任校团委书记:

杨　蕾　　　　　　李　莹
（2013.08—2014.08）　（2014.09—今）

第二章

教育教学

第一节　德育管理

建校八年来,学校始终把德育工作作为学校工作的重中之重,以树立正确的世界观、人生观、价值观为重点,以养成良好的思想品质和道德情操为基础,紧密结合学校和谐发展的实际要求,遵循未成年人思想道德建设规律,坚持以人为本,促进学生德、智、体、美、劳诸方面都获得健康、和谐、积极向上发展。

一、学生管理

1. 学生常规管理

在学生管理方面,学校通过开展学生行为习惯养成教育等活动,真正将《中学生守则》和《中学生日常行为规范》落到实处,对学生纪律、学习、早操、午休、卫生、安全、一日常规等,从严管理,精细管理。在常规落实上,由学校领导、德育处、班主任、全体教职工、学生会参与管理,实行一日一反馈,一周一总结,一月一评比,使常规工作落到实处,培养学生养成良好的行为习惯。

2. 家校交流无缝链接管理

立足于全封闭、寄宿制学校实际,为了让家长放心,学生满意,学校制定《蒲城县第三高级中学家校交流无缝链接实施方案》及《细则》,实行家校交流无缝链接制度,对学生进行跟踪管理。采取师生经常谈心交流、定期不定期电话家访、登门家访等措施,拉近师生之间、家校之间的距离;建立"家校交流无缝链

接学生专档",从思想、心理、学习、学校表现、家庭环境等各个方面,在三年的学生学习生活中,督促跟踪每一个学生,及时向家长反馈学生在校情况,实现真正意义上的社会、学校、家庭三结合。

规定每学年上学期期中考试结束后,学校组织高一全体教师利用双休日,深入全体高一学生家中进行"地毯式"大家访,足迹遍布学区各个乡镇学生的家家户户,达到教育学生,教育教师,教育家长的目的,真正实现学校教育与家庭教育的无缝链接。每年5月份定期组织召开家长会,参会率达到百分之百。家长、教师共同商讨孩子的教育方法和策略以及良好习惯的养成,使家校教育形成合力。

为了加强学校与家庭之间的密切联系,使学校教育与家庭教育之间的信息快速传递,形成学校教育和家庭教育并重的格局,进一步体现教育管理人性化、精细化的原则,结合学校的实际情况,推广家校交流无缝链接实施方案。学校实施的家校交流无缝链接制度开创了高中德育工作管理的新局面。家校交流无缝链接制度是立足于寄宿制学校的实际,让家长放心,学生满意的学生管理制度。

(1)教师包联制

每位教师包联15－20名学生,建立学生成长档案,跟踪管理。采取师生经常谈心交流、定期不定期电话家访、登门家访等措施,拉近师生之间、家校之间的距离。

(2)大家访

"大家访"是家校交流无缝链接制度的最主要的一个环节。建校八年来,学校利用每年11月份期中考试后的一个双休日,组织全体高一教师深入高一年级学生家中进行家访。截至2017年12月,学校共组织教师440余人次深入4800余名学生家中进行家访,足迹遍布蒲城县各个乡镇,实现了学校教育与家庭教育的无缝链接,得到了社会的认可,吸引了省内外各兄弟学校纷纷前来参观学习,宣传推广。家长教师共同商讨孩子的教育方法和策略以及良好习惯的养成,使家校教育形成合力,收到了显著的效果。

2017年11月24日,高一教师家访出发前,苏校长进一步强调了这次家访的重要意义,并对全体家访老师提出了具体要求,力求做到家访有的放矢、高质高效地完成家访任务,并嘱咐一定要提高安全意识,确保家访交通安全,最后预祝这次家访活动取

得圆满成功!

（3）家长会

为了让家长更好地了解学生在校情况,身临其境感受校园文化氛围,加强家校的沟通与配合,学校至少每年组织高一年级召开一次家长会,高二、高三年级也会根据实际情况安排召开家长会。截至 2017 年上半年,学校共组织召开家长会 20 次。每次家长会学校都会制定详细的实施方案。

从 2013 年开始,学校积极利用"蒲城县第三高级中学校园网"开辟的交流平台,架起了师生思想交流、心理疏导的桥梁。越来越多的学生、家长和关心学校发展的人士,通过"校园网"了解学校,提出建议,倾诉困惑,在一定程度上实现了充分弘扬正气、交流思想和抵制歪风的网络育人功能。

附:(一)蒲城县第三高级中学
家校交流无缝链接实施方案

为了加强学校与家庭之间的密切联系,使学校教育与家庭教育之间的信息快速传递,形成学校教育和家庭教育并重的格局,进一步体现教育管理人性化、精细化的原则,现结合学校的实际情况,特制订家校交流无缝链接实施方案。

1. 由学校德育管理处和课程管理处统一安排部署,形成以学部为单位,由班主任牵头,各科任教师包联服务学生的管理体系。开学第一周,各班按照学生的家庭住址把学生分成 3—4 个小组,由下班教师对所包联的学生进行在校期间的全方位服务与跟踪管理。

2. 要求管理老师在一个月之内,对每个所包联的学生做到知品行、知心理、知性格、知成绩、知家庭情况。要建立家校交流无缝链接专人档案;详细记录学生学习、生活等方面的情况。

3. 各管理老师针对所包联学生的具体情况,设计详细的交流方案,每两周至少和学生交流一次,并及时做好记录,以备学校对每个学生高中三年的长期服务与管理。

4. 每次交流后,管理老师根据所包联学生的具体情况设计电话家访方案,及时和家长电话沟通,向家长反馈学生在校情况,同时也了解学生家庭状况、成长环境以及在家思想状况与表现。每月至少和学生家长沟通一次,并做好家访记录。

5. 每学年上学期期中考试成绩揭晓后,由学校办公室、德育管理处统一安排,学部具体负责,管理老师登门家访(应提前设计好登门家访方案,在家访中做好记录)。

6. 除以上规定要求以外,各管理老师还应该不定期和学生谈心,以各种形式(电话、电子邮件、请家长来校等)和学生家长进行交流,并做好记录。

7. 各管理老师应对每位学生的学习、生活、心理、身体等各方面情况深入了解,为学生提供精细的服务,给学生创造舒心环境,并以家校交流无缝链接为依托,努力提高学生学习成绩,培养学生良好行为习惯,体现三中的教育特色。

8. 各位包联教师及时做好访后分析,并撰写访后随感,定期进行交流。

9. 学校投入专项资金确保家校交流无缝链接的实现。德育管理处、课程管理处、学部不定期对学生的管理档案进行检查,对成绩突出的老师进行奖励。

总之,学校对学生的管理和服务要有爱心、耐心、恒心,要让每一位学生和家长感受到真正是为了学生的一切,一切为了学生。通过实际行动实现县教育局提出的"办好人民满意的教育"的办学宗旨,把三中打造成为蒲城教育的品牌学校。

蒲城县第三高级中学

2013 年 9 月 1 日

附:(二)三中学生一日常规

第一条:晨起

1. 按时起床。

2. 迅速整理好床铺,折叠好被褥。枕头放在被子上,枕巾盖在枕头上,拉平放好。床上不能堆放其他物品,床单保持整洁。

3. 床铺下物品要整齐放置,排成一条线。

4. 漱洗完毕后,牙刷、牙膏、脸盆、热水瓶等物品一律要摆放整齐。脸盆内不囤放脏水,毛巾整齐放置于盆沿。

5. 桌面、柜面上不准乱放洗衣粉、书本等杂物,一定要保持室内整齐、干净。

6. 如物品摆放凌乱,则按宿舍量化管理进行处罚。

第二条:值日

1. 舍长全面负责本宿舍常规管理。

2. 值日生认真打扫宿舍及公共区域。做到室内外地面干净,不留死角,垃圾及时倒掉,不得囤放在室内。

3. 值日生有责任督促其他同学整理好各自物品,避免乱丢果皮纸屑,否则承担相应的责任。

4. 如值日生工作不负责,应作书面检查,并重新值日。

第三条:出操

1. 积极参加会操,不迟到,不无故缺席。

2. 因病缺席须凭医生证明,向班主任请假,否则按旷课处理。

第四条:上课　按《课堂纪律制度》执行

第五条:就餐　按《餐厅就餐制度》执行。

第六条:课间、早读、正课、晚自习,在该四段时间内,学生不得进入宿舍区。特殊情况须由班主任或值班教师证明,并登记备查,方可入内,严禁强行闯入,违者按严重违纪论处。

第七条:午休、晚休

1. 按时休息,准时起床。

午休:12:50——14:10

晚休:22:10——6:20

(注:公寓大门按作息时间加锁和开门)

2. 袋装食品禁止带入公寓,更不得将固态杂物扔入水房、卫生间的下水道。全体学生要树立社会公德意识,共同维护给、排水设施。如发现乱扔固态杂物及损坏公共设施者,将赔偿管道疏通及设施维修费用。

3. 午、晚休期间,所有学生必须提前进入公寓,严禁在校园乱窜,在教室内逗留或打球。休息铃声响后,必须上床休息,起床铃响后,必须立即起床,按晨起要求整理好床铺及其他物品,离开公寓,准备上课。值日生迅速打扫好卫生,并及时回教室上课。

4. 休息期间,宿舍门不能关。严禁在宿舍内讲话、吃喝、玩耍、打闹、听音乐、看小说、洗衣服或干别的事情,

5. 休息期间更不能乱窜宿舍、乱窜铺位。各人在自己的床铺休息,不准外出。

6. 不准将闲杂人员私自带入公寓内。

7. 休息期间上厕所,应做到开、闭门轻,走路轻,更不能在楼道或厕所内讲话,影响他人休息。

8. 午、晚休秩序由公寓管理员负责,值周干事、保卫干事参与抽查,管理员每天通报检查结果,通报时注明班级、宿舍、姓名及违纪事由,并和班务量化挂钩。

3. 学生公寓管理

学校实行全封闭式管理,规定全体学生必须在校住宿。为加强管理,建立了一套行之有效的宿舍管理制度,并根据学生在校各个环节及各个时间段的管理要求,制定相应的管理办法。学生公寓楼有4人间、6人间、8人间。每个宿舍配有独立卫生间、洗漱台、晾衣架、衣柜、电风扇,为学生提供良好的休息环境。公寓管理从物品摆放、卫生面貌、纪律秩序等各方面制定了详细的制度要求,每个楼层有专人管理检查,全天候24小时管理,服务学生;宿舍管理人员每天对各寝室的安全、卫生、纪律进行检查,每周根据检查情况评选"文明宿舍";值班干事每天到宿舍进行两次巡查。为杜绝学生下晚自习后随意外出,学校安装自动考勤系统,检查学生晚归情况。规定每天晚上最后一节晚自习班主任必须按时到岗,待学生进入宿舍后,协助宿舍管理员逐室、逐床铺,清点人数,检查学生晚上归宿情况,督促学生就寝、按时休息、清理卫生并逐个进行登记,确保学生全部进入宿舍后,班主任及宿舍管理员方可离开。对学生公寓的规范化管理,不仅为学生营造一个安全、文明的住宿环境,同时也受到学生家长及上级领导的高度评价。

德育处、班主任、管理员定期或不定期对宿舍安全隐患、管制刀具、违禁物品、学生矛盾进行摸底排查,发现问题及时处理,杜绝了任何不安全事故的发生;学校为每一个宿舍制作了宿舍全家福、宿舍格言、舍员修身格言、舍长寄语,规范引导学生言行;公寓管理员每日通过温馨提示板为学生提供天气、生活小常识、宿舍检查结果等信息,使宿舍成为学生业余生活、休息的舒心温暖和谐的场所。

二、德育活动

(一)爱国主义教育

爱国主义教育是德育教育的主旋律,学校通过各种形式常抓不懈。

1. 学校依据《国旗法》严肃升国旗制度。每周一早操时间和大型集会都会举行全校性的升旗仪式或演奏国歌仪式。学校为此制定了相关的制度细则,严格考勤制度,要求所有师生均须按时参加,不得迟到早退,不得无故缺席,有事必须请假。要求在升旗或演奏国歌的过程中所有师生均须肃立面对国旗行注目礼。同时从程序、衣着、步伐、节奏、仪表、阵容、音响等方面,严格培

训旗手,做到仪式庄严、程序规范。唱国歌时,要求声音洪亮,精神振奋,神情激昂,声调一致。

2. 学校始终坚持"树德先树人"的理念,积极捕捉爱国主义教育契机,创新教育形式。2013年国庆之际,以爱国主义教育为主题,组织召开了全体学生会议,举行"向国旗敬礼、做一个有道德的人"网上签名寄语活动启动仪式。升旗仪式和动员报告后,全校学生举起右手向国旗宣誓:我热爱我的祖国,我祝福我的祖国,我报效我的祖

国,愿祖国繁荣昌盛。随后,以班为单位组织网上签名寄语。各班主任带领本班学生利用信息技术课分别在中国文明网、央视网等网页开展"向国旗敬礼、做一个有道德的人"网上签名寄语活动,热情抒发对伟大祖国繁荣昌盛、和谐富强的衷心祝愿,立志做一个有道德的人。

全校学生"向国旗敬礼、做一个有道德的人"网上签名寄语活动参与率100%。通过此次活动,同学们更加增强了爱国情感,并将爱国主义与热爱生命、热爱父母、热爱学习、热爱社会等思想紧密结合起来,以实际行动做一个有道德的人。

3. 为培养学生爱国主义情感,激发学生民族自尊心,促进学生"树德立魂,健康成长"。2011年3月28日,120名学生干部,在校领导、老师的带领下,办公室、团委、学生会共同组织,前往杨虎城纪念馆参观、学习。在展厅,同学们聆听了杨虎城将军的英雄事迹,无不为他的爱国精神所感动。大家怀着无比崇敬的心情瞻仰了杨将军塑像,向将军塑像敬献花篮。学校领导致辞,学生代表发言,集体宣誓,表达对烈士的缅怀和敬仰之情,同学们纷纷表示:遵规守纪,勤奋学习,为社会主义建设贡献力量。活动最后由学校张化林副校长和纪念馆牛馆长交接蒲城三中德育教育基地牌匾。

2013年4月2日,128名学生干部在教育局、校领导和老师的带领下,由校德育管理处、团委和学生会组织,前往林则徐纪念馆进行参观。参观前,林则徐

纪念馆馆长高起胜做了语重心长的讲话。随后,张化林副校长和高馆长交接了"蒲城县第三高级中学爱国主义教育基地"牌匾。在解说员的带领下,学生们在庄严肃穆的气氛中开始参观。在英雄展厅,学生们聆听了这位民族英雄的伟大事迹,怀着无比激动的心情瞻仰了英雄塑像,并敬献了花篮。在英雄塑像前,教育局基教二股雷建军股长作了言辞恳切、慷慨激昂的讲话。最后,学生代表发言,集体宣誓,大家承诺用实际行动来表达对英雄的缅怀和敬仰之情。

2017年4月1日上午,为缅怀革命先烈,弘扬爱国主义精神,铭记先烈,不忘历史,学校组织党员标杆、团员代表开展了"缅怀先烈　铭记历史　凝心聚气　荣我三中"祭扫烈士陵园主题教育活动。40余名师生来到永丰烈士陵园。在庄严肃穆的烈士墓碑前,4名团员代表向烈士纪念碑敬献花篮,全体师生默哀告慰烈士们的在天之灵。学生常远带领全体团员代表宣誓:要"树立远大理想,继承先

辈遗志,奋发图强,努力学习"。接着,党员代表张水玲老师带领党员标杆重温入党誓词,铿锵有力的言语表达了全体师生对烈士们崇高的敬意。党支部副书记陈娟代表讲话,勉励青年学生不忘历史,努力学习。最后,全体师生再次向革命烈士三鞠躬寄托心中哀思,并跟随讲解员参观了烈士陵园。

追思澎湃历史,激扬爱国青春。2017年12月10日,为弘扬爱国主义精神,激发广大学生的社会责任感和历史使命感,在纪念西安事变爱国运动及第四个南京大屠杀死难者国家公祭日来临之际,德育处提前部署,采取国旗下演讲、主题班会、板报、参观林则徐纪念馆等多种形式,

重温历史,培养爱国情怀。

2018 年 4 月 4 日,学校党总支和校团委组织 50 余名师生赴陕西省爱国主义教育基地——富平习仲勋陵园,缅怀革命先辈,追思老一辈无产阶级革命家的光辉历程。在习仲勋陵园,师生们在讲解员的带领下,为革命先辈献花、鞠躬敬礼。团员们面对习仲勋的塑像发出了继承革命精神,发奋学习成才的

誓言;党员们面对党旗庄严宣誓,表达对革命家的敬仰之情。随后,师生们参观了习仲勋故居,聆听了习仲勋同志革命历程及他为新中国的建立、建设和改革开放呕心沥血的卓越功勋,观看了记录习仲勋革命生涯的照片、资料和实物,深切缅怀习仲勋等革命先辈的历史功绩。

2018 年 6 月 11—12 日,学校党总支组织部分党员及高三教师 52 人赴革命圣地延安及梁家河等地重走红色革命道路,传承延安精神,开展"梁家河读写思行"学习教育活动。

4. 为了深入贯彻落实县局关于在全县中小学开展"爱学习、爱劳动、爱祖国"的要求,2013 年 11 月至 2014 年元月,学校以贯彻十八大精神为主线、以习近平总书记的讲话精神为指导,在广大学生中深入开展"爱学习、爱劳动、爱祖国"的主题教育实践活动,大力加强理想信念教育、爱国主义教育、热爱劳

动和为人民服务教育。为了落实工作任务,确保"三爱"活动取得实效,学校成立了活动领导小组。

组　　长:王建涛

成　　员:陈娟　蒋宏杰　董洁　杨蕾

各班班主任

活动时间:2013 年 11 月 25 日—2014 年元月 10 日

活动对象:高一、高二全体学生

围绕"三爱"教育主题,举行了一次国旗下讲话。让全体师生了解本次主题教育活动的内容。利用校园广播、校园网、宣传栏等形式,营造活动氛围。团委负责实施。第15周各班出了一期以"三爱"为主题的黑板报。2013年12月19日晚第三节晚自习,各班开展"爱学校、爱老师、爱学习"为主题的班会。第17周各班开展"劳动最光荣"实践活动,组织学生清扫校园垃圾,维护校园的整洁卫生,培养学生的责任感及集体荣誉感。

附:学校升降国旗制度

根据《国旗法》第六条中"全日制学校,除寒、暑假和星期日外,应当每日升挂国旗"的规定,结合我校实际,特制定升降国旗制度如下:

一、我校升降国旗由学校团委、学生会统一安排,学校国旗护卫队组织实施。升旗时间每周一早9:10,降旗时间每周五下午15:00。

二、升旗时,必须将国旗升至旗杆顶部;降旗时,不得使国旗落地。

三、举行升国旗仪式时,全体师生无特殊情况,都必须到场参加仪式。其他在场的师生都要停止其他活动,听从指挥,面向国旗,肃立致敬。等升旗仪式完毕后,方可自由行动。

四、国旗仪式以及校内外大型活动由学校国旗护卫队组织实施。

五、9:10,早第二节课后,伴随着运动员进行曲,全体师生统一到升旗台前整队,班主任随班,其余教职工列队站在指定位置上。全体师生列队完毕举行升旗仪式。

六、升国旗仪式程序是:

1.全体肃立,护卫队出旗,奏乐。

全体师生员工面向旗杆正站立。出旗手擎国旗(旗杆部分靠后),四名护旗手在出旗手两侧,从教学楼前由齐步换正步走到旗台旁,三名升旗手上前一步接旗,一人托旗,做好升旗准备。

2.升国旗,奏国歌,全体师生行注目礼;礼毕。

升旗开始,全体师生面对国旗立正,行注目礼,目光随国旗的徐徐上升上移,不得他顾;场外人员在升旗开始时,也得驻足行注目礼。

3.升旗仪式由两个值周班级其中一个班的学生主持,另一个班级的学生做国旗下演讲。主持和演讲的学生要求服装整齐,有讲话稿,简短而主题突出,教育性要强。讲完话宣布仪式结束。

4.升旗仪式结束,由体育老师组织退场。

七、发现国旗污损、破损或其他影响升降国旗的问题,由国旗护卫队负责人及时和团委学生会联系,采取措施保证国旗升降不受影响。

(二)集体主义教育

为了培养学生的集体主义观念,让他们自觉关心集体,爱护集体,并时时刻刻维护班集体,有集体荣誉感,学校组织召开了"我是三中人""我为三中添风采"主题班会,开展了"文明教室""文明班级"评比活动。

1.2011年3月8日,学校组织全体师生利用课余时间,举行了一场别开生面的拔河比赛。赛场上,队员们铆足干劲,齐心协力;助威者齐声呐喊,声势震天。此项活动,既丰富了学生的课外文化生活,又极大地培养了学生的集体荣誉感。

2. 2013 年 8 月 25 日,在学校举办"爱与和谐"大型体验式活动。300 余名学生、家长和教师通过各种寓教于乐的游戏,在开放的体验环境中让学生学会感受有效的沟通方法。在活动现场,300 多名师生、家长和义工,通过"手搭手找朋友""大小呼啦圈""拼图""二人对话"等各种寓教于乐的游戏,让学生、家长、老师放下平时的身份和角色,从体验中学会如何接纳、关

心别人,体会沟通、信任和支持的力量,学会欣赏和关怀别人;同时也让学生、家长、教师展示了内心世界,搭建沟通心灵的桥梁,彼此建立一种亲密无间的关系,学会沟通、信任、支持和欣赏。

3. 2017 年 12 月 8 日,为了进一步推进学校阳光体育的蓬勃发展,活跃校园文化生活,加强队列队形的要求和标准,提升班级凝聚力,培养学生合作精神,高一、二年级分别举行了队列队形比赛。

4. 2018 年 3 月 9 日,春风暖阳下,学校春训团队合作拓展训练活动如火如荼地开展。本次活动的目的是活跃校园文化氛围,增强教师队伍凝聚力,促进内部沟通,融洽团队关系,树立相互配合、支持的团队意识,激发创造进取精神。通过破冰团建、无敌风火轮、情报传递、我们

是最棒的等主题活动,开展团队精神、合作意识、创新思维、挑战自我的训练。

（三）理想信念　人生观价值观　世界观教育

1. 2012 年 10 月,依据教育局《关于举办第三届学生论坛的通知》,学校行政会研究制定

了工作方案及要求,成立了以德育处为首的组织领导机构,在教职工大会上进行了宣传和布置。围绕"珍爱生命　健康成长"主题,积极组织落实,进一步帮助学生提高面对挫折的自我调节能力,促进学生健康成长。

首先,以班为单位,通过论坛、演讲、主题班会等形式,学生自主参与,搜集资料,围绕主题开展活动。会后各班上交了班级优秀稿件,班主任对论坛稿件给予点评。

其次,在班级活动基础上,活动领导机构从各班推荐的优秀讲稿中,选出参加学校学生论坛的各学部代表,由学生会组织举办学校学生论坛。

最后,德育处认真总结,对组织开展效果好的班级给予通报表扬,对优胜选手进行表彰。并做好材料收集和存档工作。

本次论坛组织周密,落实到位,对学生的安全教育、人生观教育、责任意识等方面教育起到了积极的促进作用。

2. 2014年12月11日下午,渭南市中小学心理健康大型巡回演讲团来校,为高一、二学生做了关于心理健康报告。近1700名师生聆听了北京大学心理学学士、西安大唐补习学校心理督导室主任李重佐老师的精彩报告。李老师从高中阶段学生中普遍存在的心理健康问题入手,向学生讲授如何缓解压力,如何进行自我意识的梳理,如何树立良好的世界观、人生观、发展观等几方面的知识,从而引导学生正确认识自我,提高自主自助和自我教育能力,增强调控情绪、承受挫折、适应环境的能力。

2017年11月10日,为了让全体学生正确认识青春期生理和心理特点,掌握身心保健知识。学校举办了健康、安全知识讲座。特聘"陕师大心理学硕士研究生——刘倩老师"为全体女生举办了"珍惜青春,把握未来"的心理生理健康教育讲座。刘倩老师从学生应该如何正确认识自我,增强调控自我、承受挫折、适应环境的能力及培养学生健全的人格和良好的个性心理品质入手,结合学生年龄特征谈起,奉劝学生健康成长,主动树立健全的心理、生理观,形成完善的人格,提高自身素养,珍惜青春,把握未来!

德育处组织全体男生召开了心理健康、安全报告会。会议由德育处主任蒋宏杰为大家作了题为"以阳光积极的心态,做自己情绪的主人"的报告。向同学们明确健康的概念,不仅包括生理健康,还包括心理健康、道德等方面的健康,并通过真实的事例阐明了管理和调控自己情绪的方式方法,鼓励同学们以积极健康的心态走向成功。随后,党总支副书记陈娟做了重要讲话。她从心理、生理的变化讲述了青少年青春期的"样子",并从健康教育和励志教育与大家交流青春期教育的重要性。最后,希望广大青年要坚定理想信念,志存高远,脚踏实地,勇做时代的弄潮儿,在实现中国梦的生动实践中放飞青春梦想。

3. 为了让学生坚定正确的理想信念,帮助其树立正确的人生观、价值观、世界观,2013年6月2日上午9时,学校在多功能厅隆重举行了主题为"风雨兼程三春秋,扬帆远航正当时"首届毕业典礼。参加大会的有教育局党委书记杨西庆、教育局副局长张建国、教育局党委副书记王东印、教育局纪检委书记吴庚年及教育局各股室股长、主任、三中学区初中校长、家长代表、校全体领导及高三全体师生。

2014年6月1日上午9:00,学校在多功能厅隆重举行了主题为"感恩成长　逐梦未来"2014届学生毕业典礼。参加大会的有学校全体领导和2014届毕业班全体师生。

2015年6月2日上午,校高三老师和毕业班全体学生在多功能厅隆重召开了主题为"让青春远航·为成长添彩"2015届毕业典礼。出席典礼的有学校校长澹台典潜、党支部书记张化林、学校副校长梁双纪、姜新民等。

2016年6月2日早上9时,经过精心筹备的以"青春励志　成长　收获"为主题的2016届毕业典礼在宽敞明亮的多功能厅隆重举行。学校领导及高三全体师生欢聚一堂,共同为高三学子圆满毕业和高考最后的胜利祝福祈愿。整个活动由四个乐章组成。在庄严的国歌声后,典礼开启了"青春做伴、时光鉴定,为远航壮行"的第一乐章。在大

家期盼的目光中，澹台校长饱含深情地致辞。他以充满亲和力的话语和饱满的情感，回忆了莘莘学子高中三年的生活学习历程，热切地祝愿他们在高考中交出一份满意答卷，担负起人生的责任。随后，德育处主任蒋宏杰宣布毕业决定，相关领导为学生们颁发了毕业证书。在热烈的掌声中，"激情绽放、毕业留念，为母校献礼"的第二乐章拉开帷幕，高三师生、高一高二学生代表同台献艺，为毕业典礼增添华彩，带来活力。张水玲、党苗苗等6位老师的诗朗诵《高中三年我们一起走过》，党芳、李娜等9名师生的诗朗诵《逐梦而行

高歌勇进》，王婧和她的舞蹈队表演的舞蹈《在爱的天空下》，高三学生郭驰、冯泽兴表演的相声《满腹经纶》，高二5班学弟学妹们表演的话剧《狼牙山五壮士》，高三学生尹浩、左童等表演的情景朗诵《再别康桥》等，让台上台下高潮迭起、掌声不断。

　　在热烈欢庆又振奋鼓舞的气氛中，感人至深的第三乐章"感恩的心、深情告白、与恩师话别"牵动着在场每一个人的心。74名学生走向台前，向敬爱的老师献花，表达对恩师由衷的敬意和对母校深情的眷恋。师生们相拥而泣，依依惜别，难舍难分的场面感动人心，催人泪下。当10点的钟声敲响，"祝福明天、期待未来，向梦想前进"的第四乐章把整个活动推向最后的高潮，全场洋溢着无限的激情和张力。在真诚的祝福中，在全场师生同唱《明天会更好》的歌声中，毕业典礼圆满落下帷幕。

　　"恰同学少年，风华正茂；书生意气，挥斥方遒。"同学们，努力吧！相信你们的明天会更好，祝愿蒲城三中的明天更辉煌！

2017年6月3日,清风吹,花怒放,心飞扬,学校迎来了高三学生的毕业时刻。学校领导及高三全体师生齐聚一堂,隆重举办2017届毕业典礼,共同为高三的学子助威、祝福!典礼以"铭记青春、超越梦想"为主题,寄托着学校对本届毕业生不忘青春岁月、努力实现梦想的希望,也代表着学校实现跨越式发展的远景。

2018年6月3日上午,学校德育处精心筹备的以"感恩母校 扬帆远航"为主题的2018届毕业典礼,在宽敞明亮的多功能厅隆重举行,学校领导、全体高三师生和部分学生家长代表共赴盛会,共同见证高三学子毕业的荣耀,一起擂响高三师生出征的战鼓。

毕业典礼在轻松、激情活力的学生街舞中拉开了帷幕。首先,温情满满的视频回顾《青春三载,芳华逐梦》,展示了师生们三年"成长的足迹"。

在一片热烈的掌声中,苏耀锋校长饱含深情地致辞《征程有我们,未来属于你们》。苏校长代表学校向圆满完成高中学业的全体毕业生表示热烈的祝贺!向三年以来为同学们成长倾注了辛勤汗水的所有教师和家长致以衷心的感谢!他寄语同学们,三中三年,是你们的青春嘉年华;三中三年,是你们的梦想集结地。他希望同学们能够肩负时代使命,放飞青春梦想,成就奋斗人生,实现自我理想,谱写母校荣光!

随后,李文宾、党卫东两位老师代表全体高三老师为毕业生赠言,他们深情回忆了同学们成长中的点滴进步和许多平凡的感动,并希望同学们在以后的人生道路上,扬起理想风帆,展开强劲翅膀,祝福同学们高考成功,

前程似锦。高二学生奥林茹、邓湘烨代表学弟学妹们表达了对学长们的深深祝福。

毕业生崔建铖、常卓琳代表全体高三学子讲述了自己的毕业感言,他们用饱含真情的话语道出了成长的感悟、青春的收获,倾诉了学子们对老师、母校的感恩、眷恋和对未来的憧憬。

高三(9)班学生家长王红娟代表所有家长也送上了对毕业生的祝福,祝愿孩子们都能收获青春奋斗的果实;同时,也表达了全体家长对他们的殷殷期待。希望毕业生们能牢记老师的哺育之情,莫负母校的培育之恩,不忘父母的养育之难。在今后的人生路上,能牢记三中校训,走得更踏实更稳健。

三年师生情,绵延至永久。在热烈欢庆又振奋鼓舞的气氛中,感人至深的"感恩的心、深情告白、与恩师话别"环节牵动着在场每一个人的心。学生们

走向台前,向敬爱的老师献花,表达对恩师由衷的敬意和对母校的深情眷恋。师生们相拥而泣,依依惜别,难舍难分:场面感动人心,催人泪下。

最后,苏校长向毕业班各班班长颁发了毕业证书。三年的青春岁月在这一刻定格;一千多个日夜的付出在这一刻化作成长的喜悦;沉甸甸的毕业证书既代表着一个人生阶段的终结,又象征着一段新旅程的开启。

在学妹们优美多情的舞蹈祝福之后,在全体高三同学昂扬振奋的宣誓声中,伴随着《相信自己》的音乐响起,2018届毕业典礼圆满落下帷幕。

(四)道德教育

1. 2013年10月至12月,为了进一步弘扬中华传统文化,切实加强学生的思想道德教育,提高全体学生的思想道德素养,弘扬中华民族传统美德,学校组织开展了学习《弟子规》活动。

活动共分三阶段进行:

(1)宣传阶段:(2013. 10. 08——2013. 11. 09)

①通过板报、宣传栏,观看视频、教师讲解等形式,学习《弟子规》。

②利用班会、课前时间，班干部带领学生学习《弟子规》，做到准确朗读、熟记于心。

③充分利用课余时间，化整为零，从点滴学起，从点滴做起。

（2）学习阶段：（2013.11.10——2013.11.30）

各班学生每人准备了一个《弟子规》学习本，手抄了一份《弟子规》读本（含译文），带回家与家长一同学习，学完后家长签字，并与学生各写一份读书心得。

（3）总结评比阶段：（2013.12）

以情景剧的形式对学习效果进行了最后评价，并设立奖项，对优秀班级进行奖励。

2. 为了进一步优化学校环境，构建和谐文明校园，学校高一、高二年级于2014年3月3日，利用第三节晚自习时间，组织开展了"三月文明礼貌月"主题班会。各班班会主题丰富多彩、形式多样，有小品《学雷锋、做文明人》，快板《讲文明、学礼仪》，演讲《校园社会安全常识》等，各班组织到位，班干部主持大方，学生积极参与，整个活动期间掌声不断。

这次班会，拉开了学校讲文明、树新风的序幕。学生以此活动来激励和鞭策自己，做到尊师重教，文明友爱，时时树新风，处处讲文明，助人为乐，团结协作，争做崇尚礼仪、积极进取的中学生，让文明之风吹遍整个校园。

3. 文明是一种认识，是一种观念，更是一种文化。为了加强学生日常行为习惯的养成，2016年3月2日第三节晚自习，学校在各班班主任的组织下，召开了"文明礼仪我先行"主题班会活动。会上，各班以小组为单位进行发言，每个同学都发表了自己对文明礼仪的看法和认识，最后结合自己的学习生活实际，畅谈今后应该怎样做。

通过此次班会的开展，使每一位学生都感受到文明礼仪的重要性，从而积极行动起来，争当社会文明礼仪先锋。从自身做起，从

身边小事做起,从一点一滴做起,努力提高自己的文明修养,做一个"讲文明、懂礼貌"的当代青年。让文明礼仪之花常开心中,把文明之美到处传播!

4. 组织学生观看2015、2016年十大感动人物颁奖典礼。召开"感恩社会、奉献你我"主题班会,对学生进行道德教育。

5. 2017年10月25日,晚自习学校300余名师生与郭瑞老师齐聚一堂,聆听郭瑞老师的讲座——"庄子时代——国学中的人生启智"。

6. 2018年3月11日,为了推进校风建设,培养学生良好的行为、生活和学习习惯,着力加强思想道德建设,深化精神文明建设,提高素质文明程度,德育处组织开展"携手文明三月,共筑文明之梦"主题班会,使学生认识到文明礼仪就在我们身边,更懂得一个现代文明人必须具备的美德。

7. 2018年9月6日,在学校操场隆重举行的2018—2019学年开学典礼暨教师节庆祝大会上,50余名身穿汉服、手捧竹简的学生庄重地向全体老师行拜师礼,齐声诵读《学记》,表达对老师的崇高敬意与真诚感恩。"拜师"仪式庄严恭肃,令现场的师生们心潮澎湃,无比振奋。

(五)法制教育

1. 2012年9月20日至10月20日,根据县局《关于在全县教育系统开展"反邪教警示教育宣传月"活动的通知》精神,结合实际情况,学校在全校开展以"崇尚科学、反对邪教,确保校园纯洁稳定"为主题的反邪教警示教育活动。

学校紧紧围绕"崇尚科学、反对邪教,确保校园纯洁稳定"主题,扎实有效地开展学习教育和警示活动。2012年9月26日,成立反邪教教育活动领导机构,制定警示活动实施方案。9月29日,给学生下发反邪教教育致家长的一封公开信。10月4日,组织高一学生观看反邪教教育宣传片。10月9日,刊出了一期以"崇尚科学、反对邪教"为主题的板报,充分发挥广大学生的辐射宣传作用。10月17日,以班为单位召开了一次反邪教座谈会。

2. 2013 年 4 月至 11 月,学校为认真实施"六五"普法规划,进一步加强青少年法制教育,扎实推进依法治教、依法办学工作,强化学校"法律进学校"暨"十佳法治校园"创建工作,结合学校实际,组织实施以下方案。

第一阶段:准备阶段。2013 年 4 月 5 日—10 日

(1)建立健全组织机构,制定活动方案。

(2)做好动员宣传工作,提高全体师生对活动重要性的认识。

第二阶段:组织实施阶段。2013 年 4 月 10 日—2013 年 9 月

对照"法律进学校"活动工作标准,根据实际需要,学校组织开展内容丰富、形式新颖、富有成效的各项落实工作,树立先进典型,以点带面,积极掀起创建热潮,使创建"法律进学校"工作真正落到实处。

(1)邀请法制副校长和法制辅导员,对学生进行法制教育辅导,并组织学生观看法制教育影片。

(2)建立法制宣传专栏、橱窗,充分利用升国旗等形式,开展法制宣传教育,引导学生学法律、知荣辱、明是非,有效提升青少年学生法律素质。

(3)坚持校内教育与校外教育相结合,开展"学生带法回家"等生动直观、寓教于乐的法制实践活动。

(4)组织开展法律知识竞赛,切实提高学校法制教育的实际效果。

(5)通过班、队会等形式,以班级为单位,召开"法律进班级"主题班会,采取互动讨论等方式,深化法制教育活动。

(6)各班刊出了一期"法制教育"主题板报。

(7)开展校园周边法治环境整治活动。学校积极配合公安、工商、文化等有关部门,治理好校园周边环境,营造良好的学校外部环境。

活动后,学校收集了活动的各种文件资料、照片、影像等,以备评估验收。

第三阶段:总结验收评比阶段。2013 年 10—11 月

学校认真开展自检自查、反馈整改工作,全面总结工作成果,完善档案材料,顺利通过县"法律进学校"创建工作领导小组对学校创建工作情况的评估验收。

3. 开展自护自救情景剧表演活动

2013 年 4 月 18 日 19:00,学校"自护自救情景剧"表演在多功能厅拉开序幕。校长澹台典谱、教育局基教二股股长雷建军、教育局基教二股干部李小龙及学校全体领导参加了此次活动。经过选拔,本次比赛共 11 个节目入选,经过两个半小时的紧张角逐,高二(11)班的节目《一念之间》和高二(3)班的《宿舍轶事》荣获一等奖。

4. 法制平安进校园活动

为进一步加强青少年法律理念教育,增强青少年自我保护意识和法制观念,培养青少年良好的社会行为习惯,2013 年 5 月 22 日上午,"法治陕西大讲堂"在蒲城县第三高级中学操场开展了一场别开生面的青少年法制宣传报告会。参加这次报告会的有省"校园法制报告团"常务副团长陈静老师;原西安市新城区司法局局长、报告团成员赵小丽老师;

西安交通大学周边办主任、报告团成员王峰老师。会议由校德育处主任王建涛主持。

会议首先由省"校园法制报告团"常务副团长陈静老师为学生做了一场精彩的授课。她用通俗易懂的语言和典型案例教育,引导同学们认识什么是法律,了解犯罪的危害,并传授了基本的自我保护常识;其次原西安市新城区司法局局长、报告团成员赵小丽老师组织大家学习了《中华人民共和国刑法》;最后,为了活跃会场气氛,特邀请陈静老师、王峰老师、赵小丽老师为学生展示了他们精彩的才艺表演,将本次活动推向了高潮。

5. "小手牵大手　平安进万家"主题活动

为了认真贯彻落实县局关于在全县中小学开展"小手牵大手　平安进万家"主题宣传活动的通知精神,通过宣传教育、实践体验,营造浓厚的舆论氛围,激发全校师生参与平安校园创建的热情,凝聚学校和社会力量,更好地构建和谐社会、平安校园。2013 年 11 月 1 日—12 月 5 日,学校组织实施了以下活动:

(1)11 月 1—7 日,德育处向家长发放了一份创建"平安家庭"倡议书。

(2)11 月 16—17 日,学校组织进行了"深入家庭、关爱学生"家访活动,向家长传达了以"珍爱学生生命,履行监护责任"为主题的活动精神,深化平安宣传,落实共创平安的责任。

(3)11 月 13—17 日,组织学生每人制作了一份"我是平安宣传员"手抄报,宣传防盗防抢、防止意外事故、上学放学、出行旅游、用电用气、安全饮食等应知应会的平安常识。

(4)11 月 23 日,组织家长编写了以"平安在我家"为主题的短信发给各班主任,各班主任挑选 3 条编写好的短信发到了德育处邮箱,学校利用校园网进行宣传。短信格式为"第三中学:短信内容,高几(几)班某某家长"。

(5)11 月 25—29 日,学校组织举办"人人讲平安"法制报告会,印制发放《冬防安全小常识》。

(6)12 月 5 日前,各班上交一份活动总结。

6. 2014 年法制教育第一课活动开展情况统计表

项目	数量	参加人数	备注
升国旗仪式	1 场	2850 人	
报告会	1 场	50 人	
主题班队会	8 场次	419 人	
模拟法庭	4 场次	104 人	
宣传页	1 份	1 张	
主题征文活动	1 次	20 人	
演讲比赛	1 场次	46 人	
主题小节目	4 场次	48 人	
合计		3537 人	

7.《学法　守法　用法》法制报告会

为了增强师生的法制观念,更多地普及法律知识,增强法律意识,营造文明、和谐、平安的校园环境。2015 年 3 月 18 日,学校邀请陕西卓星律师事务所主任、蒲城县"六五"普法宣讲团讲师王卓斌来校作法制教育报告。参加本次报告会的有司法局纪检书记周军飞,司法局宣传股股长李少军,教育局基教二股股长雷建军。学校副校长王建涛主持。首先,王卓斌讲师给学生阐述学法、守法的重要性。接着从学生的实际出发,通过一些生动鲜活、触目惊心的青少年犯罪案例,深入浅出地进行分析,告诫学生必须引以为戒,增强法制观念,增强法律意识。最后王卓斌讲师提出慎交友、立大志、勤思考、敢维权等十点建议,希望学生在今后能够更多地学习法律,运用法律保护自己、关心他人。整场报告通俗易懂,感染力强,提高了学生的法制观念,增强了学生辨别是非和自我保护、自我防范的能力。

8. 2017 年 10 月 29 日,为了提高对青少年的控烟工作,切实加强在校青少年的健康教育,在德育处的安排下,召开了以"拒绝香烟从我做起"为主题的教育班会活动。通过此次活动,将吸烟的危害深入到每位学生心中,引导青少年认清吸烟危害,自觉远离香烟,增强他们抗烟的意识和能力,营造有利于青少年健康成长的学习生活环境。

9. 2017 年 12 月 4 日,第四个国家宪法日,学校组织开展"弘扬宪法精神,建设法治校园"主题宣传教育活动。通过对主题宣传教育活动进行详细部署,把学习宣传十九大精神、以宪法为

核心的中国特色社会主义法律体系列为重点内容,举办了主题班会、演讲辩论、国旗下演讲等活动。

10. 2018 年 4 月 1 日,为了加强对校园欺凌事件的预防和处理,增强学生的安全意识和法纪观念,创建平安和谐校园,学校组织召开"防欺凌"主题班会。各班采取讲故事、放视频、演讲、讨论等丰富多彩的形式,对学生进行了深刻的预防校园暴力欺凌教育,增强了学校师生防欺凌的意识,有效地预防校园欺凌事件的发生。

（六）社会实践教育

1. 举办"我在家乡践行社会主义核心价值观"社会实践调研活动

为了深入贯彻党的十八大精神,让广大青年学生深入社会、了解国情,学校安排学生在寒假开展了"我在家乡践行社会主义核心价值观"社会实践活动。为了督促学生积极开展活动,2015 年 2 月 5 日至 6 日,学校领导带队,组织老师对部分学生就活动开展情况进行调研。

活动开展前,学校精心安排并召开社会实践活动调研专题会议,教师利用假期时间,走街串巷,深入到学生家中了解此次活动的开展情况。调研中,教师不仅了解到学生是如何开展社会实践活动的,而且向家长反馈了学生的学习情况及在校表现,进一步形成教育合力,达到家校携手,合作育人的目的。同时,活动的开展也受到了家长的一致好评,并提出了宝贵的意见和建议,为学校今后的发展增添了浓墨重彩的一笔。

通过此次活动的开展,不仅使青年学生更加了解社会,开阔视野,增长才干,而且使他们学会更好地服务于社会,更加深入地践行社会主义核心价值观,做一名全面发展、思想先进、锐意进取的新时代中学生。

2. 举办《关爱留守儿童　志愿者在行动》活动

2015 年 3 月 5 日,学校 4 名青年志愿者在校团委书记李莹的带领下,携手其他四个学校的青年志愿者共同走进尧山小学,参加由团县委组织的"关爱留守儿童,志愿者在行动公益活动",为那里的留守儿童送去了一份温暖。

早晨 10 点活动正式开始,首先是各位志愿者为留守儿童捐赠学习用品,一份份精美的礼物,承载着对他们的关爱和希望。接着,青年志愿者为留守儿童表演节目,虽然雪花漫天,但他们的表演使得现场气氛异常热闹。最后志愿者们与留守儿童共同开展了趣味游戏,本次活动在一片欢声笑语中圆满结束。这不仅是爱心的传递和公益的表达,更能促使当代中学生朝着正确的方向去努力奋斗,向社会传递正能量。

3. 举办《迎中秋　求奋进　知感恩》社会实践活动

为了让学生走近中秋节,了解中秋文化,敬献感恩之心,学校于 2015 年 9 月 26—27 日精心组织了本次活动。

活动一:调查中秋节的来历和风俗

通过书籍、网络等了解中秋节的由来、中秋节的习俗、中秋节的传说、中秋月饼的故事等,激发了学生对中国传统文化的兴趣。

活动二:品味中秋节的诗词

学生利用假期上网浏览,查阅了有关中秋节的故事、诗歌和对联,并将自己最感兴趣的内容记录下来。

活动三:尊敬长辈,敬献孝心

全体学生在家中实践孝敬美德的同时,积极广泛地宣传美德。每位学生至少走访慰问一次村中老人,为老人们做力所能及的好事,如干些家务、陪老人聊聊天等。

4. 举办《关爱老人,志愿者在行动》活动

为了弘扬雷锋精神,发扬尊老、敬老、爱老的传统美德,2016 年 3 月 14 日,20 余名青年志愿者

在德育处主任蒋宏杰、团委书记李莹的带领下,步行至蒲城县中心敬老院奉献爱心。

下午 2 时,青年志愿者怀揣爱心走进敬老院,立刻帮助敬老院的老人们打扫卫生。他们不怕脏、不怕累,有的抹洗玻璃,有的扫地,有的整理床铺,有的陪老人们聊天,赢得了老人们的一

致好评。最后,志愿者们为老人献上了他们精心准备的文艺节目,赢得了老人们阵阵掌声。真诚的劳动、亲切的交谈、动听的歌声、优美的舞姿,为平日清净的敬老院增添了一抹色彩,带来了一

份温暖。整个下午,敬老院里充满了欢声笑语,洋溢着温馨、和谐的气氛。

最后,志愿者开心地与老人合影留念,依依不舍地离开了敬老院。此次活动,充分展示了当代青年的精神风貌,也让学生从实践中学会关爱,学会感恩,学会报答,进一步激发学生尊老敬老,关爱老人的社会责任感。

5. 春风暖人间　文明伴我行

阳春三月,惠风和畅,文明花开。高一年级150名学生参加了县教育局组织的"雷锋精神,由我传递"青少年志愿者活动,此次活动也是学校"学习雷锋,志愿者在行动"活动的再深入。

2016年3月15日下午,志愿者服务队在县中心广场集合参加了开幕仪式,随后学校领取任务,投入到了火热紧张的劳动之中。

校志愿者团队承担的是县委办公大楼前广场清洁环保任务。接到任务后,三人一组,五人一队,扫地的扫地、抬水的抬水、擦栏杆的擦栏杆、刷树的刷树。热火朝天的劳动现场,来回奔波的小小身影,此起彼伏的欢声笑语,吸引了大楼上办公的县委书记陈振江。他派人送来了纯净水,慰劳辛勤劳动的学生。三月和煦的春风、温暖的阳光、领导亲切的问候,让学生干劲十足,不到两个小时,县委大楼前地面干净,花草清新,护栏整洁,树身披上了白色的新衣,整齐优雅。学生的脸上洋溢着劳动创造美好的幸福喜悦。

这次活动,学生不怕苦、不怕累、不怕脏,在团结互助中创造成绩。他们体验到了劳动带来的快乐,既锻炼了自己又为学校赢得了荣誉。

6. 2018年5月14—15日,在校团委和学生会的统筹安排和精心准备下,"模拟联合国大会"成功召开。经过层层选拔,高二年级各班学生组成的14个国家代表团共70余人参加了此次模拟大会。模拟国代表围绕早已确定的"贸易壁垒"议题进行了激烈磋商,许多国家为了本国的利益或结盟或打压;备受关注的中国代表团数度以睿智、幽默的语言多次提出对大会有建设性的意见和建议;同样身为大国的美国也在会议中强烈表达自己的立场;法国以独特的眼光和能力在各大国家的立场中周旋。在长达8小时的会议中,各个国家激烈讨论,经过对数份立场文件的讨论与数度表决,汇总了三种改革方式并形成了三份决议草案。最终,大会评审团通过整体评估,从各个参与国的整体表现,评出了数个奖项,其中,中国得分高居榜首,巴基斯坦紧随其后,法国代表团位居第三。模拟联合国大会的成功举办,将模联意识带入学校,提高了学生的政治意识、参政意识，并了解这一风靡全世界的学生社会实践活动。

（七）低碳　环保教育

1. 为了给全校师生营造干净、整洁、舒心的校园环境，进一步提升学校环境卫生档次，学校制定了教室、清洁区等卫生死角清理细则，并坚持定时、不定时检查。细则如下：

	项目	要求	满分	实得分
教室 （37分）	前后门内外、前后窗内外、墙面的脚印、顶部灰尘、窗钢棍、走廊的透风窗、玻璃等	抹洗明亮、干净、无灰尘、无污迹、砂纸打掉墙面脚印。	5分	
	文化牌、奖牌、匾牌顶部、牌面、黑板周边。	无灰尘、无粉尘、无污迹、无乱刻乱画。	5分	
	风扇、电棒、投影仪、音响、摄像头、电线	抹洗明亮、干净、无灰尘、无污迹、电缆整理整齐。	6分	
	暖气管道、暖气片、保温桶、铝壶、保温桶架、卫生工具架、多媒体控制台	抹洗明亮、清洁保洁、无灰尘、无污迹。	5分	
	桌面、凳面乱涂、乱画，桌子、凳子横框、桌斗	抹洗明亮、清洁保洁、无灰尘、无污迹、桌凳按规定摆放整齐。	5分	
	楼梯、楼梯栏杆、扶手、护栏、楼外雨棚、走廊侧面墙	楼梯、楼道台阶拖把拖洗干净，扶手护栏墙面抹布抹洗干净。	5分	
	室内果皮箱和走廊拐角的果皮箱	箱内无垃圾堆积、无异味，表面抹洗干净，有值日生定期负责。	6分	
清洁区 （53分）	冬青、草坪、花园	无落叶、无枯叶、无枯枝，无塑料袋、消费品袋、烟盒、烟头、牛奶袋、包装袋、竹棍、卫生纸团、砖块、光盘，无人为弃扔杂物。	6分	
	水泥路面、花砖地面、人行道、车行道	无杂物、无垃圾，保持干净、整洁。	5分	
	电动门、栅栏门、铁门	抹洗明亮、保洁、干净，无灰尘。	5分	

清洁区（53分）	果皮箱	箱内无垃圾堆积、无异味。表面抹洗干净,有值日生定期负责。	6分	
	墙地角、水龙头,水池槽	无异味、洗洁精刷洗干净,地角无垃圾堆放。	5分	
	报栏、橱窗、团委宣传栏	抹洗明亮,无灰尘、无污迹、无乱画。	5分	
	教工楼楼梯、楼道、栏杆、道涯、台阶、墙壁墙面乱涂乱画	楼梯、楼道台阶拖把拖洗干净,扶手护栏墙面抹布抹洗干净。	6分	
	电杆、树枝、绿化树、电线上的悬挂物	清理所有悬挂物。	5分	
	树木名牌、挂牌、学校文化牌、墙展板	牌面无尘土,保洁干净明亮。	5分	
	建筑物,雨棚、雕塑、旗台,花园中的铝合金提示牌	拖把拖干净,抹洗干净。	5分	
卫生间（10分）	厕所地面、柱子、墙面内外、告示牌	无烟头、无卫生纸团、无乱贴乱画、无堆积垃圾、无脚印、无杂物。	5分	
	小便池、大便池	无烟头、烟盒,定期杀菌、消毒。	5分	

2. "爱护环境卫生　只在举手之间"主题班会活动

为提高学生爱护校园环境的意识,增强学生维护校园卫生的责任心,摒弃陋习,传承文明,共建美好校园,2016 年 1 月 4 日,学校组织召开了"爱护环境卫生　只在举手之间"主题班会。各班主任思想高度重视,精心安排部署,由学生自主组织开展。主题班会取得了良好的效果。

2017 年 10 月 22 日,为了让学生树立和巩固绿色环保意识,进一步优化、美化校园环境、督促自己的环保行为,养成良好的卫生习惯,培养责任感,开展"爱护环境,争做文明三中人"主题班会活动。

11 月 27 日,为了进一步加强学校的常规管理,增强学生的纪律观念,提高安全防范意识,规范学生行为,营造良好的校风,德育处组织召开了全体

学生纪律卫生安全教育大会。大会由党总支副书记陈娟主持,德育处主任蒋宏杰、副主任张天龙、全体学生及班主任参加了大会。

2018年7月13日,为了进一步改善环境质量,营造整洁、文明、规范、有序的城区环境,学校组织开展"五城联创"活动,在包联路段上清扫、保洁、冲洗,整个过程有条不紊。经过大家团结协作,辛勤劳动,使包联路段环境卫生面貌焕然一新,为我县全力打造天蓝水绿新蒲城做出贡献!

三、教育扶贫 学生资助

学校认真贯彻落实教育扶贫工作任务,坚持"以人为本,为学生解困"的理念,加强对建档立卡贫困学生的关爱教育,树立贫困学生自强自立精神,为贫困学生营造健康、平等、和谐的成长环境,按照"严格管理、细致周到、热情服务"的工作原则做好教育扶贫和学生资助工作。

(一)组织机构

1. 组　长:澹台典谱(2010.08—2017.08)

　　　　苏耀锋(2017.08—今)

2. 副组长:王建涛(2010.08—2014.08)

　　陈　娟　梁双纪　姜新民　曹育红　刘海林(2017.08—今)

(二)扶贫　资助办公室

1. 主　任:蒋宏杰(2010.08—2017.08)

　　　　陈　娟(2017.08—今)

2. 工作人员:李莹　景娜　刘伟　全体班主任

（三）教育扶贫国家资助政策

学段	内容	标准	对象	发放形式
高中	普通高中国家助学金	2500元/特困生/学年	家庭经济困难学生	以银行资助卡的形式发放
		1500元/贫困生/学年		
	滋蕙计划	2000元/人	高中品学兼优家庭经济困难学生	学校以现金的形式发放
	教育扶贫基金	1500元/人	建档立卡家庭中的特困学生	学校以现金的形式发放
大学	贫困大学生生源地信用助学贷款	1000元–8000元/人/学年	蒲城籍家庭经济困难大学生	国开行转账到学生支付宝,学校从支付宝代扣学费
	大学新生入学资助项目(交通补助)	500元/人/本省　1000元/人/外省	当年新入学的家庭经济特困学生	以银行卡的形式发放
	泛海助学行动	5000元/人	省厅确定的品学兼优建档立卡家庭中的大学新生	以银行卡的形式发放
	一次性扶贫资助	3000元/人	当年新入学建档立卡家庭高职学生	以银行卡的形式发放

（四）国家资助资金发放流程

1. 申请(学生填写《蒲城县普通高中国家助学金申请表》,按时向就读学校提交申请表)。

2. 递交相关证明材料(身份证或户口簿复印件,村<居>委会或镇<街道办事处>民政等部门出具的家庭经济困难相关证明材料)。

3. 资格审查(学校受理申请后,班级组织初审,学校进行复审)。

4. 公示(学校将初审结果在校内进行不少于5个工作日的公示)。

5. 上报(汇总相关材料上报蒲城县学生资助工作办公室)。

6. 办理银行卡(受助学生名单→蒲城县学生资助工作办公室→开户银行→办理银行储蓄卡→开户银行直接将资金打入学生储蓄卡)。

7. 银行卡发放(受助学生及家长携带身份证或户口本到学校统一签字领取)。

8. 建立资助档案(学生申请表、受理结果、资金发放等有关凭证和工作情况分年度建档备查,将有学生本人和家长签字的助学金发放银行储蓄卡领取表等凭证分年度登记造册,长久保存备查)。

（五）历年资助情况

为了确保学生资助工作的顺利开展,确保资助工作的严肃性,学校严格按照规定,规范教育惠民政策的发放。为让每一名学生都能享受到资助,学校制定了科学的学生资助工作流程。首先,班主任对本班学生的资助申请表、身份证、户口本、贫困证明等资助材料初审,并将学生资助材料交学生资助办公室,班主任对学生资助材料真实性负责;然后,学生资助办公室对班主任提交的学生资助材料进行审核,对发现的问题及时反馈给班主任予以解决;最后,学生资助办公室把审核无误的学生资助材料汇总上交县学生资助管理中心。积极配合县资助管理中心来校对学生开展实地核查工作,对学生资助名单实行不少于5个工作日的公示制度,对学生反映的问题进行登记,并及时给予解决,如实上报学生流失等异动情况,及时上交县资助管理中心所需的各种学生资助表册,及时完成学校学生资助管理系统。确保了学生资助工作的准确性和真实性。

为确保学生资助金真正落到实处,发挥其专款专用职能,学校建立学生资助金专户,专人专账管理,给每位学生办理了银行卡,将资助金直接打到学生银行卡上;学校集中统一发放资助卡,由学生、家长携带有效证件统一签字领取,严禁班主任、其他学生代签,确保了资助金的安全。学校无克扣、挪用、截留学生资助金的情况,对未发放的资助金及时清退。同时,学校每年拿出事业收入的5%用于减免学费、设立了校内奖学金和困难补助等,提高了学生的学习积极性。

附:表一(1)　2012—2013学年度上学期资助明细表

资助项目	人数 (人)	到账金额 (万元)	发放金额 (万元)	结余 (万元)	备注
国家助学金	1048	78.6	78.6	0	
学费减免	7	0.56	0.56	0	
校内助学金	445	8.78	8.78	0	
社会资助(原蒲城师范83级4班全体同学)	10	0.5	0.5	0	

附:表一(2)　2012—2013学年度下学期资助明细表

资助项目	人数 (人)	到账金额 (万元)	发放金额 (万元)	结余 (万元)	备注
国家助学金	1048	78.6	78.6	0	
择校费减免	6	0.66	0.66	0	
学费减免	10	0.8	0.96	0	
住宿费减免	12	0.36	0.36	0	

附:表二(1)　2013—2014学年度上学期资助明细表

资助项目	人数 (人)	到账金额 (万元)	发放金额 (万元)	结余 (万元)	备注
国家助学金	1182	88.65	88.65	0	
择校费减免	32	14.32	14.32	0	
学费减免	15	1.2	1.04	0	
住宿费减免	13	0.39	0.39	0	
校内助学金	221	4.35	4.35	0	

附:表二(2) 2013—2014 学年度下学期资助明细表

资助项目	人数 (人)	到账金额 (万元)	发放金额 (万元)	结余 (万元)	备注
国家助学金	1182	88.65	88.65	0	
择校费减免	11	3.04	3.04	0	
学费减免	11	8.8	8.8	0	
住宿费减免	13	0.39	0.39	0	

附:表三(1) 2014－2015 学年度上学期资助明细表

资助项目	人数 (人)	到账金额 (万元)	发放金额 (万元)	结余 (万元)	备注
国家助学金	1022	76.65	76.65	0	
择校费减免	46	13.92	13.92	0	
学费减免	10	0.8	0.8	0	
住宿费减免	10	0.3	0.3	0	
校内助学金	214	4.19	4.19	0	
新生入学项目	32	2	2	0	
滋蕙计划	79	15.8	15.8	0	

附:表三(2) 2014－2015 学年度下学期资助明细表

资助项目	人数 (人)	到账金额 (万元)	发放金额 (万元)	结余 (万元)	备注
国家助学金	1022	76.65	76.65	0	
学费减免	11	0.88	0.88	0	
住宿费减免	13	0.39	0.39	0	

附:表四(1) 2015－2016 学年度上学期资助明细表

资助项目	人数 (人)	到账金额 (万元)	发放金额 (万元)	结余 (万元)	备注
国家助学金	1062	106.2	106.2	0	
学费减免	13	1.04	1.04	0	
住宿费减免	19	0.57	0.57	0	
校内助学金	209	4.08	4.08	0	
新生入学项目	26	16.5	16.5	0	
"三星"爱心助学金	3	1.5	1.5	0	
文明办资助	1	0.3	0.3	0	

附:表四（2）　2015－2016 学年度下学期资助明细表

资助项目	人数（人）	到账金额（万元）	发放金额（万元）	结余（万元）	备注
国家助学金	1062	106.2	106.2	0	
学费减免	9	0.72	0.72	0	
住宿费减免	13	0.39	0.39	0	

附:表五（1）　2016－2017 学年度上学期资助明细表

资助项目	人数（人）	到账金额（万元）	发放金额（万元）	结余（万元）	备注
国家助学金	684	68.4	68.4	0	特困342人、贫困342人
滋蕙计划	127	25.4	25.4	0	
教育扶贫基金	8	0.12	0.12	0	
新生入学资助项目	25	1.55	1.55	0	

附:表五（2）　2016－2017 学年度下学期资助明细表

资助项目	人数（人）	到账金额（万元）	发放金额（万元）	结余（万元）	备注
国家助学金	684	68.4	68.4	0	特困342人、贫困342人
滋蕙计划	91	2.73	2.73	0	
教育扶贫基金	23	0.437	0.437	0	
新生入学资助项目	55	0.11	0.11	0	

附:表六（1）　2017—2018 学年度上学期资助明细表

资助项目	人数（人）	到账金额（万元）	发放金额（万元）	结余（万元）	备注
社会资助	10	4	4	0	
校内资助	137	5.9508	5.9508	0	
教育扶贫基金	12	0.18	0.18	0	
新生入学资助项目	21	1.2	1.2	0	

附:表六（2）　2017—2018 学年度下学期资助明细表

资助项目	人数（人）	到账金额（万元）	发放金额（万元）	结余（万元）	备注
国家助学金	639	63.926	63.926	0	特困320人、贫困319人
社会资助	3	0.9	0.9	0	
校内资助	213	4.4162	4.4162	0	

（六）教育扶贫

为进一步落实脱贫攻坚工作，把教育扶贫工作落到实处，第三中学紧紧围绕"扶贫先扶志、治贫先治愚"的工作思路，开展了系列教育扶贫活动。

学校成立了脱贫攻坚工作领导小组，召开专题会议，传达上级部门会议精神，安排部署学校脱贫工作，制定方案，提出目标，落实责任。通过召开全干会、帮扶教师专题会、国旗下演讲、黑板报、校报、周报等形式，向学生、教师、家长宣传脱贫攻坚工作相关政策，让脱贫攻坚工作深入人心。

根据扶贫部门建档立卡学生家庭信息，再次进行摸底调查、核对信息，确保扶贫对象准确，形成建档立卡学生台账，并为建档立卡学生建立一生一档帮扶档案，通过"扶志向""扶学业""扶生活"等方面做好帮扶工作。

1.2017年国庆节前，学校在党总支书记苏耀锋同志的带领下，全体党员及部分教师对建档立卡贫困家庭在校学生进行登门家访，为学生及家长解读了国家精准扶贫相关政策，向家长反馈了孩子在校学习、生活情况，并向家长了解孩子在家的表现。此次活动加强了家校联系，增强了家校感情，促进了学校精准扶贫工作的深入开展。随后，学校为全体建档立卡学生减免住宿费、校服费等共计5.9508万元。

2.2017年10月26日下午，市教育扶贫督导小组对学校脱贫攻坚工作进行督导检查，充分肯定了学校在脱贫攻坚工作中所取得的成绩，并提出了许多可行性意见，为学校今后的教育扶贫工作指明了新的方向。

3.11月17日，县教育脱贫工作交叉检查小组对学校教育脱贫攻坚工作进行检查。检查组通过听汇报、查档案，全面掌握学校教育脱贫工作开展的各项帮扶措施，对学校认真组织开展脱贫攻坚工作及按时完成各项任务的认真态度给予充分肯定。检查组认为，在教育工作中，要认真贯彻落实脱贫攻坚工作，做到层层压实责任，责任落实到位，要采取切实有效的举措，扎实推进脱贫攻坚任务。切实做到档案全、帮扶实、脱贫真、精准脱贫目标、完成脱贫质量，不要让一个学生掉队，让每个贫困学生都能够得到帮助，幸福成长。

4. 2017 年 11 月 21 日,校党总支召开了精准扶贫工作推进会,会议由党总支副书记陈娟主持,党总支书记苏耀锋及一百余名党员、骨干教师参加了会议。陈副书记组织大家学习了教育扶贫 2017 年冬季大会战实施方案,反馈了学校前期教育扶贫工作情况,安排了今后的精准扶贫工作。要求全体党员和包联教师,多和学生面谈,了解孩子的

心里、学习、生活等状况,结合月考、期中考试、高三联考成绩变化,多角度持续关爱学生,和家长及时电话沟通;强调党员教师务必高度重视,进一步扎实开展教育扶贫工作,落实教育扶贫扶智效果。最后,苏书记做了重要讲话。他要求党员教师一要从讲政治的高度重视精准扶贫,正确认识对待扶贫工作;二要从教师职业道德和善心上给予贫困生更多的关爱;三是希望大家不抱怨、不应付、不讲条件,真心付出,合理统筹安排好教育教学、个人家庭及教育扶贫等工作,两手抓、两手硬、两不误,顺利完成各项工作。

5. 2017 年 12 月 22 日,学校举行 2017 - 2018 学年度上学期普通高中国家助学金发放仪式。仪式由校团委书记李莹主持。发放工作中苏校长强调,普通高中国家助学金发放政策充分体现了党和政府对在校家庭经济困难学生的关爱,希望受助学生不要辜负了党和国家的期望,以感恩节俭的态度去使用助学金,刻苦学习,严于律己,自强自立,做广大同学的表率。并要求工作人员细心工作、准确发放,确保本次资助工作顺利完成。本次共有 640 名同学享受普通高中国家助学金,平均资助标准为 1000 元。

6. 2018 年 6 月 10 日,校德育处、团委在阶梯教室举行 2017—2018 学年度下学期高三年级国家助学金发放活动。校团委书记李莹对国家助学金做了简要介绍,对贫困生的助学金申请和发放情况做了全面的总结。高三学生和家长纷纷表达对政府和学校的感激之情;同学们决心把感激化为努力学习的动力,以优异的成绩报答政府和学校的关怀。

第二节 教学管理

一、学制 课程 教材 计划

(一)学制:三年

(二)课程设置

1. 普通高中课程由必修和选修两部分构成。必修课设有思想政治、语文、数学、信息技术、英

语、物理、化学、生物、历史、地理、体育、保健、艺术及综合实践活动。

2. 选修课设有数学、信息技术、物理、化学、生物、历史、地理7门学科,以及地方和学校根据学生兴趣要求和发展所需开设的课程。

(三)教材

学校应根据教育部和本省(自治区、直辖市)课程方案的有关规定,从实际出发,认真实施国家规定的必修课和选修课以及地方课程,积极开发综合实践活动资源以及由学校安排的选修课资源,办出学校特色。学校对课程的具体安排需上一级教育行政部门批准后实施。

蒲城县第三高级中学采用的教材为:

语文:人民教育

数学:北师大

英语:人民教育

物理:上海科教

化学:山东科技

生物:江苏教育

历史:人民教育

历史图册:中国地图

地理:中国地图

信息技术:中国地图

通用技术:广东科技

音乐:人民音乐

美术:人民美术

体育与健康:华东师大

研究性学习指导:世界图书

(四)教学计划

1. 课程安排

(1)各学年教学时间安排

全学年52周:教学时间40周;假期(包括寒暑假、节假日)10~11周;机动时间1~2周。

各学年40周教学时间安排:高一、高二年级每学年上课35周,复习考试3周,社会实践和劳动技术教育2周;高三年级上课26周,复习考试12周,社会实践和劳动技术教育2周。

课程设置表

学　　科		周课时累计	必修、选修授课时数	总授课时数
思想政治	必修	6	192	192
语文	必修	12	384	384
外语	必修	12	384	384

学　科		周课时累计	必修、选修授课时数	总授课时数
数学	必修	8	280	332－384
	选修	2－4	52－104	
信息技术	必修	2	70	70－140
	选修	2	70	
物理	必修	4.5	158	158－306
	选修	5	148	
化学	必修	4	140	140－271
	选修	4.5	131	
生物	必修	3	105	105－183
	选修	3	78	
历史	必修	3	105	105－236
	选修	4.5	131	
地理	必修	3	105	105－209
	选修	4	104	
体育和保健	必修	6	192	192
艺术(音乐、美术)	必修	3	96	96
综合实践活动	研究性学习	9	288	288
	劳动技术教育	必修	每学年1周(可集中安排,可分散安排)	
	社区服务		一般应利用校外时间安排	
	社会实践		每学年1周(可集中安排,可分散安排)	
地方和学习校选修课		11－19	340－566	

注:周课时累计指各学科每学年周课时之和

(2)每周活动总量

每周按 5 天安排教学,周活动总量 34 课时,每课时 45 分钟。

2. 课程设置说明

(1)普通高中必修课是为学生打好共同基础开设的,每位学生必须修习。选修课是在必修课基础上,为拓宽和增强学生有关学科领域的知识和能力开设的。除按照国家规定开设选修课外,地方和学校为满足学生多样发展需要也应创造条件开设灵活多样的选修课,学生可以根据个人志向、兴趣和需要自主选择修习。

(2)时事政策教育是思想政治课的重要组成部分,主要通过组织学生每天收听、收看广播电视时事新闻进行。

(3)国防教育、环境教育、人口教育等专题教育内容主要渗透在相关学科和活动中进行,也可利用地方和学校选修课开设专题讲座。

(4)综合实践活动是国家规定的必修课,包括研究性学习、劳动技术教育、社区服务、社会实践 4 部分内容。开设综合实践活动旨在让学生联系社会实际,通过亲身体验进行学习,积累和丰富直接经验,培养创新精神、实践能力和终身学习的能力。学校要从实际出发,具体安排、确定综合实践活动各部分内容和组织形式。

(5)研究性学习以学生的自主性、探索性学习为基础,从学生生活和社会生活中选择和确定研究专题,主要以个人或小组合作的方式进行。通过亲身实践获取直接经验,养成科学精神和科学态度,掌握基本的科学方法,提高综合运用所学知识解决实际问题的能力。在研究性学习中,教师是组织者、参与者和指导者。

(6)劳动技术教育主要对学生进行劳动观念和一般劳动技术能力的教育,进行现代职业意识、职业技能的培养和就业选择的指导。

(7)社区服务主要通过学生在本社区以集体或个人形式参加各种公益活动,进行社会责任意识、助人为乐精神的教育,为社区的建设和发展服务。

(8)社会实践主要通过军训和工农业生产劳动对学生进行国防教育、生产劳动教育,培养组织纪律性、集体观念和吃苦耐劳精神。学校可以结合实际,为学生走出学校,深入社会创造条件。

(9)各地要根据本地实际,充分利用当地资源,积极创造条件开设职业技术类课程,可在地方和学校选修课中安排。学生可结合个人兴趣和需要选择修习。

(10)校、班、团等集体活动原则上每周 1 课时,可在地方和学校选修课中安排,并且要与综合实践活动的开展紧密结合。

(11)学校要根据普通高中学生的特点,结合实际,组织开展丰富多彩、形式多样的社团、俱乐部、兴趣小组等课外、校外活动。

3. 课程实施

课程实施是课程体系的有机组成部分,是实现课程目标的重要途径。课程实施应加强对学生创新精神和实践能力的培养。课程实施主要涉及教材、教师、学生、教学组织等因素。

(1)教材是教学内容的重要载体,是课程实施的基本依据,应体现科学性、基础性、时代性和开放性。课程实施要充分发挥和利用教材以外的课程资源,充分利用信息技术在开发课程资源方面的巨大潜力,引导和启发学生生动、活泼、主动地学习。

(2)教师是课程实施的组织者、促进者,也是课程的开发者和研究者;在教学目标的设计、教学活动的组织、课程资源的选择、现代教育技术的运用等方面都应有利于每一个学生的发展;教师的教学应是富有创造性的活动;教师应当不断提高师德素养和专业水平。

(3)学生的发展是课程实施的出发点和归宿。课程实施应当着眼于学生全面素质的提高,为学生健全人格的形成和态度、能力、知识诸方面的学习与发展创造条件;根据学习内容和目标的不同,采用多样化的学习方式和现代化的学习手段,使学生的学习成为主动、富有个性的过程。

(4)倡导教学民主,建立平等的师生关系。教师要尊重学生的人格,每一位教师都有责任爱护和培养学生的探索精神、创新精神,营造崇尚真知、追求真理的氛围,促进学生自主学习、独立思考,为学生禀赋和潜能自由、充分的发展创造宽松的环境。

4. 课程评价

课程评价是实现课程目标的关键环节。正确的教育质量观是实施课程评价的关键。课程评价在课程实施过程中发挥着教育导向和质量监控的作用。同时,课程评价也是重要的教育手段之一,它可以及时地指导和帮助师生改进教和学的活动,不断提高教育质量。

课程评价应以尊重学生为基本前提,以促进学生发展为根本目的。课程评价应根据普通高中教育的性质和任务,重视学生个性健康发展和人格完善,促进学生的全面发展;应根据普通高中学生的成长规律和发展需要,正确地确定评价标准和使用恰当的评价方式;积极地发挥评价结果的作用,通过评价帮助学生正确地认识自己在态度、能力、知识等方面的成就和问题,增加自尊和自信,改进学习方法,提高学习质量。

(1)考试是课程评价的重要方式之一。考试应依据教学大纲规定的目标和标准确定考试方式和组织命题,侧重考查学生对知识的综合理解及运用所学知识综合解决问题的能力。正确地对待考试结果。教师要指导每个学生认真分析考试结果,帮助学生改进学习,进一步提高学习成绩;教师要通过对每一位学生考试结果的分析和说明,改进和提高教学质量。不允许公布学生的考试成绩和名次。

(2)普通高中毕业会考或其他形式的毕业考试都要坚持毕业水平考试的性质,要依照学科教学大纲规定的教学目标或标准,全面考核学生的学习水平。学科会考应在学科必修内容的教学活动全部结束后进行。

(3)要利用学分制管理综合实践活动,各地要指导学校制订相应的学分制实施办法,学生必须按照规定取得相应学分后方可毕业。

5. 课程管理

普通高中课程实行国家、地方和学校三级管理体制。

教育部规定普通高中教育的培养目标、课程设置及课时安排,颁布各学科教学大纲(或课程标准)和《普通高中研究性学习指南》。

省级教育行政部门应按照本课程计划的精神,结合实际情况,制订本省(自治区、直辖市)的课程计划,并报教育部基础教育司备案。各级教育主管部门应结合当地经济、社会、文化教育发展实际,积极创造条件,努力开发、完善地方课程,并对综合实践活动和由学校安排的选修课的开发与实施给予全面的指导。

二、教学活动

(一)常规教学

1. 备课组长会

加强备课组建设和集体备课的监督。要求备课组活动要有计划、有检查、有总结,做到定人、定时间、定内容,形式多样,生动活泼,讲究实效;备课组活动要注重"三研究"(研究重难点、研究学生学习状态、研究教法和学法)、"四统一"(统一教学目标、统一作业、统一测试内容、统一教学进度);备课组长要引领业务,善于管理,勇于奉献。

2. 学情分析会

每学期召开四次学情分析会。分析会以班主任为首,介绍各班重点生专业成绩、文化情况及学生的表现等等。任课老师们对每次考试试题的知识点覆盖程度、难易程度、学生在本学科内的情况进行分析。

(1)学生年龄特点分析:包括所在年龄阶段的学生长于形象思维还是抽象思维;乐于发言还

是开始羞涩保守;喜欢跟老师合作还是开始抵触老师;不同年龄学生注意的深度、广度和持久性也不同。这些特点可以通过学习一些发展心理学的简单知识来分析,也可以凭借经验和观察来灵活把握。另外,依据不同年龄的学生感兴趣的话题不同,教师一方面要尽量结合学生兴趣开展教学,一方面又要适当引导,不能一味屈尊或者迁就学生的不良兴趣。

(2)学生已有知识经验分析:针对本节课或本单元的教学内容,确定学生需要掌握哪些知识、具备哪些生活经验,然后分析学生是否具备这些知识经验。可以通过单元测验、摸底考察、问卷等较为正式的方式,也可以采取抽查或提问等非正式的方式。如果发现学生知识经验不足,一方面可以采取必要的补救措施,另一方面可以适当调整教学难度和教学方法。

(3)学生学习能力分析:分析不同班级学生理解掌握新知识的能力如何、学习新的操作技能的能力如何,据此设计教学任务的深度、难度和广度。经验丰富、能力较强的老师还可以进一步分析本班学生中学习能力突出的尖子生和学习能力较弱的学习困难学生,并因材施教,采取变通灵活的教学策略。

(4)学生学习风格分析:班级整体学习风格。一个班级的孩子在一起时间长了会形成"班级性格",有些班级思维活跃、反应迅速,但往往思维深度不够,准确性稍微欠缺;有些班级则较为沉闷,但可能具有一定的思维深度。不同的学生个体也是如此。教师应该结合教学经验和课堂观察,敏锐捕捉相关信息,通过提出挑战性的问题、合作等方式尽量取学生之长、补其之短。

3. 听评课活动

通过开展听评课活动,认真研究教学规律,切实解决影响和制约课堂教学效益的关键问题,进一步提高教育教学质量。

在大面积开展听课、评课活动中,对学期初全校课堂教学情况做出实事求是的评价和分析。帮助授课教师对教学情况进行认真分析,总结其成功和不足之处。对活动中涌现出的先进经验进行总结,及时上报课程管理处。在认真听课的基础上,对本校所有专任教师进行具有针对性、符合每个教师实际情况的教学水平分析。与教师一起研究立足于教师实际的提高课堂教学水平的方案,并督促落实。

听课方式:集体听课和个人听课相结合;听课与评课相结合;随堂听课和针对性听课相结合。

(二)教学方法

1. 讲授法:讲授法是教师通过口头语言向学生传授知识的方法。讲授法包括讲述法、讲解法、讲读法和讲演法。教师运用各种教学方法进行教学时,大多都伴之以讲授法。

2. 谈论法:谈论法亦叫问答法。它是教师按一定的教学要求向学生提出问题,要求学生回答,并通过问答的形式来引导学生获取或巩固知识的方法。谈论法特别有助于激发学生的思维,调动学习的积极性,培养他们独立思考和语言表述的能力。

3. 演示法:演示教学是教师在教学时,把实物或直观教具展示给学生看,或者作示范性的实验,通过实际观察获得感性知识以说明和印证所传授知识的方法。演示教学能使学生获得生动而直观的感性知识,加深对学习对象的印象,把书本上理论知识和实际事物联系起来,形成正确而深刻的概念;能提供一些形象的感性材料,引起学习的兴趣,集中学生的注意力,有助于对所学知识的深入理解、记忆和巩固;能使学生通过观察和思考,进行思维活动,发展观察力、想象力和思维能力。

4. 练习法:练习法是学生在教师的指导下,依靠自觉的控制和校正,反复地完成一定动作或活动方式,借以形成技能、技巧或行为习惯的教学方法。

5. 读书指导法:读书指导法是教师指导学生通过阅读教科书、参考书以获取知识或巩固知识的方法。学生掌握书本知识,固然有赖于教师的讲授,但还必须靠他们自己去阅读、领会,才能消化、巩固和扩大知识。特别是只有通过学生独立阅读才能掌握读书方法,提高自学能力,养成良好的读书习惯。

6. 课堂讨论法:课堂讨论法是在教师的指导下,针对教材中的基础理论或主要疑难问题,在学生独立思考之后,共同进行讨论、辩论的教学组织形式及教学方法。可以全班进行,也可分大组进行。

7. 实验法:实验法是学生在教师的指导下,使用一定的设备和材料,通过控制条件的操作过程,引起实验对象的某些变化,从观察这些现象的变化中获取新知识或验证知识的教学方法。在物理、化学、生物、地理和自然常识等学科的教学中,实验是一种重要的方法。一般实验是在实验室、生物或农业实验园地进行的。

8. 启发法:启发教学可以由一问一答、一讲一练的形式来体现;也可以通过教师的生动讲述使学生产生联想,留下深刻印象而实现。所以说,启发性是一种对各种教学方法和教学活动都具有指导意义的教学思想。启发式教学法就是贯彻启发性教学思想的教学法,也就是说,无论什么教学方法,只要是贯彻了启发教学思想的,都是启发式教学法;反之,就不是启发式教学法。

9. 实习法:实习法就是教师根据教学大纲的要求,在校内外组织学生进行实际的学习操作活动,将书本知识应用于实际的一种教学方法。这种方法能很好地体现理论与实际相结合的精神,对培养学生分析问题和解决问题的能力,特别是实际操作本领具有重要意义。

(三)推门听课

为及时了解和掌握教师课堂教学的真实状况,充分发挥听课对课堂教学的促进作用,全面提高教师备课、上课质量,打造优质高效课堂,学校课程处开展了"推门听课"活动,每周听三节课。

此次活动按照"一听、二评、三教研"的步骤,紧密有序地开展。为确保听课实效,听课采取不预先通知、不打招呼,采取随堂推门的形式深入课堂听课,学科教研组在一堂课结束后马上与执教教师进行交流与研讨。

学校将把"推门听课"活动作为开展教学精细化管理的切入点常抓不懈。同时也激励老师们更好地落实"精心备好每一节课、用心上好每一节课、耐心巩固所学之课、虚心反思课中不足"的教学原则。

(四)专题研讨

1. 学科教学研讨交流活动

为了更好地完成学期教学任务,进一步提高复课效率,学校由课程处、教研处牵头,能手工作站具体负责,于 2016 年 1 月 12 日,在二楼会议室开展"学科教学研讨交流"专项活动。本次活动的主讲人是校市级教学能手侯胜斌同志,能手工作站和英语组的

全体成员都参加了研讨。

2. 推进"三名工程"引领"三中教研"

为了贯彻落实"三名"工程,发挥学校教学名师、学科带头人、教学能手及教学新秀的示范作用,促进教师队伍专业化成长,9月18日晚7时,董洁老师在阶梯教室做了题为《做一名幸福的老师》的专题报告。

3. 搭建语文教学阶梯促进课堂改革发展

2016年10月23日,校省级教学能手樊云芳老师,在阶梯教室做了一场以"初高中语文课程的衔接"为题的专题报告,80余名师生聆听了此次报告。

4. 同课异构,共同提升。

2018年6月24日,学校教研处组织开展了"同课异构"研讨课活动。教师高度重视,深钻教材,精心设计教学环节,使同一节课呈现出异彩纷呈的画面。6个学科的17位教师分别进行了展示课,他们教学目标明确,思路清晰,环节紧凑,重难点突出。教师门感受到不同的授课风格,在鉴赏中寻找差异,在比较中学习特性,同课异构,共同提升。

（五）学部对抗赛

为提高教师的课堂教学水平,全面落实"三发展"工作思路,加强专业教师队伍建设,发现和培养骨干教师,发挥各备课组的团队合作精神,促进教师钻研业务、相互学习、相互提高,勇于创新、力争使学校课堂教学水平再上一个新台阶,学校于2012年12月25、26、27日三天,举行学部对抗赛教活动,分学部分年级组团参赛,每队5名选手,全校共30名教师参加此次活动。选手采取随机抽签的方式安排上课顺序,每天进行一个年级的比赛。9名评委打分去掉一个最高分和最低分,计算总分统一排队。

经过3天的激烈角逐,共评选出教学能手12人,骨干教师18人:

教学能手:王　军　刘　博　武巧娟　张小艳　庹晓勇　李　芳
　　　　　王凤莲　李　娜(语)曹惠莉　成　兵　雷江海　雷靖鸿

骨干教师:李　敏　张洁娟　杨春丽　张冰青　车敏娜　程高锋
　　　　　李东荣　侯胜斌　王建丽　秦环环　张淑丽　段冬梅
　　　　　申亚萍　张　萍　卢艳荣　蒋振明　李亚红　刘继红

（六）学科交流

每学期定期开展各个学科间的教学交流活动,通过新上岗教师基本功大练兵、青年教师赛教、教学能手公开课展示、高效课堂示范课、专题知识讲座、班主任基本功大练兵等一系列活动,给教师搭建了展示自我风采和互相交流的平台,有助于提升教师教育教学水平。

1. 备课组长及年级组长会

每年开学初,开好备课组长及年级组长会议,制订本学年各备课组活动计划,统筹安排学期教学整体工作,部署教学常规,安排听评课活动。每周一次学科组(以年级为单位)集体备课,形成良好的备课组教学研讨风气。

2. 学情分析会

各年级每次考试结束后,学部召开不同形式的学情分析会议,如教师座谈会、弱科教师交流会、班级总结会等。在会上指出近阶段学生、教师、教学等方面存在的问题,并制定针对性的整改方案。尤其是针对各个年级进行的不同阶段省市县统考情况,及时地进行认真分析总结,并和其他兄弟学校相互对比,查找不足,然后在会议上统一思想,统一认识,总结经验,鼓舞士气。

(七)课外活动

1. 2014 年 9 月 1 日,第三节晚自习,学校各班开展了"新学期新面貌新起点"的主题班会。

2. 为了更好地推进普法教育,将法制教育与学生的生活紧密联系起来,让法制生活化,让平安意识普及化,学校于 2014 年 9 月 11 日晚自习开展了《法制教育》主题班会。

3. 2014 年 9 月 14 日晚自习,学校开展了"我的价值观·我的中国梦"主题班会。

4. 2014 年 9 月 18 日晚,学校举行了首届志愿者服务队启动仪式,96 名志愿者与校领导及全体高一师生 850 余人,齐聚在多功能厅内,参加了启动仪式。

5. 为了发扬我国"尊老爱幼"的传统美德,丰富同学们的课余生活,2014 年 12 月 23 日下午,学校青年志愿者在德育处主任蒋宏杰、校团委书记李莹的带领下,走进蒲城县民政局敬老院奉献爱心。

6. 2014 年 12 月 25 日,学校召开 2015 年庆元旦学生才艺大赛。为丰富师生的校园文化生活,培养学生的特长发展,提高学校学生的综合素质,学校于 2015 年元月 7 日在校多功能厅成功举办师生书画展。

7. 为了深入贯彻党的十八大精神,学习十八届三中全会文件,让广大青年学生深入社会、了解国情,安排学生在寒假开展"我在家乡践行社会主义核心价值观"社会实践活动。为了督促学生积极开展活动,2015 年 2 月 5 日至 6 日,学校领导带队,组织老师对部分学生就活动开展情况进行了调研。

8. 2015 年 4 月 8 日,围绕"观英雄故居、悟林公气概、怀远大抱负、展祖国未来"这一主题,开展了参观陕西蒲城林则徐纪念馆的社会实践活动。

9. 高一(11)、高一(12)两班全体同学在班主任的组织安排下,于 2015 年 4 月 13 日携手举办了一场"趣味知识竞答赛"。

10. 2015 年 12 月 3 日晚,学校高一、二年级召开普法知识教育活动。

11. 2015 年 12 月 22 日晚,高一、高二年级各班召开了预防艾滋病知识讲座。

12. 2015 年 12 月 30 日晚,学校成功举办"庆元旦师生才艺表演大赛"。

13. 2016 年 3 月 14 日,校 20 余名青年志愿者在德育处主任蒋宏杰、团委书记李莹的带领下,步行至蒲城县中心敬老院奉献爱心。

14. 2016 年 3 月 15 日,学校高一年级 150 名学生参加了县教育局组织的"雷锋精神,由我传递"青少年志愿者活动。此次活动也是"学习雷锋,志愿者在行动"活动的再深入。

15. 2016 年 4 月 7 日下午 6:30,由学部一处组织高一年级同学在多功能厅举办了"红色经典诵读"比赛。

16. 2016 年 4 月 14 日晚,学部二处在多功能厅举行了以"More English, More Fun"为主题的 English 情景剧表演赛。

17. 2016 年 5 月 19 日晚,学部一处组织高二年级组、英语备课组,在学生中发起并如期举行了以"快乐学习、快乐成长"为

主题的"英语口语秀"表演比赛活动(English speaking show)。

18. 为了使学生养成良好的习惯,2016 年 9 月 27 日晚第三节自习,在德育管理处的精心安排下,学校高一、二年级以"养成教育"为主题,召开了班会。

19. 2016 年 9 月 26 日开始,学部一处开展高一、二年级"晨读比赛"活动,本次活动持续到 10 月 14 日结束。活动期间,各班级根据学科教材内容等,自主选择形式,有领读、对读、赛读,单背,齐读;有集体站读,小组围读,自由走读等,可谓异彩纷呈。

20. 2016 年 10 月 13 日,学部二处在综合二楼举行了高二年级汉字书写比赛。

21. 2016 年 10 月 26 日晚,高二年级 86 名学生举行汉字听写选拔赛。此次比赛分"汉字听写""汉字组字""成语辨析""古诗联句"四个版块设置范围来进行。

22. 学部二处于 2016 年 11 月 2 日、3 日下午 6 时,在后教学楼前广场举行了振奋人心的拔河比赛。

23. 2017 年 9 月 11 日,高一新生入学教育会在学校多功能厅举行。会上,各部门领导带领学习了《蒲城三中学生一日行为规范》《宿舍管理制度》《蒲城三

中校规》《餐厅就餐制度》《学生仪容仪表规范》等制度及规定。希望全体高一新生能以各项制度规定要求自己的行为准则,学会做人,努力成才!

24. 2017 年 9 月 27 日,为了落实市、县教育局关于开展争做"文明出行践行者"教育实践活动,增强学生文明意识,助力创建蒲城县省级文明城市,学校召开"文明礼让,平安出行"主题班会。

25. 2018 年 4 月 11—12 日,学校组织琼林社、国学社、历史社、地理社与政治评论社团的 100 余名学生带着期待、激动的心情,迈着整齐的步伐走出校门,列队走向王鼎纪念馆,开启本校第一次学生社团的研学活动。本次研学活动的主题是"追慕先贤,励志成才"。学生参观王鼎纪念馆,学习家乡爱国名相王鼎的事迹

26. 2018 年 5 月 2—3 日,学校德育处组织举办了高一年级跳绳比赛。赛场上,同学们个个使出了浑身解数,顽强拼搏,每班选出 15 人组队进行班际间比赛,展示了敢为人先的三中精神。

27. 2018 年 9 月 1 日,学校德育处组织全体学生观看由教育部和中央广播电视台联合制作的大型公益电视节目《开学第一课》,通过"梦想、奋斗、探索、未来"4 个篇章,在"创造精神"指引下,探讨梦想的崛起、探索的力量、奋斗的重要和未来的美好,以充满前瞻性和未来感的设计,引领广大学生感悟创造精神的魅力,鼓励孩子们锻炼实践能力,提升科学素养,培育创新精神。

(八)高考

1. 学法指导报告会

2016 年 4 月 13 日早上 9 点 10 分,蒲城中学的部分师生来校与高三文科生以及全体政治科教师聆听来自华东师大的刘石成教授传经送宝的报告。

2016 年 9 月 27 日晚,学校召开了 2017 届高三学法指导报告会,特邀陕西省十佳口译、陕西省青少年成长教育首席专家尚琳琳老师做报告。励志故事为高三学子注入激情,学法指导为同学们提升成绩树立信心。

2017 年 11 月 15 日,为了切实做好 2018 届高三复课备考工作,金太阳教育研究院高级研究员、高三备考项目部主任胥武兴老师,专程来到学校,针对高三复课备考中的若干问题为全体高三教师做了一场题为"新考势、新要求、新策略"的精彩报告。

2018 年 4 月 22 日,邀请西安电子科技大学附属中学的名师,给 2018 届高三学生进行学习方法指导。语文老师潘菁蕾、物理老师惠乐和政治老师高丽为学

子们献言献策,改进学法,针对各学科考试内容进行有效的学习。

2. 高三百日动员会

2013年2月27日,在多功能厅隆重举行了首届高考百日冲刺誓师大会。参加大会的有学校领导和全体高三师生以及家长代表。

2014年3月5日下午,在多功能厅召开2014届高考百日冲刺誓师动员大会。本次大会由副校长王建涛主持,全体校领导和高三年级全体师生参加了大会。

2015年4月17日,学校2015届高三冲刺高考50天动员大会在多功能厅隆重举行。会议由高三语文教师李敏主持,学校领导、全体高三教师、学生及学生家长代表参加了会议。

2015年11月26日下午,学校在多功能厅举行2016届高考动员大会。学校领导及高三年级全体教师和高三800余名学生参加了大会。

2016 年 4 月 18 日上午 9:30,2016 届高考 50 天冲刺动员大会在国旗下隆重召开。距离高考仅有短短的五十天,给高三学子擂鼓助威。

2017 年 3 月 6 日,蒲城县第三高级中学全体师生聚集在升旗台下,隆重举行"2017 届高考百日冲刺誓师大会"主题升旗仪式。誓师大会在庄严的国歌声中拉开帷幕。五星红旗冉冉升起,全体三中人仰望着迎风飘扬的五星红旗,整装待发;高二学生代表崔家诚同学的激情演讲《祝福高三、加油高三》,将学弟学妹们最美最真诚的祝福

送给 2017 届的学长们,希望他们迈着自信的步伐,乘风破浪,向着梦想远航;800 多名高三学生的集体宣誓气势如虹,将整个仪式推向高潮。挑战人生是他们坚定的信念,决战高考是他们不懈的追求,"苦战百日"是他们许下的庄严承诺。铮铮誓言激发了斗志,表达了他们冲刺高考、创造奇迹的决心,也激励着全体三中人,以火样的激情、必胜的信念、科学的方法和旺盛的斗志,凝神聚力苦战百日,厚积薄发超越梦想。

2018 年 2 月 28 日,学校召开 2018 届高考百日冲刺誓师大会。会议以"青春十年磨一剑,奋战百日炼成钢"为主题,吹响了高考加速前进的嘹亮号角!高三教师雷涛,代表全体教师表态;高三--班常静同学,代表全体高三学生发出了坚定志向、增强信心、鼓足干劲的心声;苏耀锋校长代表学校,为高三学子寄予殷切的希望和美好祝愿,希望同学们以中流砥柱的勇气,以积极紧张而又轻松的状态,以永不言败的壮志豪情奋战百日,迎接高考。

三、教学成果

1. 2013—2018 高考成绩及获奖情况

2013 届高考二本上线 170 人,学校荣获 2013 届高考先进单位。

2014 届高考二本上线 190 人,学校荣获 2014 届高考先进单位。

2015 届高考二本上线 172 人,学校荣获 2015 届高考工作先进集体。

2016 届高考二本上线 207 人,学校荣获 2016 届高考先进集体。

2017 届高考二本上线 214 人,超额完成县下达任务,学校荣获 2017 届高考先进集体。

2018 届高考二本上线 270 人,超额完成县下达任务,学校荣获 2018 届高考先进集体。

2. 教师基本功获奖情况

2011 年 9 月,在蒲城县青年教师基本功决赛中,张小艳老师获二等奖;董洁、蒋振明老师获三等奖。

2015 年 7 月,在蒲城县中小学体育教师基本功比赛中,李瑛靓老师获中学组一等奖。

2015 年 11 月,在蒲城县青年教师基本功大赛中,雷高萍、申亚萍老师获三等奖;张尕丽老师荣获二等奖。

2016 年 10 月,在蒲城县班主任基本功比赛中,李娜老师获高中组一等奖;张水玲老师获高中组二等奖。

2017 年 7 月,在蒲城县教育局组织的体、音、美教师基本功大赛中,王婧老师荣获高中组音乐一等奖,缑艳平老师荣获高中组音乐优秀奖。

2018 年 5 月,在蒲城县中青年教师基本功大赛中郭瑞(女)、段磊老师荣获中青年教师教学基本功大赛三等奖。

3. 教师业务能力测试获奖情况

2014 年在蒲城县高中教师学科专业知识测试中获优胜奖教师名单

申亚萍　樊云芳　李　芳　李　剑　王红军　王永奇　曹晓梅　庹晓勇　雷惊鸿

姜银芳　张小艳　梁高奎　张慧慧　刘　博　孟　璞　吕　娜　赵永刚　孙丽娜

2015 年 6 月,在蒲城县教育局组织的教师业务能力测试中,常立山老师获合格等次;杨春利、马芳、王凤莲、郝兴成、唐婷、范志刚老师获良好等次;段磊、朱仁双获优秀等次;

2015 年 7 月,在蒲城县教育局组织的教师业务能力测试中,王婷、刘婷婷、李艳宁、王宝红老师获良好等次;秦环环、李东荣、李宇鹏老师获优秀等次;

2015 年 11 月,在蒲城县教育局组织的教师业务能力测试中,车敏娜、雷高萍、秦招娣老师获优秀等次;赵雪娥、王艳红老师获良好等次;武亚萍、张洁娟老师获合格等次;

2016 年 1 月,在蒲城县教育局组织的教师业务能力测试中,王红军、刘文杰、王军、路萍老师获优秀等次;

2017 年 11 月,在蒲城县高中教师学科专业知识测试中,申亚萍、李剑、李芳、张尕丽、曹东峰、张洁娟、张红军、赵倩茹、尹婧、秦凤英、唐艳娥、李文宾、徐艳丽、程红茹等老师获优胜者。

4. 其他获奖情况一览表

姓名	性别	获奖项目级别等次	颁授单位	获奖时间
樊云芳	女	优秀课展示三等奖	渭南市教育局	2010.12
李娜(语)	女	《蒲城赋》征文优秀奖	陕西省委宣传部	2011.04
樊云芳	女	中小学教师论坛第三期高中段次一等奖	蒲城县教育局	2012.05
梁高奎	男	全国第二十一届(省十八届)中学生生物学联赛(陕西赛区)优秀辅导教师	陕西省中学生生物学竞赛委员会	2012.10
范志刚	男	全国第二十一届(省十八届)中学生生物学联赛(陕西赛区)优秀辅导教师	陕西省中学生生物学竞赛委员会	2012.10
庹晓勇	男	省第二届高中理化生教师实验操作技能竞赛三等奖	陕西省中小学教师实验操作技能竞赛组委会	2013.10
李娟	女	19 届中学生生物学竞赛(陕西赛区)优秀辅导教师	陕西省中学生生物学竞赛委员会	2013.10
刘兰英	女	19 届中学生生物学竞赛(陕西赛区)优秀辅导教师	陕西省中学生生物学竞赛委员会	2013.10
常立山	男	陕西省第 28 届青少年科技创新大赛优秀辅导教师	蒲城县教育局	2013.10
秦环环	女	2013 年陕西省高中数学竞赛辅导活动中被评为优秀辅导教师	陕西省数学竞赛委员会	2013.12
郭瑞	男	2014 年在"中央公馆杯"干部职工运动会越野比赛中荣获男子组个人第三名	蒲城县干部职工运动会组委会	2014.04

续表

姓名	性别	获奖项目级别等次	颁授单位	获奖时间
张化林	男	在"强化群众观点,我为蒲城教育献计出力"演讲比赛中荣获三等奖	蒲城县教育局	2014.04
谭晶晶	女	"中华经典诵读"比赛活动中被评为优秀辅导教师	蒲城县教育局	2014.05
庹晓勇	男	第31届全国物理竞赛优秀辅导员称号	省中学物理竞赛委员会	2014.10
朱慧敏	女	2014省数学竞赛优秀辅导教师	省数学竞赛委员会	2014.12
高晓燕	女	2014省生物竞赛省级优秀辅导教师	省中学生生物竞赛委员会	2014.12
樊云芳	女	在能力测试中获优秀等次	蒲城县教育局	2015.06
孙利娜	女	"争做四有好老师"征文活动中获优秀奖	蒲城县教育局	2015.07
程红茹	女	"争做四有好老师"征文活动中获优秀奖	蒲城县教育局	2015.07
樊云芳	女	"争做四有好老师"征文活动中获优秀奖	蒲城县教育局	2015.07
武巧娟	女	作品《阳光下的幸福》在"争做四有好老师"征文活动中获优秀奖	蒲城县教育局	2015.07
惠星星	女	2015陕西省中学生生物竞赛省级优秀指导教师	省中学生生物学竞赛委员会	2015.10
刘晓宇	男	第32届全国中学生物理竞赛省优秀指导教师奖	省中学生物理竞赛委员会	2015.10
秦凤英	女	"争做四有好教师"征文高中组三等奖	渭南市教育局	2015.11
樊云芳	女	"争做四有好教师"征文高中组三等奖	渭南市教育局	2015.11
杨 蕾	女	"争做四有好教师"征文高中组三等奖	渭南市教育局	2015.11
曹东峰	男	2015全国高中数学竞赛优秀辅导教师	渭南市教研室	2015.12
秦凤英	女	"我的育人故事"征文优秀奖	蒲城县教育局	2016.06
刘 伟	女	"我的育人故事"征文三等奖	蒲城县教育局	2016.06

姓名	性别	获奖项目级别等次	颁授单位	获奖时间
赵莹熠	女	优秀辅导教师	蒲城县教育局	2017.07
常祎	男	优秀新任教师	蒲城县教育局	2017.07
张水玲	女	荣获 2017 年中华经典诵读比赛三等奖	蒲城县教育局	2017.09
董洁	男	在 2017 年省市级教学能手培养工作中被评为优秀辅导教师	蒲城县教育局	2017.11
曹东峰	男	在 2017 年省市级教学能手培养工作中被评为优秀辅导教师	蒲城县教育局	2017.11
张水玲	女	在县 2017 年中小学中华经典诵读比赛中被评为优秀辅导教师	蒲城县教育局	2017.12
李莹	女	荣获"红旗飘飘·引我成长"演讲比赛教师指导奖	县教育关工委	2018.05
李娜(语)	女	荣获 2018 年度"叶圣陶杯"全国中学生新作文大赛优秀指导教师奖	叶圣陶杯全国中小学生新作文大赛组委会	2018.06
张水玲	女	荣获 2018 年度"叶圣陶杯"全国中学生新作文大赛优秀指导教师奖	叶圣陶杯全国中小学生新作文大赛组委会	2018.06
范志刚	男	荣获 2018 年度"叶圣陶杯"全国中学生新作文大赛优秀指导教师奖	叶圣陶杯全国中小学生新作文大赛组委会	2018.06
李宇鹏	男	荣获 2018 年度"叶圣陶杯"全国中学生新作文大赛优秀指导教师奖	叶圣陶杯全国中小学生新作文大赛组委会	2018.06

四、招生 考试 升学

（一）招生

为了规范办学行为,做好规范招生,促进教育公平,学校严格执行教育行政部门的规定,按照学生学业考试成绩与综合素质评价等级录取新生,严格执行招生计划,无跨地区违规招生现象。实行多层次招生,既招收文化课成绩合格的学生,又招收体音美特长的学生,同时照顾家庭困难的学生上学。本着"把学生招进来,把人才送出去"的原则,进行教育教学。

1. 招生政策

按照"统一考试、择优录取"的原则,由市、县教育局统一管理并下达招生计划。

2. 招生情况

2010 年建校初,招生计划 800 人,招生正录 583 人,扩招计划(择校生)217 人。录取分数线335 分,为全县最低控制线。设 16 个教学班。

2011 年:县教育局重新划分学区,隶属初中有椿林初中、永丰初中、陈庄初中、平路庙初中、翔村初中。招生计划数800人,正录生666人,扩招数(择校生)134人,录取分数线359分,录取特长生27人。设16个教学班。

2012年:尧山中学、桥山中学提前录取600人后,从本学区和民办初中填报本校志愿的考生中录取,不足部分从尧山中学学区的剩余上线考生中随机循环录取。招生计划数800人,正录生666人,扩招数134人,录取分数线365分,录取特长生31人。设16个教学班。

2013年:招生计划数800人,正录生666人,扩招计划(三限生)133人,特长生29人,补录普通生3人。录取最低控制线365分;特长生、三限生文化课最低控制线220分。设16个教学班。

2014年:招生计划800人,普通生第一志愿录取分数线377分,第二志愿录取分数线390分。招收普通生568人,特长生31人,三限生150人,补录李彦蓉1人。设16个教学班。

2015年:招生计划600人,招收重点生和普通生。重点生第一志愿录取分数线448分,第二志愿录取分数线452分;普通生第一志愿录取分数线398分,第二志愿录取分数线403分;特长生文化课最低控制线237分。招收重点生237人,普通生334人,特长生29人。设14个教学班。

2016年:招生计划580人,渭南市教育局统一组织招生。招收统招生555人,特长生25人。设12个教学班。

2017年:招生计划550人,渭南市教育局统一组织招生。招收统招生522人,特长生38人。设12个教学班。

2018年:招生计划570人,渭南市教育局统一组织招生。招收统招生570人,特长生24人。设12个教学班。

附:历届获得高考、中考招生优秀监考、先进工作者一览表

姓名	性别	获奖名称级别	颁授单位	获奖时间
张水玲	女	2011年高考优秀监考教师	渭南市教育局	2012.05
樊云芳	女	2011年高考优秀监考教师	渭南市教育局	2012.05
韩斌	男	招考工作先进个人	蒲城县招生办	2012.05
李华平	男	2011年度招生考试监控管理先进个人	蒲城县招生办	2012.05
侯胜斌	男	高考优秀监考教师	渭南市教育局	2013.05
王东周	男	高考优秀监考教师	渭南市教育局	2013.05
蒋振明	男	2012年高考优秀监考教师	蒲城县教育局	2013.05
路改妮	女	2012年高考优秀监考教师	蒲城县教育局	2013.05
韩斌	男	2012年度招考工作先进个人	蒲城县招生办	2013.05
赵永刚	男	2013年高考优秀监考	蒲城县教育局	2014.05
李敏	女	2013年高考优秀监考	蒲城县教育局	2014.05
申亚萍	女	2013年高考优秀监考	蒲城县教育局	2014.05
武巧娟	女	2013年高考优秀监考教师	渭南市教育局	2014.06
李艳宁	女	2014年高考优秀监考教师	渭南市教育局	2015.05
秦招弟	女	2014年高考优秀监考教师	渭南市教育局	2015.05
李文宾	男	2014年高考优秀监考教师	渭南市教育局	2015.05
成兵	男	2015年高考优秀监考教师	渭南市教育局	2016.06

续表

姓名	性别	获奖名称级别	颁授单位	获奖时间
李华平	女	2014 年高考优秀监考	蒲城县教育局	2015.05
谭晶晶	女	获 2015 年高考优秀监考教师	蒲城县教育局	2016.05
刘继宏	男	获 2015 年高考优秀监考教师	蒲城县教育局	2016.05
韩雪芹	女	获 2015 年高考优秀监考教师	蒲城县教育局	2016.05
田亚萍	女	获 2015 年高考优秀监考教师	蒲城县教育局	2016.05
秦凤英	女	获 2015 年高考优秀监考教师	蒲城县教育局	2016.05
刘兰英	女	获 2015 年高考优秀监考教师	蒲城县教育局	2016.05
李华平	男	2016 年高考优秀监考教师	蒲城县教育局	2017.05
韩　斌	男	2016 年高考优秀监考教师	蒲城县教育局	2017.05
李　剑	男	2016 年高考优秀监考教师	蒲城县教育局	2017.05
张　涛	男	2016 年高考优秀监考教师	蒲城县教育局	2017.05
李宇鹏	男	2016 年高考优秀监考教师	蒲城县教育局	2017.05
程红茹	女	2016 年高考优秀监考教师	渭南市教育局	2017.06
成　兵	男	2016 年高考优秀监考教师	渭南市教育局	2017.06
韩秦龙	男	2016 年中考优秀评卷教师	渭南市教育局	2017.09
李华平	男	2016 年中考优秀评卷教师	渭南市教育局	2017.09
韩　斌	男	2017 年高考优秀监考教师	蒲城县教育局	2018.05
李华平	男	2017 年高考优秀监考教师	蒲城县教育局	2018.05
谭晶晶	女	2017 年高考优秀监考教师	蒲城县教育局	2018.05
刘　博	女	2017 年高考优秀监考教师	蒲城县教育局	2018.05
李　莹	女	2017 年度高考优秀考务人员	蒲城县教育局	2018.05
李芳	女	陕西省普通高校招生考试语文评卷优秀评卷员	陕西师范大学	2018.05

(二)考试

严格规范考试行为。不组织、不参加未经县级以上教育行政部门批准的各种统考、联考或其他竞赛、考级等活动。考试内容不超出课程标准规定的要求,不出偏题、怪题,并组织专家教师对试卷进行审查,以确保试卷质量。

1. 平时检测

(1)每学期组织教学质量检测

① 期中考试(统考)、教学质量检测。

② 期末考试(统考)等 4 次考试。高一考 9 科:语文、数学、英语、物理、化学、生物、政治、历史、地理;高二年级、高三年级理科考 6 科:语文、数学、英语、物理、化学、生物;高二年级、高三年级文科考 6 科:语文、数学、英语、政治、历史、地理。

③ 体育、音乐、美术、信息技术、通用技术等学科,每学期检测一次,笔试部分占 70%,平时考核部分占 30%,作为学分认定的依据。

④ 对学习成绩优秀的学生,颁发奖学金。一等奖学金 500 元;二等奖学金 200 元;三等奖学

金100元。每学年奖励一次。

2. 毕业考试

(1)依据"陕西省普通高中新课程改革实施方案""陕西省普通高中学生学籍管理办法",学生在修完规定的必修、选修模块后,可报名参加"陕西省普通高中学业水平考试"和"物理、化学、生物实验操作考试",对考试成绩不合格或对成绩等第不满意的,学生可以自愿选择,报名参加复考。

(2)学生在三年内应获得116个必修学分和28个选修学分,总计学分必须达到144分,方可获得高中毕业证。

3. 升学考试

(1)学校组织高三年级学生进行高考总复习。

(2)参加县上三月份组织的县对抗赛;市上元月份和四月份组织的市一模、市二模;省上五月份组织的省三模。

(3)学校统一组织学生参加高考。

(三)升学

附:历届升入高等院校学生人名录

2013 年首届高考二批本科上线学生名单

姓　　名：陈博
中考成绩：505
县 名 次：521
高考成绩：570
县 名 次：108
进步位次：413
初中毕业学校：翔村初中

姓　　名：宋航
中考成绩：469
县 名 次：1538
高考成绩：551
县 名 次：180
进步位次：1358
初中毕业学校：龙阳初中

姓　　名：史琼杰
中考成绩：476
县 名 次：1331
高考成绩：549
县 名 次：190
进步位次：1141
初中毕业学校：上王初中

姓　　名：何彦
中考成绩：494
县 名 次：825
高考成绩：544
县 名 次：218
进步位次：607
初中毕业学校：平路初中

姓　　名：王宇涵
中考成绩：493
县 名 次：851
高考成绩：537
县 名 次：255
进步位次：596
初中毕业学校：城关镇中

姓　　名：魏鼎国
中考成绩：486
县 名 次：1043
高考成绩：534
县 名 次：276
进步位次：767
初中毕业学校：平路初中

姓　　名：王晓营
中考成绩：434
县 名 次：2681
高考成绩：532
县 名 次：285
进步位次：2396
初中毕业学校：龙阳初中

姓　　名：于堂莹
中考成绩：510
县 名 次：406
高考成绩：517
县 名 次：372
进步位次：34
初中毕业学校：矿区初中

姓　　名：阴宗斐
中考成绩：478
县 名 次：1273
高考成绩：511
县 名 次：409
进步位次：864
初中毕业学校：平路初中

姓　　名：陈康
中考成绩：484
县 名 次：1099
高考成绩：510
县 名 次：418
进步位次：681
初中毕业学校：阳光学校

姓　　名：马宸
中考成绩：469
县 名 次：1538
高考成绩：507
县 名 次：440
进步位次：1098
初中毕业学校：孙镇初中

姓　　名：宁涛
中考成绩：486
县 名 次：1043
高考成绩：505
县 名 次：453
进步位次：590
初中毕业学校：保南乡中

姓　　名：吴云涛
中考成绩：480
县 名 次：1218
高考成绩：504
县 名 次：462
进步位次：756
初中毕业学校：矿区初中

姓　　名：张栋
中考成绩：446
县 名 次：2284
高考成绩：504
县 名 次：462
进步位次：1822
初中毕业学校：城关镇中

姓　　名：李佳伟
中考成绩：463
县 名 次：1741
高考成绩：504
县 名 次：464
进步位次：1277
初中毕业学校：实验初中

姓　　名：李宁
中考成绩：484
县 名 次：1099
高考成绩：502
县 名 次：481
进步位次：618
初中毕业学校：矿区初中

姓　　名：黄乐
中考成绩：465
县 名 次：1663
高考成绩：502
县 名 次：481
进步位次：1182
初中毕业学校：保南乡中

姓　　名：韦若飞
中考成绩：472
县 名 次：1453
高考成绩：502
县 名 次：481
进步位次：972
初中毕业学校：洛滨初中

姓　　名：朱柱天
中考成绩：446
县 名 次：2284
高考成绩：499
县 名 次：502
进步位次：1782
初中毕业学校：城关镇中

姓　　名：曹东兴
中考成绩：460
县 名 次：1846
高考成绩：497
县 名 次：517
进步位次：1329
初中毕业学校：椿林初中

姓　名：徐霖
中考成绩：484
县名次：1099
高考成绩：495
县名次：534
进步位次：565
初中毕业学校：孙镇初中

姓　名：王楠
高考成绩：439
初中毕业学校：孙镇初中

姓　名：张振威
高考成绩：438
初中毕业学校：苏坊初中

姓　名：毕帅
中考成绩：489
县名次：964
高考成绩：494
县名次：548
进步位次：416
初中毕业学校：保南乡中

姓　名：王倩
中考成绩：474
县名次：1399
高考成绩：493
县名次：556
进步位次：843
初中毕业学校：保南乡中

姓　名：王旭
中考成绩：486
县名次：1043
高考成绩：492
县名次：569
进步位次：474
初中毕业学校：椿林初中

姓　名：穆箐
中考成绩：476
县名次：1331
高考成绩：491
县名次：577
进步位次：754
初中毕业学校：芳草地初

姓　名：齐安娜
中考成绩：472
县名次：1453
高考成绩：490
县名次：585
进步位次：868
初中毕业学校：苏坊初中

姓　名：石瑞星
中考成绩：476
县名次：1331
高考成绩：488
县名次：602
进步位次：729
初中毕业学校：保南乡中

姓　名：王彤
中考成绩：478
县名次：1273
高考成绩：488
县名次：602
进步位次：671
初中毕业学校：城关镇中

姓　名：陈兴
中考成绩：491
县名次：911
高考成绩：488
县名次：602
进步位次：309
初中毕业学校：孙镇初中

姓　名：刘琳
中考成绩：482
县名次：1159
高考成绩：488
县名次：602
进步位次：557
初中毕业学校：党睦初中

姓　名：陈天阳
中考成绩：496
县名次：765
高考成绩：486
县名次：614
进步位次：151
初中毕业学校：扩区初中

姓　名：程伟鹏
中考成绩：498
县名次：715
高考成绩：483
县名次：641
进步位次：74
初中毕业学校：孙镇初中

姓　名：刘俊熙
中考成绩：456
县名次：1963
高考成绩：483
县名次：641
进步位次：1322
初中毕业学校：龙阳初中

姓　名：李倩
中考成绩：469
县名次：1538
高考成绩：481
县名次：668
进步位次：870
初中毕业学校：龙阳初中

姓　名：陈尚
中考成绩：495
县名次：795
高考成绩：480
县名次：675
进步位次：120
初中毕业学校：永丰初中

姓　名：郭磊
中考成绩：473
县名次：1430
高考成绩：479
县名次：682
进步位次：748
初中毕业学校：党睦初中

姓　名：魏强
高考成绩：489
初中毕业学校：兴镇初中

姓　名：王萌洁
中考成绩：492
县名次：877
高考成绩：478
县名次：693
进步位次：184
初中毕业学校：保南乡中

姓　名：吴文豪　　姓　名：徐颖　　　姓　名：韦思思　　姓　名：代立蒲　　姓　名：张旭
中考成绩：448　　中考成绩：457　　中考成绩：480　　中考成绩：457　　中考成绩：471
县名次：2207　　县名次：1928　　县名次：1218　　县名次：1928　　县名次：1484
高考成绩：476　　高考成绩：476　　高考成绩：474　　高考成绩：474　　高考成绩：474
县名次：708　　　县名次：708　　　县名次：732　　　县名次：732　　　县名次：732
进步位次：1499　　进步位次：1220　　进步位次：486　　进步位次：1196　　进步位次：752
初中毕业学校：龙阳初中　初中毕业学校：翔村初中　初中毕业学校：洛滨初中　初中毕业学校：龙阳初中　初中毕业学校：孝通初中

姓　名：姚玮　　　姓　名：贺妙星　　姓　名：屈浩　　　姓　名：郭帅　　　姓　名：王莹
中考成绩：490　　中考成绩：451　　中考成绩：443　　中考成绩：473　　中考成绩：483
县名次：934　　　县名次：2117　　县名次：2374　　县名次：1430　　县名次：1131
高考成绩：473　　高考成绩：473　　高考成绩：469　　高考成绩：467　　高考成绩：467
县名次：743　　　县名次：743　　　县名次：790　　　县名次：804　　　县名次：804
进步位次：191　　进步位次：1374　　进步位次：1584　　进步位次：626　　进步位次：327
初中毕业学校：平路初中　初中毕业学校：钤镉初中　初中毕业学校：平路初中　初中毕业学校：龙阳初中　初中毕业学校：矿区初中

姓　名：酒永超　　姓　名：吴志成　　姓　名：王宁　　　姓　名：何崇沧　　姓　名：刘青
中考成绩：486　　中考成绩：461　　中考成绩：430　　中考成绩：510　　中考成绩：466
县名次：1043　　县名次：1812　　县名次：2820　　县名次：406　　　县名次：1634
高考成绩：467　　高考成绩：467　　高考成绩：467　　高考成绩：450　　高考成绩：465
县名次：804　　　县名次：804　　　县名次：804　　　县名次：993　　　县名次：830
进步位次：239　　进步位次：1008　　进步位次：2016　　初中毕业学校：龙阳初中　进步位次：804
初中毕业学校：孙镇初中　初中毕业学校：雏鹰学校　初中毕业学校：龙阳初中　　　　　　　　　初中毕业学校：平路初中

姓　名：程冰　　　姓　名：王凯旋　　姓　名：王景　　　姓　名：蔡国储　　姓　名：张辰
中考成绩：471　　中考成绩：434　　中考成绩：380　　中考成绩：420　　中考成绩：354
县名次：1484　　县名次：2681　　县名次：4473　　县名次：2341　　县名次：5338
高考成绩：464　　高考成绩：464　　高考成绩：464　　高考成绩：464　　高考成绩：464
县名次：840　　　县名次：840　　　县名次：840　　　县名次：840　　　县名次：840
进步位次：644　　进步位次：1841　　进步位次：3633　　进步位次：1501　　进步位次：4498
初中毕业学校：坡头初中　初中毕业学校：兴镇初中　初中毕业学校：实验初中　初中毕业学校：城关镇中　初中毕业学校：保南乡中

姓　名：赵蕊宁　中考成绩：476　县名次：1331　高考成绩：464　县名次：840　进步位次：491　初中毕业学校：坡头初中

姓　名：黄路　中考成绩：481　县名次：1186　高考成绩：463　县名次：854　进步位次：332　初中毕业学校：洛滨初中

姓　名：刘钿　中考成绩：460　县名次：1846　高考成绩：463　县名次：854　进步位次：992　初中毕业学校：平路初中

姓　名：周文　中考成绩：491　县名次：911　高考成绩：462　县名次：866　进步位次：45　初中毕业学校：保南乡中

姓　名：原庆辉　中考成绩：446　县名次：2284　高考成绩：444　县名次：1055　进步位次：1229　初中毕业学校：实验初中

姓　名：张林　中考成绩：443　县名次：2374　高考成绩：461　县名次：875　进步位次：1499　初中毕业学校：上王初中

姓　名：薛延飞　中考成绩：453　县名次：2053　高考成绩：447　县名次：1025　进步位次：1028　初中毕业学校：平路初中

姓　名：杜晓辉　中考成绩：450　县名次：2148　高考成绩：460　县名次：891　进步位次：1257　初中毕业学校：钤铒初中

姓　名：王尊　中考成绩：413　县名次：3387　高考成绩：459　县名次：898　进步位次：2489　初中毕业学校：矿区初中

姓　名：冯安煜　中考成绩：510　县名次：406　高考成绩：500　县名次：497　初中毕业学校：实验初中

姓　名：张乐　中考成绩：470　县名次：1517　高考成绩：457　县名次：917　进步位次：600　初中毕业学校：保南乡中

姓　名：杨静　中考成绩：435　县名次：2652　高考成绩：457　县名次：918　进步位次：1734　初中毕业学校：坡头初中

姓　名：王静　中考成绩：462　县名次：1773　高考成绩：456　县名次：930　进步位次：843　初中毕业学校：保南乡中

姓　名：段晓杰　中考成绩：464　县名次：1701　高考成绩：456　县名次：930　进步位次：771　初中毕业学校：矿区初中

姓　名：史晨阳　中考成绩：436　县名次：2615　高考成绩：456　县名次：930　进步位次：1685　初中毕业学校：矿区初中

姓　名：房艳　中考成绩：481　县名次：1186　高考成绩：455　县名次：941　进步位次：245　初中毕业学校：椿林初中

姓　名：惠程云　中考成绩：480　县名次：1218　高考成绩：454　县名次：947　进步位次：271　初中毕业学校：荆姚初中

姓　名：薛驰　中考成绩：479　县名次：1251　高考成绩：454　县名次：947　进步位次：304　初中毕业学校：平路初中

姓　名：耿思甜　中考成绩：454　县名次：2025　高考成绩：454　县名次：947　进步位次：1078　初中毕业学校：椿林初中

姓　名：邹倩　中考成绩：446　县名次：2284　高考成绩：454　县名次：947　进步位次：1337　初中毕业学校：兴镇初中

姓　名：惠嘉琛
中考成绩：427
县名次：2923
高考成绩：453
县名次：962
进步位次：1961
初中毕业学校：洛滨初中

姓　名：李乐
中考成绩：464
县名次：1701
高考成绩：450
县名次：993
进步位次：708
初中毕业学校：龙阳初中

姓　名：张力
中考成绩：482
县名次：1159
高考成绩：450
县名次：993
进步位次：166
初中毕业学校：实验初中

姓　名：赵福星
中考成绩：462
县名次：1773
高考成绩：450
县名次：993
进步位次：780
初中毕业学校：大孔初中

姓　名：张荣
中考成绩：450
县名次：2148
高考成绩：448
县名次：1020
进步位次：1128
初中毕业学校：龙阳初中

姓　名：陈亚楠
中考成绩：495
县名次：795
高考成绩：462
县名次：866
初中毕业学校：孙镇初中

姓　名：雷琦瑛
中考成绩：458
县名次：1895
高考成绩：447
县名次：1025
进步位次：870
初中毕业学校：兴镇初中

姓　名：邢黎明
中考成绩：455
县名次：1989
高考成绩：446
县名次：1035
进步位次：954
初中毕业学校：保南乡中

姓　名：李帅
中考成绩：436
县名次：2615
高考成绩：446
县名次：1035
进步位次：1580
初中毕业学校：孝通初中

姓　名：樊树康
中考成绩：452
县名次：2087
高考成绩：446
县名次：1035
进步位次：1052
初中毕业学校：矿中

姓　名：李虔
中考成绩：468
县名次：1564
高考成绩：445
县名次：1047
进步位次：517
初中毕业学校：平路初中

姓　名：校嘉蔚
中考成绩：453
县名次：2053
高考成绩：444
县名次：1055
进步位次：998
初中毕业学校：矿中

姓　名：杨涛
中考成绩：495
县名次：795
高考成绩：464
县名次：840
初中毕业学校：矿中

姓　名：张旭
中考成绩：468
县名次：1564
高考成绩：444
县名次：1055
进步位次：509
初中毕业学校：保南乡中

姓　名：王博东
中考成绩：475
县名次：1370
高考成绩：443
县名次：1070
进步位次：300
初中毕业学校：度任初中

姓　名：陈珂
中考成绩：463
县名次：1741
高考成绩：442
县名次：1077
进步位次：664
初中毕业学校：荆姚初中

姓　名：何蓓蓓
中考成绩：452
县名次：2087
高考成绩：441
县名次：1082
进步位次：1005
初中毕业学校：龙阳初中

姓　名：杨飞
中考成绩：438
县名次：2551
高考成绩：441
县名次：1082
进步位次：1469
初中毕业学校：龙阳初中

姓　名：赵海潮
中考成绩：449
县名次：2180
高考成绩：440
县名次：1092
进步位次：1088
初中毕业学校：平路初中

姓　名：倪西校
中考成绩：468
县名次：1564
高考成绩：440
县名次：1092
进步位次：472
初中毕业学校：党睦初中

姓　名: 王建平
中考成绩: 448
县 名 次: 2207
高考成绩: 439
县 名 次: 1103
进步位次: 1104
初中毕业学校: 城关镇中

姓　名: 屈龙兴
中考成绩: 461
县 名 次: 1812
高考成绩: 439
县 名 次: 1103
进步位次: 709
初中毕业学校: 平路初中

姓　名: 李宁
中考成绩: 448
县 名 次: 2207
高考成绩: 439
县 名 次: 1103
进步位次: 1104
初中毕业学校: 实验初中

姓　名: 邓琳倩
中考成绩: 480
县 名 次: 1218
高考成绩: 439
县 名 次: 1103
进步位次: 115
初中毕业学校: 东陈初中

姓　名: 由鑫
中考成绩: 432
县 名 次: 2753
高考成绩: 438
县 名 次: 1120
进步位次: 1632
初中毕业学校: 兴镇初中

姓　名: 张凯悦
中考成绩: 453
县 名 次: 2053
高考成绩: 437
县 名 次: 1129
进步位次: 924
初中毕业学校: 兴镇初中

姓　名: 郭斌
中考成绩: 349
县 名 次: 5495
高考成绩: 437
县 名 次: 1130
进步位次: 4365
初中毕业学校: 翔村初中

姓　名: 吴培雅
高考成绩: 493
县 名 次: 212

姓　名: 党文豪
中考成绩: 425
县 名 次: 2995
高考成绩: 435
县 名 次: 1149
进步位次: 1846
初中毕业学校: 实验初中

姓　名: 王丽湘
中考成绩: 462
县 名 次: 1773
高考成绩: 435
县 名 次: 1149
进步位次: 624
初中毕业学校: 大孔初中

姓　名: 李盼亮
中考成绩: 414
县 名 次: 3311
高考成绩: 435
县 名 次: 1149
进步位次: 2162
初中毕业学校: 翔村初中

姓　名: 林墨玉
中考成绩: 441
县 名 次: 2448
高考成绩: 551
县 名 次: 45
进步位次: 2403
初中毕业学校: 城关镇中

姓　名: 王蒙
中考成绩: 456
县 名 次: 1963
高考成绩: 542
县 名 次: 69
进步位次: 1894
初中毕业学校: 平路初中

姓　名: 刘佳
中考成绩: 473
县 名 次: 1430
高考成绩: 538
县 名 次: 77
进步位次: 1353
初中毕业学校: 平路初中

姓　名: 鲁萌
中考成绩: 481
县 名 次: 1186
高考成绩: 529
县 名 次: 97
进步位次: 1089
初中毕业学校: 椿林初中

姓　名: 杨彤
中考成绩: 476
县 名 次: 1331
高考成绩: 518
县 名 次: 123
进步位次: 1208
初中毕业学校: 罕井初中

姓　名: 贾玮
中考成绩: 499
县 名 次: 690
高考成绩: 515
县 名 次: 128
进步位次: 562
初中毕业学校: 城关镇中

姓　名: 李珊
中考成绩: 462
县 名 次: 1773
高考成绩: 510
县 名 次: 149
进步位次: 1624
初中毕业学校: 椿林初中

姓　名: 元云鹤
中考成绩: 437
县 名 次: 2581
高考成绩: 509
县 名 次: 152
进步位次: 2429
初中毕业学校: 椿林初中

姓　名: 李芬
中考成绩: 346
县 名 次: 5602
高考成绩: 505
县 名 次: 167
进步位次: 5435
初中毕业学校: 兴华学校

姓　　名：张莹莹
中考成绩：446
县 名 次：2282
高考成绩：505
县 名 次：167
进步位次：2117
初中毕业学校：保南乡中

姓　　名：罗京
中考成绩：387
县 名 次：4225
高考成绩：499
县 名 次：185
进步位次：4040
初中毕业学校：保南乡中

姓　　名：杨奉
中考成绩：452
县 名 次：2087
高考成绩：498
县 名 次：190
进步位次：1897
初中毕业学校：龙阳初中

姓　　名：杨梦玉
中考成绩：457
县 名 次：1928
高考成绩：493
县 名 次：212
进步位次：1716
初中毕业学校：永丰初中

姓　　名：秦静
中考成绩：429
县 名 次：2860
高考成绩：492
县 名 次：216
进步位次：2644
初中毕业学校：城关镇中

姓　　名：王艺
中考成绩：454
县 名 次：2025
高考成绩：490
县 名 次：222
进步位次：1803
初中毕业学校：保南乡中

姓　　名：屈莹
中考成绩：422
县 名 次：3092
高考成绩：489
县 名 次：227
进步位次：2865
初中毕业学校：上王初中

姓　　名：吴梦
中考成绩：441
县 名 次：2448
高考成绩：488
县 名 次：232
进步位次：2216
初中毕业学校：穗林初中

姓　　名：田坤
中考成绩：485
县 名 次：1073
高考成绩：466
县 名 次：819
进步位次：255
初中毕业学校：平路初中

姓　　名：孙金博
中考成绩：428
县 名 次：2289
高考成绩：458
县 名 次：908
进步位次：1353
初中毕业学校：兴镇初中

姓　　名：王毛
中考成绩：452
县 名 次：2087
高考成绩：447
县 名 次：1025
进步位次：1062
初中毕业学校：平路初中

姓　　名：张思宇
中考成绩：482
县 名 次：1159
高考成绩：518
县 名 次：364
进步位次：795
初中毕业学校：城关初中

姓　　名：张晨
中考成绩：449
县 名 次：2180
高考成绩：494
县 名 次：546
进步位次：1634
初中毕业学校：孙镇初中

姓　　名：曹永艺
中考成绩：495
县 名 次：795
高考成绩：478
县 名 次：693
进步位次：102
初中毕业学校：平路初中

姓　　名：袁浩然
高考成绩：459
初中毕业学校：矿中

姓　　名：牛晓莹
中考成绩：501
县 名 次：627
高考成绩：526
县 名 次：319
进步位次：308
初中毕业学校：兴镇初中

姓　　名：王乾龙
中考成绩：446
县 名 次：2284
高考成绩：520
县 名 次：347
进步位次：1937
初中毕业学校：城关镇中

姓　　名：李思琪
中考成绩：533
县 名 次：93
高考成绩：485
县 名 次：623
进步位次：
初中毕业学校：罕井镇中

姓　　名：冯蓓
中考成绩：485
县 名 次：1074
高考成绩：532
县 名 次：285
进步位次：789
初中毕业学校：实验初中

姓　　名：王金凤
中考成绩：439
县 名 次：2521
高考成绩：519
县 名 次：357
进步位次：2164
初中毕业学校：矿区初中

姓　名：马欣
中考成绩：509
县名次：425
高考成绩：505
县名次：453
初中毕业学校：城关镇中

姓　名：武文博
中考成绩：420
县名次：3147
高考成绩：461
县名次：875
进步位次：2272
初中毕业学校：城关镇中

姓　名：李园
中考成绩：439
县名次：2521
高考成绩：437
县名次：1129
进步位次：1392
初中毕业学校：保南乡中

姓　名：王娟
中考成绩：467
县名次：1600
高考成绩：461
县名次：875
进步位次：725
初中毕业学校：兴镇初中

姓　名：杨坤
中考成绩：507
县名次：475
高考成绩：474
县名次：732
初中毕业学校：罐屋学校

姓　名：薛武
中考成绩：497
县名次：740
高考成绩：439
县名次：1103
初中毕业学校：平路初中

姓　名：李怡乐
中考成绩：439
县名次：2521
高考成绩：494
县名次：547
进步位次：1974
初中毕业学校：实验初中

2014 年高考本科上线学生名单

一批本科:49 人

理　　科:48 人

杜 坚	张 静	吴志成	张辛珂	杨旭园	雷月倩	李 孟	宋 旭
张雨琛	王 倩	杜雅倩	于平凡	党旭阳	张凯悦	王苛心	李 放
杨少月	李 晨	李 雪	邢金莎	李 琪	王紫璇	宋 卓	万 驰
郭 宁	陈 凡	唐菲菲	惠蕾蕾	程佳欣	李博平	张 彤	叱喜悦
曹 辉	董 楠	朱 浩	辛 程	吝晓娟	胡婉翡	王 丹	蒋志超
唐 婷	马晨佩	雷卓霖	党 娜	张 龙	梁子轩	申宏卓	曹张帆

文　　科:1 人

田 媛							

二批本科:129 人

理　　科:107 人

王勇盛	曹圣刚	何振欢	何 璞	井小浩	万邵山	李 宁	马婵月
王 刚	张 啸	薛 帅	苏 怡	马 超	席婉春	晁智卫	贺倩楠
张文辉	李恒鑫	杨 倩	王 欢	陈 振	万国豪	于志珍	刘伟翔
马姝婵	李 雪	韩思琪	王 超	任晨阳	张文超	胡晓蓓	徐倩倩
陈 琪	赵 彤	吴琳琳	李 胱	刘 鸽	赵舒萍	高 兴	田梦玄
井佳康	曹国栋	许超鹏	苏 怡	杨 萌	王智强	张雨婷	樊情威
原梦星	唐晨辉	李少华	姚 栋	王 前	苏新波	何斯琪	王 旭
万天翔	魏荔阳	王 泽	曹萌共	薛 强	张 琦	杨 梦	薛 姣
路 鑫	董鹏凯	董明仓	万丹丹	乔晓晨	杨 娇	朱 婧	齐 龙
杨 洋	李 洁	苑明辉	任笑梅	蔡松岩	柏海波	张泽鹏	奥胜杰
何晶浩	樊聪冲	韩瑞丹	张彦杰	吴延涛	张星南	王 华	张政宪
苗俊博	张 晨	周海江	董晓熙	李 菲	王 芸	郝安琪	缑郭源
徐 强	王 锋	黄金萍	韩晓豪	孙 凯	汪 丹	黄佳玺	张红宁
耿文浩	高丹妮	奚兆课					

文　　科:22 人

李卓雅	郭若冰	丁 潇	王 希	惠子卿	唐旭超	窦雷佳	张 静
闫春菁	杜 娆	闫 琢	秦 晶	吴向哲	任胜飞	郑晓宁	王 斐
朱妍妮	徐孟鑫	潘佳琦	李 昕	郑 瑶	张艺凡		

2015 年高考本科上线学生名单

一批本科:49 人

理　　科:41 人

刘　鸽	惠嘉珺	李　聪	陈小娜	田子豫	赵文斌	党　鸽	刘　珍
曹国栋	张文靖	张蒲阳	王　悦	张孟婷	尚文玉	王浩钒	何　晨
张伯阳	朱欣欣	邢　倩	党　喆	王胜国	侯盼盼	党博研	车睿智
孙　倩	郝扬斌	刘　源	冯婕瑜	瞿　敬	李　帅	峇昳华	王振凯
肖若婵	刘轩昂	蔡浏阳	张博成	李韩宁	李晓星	王　前	孙　立
郝俊杰							

文　　科:8 人

樊　宁	陈怡雯	唐紫薇	丁　潇	许　姣	党卓珺	郭家敏	郭　凡

二批本科:106 人

理　　科:76 人

王　震	周子德	姚皎洁	王国栋	王　锴	党　薇	樊　琳	李　萌
徐明亮	贺浩杰	韦　静	曹庆月	王永杰	胡田欢	冯　钰	王培蕾
陈　凯	朱媛媛	齐　龙	张蓓蕾	郭佳绒	辛经琳	袁艺磊	张思琦
杨　帆	李康婧	刘春雨	叶拂彪	徐　耀	王　帆	张路楠	李建红
胡云峰	李　朵	吴　琼	张　媛	刘　银	刘云翔	广世玉	周　梦
张嘉辰	车满飞	曹硕华	冉欢欢	薛　姣	原清逸	赵　航	赵园元
王文华	秦　童	徐智龙	王　苗	张　璟	原清辰	梁轲鑫	王　悦
李　瑾	王园园	李　盈	李　颖	孙若彤	张沛科	徐超捷	李玄冰
刘瑞洁	许鹏飞	刘倩南	张玉锋	董少峰	屈　琦	陈　科	李春阳
赵　童	张　洁	李建荣	陈　斌				

文　　科:30 人

车宇转	牛　涵	李克寒	贾梦瑞	杜聪敏	杨　航	程　琳	王卓凡
刘蓓蕾	王　阳	冯　童	王盼荣	陈少多	冯啸天	辛婉妮	胡小松
冯娇娇	胡紫薇	李　荣	孙立晗	苏　苗	屈　乐	韩佳晨	党紫阳
高　爽	赵秦雷	刘　莹	刘佳怡	原　磊	刘　欣		

2016 年高考本科上线学生名单

一批本科:56 人

理　　科:50 人

权行健	韩若琛	马延强	刘 蕊	陈海啸	魏泽亮	王 晨	车 辉
李 栋	张 驰	初明科	张 柯	张斯敏	成一凡	李嘉兴	程 成
付韦虎	张 璟	秦 国	王 楠	刘 阁	朱 峰	程 歌	许晓羽
左 童	任红莉	梁 言	赵 蕊	屈敏鸽	辛 佳	刘宇坤	郑静波
唐吉元昊	王 乐	任子恒	千甜甜	徐超捷	陈 悦	姜嘉航	申婕妤
杨嘉康	梁 博	李欢乐	罗耀文	姜小琳	郭 燚	武文华	黄振雷
解佳瑛	原 拓						

文　　科:6 人

董津川	惠雪洁	王 杰	李 祥	王 敏	李 昂

二批本科:136 人

理　　科:104 人

常梦玉	白晨帅	张亚楠	魏 鑫	惠丹妮	程伟莹	郭 晨	房妍玮
张 晨	赵 泽	谢惠敏	冯 鑫	许昊天	曹晨旭	樊智勇	郭智华
苏 芮	王 凯	张乃倩	原佳琪	董思杰	史 哲	冯蒲乐	闫佩佩
李金斗	余常乐	陈 程	樊沁柯	刘 佗	何 田	焦 琳	张 悦
王宇东	赵 祎	李智坤	李 琪	李 可	郤梦丹	刘 妮	陈 辉
曹 辉	胡 进	刘 畅	杜聪敏	刘 悦	刘盼盼	曹梦璇	雷 媛
姚晨鹤	屈怡悦	郭英琪	屈世林	李佳芮	冯星源	贾 琪	田 犇
田 茹	张美琪	李 犇	席 莹	高鑫丽	徐佰勋	杨芙蓉	李泽坤
韩拓宾	屈刘杰	王 鑫	张西婷	原 佳	张诗荟	安 童	王家豪
谢月扬	王 健	武旭辉	金 钦	奥 武	弥明言	陈小玉	李 直
李晨迪	吴佳欣	连 铭	陈 杰	党徐宁	党 菲	党 朝	张芝伟
曹卓苗	华 强	杨 航	杨璞燕子	刘美扬	李旭娇	郭 凯	梁雷勇
刘 航	马耀光	路维龙	朱永强	孙成鹏	孙璐松	吴 豆	常 昕

文　　科:32 人

冯振家	王丹妮	丁锦滢	李解航	何蕊姣	张晁璇	董金蕊	李艺婷
张 倩	马佳乐	史 腾	李 琪	姜怡璇	田雨玉	姚思雯	杨秦剑
杨博渊	尹 浩	窦文洁	唐佳艺	李 娜	雷 蒲	郭妞妞	何娜娜
李 凡	万婷叶	张梦凡	何 磊	邢立文	王倩雯	赵旭彤	张盼婷

2017 年高考本科上线学生名单

一批本科:42 人

屈育博	赵佳坤	李娜	党瑞阳	白梅	宋甜恬	王拓	金钦
刘婵	陈倩雯	段王慎	武红娟	韩瑞州	刘莘度	李超越	张婵
韩万兴	张家竞	李智	杨立鑫	张哲	张西婷	王冬辉	院子甄
穆丹华	穆芷盈	王宇豪	王继文	陈航	刘乐萌	段泽奇	冯佳豪
王昱亮	张权	胡阳洁	别一振	刘雷震	盛傲东	李忻泽	渊晨
张茂杰	宁晓晓						

二批本科:145 人

文科:46 人

韩靓	康李甜	李仲雨	杨晨	党潇鹰	惠敏	郭晓彤	赵毅康
雷金	张立龙	雷师婧	原小姣	贾若楠	王文静	校杰婷	李琳
宋任钊	任昕梅	康帅聪	蒋炎妍	成莎莎	蔡泽恩	郭佳豪	王萌
王祉茹	王佳静	王宇航	唐佳艺	奥文乙	张佳茜	武钰	汪静璇
李昕瞳	王雨	麻翙	张星	赵晨阳	张笑姣	孙余瑶	孙孟航
赵世鑫	刘佳宁	屈婉萍	李欣鹏	胡迎春	李静		

理科:99 人

何炜	张轲鑫	曹梦琪	陈金坤	权衡	韩泽光	王子恒	任振华
孙浩	陆静怡	忽文博	段欣悦	杨甜甜	张梦妍	蒋梦瑶	王邓欣
李志涛	吴婷曌	张梦琪	陈琳娜	原静	同晓辉	屈路袁	宋博晨
张鑫	任鹏辉	乔哲	隋心语	杨航	党蕾蕾	刘淼青	张艺晨
穆亦楠	秦光	杨子江	连杰霖	李洁	窦英杰	叶奕含	宋哲
李哲发	王思璐	窦梦玉	王鑫	贾鹏程	冯璐	王腾	赵敏孜
李豪飞	李泽昊	李英杰	李欣倩	张世杰	陈春蕾	赵鑫	谢梦哲
李佳怡	常炫策	王楠茜	席朴	杨璇	张玉皎	李思琦	刘园
鲁尧岗	李荣涛	郭圣杰	李阳敏	车智伟	苏超	陈铎	鲁房岗
杨芊	曹文涛	张晶	刘育凡	张波	张卓	蒋媛媛	雷晋轩
程斌	段琼洁	刘玉	张少坤	仵源	孟宇飞	李二新	刘洪涛
党鑫喆	朱书炜	董力	朱照	查珉	刘彧昊	汪凯	丁威
杨刚	雷国庆	杨奇					

2018 年高考本科上线学生名单

一批本科:78 人

理科 70 人

刘超	朱辰兵	赵煜	王萌	刘希萌	付紫婵	张乐	齐腾飞
董力玮	杜一嘉	张国梁	康静媛	王恒源	龚泽超	闫佳成	常炫策
倪海曼	郭晨曦	杨琪	李梦鸽	张凯荣	王锦程	赵晨	黄腾
段懿芳	张科遥	薛宇	原若彤	王佳乐	李钰媛	魏申华	田郁泽
赵唐锋	董招辉	袁梓杰	王陆驰	李晨	马珍妮	张凯琪	王千成
张驰	何佳妮	吴辉	郭瑶璠	秦旭辉	鲁卓	权卓	皇格格
唐永伟	屈淳	霍龙	许玉婷	周戈	孙娇	吕鑫	万玉杰
行越	白晓宾	冯琳	赵鑫	徐志强	马振华	车旭阳	刘俊杰
姜孟媛	崔建铖	张宇娇	常婧	路懿	刘岩		

文科 8 人

屈伸	王瑞雯	刘旋	王芝衡	路安	王瑾	许心雨	甘玉卓

二批本科 144 人

理科 110 人

王阳	屈岩磊	党泽怡	张毅航	白双阳	景旭光	冯芝婵	雷侣
陈鑫	路凤茹	蒙涵	吴世锴	王怡欣	李雯	邵宇航	李轩捷
杜肖珂	李瑞平	原佳瑶	徐倩茹	张冬宇	苏乐依	朱素行	王一雄
刘倩	叶莹	王健楠	王聚	张粉婷	董世杰	韩梦鸽	杨烁
张澳翔	陈欢乐	孟阳	唐昊	程晨悦	闫奕斐	任喆	张家毓
李海宁	闫江	郑则原	王宏远	郝霖莹	李仲元	郭奥	韩潇硕
常卓琳	李萌璠	段琛	原康旭	薛怡阳	武嘉威	蒲一苇	吴彤彤
武逸哲	王思格	刘禧龙	权鸽	汪舒羽	吴茜	耿泽华	赵雪婷
任一	李佳茵	王怡芝	张越	张宝雨	党明轩	朱科技	姚毅
郑国强	张洁	张莹	周葆倩	宋磊	程嘉辉	李希	师静怡
叶坤	万泽亮	张毅	苏瑞华	张宇航	唐宇尧	王继飞	张涛
王婷	张玉芯	张一帆	张卓飞	韩默琛	朱一博	李恩	王俊豪
车浩	李玉婷	梁云豪	张鹏坤	闫玉洁	许恺	严新炜	朱含彬
马梦媛	王仪	雷田欣	姚嘉敏	王振国	王绒		

文科 34 人

刘乐	权惠童	刘宇冰	李欣乐	同娆丹	党泽华	王梦瑾	何家欢
校小梅	徐泽昕	曹若莹	贺静	梁京京	李一涵	孟丽菲	冉光楠
范钰琛	张宇坤	屈柯欣	袁丹	刘璇	姚梦宁	梁欢	赵泽琛
屈蓓蕾	由梓煊	李根	赵玉銮	冯锦辉	刘艺佳	韩磊	闫千帆
王梦鸽	陈昱如						

五、信息化管理

(一)信息化管理　教学　应用

1. 信息化管理

①基于局域网的数字化校园管理应用平台,能将教师人事管理和学生管理、教务管理、图书管理、实验管理等各管理系统相对集成,实现教育教学、教育科研、后勤服务管理数字化。

②利用教育局办公平台,实现学校信息处理、工作活动安排、文件收发、学校日常办公事务的数字化。

③在教师人事管理和学生管理方面,建立学校完备的教师人事档案和学生学籍档案,对教师的学历、职称、进修及考核获奖等情况进行管理,对学生的毕业升学、留级借读及平时表现等进行管理。

④利用计算机进行教务管理,实现对学校教学基本信息、教学计划、学生成绩、学科和课程、课表和课务等管理功能。

⑤利用计算机进行校产管理,实现学校校产编目、入库、领用、调拨、报损、查询、汇总等功能。在财务管理方面,按财务管理的要求,对学校账务进行数字化处理。在后勤管理方面,实现对学校餐厅、宿舍、商店等后勤服务设施的数字化管理。

⑥利用计算机进行图书管理,实现学校图书的入库、借阅、催还、挂失、查询、统计等功能。

⑦建立校园电视台,用于校园信息发布,提高学生播音与主持能力。增设交互式教学一体机47 台,用于教学,实现教室全覆盖。增设录播室,用于课堂实录、回放,反思等,应用于同课异构、公开课、"一师一优课""微课"大赛之中。

⑧增建两个云计算机教室,保证信息技术课的正常开展,使学考、高考报名及学生志愿的填报更为方便。

2. 信息化教学

按照国家课程标准要求,开设信息技术课,提高学生掌握和运用信息技术的能力。学生在教师指导下积极利用网络环境开展自主学习、合作学习、探究学习。学生具有较强的网络环境学习能力,在教师指导下积极主动地开展网上交流,使网络真正成为学生交流思想、增进友谊、展示作品的互动平台。

3. 信息化应用

教师能在现代教育理念的科学指导下,积极利用信息化手段开展网络环境下的教学,优化教学设计,创新教学方法,提高教学效率,实现信息技术与学科教学的有机整合;学生自主完成高考网上报名、高考志愿填报、学业水平考试报名等信息应用,解决学习及生活中的问题。

(二)网络　监控中心

1. 网络

(1)网络布局:百兆宽带到桌面,信息点覆盖所有教育、教学场所。

(2)学校网站:建有校园门户网站(网址 http://www.pcxsz.com),网站有专门人员维护管理,定期更新内容,发布学校最新动态。

(3)微信、QQ 平台:学校建设有"蒲城县第三高级中学"微信公众号,定期发布校园动态,以让学生、教师、家长及时了解学校信息。内部建有 QQ 群,在学校内部进行公文、通知发布、教师业务交流等。

2. 监控中心

(1)考试监控:按照教育部考试管理中心标准,学校建设 48 个标准化考场,可以承担高考、学考、中考等大型考试。

(2)安防监控:学校建有 175 个节点的安防监控,基本实现校园全覆盖,为创建平安校园提供技术支持。

第三章

教学研究

第一节　课程改革

学校自创建以来,课程改革常抓不懈,牢固树立"以教师为主导,以学生为主体"的思想,以提高课堂教学效率为目标,以大力开展教改、校本教研为载体,以优化课堂教学结构为核心,全面提升教师的课堂教学能力,培养学生积极思考、自主学习的能力,努力提高教学质量。结合学校工作实际,全面落实新课程理念,积极探索自主、高效、充满活力的课堂教学,真正实施"高效课堂",从而切实提高教育教学质量,创建高效课堂示范校。

一、高效课堂

（一）高效课堂的探索与发展

所谓高效,是在生源实际的基础上达到课堂教学的最大效果,而课堂效果的绝对体现者是学生。高效课堂中也包括传统的常规的教学方式。基于此,学校在常规教学的基础上,开始了新的高效课堂的探索。

高效课堂是教育教学追求的极致目标。常规工作的有效开展与落实是实施高效课堂的基本保障。在严谨精细而有序的常规工作中,更新教育观念,紧跟课程改革步伐,以课堂教学为主阵地,争创高效,力求教育教学的最大效果。其做法是:

1. 优化教学目标:做到教学三维目标、教学内容、教学过程与方法,教学效果4个方面的优化。

2. 注重环节设计。达到"五个为主",即教师为主导,学生为主体,训练为主线,思维为主攻,发展为主旨。各学科要从各个教学环节(导入、教学目标的确立、提问与回答、教学活动的设计、自主学习、合作探究、知识与能力的拓展、课堂训练题的设计等)入手,形成特色,并加以推广。

3. 创新教案设计。准确解读教材与学生,在把握学情的基础上对教材、教学资源进行加工提炼,形成目标明确、重点突出、脉络清晰、方式灵活、学法指导切合学生实际设计教案。

4. 达到讲课高效。彻底改变"满堂灌""一讲到底"的落后教学方式,做到三个精讲——核心问题精讲、思路方法精讲、疑点难点精讲;三个不讲——学生已经掌握的内容不讲,讲了也不会的不讲,不讲也会的不讲。一般情况下,教师连续讲课把握在 15 – 20 分钟,做到精讲、互动、与媒体交流(包括学生看书、练习)等有机穿插进行,力求课堂教学的每一分钟都发挥最大效益。

5. 发挥学生主体。加强学法指导,努力改变学生的学习方式,真正从接受性学习转换为自主性学习。充分调动学生积极性、主动参与性,发挥学生在教学中的主体作用,使学生在激励、鼓舞和自主中学习,在掌握知识与技能的同时,培养创新能力和实践能力。一般情况下,每节课学生自主学习和训练的时间,应不少于20分钟。

6. 实行分类推进。根据学生个性、认知能力、思维类型等差异,实行分层设计、分层教学、分层指导、分层训练,使每一个学生都在原有基础上获得充分的最大化发展。

7. 建立师生关系。师生之间具有愉快的情感沟通与智慧交流,课堂里充满欢乐、微笑、轻松、和谐、合作和互动。教师与学生建立起一种民主、平等、尊重、温暖、理解的师生关系。教师的亲和力、教学激情和教学艺术对学生产生积极影响。

8. 形成高效机制。为完成教学任务,达到既定的教学目标。"两基"落实,作业与练习当堂完成率100%,正确率90%以上;掌握基本的学习方法并获得积极的情感体验,有成功喜悦的学生达95%以上。在此基础上,变革完善教学考核、量化、奖励等评价制度。

(二)高效课堂活动开展与实施情况

第一阶段　准备工作:

一是"一师一优课"的带动:2015年初,教育局"一师一优课、一课一名师"录课活动启动,在此契机下,学校从高效课堂理念及要求出发,全面细致安排活动。从定目标、自主学、合作探、精点拨、方法组织等七个方面制定了翔实的评课细则。活动扎实有效,对教师们的启发很大。之后校教研处和课程处总结工作并着手开展高效课堂的大范围实施工作。

二是精心部署全员动员:成立了以校长为组长,以全体班子领导为成员,以课程处为组织机构的高效课堂领导机构,通过行政会研究决议,制定工作方案,构建了教师培训—阶段调研—岗位达标—全校推广的总体工作思路。通过全干会学习动员、包组领导下组讨论等形式,全面启动高效课堂创建工作。

三是进行教师培训,充分理解高效含义:三年来,学校制定了具体的培训计划,通过国培、省培、继续教育、公需课、暑期县级培训、请进来走出去等多种形式,派出教师参加各级各类培训,参训教师达到100%。培训结束后教师写心得体会,在全干会、学部、备课组进行交流。2015年高效课堂模式启动前,学校进行全员培训,学习构建高效课堂的理念、制度、意义等,让教师充分了解高效课堂理念,形成对高效课堂的统一认识;进行课堂模式培训,通过包组领导的宣讲或示范进行培训,并带领教师外出参观学习进行培训。从理论上为实施高效课堂打好基础。

四是研究讨论,出台学校《高效课堂实施意见》,主管领导组织全体教师解读学习《实施意见》,在此基础上各学科确立各自的高效课堂模式,在各备课组进行培训并尝试运用。

第二阶段活动开展:

一是进行初探课演示上课。各学科组长或选派成员对各自模式进行汇报演示、各小组评课,从中发现问题,进一步补充完善课堂模式。活动从方案、过程、总结,安排组织有序,材料准备齐全,初见成效。

二是进行教师座谈。针对初探课的开展及对高效的体现,老师们充分肯定了导学案的效果和学生的反应,指出了如何解决导学案、作业、资料之间的矛盾;课堂学生讨论参差不齐,导致时间拖延,影响效果;学生课前预习时间不够,预习不到位;高效备课的资源缺乏;理科中比较难的内容基本上需要教师灌输;对学案学生疏于整理,收集困难等存在的问题,提出合理化的建议,为完善高效课堂模式和后面工作的有效开始提供了依据和办法。

三是进行学生问卷调查。50%以上学生充分肯定了目前实施的高效课堂模式,认为老师在课堂上讲解时间宜20—30分钟,利用导学案引导学生学习的方式好,能促使学生完成预习题,并在小组内交流等等。同时也反映各科导学案多,还有其他作业,预习时间远远不够,多数情况下不能达到预习;小组合作学习纪律不好,大家不参与或者讲无关的话,浪费时间等问题。在师生调研的基础上,针对问题,各包组领导组织学科进行了二次研究,改进方案,规范了教学导学案的格式等。

四是进行学科组长或骨干教师的示范展示。具体安排是高一高二各学科备课组推荐一名骨干教师将展示课进行示范,以培养学生自主学习能力、体现高效课堂的创新理念为主;不同年级同科目的每位教师都要参加听课,加强学习交流,把本次工作作为提升自己教学能力与业务能力的机会,切实提高课堂教学质量;讲课结束后,包组领导组织学科评课;活动结束后,以备课组为单位交流观摩心得;课程处对本次活动进行总结评价。活动在高一高二年级开展,无论是展示的教师还是听评的教师,都能够认真对待,积极参与,讲课投入,评课热烈;学生表现积极大胆,收到了明显的成效。

二、校本教材研发

1. 主题式校本教材研修。

拟4次活动。由教研组确定月活动主题,围绕主题每周开展听评课、研讨等活动。

2. 专题培训。

初步拟定4次培训,以师德教育、专业发展、课堂教学与学生管理等为主要内容。

3. 课题研究。

指导教师开展市、县级"个人课题"研究和相关教学研究课题等工作。

4. 教师专业发展规划。

总目标:积极推进优秀教师群体建设,努力培育教师专业精神,打造乐于奉献、不断追求、勇于开拓、自强不息的教师团队;遵循"会上课、上好课、有专长"三步走的成长历程,分层次有针对性地培养教师;以本方案为核心,创设"教师在教学中研究,在研究中成长"的专业成长氛围,打造"第三高级中学教师专业发展文化"。

实施策略:

(1)通过师德建设活动、教师的读书活动、文化建设、外出教育教学考察活动,努力提升教师的专业精神,转变、优化教师的专业思想,使每一个教师能自觉成为具有高度责任心、事业心、上进心和爱心的学习共同体成员。

(2)立足校本研修主渠道,围绕"学习、备课、上课、交流、反思、课研"主流程,坚持以课改为核心,用课改的新思想、新要求来指导自身的教学实践,不断改变教学观念、教学方法和学习方式,建立自我反思、同伴互助、专家引领的学习交流系统,着眼于教师课堂教学效率的提升,努力提高教师的专业知识、技能和课研能力,实现教师专业的螺旋式发展。具体措施为:

①督学习:全体教师要结合自身实际制定个人专业发展计划。树立"终身学习""全程学习""团体学习"的观念,做学习型、研究型教师。要求每学年每位教师读 1 本以上教育教学专著;跟踪阅读 1—2 本教育教学报刊杂志;撰写 1 篇以上学习心得体会;摘抄或以其他方式搜集、整理一定数量的理论资料,做到"工作学习化""学习工作化"。

②抓备课:实行集体备课,共享备课资源:充分发挥网络资源和教师合作平台,实现备课互助、资源共享;通过集体备课,建立第三高级中学校园网教学资源库,积极倡导教师建立自己的个人教学资源库;开展"让读书成为生命中的血液"教师读书活动,倡导教师多读书、广读书,做读书笔记,充实更新备课资源;参加各类现代技术信息培训、计算机多媒体技术应用能力培训、网络技术应用能力培训等,提高教师的计算机、网络应用技术以及学科教学与多媒体整合应用能力,拓展备课资源,创新备课手段。

③磨上课:一是抓教学常规管理。落实教学常规管理"四个必须"原则:即教学常规管理必须有助于促进教师落实课程改革的新理念、新要求;必须符合教师的工作和心理特点;必须有助于教师的工作创新和专业发展;必须有助于教师真正提高教学质量,促进每一位学生的发展。通过落实教学常规行动,进一步规范教师教学常规。落实"四个凡是"原则,即凡是学生自己能说出的,教师不引;凡是学生自己能做出的,教师不启;凡是学生自己能探究的,教师不导;凡是学生自己能学习的,教师不教。以求每位教师都能立足课堂教学,运用新的标准、新的要求改革课堂教学。二是建立学科指导小组,开展常态课指导反馈活动,挖掘放大教师教学个性和特色。三是开展课例研究,切实提高教师教学能力,更新教师教学理念,促进教学技能的提高。

④促交流:建立新的听课制度。校级领导进行"指导性听课",主要是对教师的课堂教学改革做具体的指导;课程处、备课组长进行"研究性听课",主要是对教学中的共性问题、热点问题、困惑问题进行研讨;教师间进行"互助性听课",主要是教师间通过听课,互相学习,取长补短;立足"听、说、评"活动,开展听课评课交流反馈制度。因为这些活动立足学校资源,直面教师的日常教学实践,较真实和直观地反映教师的专业状态,对促进教师专业发展很有针对性、诊断性、启发性;邀请专家、学者作教育形势和学科前沿信息报告;有计划派遣教师外出学习考察,让教师及时地了解与掌握教育发展的新动态;利用一切可能机会组织教师到兄弟学校、兄弟县市考察、学习、教研,了解同类学校的发展现状,吸收其他学校成功的经验,从外部获取源源不断的信息,刺激教师专业发展自我意识的不断觉醒,也为学校提供可持续发展的动力;实行年轻教师导师结对活动,促进新老教师相互学习、互相交流,取长补短;开展校际交流互助活动。

⑤倡反思:以教研组为单位,建立起经常化、系统化的教学反思制度。教师要以检查、总结自己教学实践为手段,监控、诊断自己的教学行为,优化和完善教学方法和策略,淘汰不良的行为习惯,理性地审视自己的整个教学过程,以研究者的角色反观教学;写课后反思,倡导反思性教学。通过反思使老师认识到自己日常教学的成功之处,增强自信;也让教师能及时总结发现教学的错误和败笔。通过这种循环往复的"实践＋反思",教师不断积累经验、汲取教训、减少失误、专业不断成长;撰写教学案例、教学随笔、教学论文。开展评比,汇编交流。

(3)积极推进教师专业化发展进程,优化教师整体队伍。

①提升教师专业知识结构

教师专业知识是教师专业化实现的基础。"十一五"期间学校要在提升教师专业化知识结构方面下功夫,要努力通过本科院校学历进修,提升教师专业知识结构。

②优化教师队伍结构

根据学校教师队伍现状,结合教师专业化发展愿望,确立教师专业化发展的方向,在此基础上形成教师专业化发展规划。本规划由校长负责制定,主管校长负责实施。然后根据计划,引领教师的专业化发展。

③提高校本课程开发实践能力

专业教师不仅是课程的执行者,更应是课程的规划者、发展者、评价者。因此教师必须通过自身的努力,不断提高校本课程开发与运用的实践能力。

④抓好"名师工程"的实施

学校要为教师专业化发展搭建舞台,提供他们发展的广阔空间,切实抓好学校"名师工程",以逐步形成学校骨干教师队伍,使学校拥有一定数量不同级别的优秀班主任、教坛新秀、教学能手、骨干教师、学科带头人等。

⑤注重青年教师的培养

青年教师是学校教学当中不可缺少的有生力量。学校要注重青年教师的培养工作,要针对不同年龄的青年教师制订出不同的要求,促使青年教师尽快成长。

(4)教研处负责收集整理,编订了《高效课堂导学案》合订本,形成《校本研修》教材。

 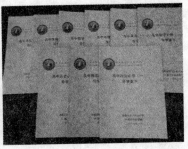

2017年10月23日,举办首届校本研修教材讲座,语文教师王东周主讲,校领导及200百余名师生参加。

第二节　教研活动

加强教育教学研究,全面提高学科教学质量。2010—2012学年度上学期,学部先后组织三轮听评课活动,即组内听评课、课改研讨课、课改展示课;参与县局组织的百名课改先进教师赛教活动。在这次赛教活动中,张水玲、孟璞、刘伟老师获得百名课改优秀教师光荣称号。下学期,由学部负责,每月进行一次教学常规检查;每星期召开一次备课组会议,研讨、交流教学经验;各学部先后组织两次组内听评课、6次课改公开课、3次课改研讨课、3次课改示范课;学校开展推门听课活动。

2011—2012学年度,学校实施优质课堂工程,课堂要求"三变":由以教师为主变为以学生为主、由边教边学变为先学后教、由课后训练变为当堂训练;按照"目标导入、问题引领、重点点拨、变式训练、效果反馈、教学小结"的教学六环节,遵循"教师为主导、学生为主体、训练为主线、能力为核心"的原则,做到"目标明确,先学后教,当堂训练,注重效率"。

2012—2013学年度,开展"带教"活动;组织教师积极参加"送课下县"示范课、规范教学月活动;教学观摩活动;校级"优质课"的评选竞赛活动;选派6名教师参加省、市、县学科教研活动与培训;8位教师开设了县公开课,60位教师开设了校公开课;参加了全国最美教师评审活动、陕西省第28届青少年科技创作大赛、渭南市第十一届自然科学论文及学术成果评选等活动;选派60余名教师到知名学校参观学习;结合县教研室的安排,开展校本教研活动。各备课组都承担有不同层次的课题研究,教学实践中注重教法改革和学法指导,让教师撰写教学论文和教学总结。

2013—2014学年度,实行每个教研组每周确定一名教师上一节课改公开课,每月由教研组长和高级教师上一节课改示范课,并形成了备课、听课、评课一条龙制度。

2014—2015学年度,坚持以"教研兴校"为主题,以校本教研为主要内容,以课题研究为主要途径。2014年,学校国家级十二五特色建设课题已结题;省级课题已结题两项;现有省级立项课题7个,市级立项课题3个,县级立项课题2个;全校各学部各备课组全员参与校本研修,完成阶段性研修课题19项;构建高效课堂,组织高三教师、中青年教师、骨干教师赴宜川中学、富平曹村中学、西电附中学习参观交流。2015年初,学校渭南市"十二五"教育技术规划课题结题,市级立项课题4个,县级立项课题3个;相继组织高三教师、中青年教师、骨干教师赴渭南高级中学、渭南市杜桥中学、合阳县合阳中学、路井中学等学习参观交流。

2015—2016学年度,2015年8月,暑期教师学习会上,组织教师学习新课程、新课改理论;9月上旬,开展高效课堂模式研讨与探索活动;下旬开展高效课堂模式理念下的研讨课与观摩课;开展学科高效课堂导学案设计与研讨活动;10月上旬,开展高一年级高效课堂展示课;下旬,开展高二年级高效课堂展示课;11月,召开高三年级数学、生物高考复课研讨会;12月,开展高一年级高效课堂对抗赛。2016年1月,在英语课教学中开展学科研究交流专项活动;2月,整理高一、二年级导学案汇编《校本教材》;3月上旬,开展高二年级高效课堂对抗赛;下旬,开展省教学能手校内选拔赛;4月初,申报省基础教育重大课题市级子课题研讨材料;5月,开展教育信息技术创新设计与第二届"微课"活动;积极推进"三名工程"活动,举办名师示范课及专题讲座;学校先后派出10人次参加国培省培,派出4批次教师先后到渭南高级中学、杜桥中学、富平曹村中学、合阳路井中学、合阳中学、澄县王庄中学参观学习,组织理综、文综全体教师参加县教育局暑期培训;又先后邀请全国道德模范呼秀珍、西北大学数学教授邓国治、陕西省英语特级教师高国旗等专家来学校传经送宝;选拔教师参加市县级教学能手大赛;组织青年教师基本功大比武;选拔3名教师参加县局青年教师基本功大赛;推选教师参加县电子技术教学大赛;2016年初,学校国家级课题结题1项;市级课题结题3项;县级结题5项;现有市级立项课题1项;多名教师论文分别获国家、省、市级奖励。

2017—2018学年度,为了进一步促进青年教师的专业成长,教研处于2017年9月19日至9月21日,举办"青蓝工程师徒结对子赛教活动"。9月27日,学校与西安电子科技大学附属中学签订了结对帮扶协议,双方分别在学校管理水平、教育教学工作、教师专业素养、优秀学生素质培养等方面做出具体帮扶计划。10月11日,著名教育专家杜金山莅临学校,随堂听取了教师程高峰的一节物理课,课后和学校教师面对面交流,解答教师在教学中遇到的问题。10月15日,课程处主任董洁带领部分教师赴西电附中进行为期一周的跟岗学习。10月24日,学校举行了青年教师基本功比赛,彰显了教师扎实的教学基本功。11月29日,学校开展了骨干教师示范课活动。

2018年5月3日下午,为优化全校师资队伍,充分发挥优秀教师的传、帮、带作用,促进青年教师专业化成长,学校在阶梯教室举行了青年教师培养暨师徒结对子推进会。

3月15日,新一轮同课异构活动在现代化的录播教室展开。物理备课组的"研究平抛运动规律"同课异构活动,使各位老师受益匪浅,同时也有了对教学活动多角度、全方位的思考,并结合自身的实践进行了反思,达到了同课异构的目的。

5月25日,校"青蓝工程"师徒结对公开课在进行中。地理骨干教师李娜和历史骨干教师卢艳荣走进徒弟课堂,悉心指导徒弟成长,苏耀锋校长等领导亲临现场指导。两位青年教师十分珍惜这难得的学习、切磋和提高的机会。在师傅和教研组老师们的指导下精心备课、反复磨课、修改教案。经过努力,两位青年教师唐艳娥和李光蓉推出了精彩而充满活力的试卷讲评课,得到了校领导和老师们的一致好评。

6月20日,在学部二处主任王军的带领下,高三骨干教师赴西电附中跟岗学习,听取了西电附中周接夏校长关于《高考新政下高中教师转型与发展》主题报告。在教师的专业发展上,周校长提出了"六个意识,一个行动",对我们触动很深。随后大家分别前往对接老师处进行听课观摩,又一起参加了西电家长学校第十六期论坛《高中生必须知道的学业规划和职业规划》。

2018年6月18—22日,我校课程处主任董洁与高三骨干教师组成的8人学习小组赴江苏省句容市,开启了为期5天的句容三中研学之旅。

6月23—25日,理综、文综教研组在校录播教室开展了"同课异构"研讨课活动。老师们思想上高度重视,深钻教材,精心设计教学环节,使同一节课呈现出异彩纷呈的画面。本次活动6个学科的17位教师分别进行了展示课。

7月5日晚,在阶梯教室召开了一年一度的校本研修课题答辩会。本次答辩会课题涉及语文、数学、英语、物理、化学、生物、政治、历史、地理等学科。

8月27日下午,邀请高新一中田建军老师、西安中学李亮老师、宋心茹老师以及秦才玉老师对全体一线教师进行"微型课示范课"校本培训。

8月28日下午,校教研处在阶梯教室举办了名师沙龙"我的成长历程"专题报告会。

9月10日,利用早上三、四节,下午七、八节课,开展了本学期第一次九大学科中心组集体教研活动。

第三节　教研成果

一、发表及获奖论文

教育教学论文获奖登记表

姓名	性别	何年何月在何刊物发表（何会议交流）	颁授单位	获得奖项
刘宇清	女	2010.09《教育信息化，推进新课改》一文，在全国优秀教育科研论文及教案评审活动中获优秀学术成果。	中国关心下一代工作委员会教育发展中心、全国教育专家指导中心	二等奖
李娜（语）	女	2010.09《新课标下的诗词教学》在《新课程学习》发表		
樊云芳	女	2011.10《如何进行语文阅读教学》在《国际教育周刊》发表		
樊云芳	女	2011.12《弘扬个性　妙手立意》在陕西省教育学会学习科学研究会交流		
杨明辉	男	2012.01 发表论文《中学体育教学中教学原则的应用》	省教育学会	三等奖
校百芳	女	2012.01 论文《数学的美》在《教育与管理》上发表	第五届中华教育科研	一等奖
王稳玲	女	2012.03 论文《从课堂提问谈提高英语教学的有效性》在《中学语文教学参考》上发表		
樊云芳	女	2012.07《读出文言之美》在《教师报》上发表		
李娜（地）	女	2012.08 在《考试报》上发表论文		
校百芳	女	2012.12 发表论文《浅谈初中数学"环节教学法"》	省教育学会	三等奖
郭红丽	女	2012.11 发表论文《浅谈如何走出农村高中英语教学的困境》	市教育局、	三等奖
强永堂	男	2012.12 发表论文《家校无缝链接中教师与家长交流的策略》	省教育学会	三等奖
杨春利	女	2012.11.6 论文《高中数学教学中情景教学法的特点和意义》在《中学化学教学参考》上发表		
郭红丽	女	2012.12 论文《浅谈如何走出农村高中英语教学的困境》	省教育学会	二等奖

续表

姓名	性别	何年何月在何刊物发表(何会议交流)	颁授单位	获得奖项
张淑丽	女	2012.11 发表论文《浅谈幽默艺术在英语教学中的作用》	市教育局	三等奖
张淑丽	女	2012.12 论文《浅谈幽默艺术在英语教学中的作用》	省教育学会	二等奖
张小花	女	2012.11 发表论文《浅谈数学课堂教学中学生参与意识的培养》	县教育局	一等奖
		2012.12 发表《函数的单调性》教学设计	省教育学会	三等奖
袁　博	男	2012.11 发表论文《浅谈数学课堂教学中学生参与意识的培养》	县教育局	一等奖
		2012.12 发表《函数的单调性》教学设计	省教育学会	三等奖
陈叶芳	女	2012.11 发表论文《例析高中数学不等式证明的特殊方法》	县教育局	二等奖
侯胜斌	男	2012.11 发表论文《英语中的"个人主义"和汉语中的"集体主义"》	县教育局	二等奖
白晓蒲	女	2012.12 发表论文《浅谈破解高中学生的英语写作短板问题》	省教育学会	一等奖
李亚红	女	2012.12 发表论文《农村英语教学的点滴体会》	省教育学会	一等奖
曾淑会	女	2012.12 发表论文《政治课堂教学如何发挥学生的主体作用》	省教育学会	二等奖
李艳宁	女	2012.12 发表论文《浅谈任意角的正弦函数与余弦函数》	省教育学会	二等奖
原芬	女	2012.12 发表论文《城镇中学语文教学中一些现象的思考》	教育学会	二等奖
刘兰英	女	2012.12 发表论文《高中化学新课程标准的探讨》	省教育学会	二等奖
武巧娟	女	2012.12 发表论文《高中古典诗歌教学"四关注"》	省教育学会	二等奖
姜银芳	女	2012.12 发表论文《浅谈化学教学中学生创新思维能力的培养》	省教育学会	二等奖
许君莉	男	2012.12 发表论文《浅谈高考英语阅读理解能力的培养》	省教育学会	二等奖
		2012.12 发表论文《注重方法　培养能力　提高质量》	教育学会论文	三等奖
申亚萍	女	2012.12 发表论文《创新课堂下的反思》	省教育学会	三等奖

续表

姓名	性别	何年何月在何刊物发表（何会议交流）	颁授单位	获得奖项
程高峰	男	2012.12 发表论文《浅谈如何做好班主任工作》	省教育学会	三等奖
张爱玲	女	2012.12 发表论文《浅谈如何提高文科数学学习效率》	省教育学会	三等奖
刘宇清	女	2012.12 发表论文《家校无缝链接与自主学习》	省教育学会	三等奖
党芳	女	2012.12 发表论文《浅谈作文教学的无限空间》	省教育学会	三等奖
		2012.12 发表论文《浅谈高中地理教学中的创新教育》	省教育学会	三等奖
侯胜斌	男	2013.1 发表论文《浅析教鞭在当代高中教育中的意义》		
杨蕾	女	论文《新课改前后语文课堂教学内容的比较》发表于《考试指南报》	县教育局	一等奖
马建义	男	2013.1 论文《泪儿为何而流》在《国际教育周刊》上发表		
孙克礼	男	2013.4 发表论文《高中体育游戏的教学方法》	中国基础教育研究所	一等奖
		2013.12 发表论文《让体育课成为学生心理健康教育的载体》	省教育学会	三等奖
赵永刚	男	2013.4 论文《例谈高中历史课的分析与整合》在《中学历史教学参考》上发表		
樊云芳	女	2013 年 5 月《引导学生自主学习　构建高效语文课堂》在《渭南教育研究》上发表		
李华丽	女	2013.8 论文《呼唤高中语文美感的回归》在《中学生导报·教学研究》(21 期)上发表		一等奖
		2013.8 论文《浅谈高中作文之个性特征》在《中学生导报·教学研究》(21 期)发表		一等奖
孟璞	女	2013.10 论文《探讨高中政治教学理论如何联系实际》在《现代教育改革与发展刊物》上发表	中国基础教育研究所	
庹晓勇	男	2013.10 发表论文《浅谈物理学史在物理教学中的作用》	市教育局	三等奖
刘伟（数）	女	2013.10 发表论文《浅谈如何提高文科数学的学习效率》	市教育局	一等奖
程红茹	女	2013.10 发表论文《浅谈学生写课后反思》	市教育局	三等奖

姓名	性别	何年何月在何刊物发表(何会议交流)	颁授单位	获得奖项
武巧娟	女	2013.10 论发表文《教师启发地教,学生自主地学》	县教育局	三等奖
曹晓梅	女	2013.10 发表论文《高中英语阅读教学反思及实践策略》	市教育局	二等奖
武亚萍	女	2013.10 发表论文《英语早读的充分利用》	市教育局	三等奖
刘晓丽	女	2013.10 发表论文《让兴趣之花在英语课堂上绽放异彩》	县教育局	一等奖
蒋兴春	男	2013.10 发表论文《争做问题学生》	县教育局	二等奖
王建丽	女	2013.10 发表论文《谈经济生活教学中学生理财意识的培养和理财技能的提高》	县教育局	二等奖
李 芳	女	2013.10 发表论文《作文应考技巧》	县教育局	二等奖
樊建军	男	2013.10 发表论文《The importance of anglo American culture in English language teaching in China》	县教育局	三等奖
李东荣	男	2013.10 发表论文《圆锥曲线定义的重要性》	县教育局	三等奖
张化林	男	2013.11 "学校管理工作"荣获市优秀论文	渭南市教育局	三等奖
常桂叶	女	2013.12 发表论文《浅谈语文教学中的愉快教学》	省教育学会	三等奖
景艳萍	女	2014.4 论文《高中生数学学习方法探讨》在《中学数学教学参考》上发表		
朱慧敏	女	2014.4 论文《高中函数的对称性探析》在《中学数学教学参考》上发表		
刘晓宇	男	2014 论文《运用生活中物理现象　培养学生的观察能力》发表在《读写算》第 6 期		
吕 娜	女	2014.4 论文《教育教学实践漫谈》在《中学历史教学参考》发表 2014.7 发表论文《教学启蒙运动一课应注意的问题》		
李芳	女	2014.6 论文《小狗包弟》在第七届教育信息化应用成果评选活动获奖	县教育局	二等奖
李东荣	男	2014.10《函数的单调性》获市 2014 课题	市教育研究所	二等奖

续表

姓名	性别	何年何月在何刊物发表（何会议交流）	颁授单位	获得奖项
李文宾	男	2014.10.26 论文《用爱与智慧诠释师德师风》参加班主任高级研修班论文评审活动	中国教师研修协会	一等奖
董洁	男	2015.3 论文《与时俱进书写德育新篇章》获全国优秀教育科研成果奖	教育部中国教师发展基金会	一等奖
		2015.9 论文《挖掘新教材培养学生语言综合运用能力》在《新西部》上发表		
		2015.11 论文《与时俱进书写德育工作新篇章》在《新西部》上发表		
		2015.9 论文《A teaching design for A short history of western painting》在《中学生英语》上发表		
赵倩茹	女	2015.3 发表论文《刍议新课改下的高中生物教学》	教育部中国教师发展基金会课程与教学研究所	一等奖
杨蕾	女	2015.07 论文《用行动诠释人生的真谛》获奖	蒲城县教育局	优秀奖
杨蕾	女	论文《新管理体制下的语文教学》获全国优秀教育科研成果奖		一等奖
樊云芳	女	2015.11 论文《追逐教育梦想 书写美丽画卷》在《陕西教育》上发表		
李华平	男	2016.09 教学论文《优化课堂教学形式，让政治课"活"起来》高中组	蒲城县教育局	二等奖
李娜(语)	女	2017.01 论文《用心与学生沟通 用爱去教育学生》获全国优秀论文	中国义务教育发展研究会	二等奖
张水玲	女	2017.01 论文《巧抓契机待花开》获全国优秀论文	中国义务教育发展研究会	二等奖
刘文杰	男	2017.01 论文《怎样更好地学好高中数学》发表于《中学课程辅导》杂志社		
李敏	女	2017.02 论文《高中语文教学中批判性思维的培养》刊登在《社会科学》杂志2017年2期		
李华平	男	2017.03 论文《优化课堂教学形式，让政治课"活"起来》	《中国科技经济新闻数据库科研》编辑部	一等奖
李娜（语）	女	2018.05 论文《探析语文学科中语法教学的淡化现象》荣获全国教科成果	中国教育科学院《教学与研究》编辑部	一等奖
张水玲	女	2018.05 论文《浅谈情感教育在高中语文教学中的运用》荣获全国教科成果	中国教育科学院《教学与研究》编辑部	一等奖
郭瑞	女	2018.05 论文《高中语文课堂教学如何设疑》荣获全国教科成果	中国教育科学院《教学与研究》编辑部	一等奖

姓名	性别	何年何月在何刊物发表（何会议交流）	颁授单位	获得奖项
李宇鹏	男	2018.05 论文《高中课堂教学培养学生数学素质的有效策略探讨》荣获全国教科成果	中国教育科学院《教学与研究》编辑部	一等奖

二、课题研究成果

为了大力营造学校的科研气氛，在全校教职工中树立"科研兴教、科研兴校"的意识，同时，通过教育科研活动，提高教师的业务素质，使学校科研课题工作得到落实，明确任务，保证课题顺利实施，制定课题研究计划，规范学校课题立项程序，并根据各级课题立项管理规定，制定出学校课题立项申报管理办法。经过不懈努力，学校课题研究工作取得了可喜成效。

附：课题研究成果统计一览表

课题名称	课题组成员	级别
《高中数学教学学案应用研究》	曹东峰、张冰青、张尕丽、王红军	省级
《高中数学任务导学型课堂教学模式研究与实践》	曹东峰（参与）	省级
《信息技术对于培养学生创新思维能力的研究》	李光蓉、唐艳娥、吕　娜、孙浩帆	市级
《在信息技术环境下提高语文课堂教学有效性——提问艺术研究》	武巧娟、李　芳、李文宾、张　涛	市级
《以培养学生能力为导向的教学模式研究》	刘　伟、王宝红、李宇鹏、蒋振明、曹惠莉、袁　博、秦环环、刘婷婷	国家级
《新课程理念下高中化学高效课堂教学模式研究》	姜银芳、刘兰英、孙艳红、马卫国、张小艳、张海潮、王　洁、王　宁、朱仁双、刘雪红	县级
《以"信息技术"促进英语课堂改革》	董　洁、侯胜斌、田亚萍、郭红丽、唐巧娥	市级
《现代信息技术在高中政治教学中的应用研究》	刘　博、王建丽、李华平、韩　斌、雷靖鸿	市级
《高效课堂和有效教学模式的研究》	董　洁、侯胜斌、高晓翠、蒋兴春、田亚萍、郭红丽、唐巧娥、曹晓梅	县级
《普通高中选修课〈先秦诸子选读〉教学研究》	程红茹、李　敏、贾丰颖、魏振晓、樊云芳、王　丽	县级
《文科综合在高中教学中有效性研究》	段冬梅、强永堂、孟　璞、杨立虎、张慧慧、樊雪梅、郑红倩、李光蓉	县级

续表

课题名称	课题组成员	级别
《现代信息技术与文综学科教学整合的研究》	曾淑会、卢艳荣、刘宇清、路改妮、成 兵、李 娜、刘继红	市级
《中学英语词汇学"高效记忆法"的应用与推广》	樊建军	县级
《课堂教学中师生互动、合作学习的教学策略研究》课题被确定为蒲城县 2014 年度"百人计划"科研一般课题	李东荣	县级
《中国学校特色教育建设与发展研究》	澹台典谱、张化林、梁双纪、姜新民、陈娟、蒋宏杰、董 洁、张月宾、刘小利、杨蕾、王 军、韩 斌、张 涛、李 莹	国家级
《新课改下高中政治教学的思考与建议》	路改妮	县级
《立足语文教学,展现人文关怀》	王东周	县级
《生成教学艺术在高中政治新课改课堂教学中的应用》	刘宇清	县级
《浅谈多媒体与地理教学》	李娜	县级
《新课改下要更新教育理念改进教学方法》	王建丽	县级
《化学复习中的几点体会》	刘兰英	县级
《浅谈新课程英语教学的体会》	侯胜斌	县级
《新课改下农村英语教学的思考》	曹晓梅	县级
《谈英语批语的作用》	郭红丽	县级
《高中化学教学中学生创新能力的培养》	姜银芳	县级
《用真感化学生》	董洁	县级
《新课改下文言文教学如何高效》	武巧娟	县级
《实施高中英语教学高效课堂常态化模式推广研究》	樊建军、韩雪芹、张淑丽秦招娣、高晓翠、蒋兴春赵雪娥、樊娟芳、车敏娜王艳红、曹晓梅、张洁娟	国家级
主持研究的渭南市"十二五"教育技术及教育技术装备管理课题《以"信息技术"促进英语课堂改革》于 2015 年 7 月成功结题	董洁	市级

三、微课教学研究成果

"微课"是指教师在课堂内外教育教学过程中,围绕某个知识点(重点、难点、疑点)或技能等单一的一种教学方式,具有目标明确、针对性强和教学时间短的特点,已经成为网络教学资源的一个重要组成部分。为了认真研究信息技术与学科融合的新途径,开发出更多切合三中实际的微课,丰富学校网络教育资源,创新教育教学模式,提高教育教学效果,提升教育教学质量。通过对"微课"的探索与研究、应用与实施,提高了广大教师对教育信息化重要性的认识,促进了学校教育教学管理现代化的进程。

附1:县首届微课大赛高中组三中教师获奖一览表

姓名	性别	作品名称	获奖等次	获奖时间
樊雪梅	女	冷锋与天气	一等奖	2016.01
蒋兴春	男	定语从句中关系代词用法之初学	二等奖	2016.01
程红茹	女	借景抒情之以乐景写哀情	二等奖	2016.01
孟璞	女	价格变动对生活消费的影响	二等奖	2016.01
韩秦龙	男	降水的原理	三等奖	2016.01
王晶	女	《定风波》上下阕内容分析	三等奖	2016.01
申亚萍	女	《蜀相》赏析之炼字	三等奖	2016.01
王倩文	女	唐代的三省六部制	三等奖	2016.01
李娟	女	内环境	三等奖	2016.01

附2:县第二届微课大赛高中组三中教师获奖一览表

姓名	性别	作品名称	获奖等次	获奖时间
雷高萍	女	《With 的复合结构》	一等奖	2016.09
李娜	女	《高中文言句式中的倒装句》	一等奖	2016.09
车敏娜	女	《that 和 what 在名词性从句中的运用》	二等奖	2016.09
赵永刚	男	《新航路开辟的背景》	二等奖	2016.09
王军	男	《用向量研究两角差的余弦展开式》	三等奖	2016.09
李文宾	男	《辨析并修改病句 搭配不当》	三等奖	2016.09
樊娟芳	女	《定语从句》	三等奖	2016.09
樊云芳	女	分析白居易《琵琶行》中"沦落人"形象	三等奖	2016.09
陈琳娜	女	《逻辑电路》	三等奖	2016.09

附3:县第三届微课大赛高中组三中教师获奖一览表

姓名	性别	作品名称	获奖等次	获奖时间
雷高萍	女	微课作品《with 复合结构》渭南市微课大赛	优秀奖	2017.04
刘博	男	《市场配置资源的优点》第三届微课大赛高中组	一等奖	2017.09
		教学设计《权力的使用需要监督》高中组	三等奖	
李敏	女	《古典诗歌的结句技巧——以景结情》第三届微课大赛高中组	一等奖	2017.09
董洁	男	《词汇细解》第三届微课大赛高中组	一等奖	2017.09
郭瑞	女	《小说阅读–环境描写及其作用》第三届微课大赛高中组	二等奖	2017.09
唐巧娥	女	《关系代词–which 的用法》第三届微课大赛高中组	二等奖	2017.09
雷高萍	女	《强调句型》第三届微课大赛高中组	二等奖	2017.09
蒋兴春	男	《冠副形名》第三届微课大赛高中组	三等奖	2017.09

赵倩茹	女	《细胞生活的环境——内环境》第三届微课大赛高中组	三等奖	2017.09
成兵	女	《热力环流》第三届微课大赛高中组	三等奖	2017.09
吴小莉	女	《古典诗歌鉴赏之抒情手法》第三届微课大赛高中组	三等奖	2017.09
武亚萍	女	《高中英语语法:only 引起的倒装句》第三届微课大赛高中组	三等奖	2017.09

四、"一师一优课、一课一名师"活动获奖一览表

姓名	性别	活动年度、课题、参与级别	颁授单位	获奖时间
王凤莲	女	《第三章　力与相互作用 - 3.摩擦力》被评为教育部 2014 年度"一师一优课、一课一名师"活动"优课"	中央电化教育馆	2016.03
李东荣	男	《集合的基本运算＜交集与并集＞》被评为 2014 年度"一师一优课、一课一名师"活动省级"优课",同时被评为 2014 年度"一优一师课、一课一名师"省级"基础教育资源应用名师"	中央电化教育馆	2016.03
程红茹	女	高中语文《赢在高考——考场作文开头四法》	中央电化教育馆	2016.03
王红军	男	高中数学《利用函数性质判定方程解的存在》	中央电化教育馆	2016.03
蒋兴春	男	中学英语《Life in the future》	中央电化教育馆	2016.03
李伊娜	女	中学英语《Showing our feelings》	中央电化教育馆	2016.03
王凤莲	女	中学物理《滑动摩擦力》	中央电化教育馆	2016.03
范志刚	男	中学生物《基因分离定律》	中央电化教育馆	2016.03
杨春利	女	《电解质》	中央电化教育馆	2016.03
张海潮	男	中学化学《有机化合物的命名》	中央电化教育馆	2016.03
刘兰英	女	中学生物《神经调节》	中央电化教育馆	2016.03
田亚萍	女	中学英语《unit 2 Healthy eating》	中央电化教育馆	2016.03
强永堂	男	中学历史《王安石变法的历史作用》	中央电化教育馆	2016.03
董洁	男	英语《A short history of western painting》	中央电化教育馆	2016.03
卢艳荣	女	历史《物质生活与习俗的变迁》	中央电化教育馆	2016.03
武巧娟	女	语文《咏怀古迹》	中央电化教育馆	2016.03
唐巧娥	女	英语《Wildlife Protection》	中央电化教育馆	2016.03
曹东峰	男	3.2 平面向量基本定理	部优	2017.11
刘兰英	女	第二节　人体生命活动的调节	部优	2017.11
樊云芳	女	7 *《陈情表》	省优	2017.11
曹东峰	男	3.2 平面向量基本定理	省优	2017.11
刘兰英	女	第二节　人体生命活动的调节	省优	2017.11
侯胜斌	男	Using Language Ⅱ	市优	2017.11
李芳	女	第一节　写出自己的个性	市优	2017.11

续表

姓名	性别	活动年度、课题、参与级别	颁授单位	获奖时间
刘兰英	女	第二节　人体生命活动的调节	市优	2017.11
李　剑	女	第三节　有话"好好说"——修改病句	市优	2017.11
田亚萍	女	Warming up，Pre – reading，Reading，Comprehending	市优	2017.11
樊云芳	女	7 ＊《陈情表》	市优	2017.11
武巧娟	女	4《归去来兮辞 并序》	市优	2017.11
李晓倩	女	《定风波》(莫听穿林打叶声)	市优	2017.11
刘　博	女	权力的行使:需要监督	市优	2017.11
程高锋	男	4.1 探究闭合电路欧姆定律	市优	2017.11
卢艳荣	女	第 11 课 经济建设的发展和曲折	市优	2017.11
曹东峰	男	3.2 平面向量基本定理	市优	2017.11
王　军	男	1.1 椭圆及其标准方程	市优	2017.11
高晓燕	女	第一节　细胞增殖	县优	2017.11
刘兰英	女	第二节　人体生命活动的调节	县优	2017.11
赵倩茹	女	DNA 分子的复制	县优	2017.11
张小艳	女	2. 化学反应的快慢和限度	县优	2017.11
卢艳荣	女	第 11 课 经济建设的发展和曲折	县优	2017.11
曹东峰	男	3.2 平面向量基本定理	县优	2017.11
王军	男	1.1 椭圆及其标准方程	县优	2017.11
蒋振明	男	5 平行关系	县优	2017.11
党卫东	男	1.2 函数的极值	县优	2017.11
程高锋	男	4.1 探究闭合电路欧姆定律	县优	2017.11
董　洁	男	Structures in Use，Grammar in Use	县优	2017.11
曹晓梅	女	Warming up，Pre – reading，Reading，Comprehending	县优	2017.11
田亚萍	女	Warming up，Pre – reading，Reading，Comprehending	县优	2017.11
侯胜斌	男	Using Language Ⅱ	县优	2017.11
孟　璞	女	哲学史上的伟大变革	县优	2017.11
武巧娟	女	4 归去来兮辞 并序	县优	2017.11
樊云芳	女	7 ＊《陈情表》	县优	2017.11
李　剑	女	第三节 有话"好好说"——修改病句	县优	2017.11
李　芳	女	第一节 写出自己的个性	县优	2017.11
李晓倩	女	《定风波》(莫听穿林打叶声)	县优	2017.11

五、课件制作活动获奖一览表

姓名	性别	获奖课件名称	颁授单位	获奖时间
李华平	女	《人民代表大会》课件在县第七届教育信息化应用成果评选活动中获高中组三等奖	蒲城县教育局	2014.06
强永堂	男	教学课件《对外开放格局的初步形成》荣获第八届高中组三等奖	蒲城县教育局	2015.08
武巧娟	女	教学课件《信息技术环境下高中语文课堂提问艺术初探》荣获第八届高中组二等奖	蒲城县教育局	2015.08
马 萍	女	教学课件《现代信息技术在高中语文中的应用》荣获第八届高中组三等奖	蒲城县教育局	2015.08
樊雪梅	女	教学课件《天气系统——气团和锋》荣获第八届高中组一等奖	蒲城县教育局	2015.08
缑艳平	女	教学课件《沁园春·长沙》荣获第八届高中组二等奖	蒲城县教育局	2015.08
雷高萍	女	教学课件《Earthquake》获高中组三等奖	蒲城县教育局	2016.09
马卫国	男	教学课件获高中组一等奖	蒲城县教育局	2016.09
孙利娜	女	教学课件《物质生活和社会习俗的变迁》获高中组三等奖	蒲城县教育局	2016.09
李娜(地)	女	教学课件《几种重要的天体系统》获高中组三等奖	蒲城县教育局	2017.09

六、蒲城县信息技术应用大赛获奖情况一览表

姓名	性别	参赛学科与题目	颁授单位	获奖时间
田亚萍	女	在"第一届中小学教师信息技术应用大赛"活动中,英语公开课获得高中组三等奖	教育局	2015.11
蒋兴春	男	在"第一届中小学教师信息技术应用大赛"活动中,英语公开课获得高中组二等奖	教育局	2015.11
车敏娜	女	在"第二届中小学教师信息技术应用大赛"活动中,英语公开课获得高中组二等奖	教育局	2016.12
樊雪梅	女	在"第二届中小学教师信息技术应用大赛"活动中,英语公开课获得高中组三等奖	教育局	2016.12

第四章

学部管理

第一节　学部设置

2010年8月,第三高级中学成立。学校首任领导班子组建后,创新管理机制,实行学部制管理,将教师和每个年级学生均衡分为两部分,分设学部一处和学部二处,形成竞争格局。各学部在竞争中相互学习,使学校教育教学工作充满活力,教育教学质量不断提升。

第二节　学部年级组长及班主任设置

一、学部一处各学年度年级组长、班主任姓名

1. 2012—2013学年度年级组长、班主任一览表

年级	年级组长	各班班主任							
		一班	二班	三班	四班	五班	六班	七班	八班
高一	王军	庹晓勇	王宁	贾丰颖	李发民	王军	李敏	赵永刚	杨立虎
高二	张月宾	弥小兵	赵稳阳	王宝红	张红军	孙克礼	刘宇清	袁博	强永堂
高三	董洁	董洁	曹东峰	张小艳	张水玲	张海潮	雷江海	孟璞	党芳

2. 2013—2014学年度年级组长、班主任一览表

年级	年级组长	各班班主任							
		一班	二班	三班	四班	五班	六班	七班	八班
高一	张海潮	曹东峰	张水玲	郭晓栋	孟璞	张海潮	雷江海	强永堂	李宇鹏
高二	王军	王军	王洁	庹晓勇	王宁	李发民	贾丰颖	李敏	景艳萍
高三	张月宾	弥小兵	赵稳阳	王宝红	张红军	孙克礼	刘宇清	袁博	张月宾

3. 2014—2015 学年度年级组长、班主任一览表

年级	年级组长	各班班主任							
		一班	二班	三班	四班	五班	六班	七班	八班
高一	王宝红	王宝红	赵稳阳	秦凤英	孙克礼	李宇鹏	曹晓梅	张月宾	宋艳茹
高二	张海潮	曹东峰	张水玲	张海潮	郭晓栋	刘晓宇	袁博	强永堂	孟璞
高三	庹晓勇	王军	张红军	庹晓勇	王宁	李发民	贾丰颖	李敏	景艳萍

4. 2015—2016 学年度年级组长、班主任一览表

年级	年级组长	各班班主任							
		一班	二班	三班	四班	五班	六班	七班	八班
高一	张红军	王军	张红军	李敏	党卫东	高晓燕	李发民	王红军	
高二	王宝红	王宝红	曹晓梅	赵稳阳	孙克礼	李宇鹏	雷江海	秦凤英	杨立虎
高三	张海潮	曹东峰	张水玲	张海潮	郭晓栋	王宁	强永堂	孟璞	吴小莉

5. 2016—2017 学年度年级组长、班主任一览表

年级	年级组长	各班班主任						
		一班	二班	三班	四班	五班	六班	七班
高一	张海潮	张水玲	张海潮	袁博	郭晓栋	孟璞	强永堂	
高二	张红军	王军	张红军	王红军	党卫东	李发民	李敏	李华平
高三	王宝红	王宝红	曹晓梅	张月宾	孙克礼	李宇鹏	雷江海	秦凤英

6. 2017—2018 学年度年级组长、班主任一览表

年级	年级组长	各班班主任						
		一班	二班	三班	四班	五班	六班	七班
高一	王宝红	王宝红	张小艳	李宇鹏	雷江海	孙克礼	张爱宁	
高二	张海潮	张水玲	张海潮	王娜	袁博	苑昆	孟璞	强永堂
高三	张红军	王军	张红军	王红军	党卫东	李发民	李敏	李华平

二、学部二处年级组长、班主任姓名

1. 2012—2013 学年度年级组长、班主任一览表

年级	年级组长	各班班主任							
		九班	十班	十一班	十二班	十三班	十四班	十五班	十六班
高一	刘博	张洁娟	程高峰	孙浩帆	郭瑞(男)	王晶	刘文杰	邓冰利	杨玲
高二	史文华	郑红倩	卢艳荣	常桂叶	李文宾	李东荣	奥仲武	张战军	王茵莉
高三	马卫国	刘继红	蒋兴春	尹婧	李森	姚建军	范志刚	蒋振明	李娜

2. 2013—2014 学年度年级组长、班主任一览表

年级	年级组长	各班班主任									
		九班	十班	十一班	十二班	十三班	十四班	十五班	十六班	十七班（补习班）	十八班（补习班）
高一	姚建军	党芳	李森	吴小莉	韩秦龙	姚建军	雷涛	蒋兴春	张战军		
高二	刘博	郭瑞（男）	刘博	孙浩帆	杨玲	王晶	刘文杰	张洁娟	程高峰		
高三	李娜	刘继红	卢艳荣	常桂叶	李文宾	李东荣	奥仲武	李娜	王茵莉	蒋振明	董洁

3. 2014—2015 学年度年级组长、班主任一览表

年级	年级组长	各班班主任											
		九班	十班	十一班	十二班	十三班	十四班	十五班	十六班	十七班（理补班）	十八班（理补班）	十九班（理补班）	二十班（文补班）
高一	范志刚	李东荣	范志刚	段磊	郭瑞（男）	奥仲武	李文宾	赵永刚	张欢欢				
高二	姚建军	王倩文	吴小莉	韩秦龙	蒋兴春	张战军	姚建军	李森	党芳				
高三	刘博	卢艳荣	刘博	孙浩帆	雷涛	王晶	刘文杰	张洁娟	程高峰	蒋振明	董洁	雷靖鸿	曾淑会

4. 2015—2016 学年度年级组长、班主任一览表

年级	年级组长	各班班主任										
		九班	十班	十一班	十二班	十三班	十四班	十五班	十六班	十七班（补习班）	十八班（补习班）	十九班（补习班）
高一	雷涛	雷涛	蒋振明	刘文杰	孙浩帆	张欢欢	赵永刚	奥仲武				
高二	范志刚	原芬	刘继红	郭瑞（男）	李艳宁	李文宾	申亚萍	范志刚	段磊			
高三	姚建军	韩秦龙	蒋兴春	张战军	姚建军	李森	党芳			袁博	董洁	卢艳荣

5. 2016—2017 学年度年级组长、班主任一览表

年级	年级组长	各班班主任										
		七班	八班	九班	十班	十一班	十二班	十三班	十四班	十五班	十六班	十七班
高一	姚建军	李森	李娜	韩秦龙	张战军	姚建军	孙皓帆					
高二	雷涛		赵永刚	卢艳荣	奥仲武	朱仁双	刘文杰	蒋振明	雷涛			
高三	范志刚		刘继红	郭瑞	李艳宁	李文宾	申亚萍	范志刚	段磊	曹东峰	党芳	董洁

6. 2017—2018 学年度年级组长、班主任一览表

年级	年级组长	各班班主任											
		七班	八班	九班	十班	十一班	十二班	十三班	十四班	十五班	十六班	十七班	十八班
高一	范志刚	段磊	党芳	范志刚	刘继红	奥仲武	郭瑞						
高二	姚建军		韩秦龙	孙皓帆	张战军	姚建军	王娅斌	李　娜	李　森				
高三	雷涛		赵永刚	卢艳荣	李文宾	李娟	刘文杰	蒋振明	雷涛	曹东峰	王永奇	董洁	邓兵利

第五章

教师队伍

　　教育是民族振兴、社会进步的基石,是提高国民素质、促进全面发展的根本途径,寄托着亿万家庭对美好生活的期盼。百年大计,教育为本。学校大计,教师为本。教师是学校管理的核心,是学校发展最关键因素。因此,要办好学校,就不能不高度重视教师队伍建设。第三高级中学正是通过各种途径,尽力打造出师德高尚、技艺精湛、知识渊博、充满活力的专业化教师队伍,全力办好人民满意的教育。

第一节　选拔　培训　考核　任用　管理

一、选拔

　　2010 年建校之初,三中招收一年级 16 个班新生,学校领导班子根据县政府和教育局相关文件精神,开展教师队伍选拔工作。选拔对象主要是乡下四所高中教师,首先由本人写出书面申请,再由学校校长签名,7 月 25 日到第三高级中学参加选拔面试。通过讲课、自我意愿诉求,经综合考评,择优录取,最后定岗定编,组建了第一批 88 人的三中教师团队。

　　2011—2012 学年度,学校招收新生 16 班,连同高二年级共 32 班,学生 1760 人。学校教师队伍急需扩大,在原有教师基础上,从师范高校招聘一部分本科以及研究生,充实到三中教师队伍当中,为学校增加了一部分专业人才,进一步完善了教师队伍建设。本学年,学校教师增加到 141人,充分优化了学校教师队伍。

　　2013 学年度,学校招收新生 16 班,三个年级共有 49 班,学生 2688 人。为了满足学校教育发展的需要,先后又进行教师力量补充,分别从乡下高中和城区部分初高中调配,教师增加到 200名。至此,三中教师队伍的基本格局已经形成。

　　2014—2017 学年度,学生巩固在 50 班左右,教师队伍人数巩固在 211 至 214 名之间。为加强教师队伍建设,学校以开展创先争优活动为动力,优化教师队伍,实行竞聘上岗,进一步打造强有力的教师团队,强化了学校的号召力和凝聚力,促进了学校各项工作的顺利开展,提高了三中的社会知名度,形成了三中办学特色。

　　2017—2018 学年度,由于国家职业教育与高中招生比例的调整,加之生源减少,招生量由原

800名降至570名,学生巩固在40班左右,并按小班额教学,教师队伍人数巩固在214至224名之间。学校现有一支有教育情怀和仁爱之心,在业务上善于钻研、精益求精,用自己的人生经历和人格魅力影响和感染学生的教师队伍。学校已成为蒲城首批名校。

二、培训

教师能力水平是提升学校品位的关键。学校按照蒲城县教育局关于中小学教师教育培训有关规定,县继教办有关中小学继续教育通知精神,以培训促成长,以培训促提高,以培训促跨越,努力打造一支现代型、科研型教师队伍。为此,学校有计划地开展各项教师培训活动。

1. 提高教师素质全员培训活动。每年暑期8月25—30日,按照教育局要求,对提高教师素质进行全员培训。组织开展学习实践《中小学教师职业道德规范》,采取集体学习专题讲座、观看师德师纪视频、小组学习讨论等培训方式,以规范其师德师纪,提高教师的综合素质。通过培训活动,规范教师的职业道德,提升教师的教学素养,每位教师受益匪浅,更激发了干好工作的信心。学校要求在各项工作中,思考在先,安排在前,为新学期教育教学工作奠定良好基础。

2. 组织"走出去　请进来"教研培训活动。八年来,学校分别派出多名教师,参加各级各类教研活动。同时,请进来,开展校际间教研交流活动,使其学有榜样,赶有目标,教研教改有方法,有效地加快学校教师专业化成长步伐。学校以"德育促教学,习惯出成绩""成绩是学校的生命线"等理念,深深地融入每个教师心中。学校领导狠抓教学质量,坚持领导推门听课制度,每周定期参加各个教研组活动,督促教研组工作扎实有效开展。在每学期县级统考后,在成绩评优基础上,狠抓试卷分析,改进教学工作,开展教研交流活动,丰富教育教学经验,提高教师驾驭教材能力,为学校教学质量增添光彩。随后,学校继续派出十多名教师,进行数学、化学、英语、地理、体育等学科的省市县级培训。

赴富平曹村中学开展教研交流活动

——大荔县城郊中学来我校参观交流

2017—2018学年度,为了进一步适应教育教学改革与发展的需要,切实提高教师课堂教学能力,促进教师专业成长。通过名师引领、集体培训、党员骨干示范、青蓝工程师徒结对赛教等活动,提升教师的专业素养。

2017年10月10日,学校特聘教育专家杜金山莅临我校指导教学工作。10月12日,全体一线教师参加了由视睿电子科技公司董仓工程师为大家讲解的交互智能平板应用专题培训会。

15 日,课程处主任董洁带领学校部分教师,赴西电附中进行为期一周的跟岗学习。

2018 年 3 月 14 日,学校体、音、美教师赴渭南高级中学进行观摩学习,重点参观了校园文化建设、各功能室、日常管理及社团活动的组织与开展,从班主任工作的提升、新课程中素质教育实施的方方面面,同各位领导、老师进行了面对面、心与心的交流与探讨。

附:部分参训人员一览表

姓名	性别	民族	身份证号	职务	职称	所学专业	所教学科	学历
王军	男	汉	610526197903097912	学部主任	一级	数学	数学	本科
樊娟芳	女	汉	610526198111180042	教师	二级	英语	英语	本科
马卫国	男	汉	610525196811030015	教师	二级	化学	化学	本科
成兵	女	汉	610526198807194944	教师	二级	地理	地理	本科
姚建军	男	汉	610526198108139516	教师	二级	体育	体育	本科
张战军	男	汉	610526198211243151	教师	二级	数学	信息技术	本科

3. 针对班级管理和课堂教学改革进行系统培训。学校根据班级管理和课堂教学改革中存在的共性和个性问题,采用了组织集体学习专题讲座、各学部互动讨论的培训形式,让教师理论联系实际,理解和内化培训内容,以解决工作中存在的实际问题。这样的培训,既提升了教师个人的业务能力,又促进了教师团队的内涵发展,从而有效地推动了学校教育教学工作的整体步伐。

4. 省级网络培训。2015 年,陕西省搭建了网络培训平台,以此来迅速推动全省中、青年教师各科专业化发展。因之,学校先后推荐 3 科 4 名专业教师,赴省参加网络培训,为 3 科 4 名专业教师的可持续发展打下坚实基础。

三、考核

每一学年,学校均组织全校教师进行年度考核。考核等次分为优秀、合格、基本合格、不合格、不定等次五个等次。学校优秀比例占年度考核总人数的 13% 以内。评优导向要坚持"面向教学一线"的原则评选优秀等次,突出工作实绩,褒奖和支持那些素质精良、爱岗敬业、廉政从教、求

真务实、敢于创新,做出突出贡献的教职工。兹将各年度考核评选的优秀教职工公示如下:

1. 2011年度考核评优名单

优秀(18人)

董 洁 张小艳 王东周 雷江海 高小翠 强永堂 刘宇清 曹东峰 马卫国 王茵莉
范志刚 樊云芳 王凤莲 雷靖鸿 李娜(语) 刘继红 韩 斌 梁双纪

2. 2012年度考核评优名单

优秀(28人)

董 洁 张小艳 王东周 高晓翠 马卫国 王茵莉 范志刚 樊云芳 韩 斌 张海潮
党 芳 王宝红 李 芳 庹晓勇 王 军 程红茹 孙浩帆 张洁娟 刘 博 李东荣
张淑丽 蒋振明 李 莹 韩雪芹 张小花 杨 蕾 王稳玲 王红军

3. 2013年度考核评优名单

优秀(27人)

张海潮 党 芳 王宝红 王 军 刘 博 张小花 王稳玲 侯胜斌 孟 璞 姚建军
张战军 朱慧敏 秦招娣 王 婷 雷高萍 张月宾 马建义 曹晓梅 李娜(语)
武亚萍 李 剑 路改妮 张 涛 樊建军 杜红茹 唐庆发 高晓翠

4. 2014年度考核评优名单

优秀(27人)

党 芳 王宝红 王 军 侯胜斌 张战军 雷高萍 曹晓梅 唐庆发 张 涛 张红军
曹东峰 李 敏 张水玲 景艳萍 赵稳阳 李东荣 李文宾 刘文杰 范志刚 刘兰英
张洁娟 曹惠莉 马卫国 曾淑会 景 娜 李华平 董 洁

5. 2015年度考核评优名单

优秀(26人)

王宝红 侯胜斌 张战军 曹晓梅 唐庆发 张红军 李 敏 张水玲 范志刚 马卫国
景 娜 李华平 董 洁 孟 璞 强永堂 蒋振明 雷 涛 申亚萍 蒋兴春 秦 龙
李 森 段 磊 卢艳荣 李发民 校百芳 杨晓龙

6. 2016年度考核评优名单

优秀(26人)

张水玲 张海潮 强永堂 姚建军 李娜(语)张红军 王 军 李 敏 雷 涛
王茵莉 雷高萍 王宝红 曹晓梅 范志刚 武巧娟 刘婷婷 杨晓龙 校百芳
刘伟(德育) 唐庆发 李华平 李水阁 李亚利 张小花 董 洁 曹东锋 樊雪梅

7. 2017年度考核评优名单

优秀(28人)

张水玲 李 娜(语)王 军 范志刚 唐庆发 姚建军 张海潮 强永堂
王红军 党 芳 赵永刚 刘继宏 张小艳 李 莹 蒋振明 刘文杰 曹晓梅 张红军
李 森 董 洁 李 芳 姚民仓 张尕丽 王永奇 张林虎 校百芳 李宇鹏 雷 涛

四、任用

教师是完成教育教学任务的主要劳动者,亦是教育教学过程的实际管理者、操作者。因此,教师任用是教育人事管理中的关键环节,亦是教师队伍建设与管理的基础。学校从建校以来,一直重视教师的任用与管理,促进其不断发展成长,在学校园地绽放光彩。

学校教师任用实行"教师聘用制",先后在全县选拔聘用了30名学科带头人,145名任课教师,组建成思想素质高、业务能力强的教师团队。其中,中学高级教师18人,省先进教师3人,市优秀教师10人,教学能手3人,县优秀教师、先进教育工作者41人。研究生学历3人,任课教师本科学历达标率100%。全校教师平均年龄34岁,整体素质高,专业技术强,结构合理,德才兼备,阵容整齐。

学校根据教师的专业特长进行任用,充分发挥了广大教师,特别是优秀教师的作用。学校任用教师的原则:

1. 公开任用的原则。教师任用,要做到公开、公平、公正,对任用条件、任用岗位、任用职数、应聘名单、资格审查结果、综合考评结果、拟任人员名单和任用人员名单都要进行公示,接受群众监督和社会舆论监督。

2. 协商一致的原则。教师任用实行双向选择,学校可以选择教师,教师可以选择学校设置的工作岗位,按照平等自愿、协商一致的原则,确定最终的任用结果。

3. 逐级任用的原则。学校教师任用,按照先任用中层干部、年级组长和教研组长,后任用班主任和科任教师,最后任用职员、教学辅助人员和工勤人员的顺序进行。

五、管理

1. 积极推行教职工"岗位目标责任制"管理,激发教师队伍内在动力。根据"按需设岗、以岗定责、量化考核、奖优罚劣"的原则,积极推行教职工"岗位目标责任制",为每个教职工定工作岗位、定工作职责、定任务目标。通过对教师岗位目标完成情况的严格考核,将考核评价结果作为教师收入分配、职称评聘、评先奖优的主要依据;建立"以实绩论英雄"的激励机制,探索实行名师财政津贴制,逐步实现对教师的管理由"身份管理"向"岗位管理"的转变;解决干多干少一个样、干好干坏一个样的问题;真正建立起岗位随时变化、待遇能高能低,积极向上、你追我赶、比学赶超、竞争有序的动态管理机制,让能力强、素质高的教师受重用、得实惠,真正使能者有其位、劳者有所得、优者有所奖,形成一种比能力、比干劲、比成绩的竞争局面。

2. 在提高管理水平上下功夫。学校的管理水平,直接关系到教育教学的发展水平。学校按照教育思想现代化、办学条件标准化、学校管理规范化、学生素质优良化的要求,抓管理、促规范、树品牌、创名校。(1)突出制度立校。学校有健全完善的各项管理制度,形成以制度管人、管事、用人的长效机制,做到以事定岗、以岗定责,事事有规范,时时有考核,处处有管理。(2)进行精细化管理。从前勤到后勤,从教职工到学生,每一个环节、每一个过程,都能切实做到分工细、措施严、效益高,让学校的每一项决策,都能变为全体师生的自觉行动。

3. 强化教育教学工作管理。学校在按照国家普通高中课程方案开足开齐课程的同时,开展各种综合实践活动,开设研究型课程,推进课堂教学改革。(1)通过学科带头人讲观摩课、骨干教师讲示范课、青年教师讲探讨课、过关课等活动,全体教师共同参与,讲评结合,提升了教师的业务素质。(2)以教研组为单位,积极探索高效教学模式,实施集体备课、反复研讨,结合学生实际,确定个性教学目标,形成活页教案和学案进行教学。(3)大胆实践学生小组合作、探究、自主学习,把学习过程还给学生。(4)开设选修课、校本课程,为学生的个性发展服务。

4. 狠抓教学常规效率管理。学校以课堂教学改革为突破口,要求全体教师将先进的教学思想和理念,转化为实际的教学行为,把每一堂课都上成优质课,切实提高课堂教学效率。通过优质展示课、推门听课等形式,落实课堂教学常规。同时,做好教学常规检查,并将检查结果纳入量化。通过检查发现,绝大部分教师备课认真,书写规范,教案详细;作业批改仔细,评改朴实、态度认真;课件设计实用新颖、学案编写针对性强。由于学校教学常规管理常抓不懈,教师团队扎实有效地做好教学工作,才使三中学生的成绩进步很快。几年来,各年级进入全县前1000名的学生数,已倍数递增。

第二节　教师队伍建设

一、采用聘任制,优化师资队伍建设

学校创建伊始,就确立了"领导聘任,教师聘用,学部管理,精细服务"的办学原则。学校领导班子成员由校长提议,教育局研究聘任,组建了既有先进办学理念,又有开拓创新精神的领导班子;教师实行聘用制,所有聘用教师的行政、工资关系,均保留在原单位,一年一聘用,实行优胜劣汰制度;学校实行学部制管理,将教师和每个年级学生均衡分为两部分,设学部一处和学部二处,形成竞争格局。学校实行全员参与、全过程管理、全方位服务的"三全精细化"管理,层层落实责任,树立服务意识,使学生的成长、学习、生活、品行、思想动态等都有了细致的管理。在管理过程中,不断优化学校的教师队伍。

二、推进课程改革,深化科研,不断提高教师的教学能力

1. 加强教学常规管理,把提高教育教学质量内化为每个教师的自觉行为。学校加强了教学过程的管理,分学部、分学科制定了教学目标及保障措施,每星期召开备课组会议,研讨、交流教学经验,随时发现问题,及时纠正工作失误,使教学工作总体上有了很大的提高。每个月进行一次教学常规检查,由各学部总体负责管理,使学校教学常规管理更加有序、科学。在强化学校教学常规管理的过程中,努力提高教师的教学能力。

2. 学校全力推进课堂教学改革。(1)开展学科带头人讲观摩课、骨干教师讲示范课、优秀青年教师讲探讨课、其他教师讲过关课等系列活动。全体教师共同参与,讲评结合,提升了教师的业务素质。(2)以教研组为单位积极探索有效教学模式,实施集体备课,进行反复研讨,结合本班学生实际,确定个性教学目标,形成活页教案和学案,进行教学。(3)大胆实践学生小组合作探究,自主学习,把学习过程还给学生。学校初步探索出了"1232"的新课堂教学模式,使课堂教学逐步地迈向实效性、高效性。在推进课堂教学改革的实践中,提高了教师的业务水平。

三、强化校本研修,促进教师的专业发展

1. 新课程改革不仅要改变学生的学习方式和学习习惯,而且要通过新课程的实施,促进教师

课程教学能力、课程开发能力、课程创新能力的提高,促进教师的专业成长。通过培训、学习,引导教师把日常的教育教学中出现的具体问题,上升到课题的高度去研究,使科研工作降低重心,正视课堂的实际问题。

2. 学校大力加强教研组建设,每学期都有具体的教研计划,以校本教研为主要内容,以课题研究为主要途径,使教师科研意识逐步增强,学术氛围日益浓厚。强化教研组的建设和管理,特别强调要发挥团队精神,群策群力,充分发挥每个教师的兴趣爱好和个性特长,打破了以往教师备课各自为战的局面,每一堂展示课都是教研组集体的结晶。教师在互动、互补、合作中不断提高自己实施新课程的能力,使已形成的教育观念顺利地转化成能动的教育教学行为,使教师不断走向成熟。2017 年 10 月 23 日,学校举办了首届校本研修教材讲座,由语文教师王东周主讲,校领导及 200 百余名师生参加了此次讲座。

四、积极参与教育交流,发挥教师的示范带头作用

学校轮流选派教师到知名学校参观交流,先后派相关教师到衡水中学、洛川中学等地参观学习。县内一些兄弟学校也纷纷前来参观学习,还有一部分外地学校也慕名前来取经,就学校建设、新课改、德育管理等方面交流经验,共享成功,均取得了显著的效果。

第三节　教师学历　职称

2010 年 7 月,蒲城县第三高级中学成立,采用聘用制,从各高级中学及师范高校聘用了 88 名教职工。其中,中学高级职称 6 人、中一职称 24 人、中二职称 46 人、中三职称 1 人、小学一级职称 3 人、初级职称 1 人、无职称 4 人。88 名教职工学历,研究生 1 人、本科 77 人、大专 7 人、初中 1 人。

2013 年 5 月,根据省、市、县安排,学校教师职称分为:员级、助理级、中级、副高级和正高级职称(职务)名称,依次为三级教师、二级教师、一级教师、高级教师和正高级教师。据统计:学校高级职称 14 人、一级职称 51 人、二级职称 131 人、其他职称 4 人;学历研究生 10 人、本科 170 人、专科 18 人、其他 2 人。

2014—2017 学年度,三中教师人数稳固在 211—214 人,其学历职称无大的变化。

2017—2018 学年度,三中教师人数稳固在 214—224 人。

2011—2018 学年度,学校对专业技术人员进行年度量化考核情况:

1. 2011—2012 学年度量化考核优秀人员

中　级:董　洁　雷靖鸿　李华丽　李亚红　赵稳阳　雷江海　路改妮　姜银芳

助理级:秦环环　王宝红　张爱玲　李　森　李娜(语)　张淑丽　党　芳　奥仲武

　　　　王凤莲　李东荣　张冰清　仇小娥　王稳玲　韩雪芹

2. 2012—2013 学年度量化考核优秀人员

中　级:雷江海　王建丽　段冬梅　王晓莉　李　剑　武　亚　雷靖鸿　刘宇清

　　　　路改妮　马建义

助理级:常立山　李　森　张爱玲　李东荣　刘晓丽　秦环环　王红军　刘　博
　　　　王稳玲　雷高萍　范志刚　刘继红　庹晓勇　张红军　曹晓梅　侯胜斌
　　　　郭晓栋　李发民　张小花　杨　蕾

3. 2013—2014学年度量化考核优秀人员

一　级:李　剑　马建义　武亚萍　刘晓宇　常桂叶　刘兰英　程高锋　孙克礼
二　级:刘继宏　李　森　张小花　曹晓梅　袁　博　李　敏　车敏娜　朱慧敏
　　　　贾丰颖　赵永刚　景艳萍　郭红丽　秦招弟　程县莉　白晓蒲　姜艳妮
　　　　李　娜　张洁娟　李宇鹏　张战军　樊建军　李艳宁

4. 2014—2015学年度量化考核优秀人员

高　级:董　洁
一　级:原亚萍　樊云芳　曾淑会　卢艳荣　李华平　韩雪芹
二　级:李　莹　谭晶晶　王　婧　蒋振明　孟　璞　李晓倩　马卫国　唐艳娥
　　　　田亚萍　蒋兴春　韩秦龙　吕　娜　郭瑞(女)　唐巧娥　雷　涛
　　　　吴小莉　赵倩茹　樊娟芳　王　婷　马　萍　杨明辉　张　涛　缑艳平
　　　　王　丽

5. 2015—2016学年度量化考核优秀人员

一　级:曹东峰　张海潮　张水玲　王　宁　强永堂　程红茹　杨立虎　秦凤英
　　　　弥小兵　张小艳　刘伟(数)　刘文杰　李伊娜　王　华　王茵莉
　　　　李文宾　李　芳　刘　博　蒋宏杰　李华平
二　级:樊雪梅　陈琳娜　姚建军　孙艳红　惠星星　赵　丹　郑红倩　唐　婷
　　　　刘伟(办)李　莹

6. 2016—2017学年度量化考核优秀人员

高　级:董　洁
一　级:张水玲　李　娜(语)李华平　曹东峰　刘文杰　张海潮　王　军
　　　　李文宾　张红军　孙克礼　党　芳　强永堂　曹晓梅　范志刚　秦凤英
　　　　王宝红　张小华　韩雪芹
二　级:赵永刚　李　娟　韩秦龙　段　磊　姚建军　雷　涛　李　敏　袁　博
　　　　蒋振明　雷高萍　杨晓龙　王　婧　谭晶晶

7. 2017—2018学年度量化考核优秀人员

一　级:张水玲　李娜(语)　蒋宏杰　张小艳　刘文杰　张海潮　王　军
　　　　张红军　王红军　程红茹　党　芳　王艳红　刘　博　范志刚　蒋振明
　　　　王宝红　李　芳　韩雪芹　侯胜斌
二　级:　张　涛　李　娟　韩秦龙　段　磊　李宇鹏　孟　璞　成　兵　刘继宏
　　　　孙浩帆　张洁娟　李娜(地)景　娜　谭晶晶　党苗苗　韩　斌

第四节　历届教职工人员花名册

（一）2010）—2011 学年度教职工花名册

序号	姓名	性别	学历	毕业院校	专业	职称	工作岗位
1	澹台典谱	男	研究生	陕西师大	化学	副高	校长
2	张化林	男	本科	陕西师大	地理	副高	副校长
3	梁双纪	男	本科	陕师大	物理	副高	课程处主任
4	姜新民	男	本科	高师卫电	中文	副高	总务处主任
5	王建涛	男	专科	渭南师专	数学	讲师	办公室主任
6	仇小娥	女	本科	陕教院	中文	助理	学部主任
7	李小平	男	本科	汉中师院	生物	讲师	学部主任
8	蒋宏杰	男	本科	西安体院	体育	助理	办公室副主任
9	张萍	女	本科	陕师大	英语	助理	高一英语
10	郝兴成	男	本科	陕教院	物理	讲师	高一物理
11	弥小兵	男	本科	陕教院	化学	助理	高一化学
12	杨春利	女	本科	渭南师院	化学	助理	高一化学
13	张月宾	男	本科	西安文理	中文	副高	高一历史
14	强永堂	男	本科	汉中师院	历史	助理	高一历史
15	陈叶芳	女	本科	陕西师大	数学	助理	高一数学
16	郭红丽	女	本科	陕西教院	英语	助理	高一英语
17	唐婷	女	本科	宝鸡文理	化学	助理	高一化学
18	刘兰英	女	本科	陕西教院	化学	讲师	高一生物
19	史文华	男	本科	陕西教院	政治	讲师	高一政治
20	路改妮	女	本科	西北大学	政治	讲师	高一政治
21	花彬	男	本科	陕西教院	中文	助理	高一通用
22	李华丽	女	本科	陕师大	中文	讲师	高二语文
23	张水玲	女	本科	渭师院	中文	助理	高二语文
24	雷江海	男	本科	陕教院	中文	讲师	高二语文
25	程红茹	女	本科	西北大学	中文	助理	高二语文
26	曹东峰	男	本科	陕教院	数学	助理	高二数学
27	王红军	男	本科	渭南师院	数学	助理	高二数学
28	张孞丽	女	专科	渭师院	数学	助理	高二英语
29	张冰青	女	本科	宝鸡文理	数学	助理	高二数学
30	董洁	男	本科	西安外院	英语	讲师	高二英语
31	高晓翠	女	本科	陕师大	英语	助理	高二英语
32	曹晓梅	女	本科	陕师大	英语	助理	高二英语

续表

序号	姓名	性别	学历	毕业院校	专业	职称	工作岗位
33	侯胜斌	男	本科	渭师院	英语	助理	高二英语
34	李晓芳	女	本科	宝鸡文理	物理	助理	高二物理
35	张海潮	男	本科	陕西理工	化学	助理	高二化学
36	梁高奎	男	本科	汉中师院	生物	副高	高二生物
37	孟璞	女	本科	延安大学	政教	助理	高二政治
38	王建丽	女	本科	宝鸡文理	政治	讲师	高二政治
39	段冬梅	女	本科	陕师大	历史	讲师	高二历史
40	樊雪梅	女	本科	渭南师院	地理	助理	高二地理
41	蔡国栋	男	本科	陕教院	体育	助理	高二体育
42	谭晶晶	女	本科	陕教院	音乐	助理	高二音乐
43	李华平	男	本科	陕教院	政教	讲师	高二信息
44	杨蕾	女	本科	渭南师院	中文	助理	高二语文
45	马建义	男	本科	陕西师大	中文	讲师	高二语文
46	樊云芳	女	本科	陕西师大	中文	讲师	高二语文
47	李娜	女	本科	陕西师大	中文	助理	高二语文
48	张爱玲	女	本科	渭南师院	数学	助理	高二数学
49	李森	男	本科	陕理工院	数学	助理	高二数学
50	刘伟	女	本科	陕西师大	数学	助理	高二数学
51	蒋振明	男	本科	陕西师大	数学	助理	高二数学
52	蒋兴春	男	本科	渭南师院	英语	助理	高二英语
53	白晓蒲	女	本科	陕西教学院	英语	助理	高二英语
54	田亚萍	女	本科	陕西师大	英语	助理	高二英语
55	李亚红	女	本科	陕西教院	英语	讲师	高二英语
56	姜艳妮	女	本科	宝鸡文理	物理	助理	高二物理
57	雷靖鸿	男	本科	高师卫电	物理	讲师	高二物理
58	姜银芳	女	本科	渭南师院	化学	讲师	高二化学
59	马卫国	男	专科	渭南师专	化学	助理	高二化学
60	刘继宏	男	本科	宝鸡文理	历史	助理	高二历史
61	孙利娜	女	本科	陕西师大	历史	助理	高二历史
62	李娜	女	本科	咸阳师院	地理	助理	高二地理
63	姚建军	男	本科	西安体院	体育	助理	高二体育
64	郭晓栋	男	本科	西安体院	体育	助理	高二体育
65	赵丹	女	本科	陕西教院	音乐	助理	高二音乐
66	李旭	男	本科	宝鸡文理	化学	助理	办公室干事
67	樊建军	男	本科	西安外院	英语	助理	办公室干事
68	李莹	女	本科	西安外院	英语	助理	德育处干事
69	胡爱玲	女	专科	中央电大	中文	助理	办公室干事

序号	姓名	性别	学历	毕业院校	专业	职称	工作岗位
70	刘伟	女	本科	陕教院	中文	助理	德育处干事
71	王稳玲	女	本科	陕西师大	英语	助理	德育处干事
72	杨宏昌	男	专科	渭南师专	物理	讲师	物理实验员
73	原亚萍	女	本科	汉中师院	数学	讲师	生物实验员
74	韩斌	男	本科	陕师大	政治	助理	课程处干事
75	秦招娣	女	本科	陕师大	英语	助理	课程处干事
76	李水阁	女	专科	陕师大	教育学	讲师	图书管理员
77	屈建民	男	专科	渭教院	化学	副高	公寓管理员
78	姚民仓	男	本科	陕师大	数学	讲师	公寓管理员
79	蒲战忙	男	本科	陕教院	数学	讲师	公寓管理员
80	杜红茹	女	初中	椿林乡中		初级工	公寓管理员
81	袁国强	男	专科	北京社函	工管	高级工	德育处干事
82	程淑侠	女	专科	陕教院	数学	讲师	公寓管理员
83	贾丰颖	女	本科	渭师院	中文	助理	学部干事
84	张小花	女	本科	陕教院	中文	助理	学部干事
85	李亚利	女	本科	陕师大	历史	讲师	学部干事
86	贺海滨	男	本科	陕师大	中文	讲师	出纳
87	韩雪芹	女	本科	西安外院	英语	助理	总务干事
88	唐庆发	男	本科	陕师大	中文	助理	总务干事

(二)2011—2012 学年度教职工花名册

序号	姓名	性别	学历	毕业院校	专业	职称	工作岗位
1	赵丹	女	本科	陕西教院	音乐	助理	高二音乐
2	白晓蒲	女	本科	陕西教学院	英语	助理	高二英语
3	蔡国栋	男	本科	陕教院	体育	助理	高二体育
4	曹东峰	男	本科	陕教院	数学	助理	高二数学
5	曹晓梅	女	本科	陕师大	英语	助理	高二英语
6	陈叶芳	女	本科	陕西师大	数学	助理	高一数学
7	程红茹	女	本科	西北大学	中文	助理	高二语文
8	程淑侠	女	专科	陕教院	数学	讲师	宿舍管理员
9	仇小娥	女	本科	陕教院	中文	助理	学部主任
10	澹台典谱	男	研究生	陕西师大	化学	副高	校　长
11	董洁	男	本科	西安外院	英语	讲师	高二英语
12	杜红茹	女	初中	椿林乡中		初级	公寓管理员
13	段冬梅	女	本科	陕师大	历史	讲师	高二历史
14	樊建军	男	本科	西安外院	英语	助理	办公室干事

序号	姓名	性别	学历	毕业院校	专业	职称	工作岗位
15	樊雪梅	女	本科	渭南师院	地理	助理	高二地理
16	樊云芳	女	本科	陕师大	中文	讲师	高二语文
17	高晓翠	女	本科	陕师大	英语	助理	高二英语
18	郭红丽	女	本科	陕西教院	英语	助理	高一英语
19	郭晓栋	男	本科	西安体院	体育	助理	高二体育
20	韩斌	男	本科	陕师大	政治	中三	课程处干事
21	韩雪芹	女	本科	西安外院	英语	助理	总务干事
22	郝兴成	男	本科	陕教院	物理	讲师	高一物理
23	贺海滨	男	本科	陕师大	中文	讲师	出纳
24	侯胜斌	男	本科	渭师院	英语	助理	高二英语
25	胡爱玲	女	专科	中央电大	中文	助理	办公室干事
26	花彬	男	本科	陕西教院	中文	助理	高一通用技术
27	贾丰颖	女	本科	渭师院	中文	助理	学部干事
28	姜新民	男	本科	高师卫电	中文	副高	总务主任
29	姜艳妮	女	本科	宝鸡文理	物理	助理	高二物理
30	姜银芳	女	本科	渭南师院	化学	讲师	高二化学
31	蒋宏杰	男	本科	西安体院	体育	助理	办公室副主任
32	蒋兴春	男	本科	渭南师院	英语	助理	高二英语
33	蒋振明	男	本科	陕西师大	数学	助理	高二数学
34	雷江海	男	本科	陕教院	中文	讲师	高二语文
35	雷靖鸿	男	本科	高师卫电	物理	讲师	高二物理
36	李华丽	女	本科	陕师大	中文	讲师	高二语文
37	李华平	男	本科	陕教院	政教	讲师	高二信息
38	李娜	女	本科	陕西师大	中文	助理	高二语文
39	李娜	女	本科	咸阳师院	地理	助理	高二地理
40	李森	男	本科	陕理工院	数学	助理	高二数学
41	李水阁	女	专科	陕师大	教育学	讲师	图书管理员
42	李小平	男	本科	汉中师院	生物	讲师	学部主任
43	李晓芳	女	本科	宝鸡文理	物理	助理	高二物理
44	李旭	男	本科	宝鸡文理	化学	助理	办公室干事
45	李亚红	女	本科	陕西教院	英语	讲师	高二英语
46	李亚利	女	本科	陕师大	历史	讲师	学部干事
47	李莹	女	本科	西安外院	英语	助理	德育处干事
48	梁高奎	男	本科	汉中师院	生物	副高	高二生物
49	梁双纪	男	本科	陕师大	物理	副高	课程处主任
50	刘继宏	男	本科	宝鸡文理	历史	助理	高二历史
51	刘兰英	女	本科	陕西教院	化学	讲师	高一生物

序号	姓名	性别	学历	毕业院校	专业	职称	工作岗位
52	刘伟	女	本科	陕西师大	数学	助理	高二数学
53	刘伟	女	本科	陕教院	中文	助理	德育处干事
54	路改妮	女	本科	西北大学	政治	讲师	高一政治
55	马建义	男	本科	陕西师大	中文	讲师	高二语文
56	马卫国	男	专科	渭南师专	化学	助理	高二化学
57	孟璞	女	本科	延安大学	政教	助理	高二政治
58	弥小兵	男	本科	陕教院	化学	助理	高一化学
59	蒲战忙	男	本科	陕教院	数学	讲师	公寓管理员
60	强永堂	男	本科	汉中师院	历史	助理	高一历史
61	秦招娣	女	本科	陕师大	英语	助理	课程处干事
62	屈建民	男	专科	渭教院	化学	副高	公寓管理员
63	史文华	男	本科	陕西教院	政治	讲师	高一政治
64	孙利娜	女	本科	陕西师大	历史	助理	高二历史
65	谭晶晶	女	本科	陕教院	音乐	助理	高二音乐
66	唐庆发	男	本科	陕师大	中文	助理	总务干事
67	唐婷	女	本科	宝鸡文理	化学	助理	高一化学
68	田亚萍	女	本科	陕西师大	英语	助理	高二英语
69	王红军	男	本科	渭南师院	数学	助理	高二数学
70	王建丽	女	本科	宝鸡文理	政治	讲师	高二政治
71	王建涛	男	专科	渭南师专	数学	讲师	办公室主任
72	王稳玲	女	本科	陕西师大	英语	助理	德育处干事
73	杨春利	女	本科	渭南师院	化学	助理	高一化学
74	杨宏昌	男	专科	渭南师专	物理	讲师	物理实验员
75	杨蕾	女	本科	渭南师院	中文	助理	高二语文
76	姚建军	男	本科	西安体院	体育	助理	高二体育
77	姚民仓	男	本科	陕师大	数学	讲师	公寓管理员
78	原亚萍	女	本科	汉中师院	数学	讲师	生物实验员
79	袁国强	男	专科	北京社函	工管	高级	保卫
80	张爱玲	女	本科	渭南师院	数学	助理	高二数学
81	张冰青	女	本科	宝鸡文理	数学	助理	高二数学
82	张尕丽	女	专科	渭师院	数学	助理	高二英语
83	张海潮	男	本科	陕西理工	化学	助理	高二化学
84	张化林	男	本科	陕师大	地理	副高	副校长
85	张萍	女	本科	陕师大	英语	助理	高一英语
86	张水玲	女	本科	渭师院	中文	助理	高二语文
87	张小花	女	本科	陕教院	中文	助理	学部干事
88	张月宾	男	本科	西安文理	中文	副高	高一历史

序号	姓名	性别	学历	毕业院校	专业	职称	工作岗位
89	奥仲武	男	本科	陕理工学院	体育	助理	高一体育
90	常桂叶	女	本科	高师卫电	数学	讲师	高一数学
91	常立山	男	本科	陕教院	物理	助理	高一物理
92	成兵	女	本科	宝鸡文理	地理	助理	高一地理
93	程县莉	女	本科	渭南师院	数学	助理	高一数学
94	楚黎明	女	专科	陕教院	英语	助理	公寓管理员
95	党芳	女	本科	陕西师大	汉语言	助理	高一语文
96	范志刚	男	本科	陕理工院	生物	助理	高二生物
97	方忠孝	男	本科	陕西师大	数学	副高	高一数学
98	郭瑞	女	本科	咸阳师院	汉语言	助理	高一语文
99	雷高萍	女	本科	西安外院	英语	助理	高一英语
100	李东荣	男	本科	渭南师院	数学	助理	高一数学
101	李芳	女	本科	陕师大	中文	助理	高一语文
102	李娟	女	本科	陕师大	科学	助理	高一生物
103	李文宾	男	本科	高师卫电	汉语言	助理	高一语文
104	李雯	女	本科	西安外院	英语	助理	课程处干事
105	李晓倩	女	本科	渭南师院	中文	助理	高一语文
106	刘晓丽	女	本科	渭南师院	英语	助理	高一英语
107	刘晓宇	男	本科	渭南师院	物理	讲师	高一物理
108	刘宇清	女	本科	陕教院	政治	讲师	高一政治
109	卢艳荣	女	本科	宝鸡文理	历史	助理	高一历史
110	吕娜	女	本科	咸阳师院	历史	助理	学部干事
111	秦环环	女	本科	陕理工	数学	助理	高一数学
112	孙芳云	女	本科	陕教院	政史	助理	图书管理员
113	孙浩帆	男	本科	西南大学	历史	助理	高一历史
114	孙克礼	男	本科	陕教院	体育	讲师	高一体育
115	唐天平	男	本科	渭师院	中文	助理	高一语文
116	工宝红	男	本科	陕教院	数学	助理	高一数学
117	王东周	男	本科	陕教院	中文	讲师	高一语文
118	王凤莲	女	本科	陕西教院	物理	助理	高一物理
119	王华	女	本科	陕西师大	物理	助理	高一物理
120	王建玲	女	本科	陕教院	语文	讲师	化学实验员
121	王婧	女	本科	陕教院	中文	助理	高一音乐
122	王丽	女	本科	陕教院	中文	助理	办公室
123	王晓莉	女	本科	西北大学	中文	助理	高一英语
124	王茵莉	女	本科	汉中师院	化学	助理	高一化学
125	武巧娟	女	本科	宝鸡文理	汉语言	助理	高一语文

序号	姓名	性别	学历	毕业院校	专业	职称	工作岗位
126	杨晓龙	男	本科	陕师大	音乐	助理	高一音乐
127	尹婧	女	本科	陕西教院	政史	讲师	高二政治
128	原芬	女	本科	陕西师大	汉语言	助理	学部干事
129	袁博	男	本科	渭南师院	数学	助理	高一数学
130	曾淑会	女	本科	陕教院	政治	讲师	高一政治
131	张红军	男	本科	渭师院	化学	助理	高一化学
132	张洁娟	女	本科	西安外院	英语	助理	学部干事
133	张林虎	男	专科	渭师专	物理	副高	高二物理
134	张淑丽	女	本科	西安外院	英语	助理	高一英语
135	张涛	男	本科	陕师大	中文	助理	高一信息
136	张小艳	女	本科	陕师大	化学	助理	高二化学
137	张战军	男	本科	陕西教院	数学	助理	高一信息技术
138	赵稳阳	男	本科	渭南师院	英语	讲师	高一英语
139	赵雪娥	女	本科	陕师大	英语	助理	高一英语
140	赵岳峰	男	本科	西安美院	美术	助理	高一美术
141	郑红倩	女	本科	宝鸡文理	地理	助理	高一地理
142	朱仁双	女	本科	陕西师大	化学	助理	高一化学

注：2012年8月，蔡国栋调县人社局，贺海宾调县教育局。

(三)2012—2013学年度教职工花名册

序号	姓名	性别	学历	毕业院校	专业	职称	工作岗位
1	奥仲武	男	本科	陕理工学院	体育	助理	高二体育
2	白晓蒲	女	本科	陕西教院	英语	助理	高三英语
3	曹东峰	男	本科	陕西教院	数学	讲师	高三数学
4	曹晓梅	女	本科	陕西师大	英语	助理	高三英语
5	常桂叶	女	本科	高师卫电	数学	讲师	高二数学
6	常立山	男	本科	陕西教院	物理	助理	高二物理
7	陈叶芳	女	本科	陕西师大	数学	助理	高二数学
8	成兵	女	本科	宝鸡文理	地理	助理	高二地理
9	程红茹	女	本科	西北大学	中文	讲师	高一语文
10	程淑侠	女	专科	陕教院	数学	讲师	宿舍管理员
11	程县莉	女	本科	渭南师院	数学	助理	高二数学
12	仇小娥	女	本科	陕西教院	中文	助理	学部主任
13	楚黎明	女	专科	陕西教院	英语	助理	公寓管理员
14	澹台典谱	男	研究生	陕西师大	化学	副高	校　长
15	党芳	女	本科	陕西师大	汉语言	助理	高三语文

序号	姓名	性别	学历	毕业院校	专业	职称	工作岗位
16	党苗苗	女	本科	西安外院	英语	助理	学一干事
17	董洁	男	本科	西安外院	英语	讲师	高三英语
18	杜红茹	女	初中	椿林乡中		初级	公寓管理员
19	段冬梅	女	本科	陕西师大	历史	讲师	高三历史
20	樊建军	男	本科	西安外院	英语	助理	德育处干事
21	樊雪梅	女	本科	渭南师院	地理	助理	高三地理
22	樊云芳	女	本科	西北大学	中文	讲师	高三语文
23	范志刚	男	本科	陕理工院	生物	助理	高三生物
24	方忠孝	男	本科	陕西师大	数学	副高	高二数学
25	高晓翠	女	本科	陕西师大	英语	助理	高三英语
26	郭红丽	女	本科	陕教院	英语	助理	高二英语
27	郭瑞	女	本科	咸阳师院	汉语言	助理	高二语文
28	郭瑞	男	研究生	陕师大	政治	助理	高一政治
29	郭晓栋	男	本科	西安体院	体育	助理	高三体育
30	韩斌	男	本科	陕西师大	政治	助理	课程处干事
31	韩雪芹	女	本科	西安外院	英语	助理	总务处干事
32	郝兴成	男	本科	陕西教院	物理	讲师	高二物理
33	侯胜斌	男	本科	渭南师院	英语	助理	高三英语
34	胡爱玲	女	专科	中央电大	中文	助理	图书管理员
35	花彬	男	本科	陕西教院	中文	助理	高一通用技术
36	贾丰颖	女	本科	渭南师院	中文	助理	高一语文
37	姜新民	男	本科	高师卫电	中文	副高	总务主任
38	姜艳妮	女	本科	宝鸡文理	物理	助理	高三物理
39	姜银芳	女	本科	渭南师院	化学	讲师	高三化学
40	蒋宏杰	男	本科	西安体院	体育	讲师	办公室主任
41	蒋兴春	男	本科	渭南师院	英语	助理	高三英语
42	蒋振明	男	本科	陕西师大	数学	助理	高三数学
43	雷高萍	女	本科	西安外院	英语	助理	
44	雷江海	男	本科	陕西教院	中文	讲师	高三语文
45	雷靖鸿	男	本科	高师卫电	物理	讲师	高三物理
46	李东荣	男	本科	渭南师院	数学	助理	高二数学
47	李芳	女	本科	陕西师大	中文	讲师	高二语文
48	李华丽	女	本科	陕西师大	中文	讲师	高三语文
49	李华平	男	本科	陕西教院	政教	讲师	高二信息
50	李娟	女	本科	陕西师大	科学	助理	高二生物
51	李娜	女	本科	咸阳师院	地理	助理	高三地理
52	李娜	女	本科	陕西师大	中文	助理	高三语文

续表

序号	姓名	性别	学历	毕业院校	专业	职称	工作岗位
53	李森	男	本科	陕理工院	数学	助理	高三数学
54	李水阁	女	专科	陕西师大	教育学	讲师	图书管理员
55	李文宾	男	本科	高师卫电	汉语言	讲师	高二语文
56	李雯	女	本科	西安外院	英语	助理	学二干事
57	李小平	男	本科	汉中师院	生物	副高	学部主任
58	李晓芳	女	本科	宝鸡文理	物理	助理	高三物理
59	李晓倩	女	本科	渭南师院	中文	助理	高二语文
60	李旭	男	本科	宝鸡文理	化学	助理	德育处干事
61	李亚红	女	本科	陕西教院	英语	讲师	高三英语
62	李亚利	女	本科	陕西师大	历史	讲师	学一干事
63	李莹	女	本科	西安外院	英语	助理	德育处干事
64	梁高奎	男	本科	汉中师院	生物	副高	高三生物
65	梁双纪	男	本科	陕西师大	物理	副高	课程处主任
66	刘继宏	男	本科	宝鸡文理	历史	助理	高三历史
67	刘兰英	女	本科	陕西教院	化学	讲师	高二生物
68	刘伟	女	本科	陕西师大	数学	讲师	高三数学
69	刘伟	女	本科	陕西教院	中文	助理	德育处干事
70	刘晓丽	女	本科	渭南师院	英语	助理	高二英语
71	刘晓宇	男	本科	渭南师院	物理	讲师	高三物理
72	刘宇清	女	本科	陕西教院	政治	讲师	高二政治
73	卢艳荣	女	本科	宝鸡文理	历史	讲师	高二历史
74	路改妮	女	本科	西北大学	政治	讲师	高三政治
75	吕娜	女	本科	咸阳师院	历史	助理	高一历史
76	马建义	男	本科	陕西师大	中文	讲师	高三语文
77	马卫国	男	专科	渭南师专	化学	助理	高三化学
78	孟璞	女	本科	延安大学	政教	助理	高三政治
79	弥小兵	男	本科	陕西教院	化学	讲师	高二化学
80	蒲战忙	男	本科	陕西教院	数学	讲师	高二体育
81	强永堂	男	本科	汉中师院	历史	讲师	高二历史
82	秦环环	女	本科	陕西理工	数学	助理	高二数学
83	秦招娣	女	本科	陕西师大	英语	助理	高一英语
84	屈建民	男	专科	渭南教院	化学	副高	物理实验员
85	史文华	男	本科	陕西教院	政治	副高	高二政治
86	孙芳云	女	本科	陕西教院	政史	助理	办公室干事
87	孙浩帆	男	本科	西南大学	历史	助理	高一历史
88	孙克礼	男	本科	陕西教院	体育	讲师	高二体育
89	孙利娜	女	本科	陕西师大	历史	助理	高三历史

序号	姓名	性别	学历	毕业院校	专业	职称	工作岗位
90	谭晶晶	女	本科	陕西教院	音乐	助理	高一音乐
91	唐庆发	男	本科	陕西师大	中文	助理	总务处干事
92	唐天平	男	本科	渭南师院	中文	助理	高二语文
93	唐婷	女	本科	宝鸡文理	化学	助理	高二化学
94	田亚萍	女	本科	陕西师大	英语	助理	高三英语
95	王宝红	男	本科	陕西教院	数学	助理	高二数学
96	王东周	男	本科	陕西教院	中文	副高	高二语文
97	王凤莲	女	本科	陕西教院	物理	助理	高二物理
98	王红军	男	本科	渭南师院	数学	助理	高三数学
99	王华	女	本科	陕西师大	物理	讲师	高二物理
100	王建丽	女	本科	宝鸡文理	政治	讲师	高一政治
101	王建玲	女	本科	陕西教院	语文	讲师	化学实验员
102	王建涛	男	专科	渭南师专	数学	讲师	德育处主任
103	王婧	女	本科	陕西教院	中文	助理	高二音乐
104	王丽	女	本科	陕西教院	中文	助理	文书
105	王稳玲	女	本科	陕师大	英语	助理	课程处干事
106	王晓莉	女	本科	西北大学	中文	讲师	高二英语
107	王茵莉	女	本科	汉中师院	化学	讲师	高二化学
108	武巧娟	女	本科	宝鸡文理	汉语言	助理	高二语文
109	杨春利	女	本科	渭南师院	化学	助理	高二化学
110	杨宏昌	男	专科	渭南师专	物理	讲师	保卫
111	杨蕾	女	本科	渭南师院	中文	助理	高三语文
112	杨晓龙	男	本科	陕西师大	音乐	助理	高二音乐
113	姚建军	男	本科	西安体院	体育	助理	高三体育
114	姚民仓	男	本科	陕西师大	数学	讲师	公寓管理员
115	尹婧	女	本科	陕西教院	政史	副高	高三政治
116	原芬	女	本科	陕西师大	汉语言	助理	高一语文
117	原亚萍	女	本科	汉中师院	数学	讲师	生物实验员
118	袁博	男	本科	渭南师院	数学	助理	高二数学
119	袁国强	男	专科	北京社函	工管	高工	保卫
120	曾淑会	女	本科	陕西教院	政治	讲师	高二政治
121	张爱玲	女	本科	渭南师院	数学	助理	高三数学
122	张冰青	女	本科	宝鸡文理	数学	助理	高三数学
123	张尕丽	女	专科	渭南师院	数学	助理	高三数学
124	张海潮	男	本科	陕西理工	化学	讲师	高三化学
125	张红军	男	本科	渭南师院	化学	助理	高二化学
126	张化林	男	本科	陕西师大	地理	副高	副校长

序号	姓名	性别	学历	毕业院校	专业	职称	工作岗位
127	张洁娟	女	本科	西安外院	英语	助理	高一英语
128	张林虎	男	专科	渭南师专	物理	副高	高三物理
129	张萍	女	本科	陕西师大	英语	助理	高二英语
130	张淑丽	女	本科	西安外院	英语	助理	高二英语
131	张水玲	女	本科	渭南师院	中文	讲师	高三语文
132	张涛	男	本科	陕西师大	中文	助理	高一信息
133	张县利	女	专科	渭南师专	物理	副高	高一物理
134	张小花	女	本科	陕西教院	中文	助理	学二干事
135	张小艳	女	本科	陕西师大	化学	讲师	高三化学
136	张月宾	男	本科	西安文理	中文	副高	高二历史
137	张战军	男	本科	陕西教院	数学	助理	高二信息
138	赵丹	女	本科	陕西教院	音乐	助理	高二音乐
139	赵稳阳	男	本科	渭南师院	英语	讲师	高二英语
140	赵雪娥	女	本科	陕西师大	英语	助理	高二英语
141	赵岳峰	男	本科	西安美院	美术	助理	高一美术
142	郑红倩	女	本科	宝鸡文理	地理	助理	高二地理
143	朱仁双	女	本科	陕西师大	化学	助理	高一化学
144	曹惠莉	女	本科	陕师大	数学	助理	高一数学
145	车敏娜	女	本科	西安外院	英语	助理	高一英语
146	陈娟	女	研究生	陕西师大	语言应用	副高	学部主任
147	陈琳娜	女	本科	延安大学	物理	助理	高一物理
148	程高锋	男	本科	陕师大	物理	讲师	高一物理
149	党卫东	女	本科	渭南师院	数学	助理	高一数学
150	邓兵利	男	研究生	兰州大学	地理	助理	高一地理
151	董家音	男	本科	陕西教院	数学	讲师	公寓管理员
152	樊娟芳	女	本科	陕西教院	英语	助理	高一英语
153	付艳	女	专科	陕西电大	西医士	助理	校　医
154	高晓燕	女	研究生	陕西师大	生物	助理	高一生物
155	猴艳平	女	本科	陕师大	汉语言	助理	高二音乐
156	惠星星	女	本科	延安大学	生物	助理	高一生物
157	景娜	女	本科	渭师院	中文	助理	德育处干事
158	景艳萍	女	本科	咸阳师院	数学	助理	高一数学
159	李发民	男	本科	西安体院	体育	助理	高一体育
160	李光蓉	女	本科	陕教院	历史	助理	高一历史
161	李剑	女	本科	西北大学	中文	讲师	高二语文
162	李敏	女	本科	榆林学院	语文	助理	高一语文
163	李艳宁	女	本科	渭南师范	数学	助理	高二数学

序号	姓名	性别	学历	毕业院校	专业	职称	工作岗位
164	李伊娜	女	本科	延安大学	英语	讲师	高一英语
165	刘博	女	本科	渭南师院	政治	助理	高一政治
166	刘婷婷	女	本科	陕西师大	数学	助理	高一数学
167	刘文杰	男	本科	渭南师院	数学	讲师	高一数学
168	刘雪红	女	本科	华北师大	化学	助理	高一化学
169	马萍	女	本科	渭南师院	语文	助理	高一语文
170	秦凤英	女	本科	渭南师院	中文	助理	高一政治
171	申亚萍	女	本科	陕师大	中文	助理	高一语文
172	孙艳红	女	本科	西安文理	化学	助理	高一化学
173	唐巧娥	女	本科	陕西师大	英语	助理	高一英语
174	唐艳娥	女	本科	咸阳师院	地理	助理	高一地理
175	庹晓勇	男	本科	陕西理工	物理	助理	高一物理
176	万永强	男	专科	陕西教院	政教	助理	德育处
177	万永新	男	专科	西安政治学院	法律	中工	会计
178	王海洋	男	本科	陕西师大	中文	助理	办公室
179	王洁	女	研究生	西南大学	化学	助理	高一化学
180	王晶	女	本科	陕西师大	语文	助理	高一语文
181	王娟	女	本科	陕西教院	中文	助理	宿舍管理员
182	王军	男	本科	渭南师院	数学	助理	高一数学
183	王宁	女	研究生	陕师大	化学	讲师	高一化学
184	王倩文	女	研究生	湘潭大学	历史	助理	高一历史
185	王婷	女	本科	渭南师院	数学	助理	高一数学
186	王艳红	女	本科	陕师大	英语	助理	高一英语
187	魏振晓	男	本科	西北大学	中文	助理	高一语文
188	武亚萍	女	本科	陕师大	英语	讲师	高二英语
189	校百芳	女	专科	陕西广电	小学教育	助理	公寓管理员
190	许君莉	女	本科	陕师大	英语	助理	高一英语
191	杨洪	男	本科	陕西教院	中文	助理	德育处
192	杨立虎	男	本科	陕教院	政治	讲师	高一政治
193	杨玲	女	研究生	陕西师大	体育	助理	高一体育
194	杨明辉	男	本科	西安体院	体育	助理	公寓管理员
195	姚龙	男	本科	西安文理	物理	助理	高一物理
196	岳振辉	男	本科	咸阳师院	信息	助理	高一信息
197	张慧慧	女	研究生	信阳师院	政治	助理	高一政治
198	赵永刚	男	本科	榆林学院	历史	助理	高一历史
199	朱慧敏	女	本科	陕西教院	数学	助理	高一数学
200	张高超	男	本科	商洛师院	中文	助理	总务处借调

注:2013 年 8 月,李小平调县教研室任副主任,仇小娥调县招生办公室任副主任,唐天平调孙镇中学任办公室副主任,蒲战忙调蒲城县初级实验中学,花彬调蒲城县城关镇初级中学。

(四) 2013—2014 学年度调入教职工花名册

序号	姓名	性别	学历	毕业院校	专业	职称	工作岗位
1	梁建民	男	本科	省教院	物理	副高	工会主席
2	吴小莉	女	本科	西安联合大学	汉语言	助理	高一语文
3	雷涛	男	本科	渭南师院	物理学	助理	高一物理
4	李宇鹏	男	本科	西安文理	数学	助理	高一数学
5	赵倩茹	女	本科	延安大学	生物科学	助理	高一生物
6	李斌亚	女	本科	陕西理工	化学	助理	高一化学
7	韩秦龙	男	本科	咸阳师范学院	地理	助理	高一地理
8	朱军利	男	本科	陕西师大	化学	助理	公寓管理员
9	王红艳	女	本科	陕西师大	汉语言	助理	公寓管理员
10	张美榕	女	本科	陕西师大	汉语言	讲师	公寓管理员

注:2014 年 8 月,梁建民调三中党睦学区任学区主任,李斌亚考入渭南市公安局。

(五)2014—2015 学年度调入教职工花名册

序号	姓名	性别	学历	毕业院校	专业	职称	工作岗位
1	刘小利	男	专科	渭教院	汉语言	讲师	总务处主任
2	杨海信	男	本科	陕师大	中文	副高	高二语文(借调)
3	王娜	女	本科	陕教院	生物	助理	高三生物(借调)
4	任焕娣	女	本科	西北大学	中文	讲师	高一语文(借调)
5	王永奇	男	本科	陕教院	数学	副高	高三数学
6	李小华	女	本科	陕教院	英语	助理	高一英语(借调)
7	段磊	男	本科	陕西师大	化学	助理	高一化学
8	张欢欢	女	本科	宝鸡文理	地理科学	助理	高一地理(借调)
9	张宜	女	本科	陕西师大	计算机	助理	高一通用技术(借调)
10	王亚玲	女	本科	陕教院	中文	副高	高二语文(借调)
11	宋艳茹	女	本科	西北大学	中文	副高	高一语文(借调)
12	贺社利	男	本科	渭南师院	数学	副高	高一数学
13	权明	女	本科	宝鸡文理	英语	助理	高一英语(借调)
14	马芳	女	本科	榆林学院	生物科学	助理	高一生物(借调)

注:2015 年 8 月,王建涛调罕井中学任校长,李旭调孙镇中学任后勤副主任,许君莉调县职教中心,刘雪红调渭南中学,张慧慧辞职,岳振辉辞职。

（六）　2015—2016学年度调入教职工花名册

序号	姓名	性别	学历	毕业院校	专业	职称	工作岗位
1	李瑛靓	女	研究生	山西师范大学	体育	助理	体育教师
2	闫　妮	女	本科	榆林学院	物理学	助理	物理教师
3	徐艳丽	女	本科	西北大学	汉语言文学	助理	语文教师
4	路　萍	女	本科	西安外院	英语	讲师	英语教师
5	段玉红	女	本科	陕西师大	中文	副高	学部干事
6	万　辉	男	专科	南京政治学院	法律	初工	德育处干事

（七）　2016—2017学年度教职工花名册

序号	姓名	性别	出生年月	职称	学历	岗位	年级
1	奥仲武	男	1979.05	一级	本科	体育	高二
2	曹东峰	男	1979.02	一级	本科	数学	高三
3	曹惠莉	女	1979.10	二级	本科	数学	高一
4	曹晓梅	女	1980.12	一级	本科	英语	高三
5	常桂叶	女	1970.12	高级	本科	教研员	
6	常立山	男	1978.11	一级	本科	物理	高三
7	车敏娜	女	1982.04	二级	本科	英语	高二
8	陈娟	女	1967.07	高级	研究生	党支部副书记兼高三语文	高三
9	陈琳娜	女	1985.09	二级	本科	物理	高一
10	陈叶芳	女	1988.01	二级	研究生	数学	高一
11	成　兵	女	1988.07	二级	本科	地理	高三
12	程高锋	男	1972.11	高级	本科	物理	高二
13	程红茹	女	1971.05	一级	本科	语文	高二
14	程县莉	女	1981.02	二级	本科	数学	高二
15	楚黎明	女	1971.09	二级	专科	公寓管理员	
16	党　芳	女	1978.03	一级	本科	语文	高三
17	党苗苗	女	1987.01	二级	本科	学部一处干事	
18	党卫东	女	1991.04	二级	本科	数学	高二
19	邓兵利	男	1981.08	二级	研究生	地理	高二
20	董　洁	男	1970.03	高级	本科	课程处主任兼高三英语	高三
21	董家音	男	1975.08	一级	本科	公寓管理员	
22	杜红茹	女	1975.06	中级工	初中	总务处干事	
23	段　磊	男	1987.10	二级	本科	化学	高三
24	段冬梅	女	1975.10	高级	本科	教研员	
25	段玉红	女	1969.05	高级	本科	学部二处干事	
26	樊建军	男	1980.08	二级	本科	德育处干事	
27	樊娟芳	女	1981.11	二级	本科	英语	高一

序号	姓名	性别	出生年月	职称	学历	岗位	年级
28	樊雪梅	女	1986.01	二级	本科	地理	高三
29	樊云芳	女	1977.10	高级	本科	语文	高二
30	范志刚	男	1980.05	一级	本科	生物	高三
31	方忠孝	男	1966.01	高级	本科	教研员	
32	付 艳	女	1977.01	中级	专科	校医	
33	高晓翠	女	1980.07	一级	本科	图书管理员	
34	缑艳平	女	1980.10	二级	本科	音乐	高一
35	郭红丽	女	1979.03	一级	本科	英语	高一
36	郭 瑞	男	1985.03	二级	研究生	政治	高三
37	郭 瑞	女	1984.10	二级	本科	语文	高一
38	郭晓栋	男	1979.01	一级	本科	体育	高一
39	韩 斌	男	1982.01	二级	本科	课程处副主任	
40	韩秦龙	男	1984.03	二级	本科	地理	高一
41	韩雪芹	女	1979.07	一级	本科	出纳	
42	郝兴成	男	1971.01	高级	本科	物理	高一
43	贺社利	男	1968.09	高级	本科	教研员	
44	侯胜斌	男	1980.10	一级	本科	英语	高三
45	胡爱玲	女	1970.08	二级	专科	图书管理员	
46	惠星星	女	1986.11	二级	本科	生物	高二
47	贾丰颖	女	1983.12	二级	本科	语文	高三
48	姜新民	男	1971.11	高级	本科	副校长	
49	姜艳妮	女	1982.03	二级	本科	物理	高一
50	姜银芳	女	1971.09	高级	本科	化学	高一
51	蒋宏杰	男	1978.08	一级	本科	德育处主任	
52	蒋兴春	男	1983.12	二级	本科	英语	高二
53	蒋振明	男	1979.12	二级	本科	数学	高二
54	景 娜	女	1982.06	二级	本科	德育处干事	
55	景艳萍	女	1981.11	二级	本科	数学	高一
56	雷 涛	男	1982.12	二级	本科	物理	高二
57	雷高萍	女	1984.10	二级	本科	英语	高二
58	雷江海	男	1971.05	高级	本科	语文	高三
59	雷靖鸿	男	1971.10	高级	本科	物理	高三
60	李 芳	女	1974.09	一级	本科	语文	高三
61	李 剑	女	1976.10	高级	本科	语文	高二
62	李 娟	女	1988.03	二级	本科	生物	高二
63	李 敏	女	1984.02	二级	本科	语文	高二
64	李 森	男	1980.12	一级	本科	数学	高一

序号	姓名	性别	出生年月	职称	学历	岗位	年级
65	李雯	女	1987.07	二级	本科	英语	高一
66	李莹	女	1986.03	二级	本科	团委书记	
67	李东荣	男	1981.08	一级	本科	数学	高一
68	李发民	男	1979.06	一级	本科	体育	高二
69	李光蓉	女	1983.06	二级	本科	历史	高二
70	李华丽	女	1970.05	高级	本科	语文	高一
71	李华平	男	1977.01	一级	本科	信息技术	高二
72	李娜	女	1982.05	二级	本科	地理教研员	
73	李娜	女	1979.12	一级	本科	语文	高一
74	李水阁	女	1963.04	一级	专科	图书管理员	
75	李文宾	男	1975.07	一级	本科	语文	高三
76	李晓芳	女	1981.11	一级	本科	物理	高三
77	李晓倩	女	1982.04	二级	本科	教研员	
78	李亚红	女	1970.08	高级	本科	英语	高三
79	李亚利	女	1963.10	一级	本科	学部一处干事	
80	李艳宁	女	1982.08	二级	本科	数学	高三
81	李伊娜	女	1977.08	一级	本科	英语	高三
82	李瑛靓	女	1986.08	二级	研究生	体育	高三
83	李宇鹏	男	1982.07	二级	本科	数学	高三
84	梁高奎	男	1970.03	高级	本科	生物	高三
85	梁建民	男	1968.03	高级	本科		
86	梁双纪	男	1969.08	高级	本科	副校长	
87	刘博	女	1982.05	一级	本科	政治	高一
88	刘伟	女	1983.06	二级	本科	德育处干事	
89	刘继宏	男	1982.04	二级	本科	历史	高三
90	刘兰英	女	1974.05	一级	本科	生物	高一
91	刘婷婷	女	1988.04	二级	本科	数学	高三
92	刘伟	女	1978.09	一级	本科	数学	高二
93	刘文杰	男	1978.12	一级	本科	数学	高二
94	刘小利	男	1968.06	一级	专科	总务处主任	
95	刘晓丽	女	1980.01	一级	本科	英语	高三
96	刘晓宇	男	1974.05	一级	本科	物理	高二
97	刘宇清	女	1976.08	高级	本科	党务干事	
98	卢艳荣	女	1977.09	一级	本科	历史	高二
99	路改妮	女	1975.02	高级	本科	教研员	
100	路萍	女	1980.12	一级	本科	英语	高三
101	吕娜	女	1982.01	二级	本科	历史	高一

序号	姓名	性别	出生年月	职称	学历	岗位	年级
102	马 芳	女	1989.02	二级	研究生	生物	高三
103	马 萍	女	1983.10	二级	本科	语文	高二
104	马建义	男	1967.05	高级	本科	教研员	
105	马卫国	男	1968.11	二级	本科	化学	高三
106	孟 璞	女	1985.12	二级	本科	政治	高一
107	弥小兵	男	1978.03	一级	本科	化学	高三
108	强永堂	男	1980.08	一级	本科	历史	高一
109	秦凤英	女	1974.03	一级	本科	政治	高三
110	秦环环	女	1977.08	一级	本科	数学	高三
111	秦招弟	女	1975.04	一级	本科	英语	高二
112	屈建民	男	1959.01	高级	专科	物理实验室管理员	
113	权 明	女	1984.12	二级	本科	教研员	
114	任焕娣	女	1976.11	高级	本科	语文	高一
115	申亚萍	女	1975.05	一级	本科	语文	高三
116	史文华	男	1969.08	高级	本科	教研员	
117	孙芳云	女	1974.01	二级	本科	档案室管理员	
118	孙浩帆	男	1988.03	二级	本科	历史	高一
119	孙克礼	男	1972.12	高级	本科	体育	高三
120	孙利娜	女	1979.04	一级	本科	历史	高三
121	孙艳红	女	1979.06	二级	本科	化学	高一
122	澹台典谱	男	1963.08	高级	研究生	校长	
123	谭晶晶	女	1984.12	二级	本科	课程处干事	
124	唐 婷	女	1985.04	二级	本科	化学	高三
125	唐巧娥	女	1980.06	二级	本科	英语	高一
126	唐庆发	男	1982.09	二级	本科	总务处干事	
127	唐艳娥	女	1984.10	二级	本科	地理	高二
128	田亚萍	女	1983.09	二级	本科	英语	高一
129	庹晓勇	男	1982.03	一级	本科	物理	高三
130	万 辉	男	1985.05	初级工	专科	德育处干事	
131	万永新	男	1972.02	高级工	专科	会计	
132	王 华	女	1979.01	一级	本科	高二	高三
133	王 洁	女	1986.10	二级	研究生	化学	高二
134	王 晶	女	1988.05	二级	本科	教研员	
135	王 婧	女	1982.10	二级	本科	德育处干事	
136	王 娟	女	1982.10	二级	本科	公寓管理员	
137	王 军	男	1979.03	一级	本科	学部一处主任兼高二数学	高二
138	王 丽	女	1981.12	二级	本科	办公室干事	

续表

序号	姓名	性别	出生年月	职称	学历	岗位	年级
139	王 娜	女	1980.04	二级	本科	生物	高三
140	王 宁	女	1979.03	一级	本科	教研员	
141	王 婷	女	1980.11	二级	本科	学部二处干事	
142	王宝红	男	1971.02	一级	本科	数学	高三
143	王东周	男	1975.10	高级	本科	语文	高三
144	王海洋	男	1978.10	二级	本科	总务处干事	
145	王红军	男	1978.08	一级	本科	数学	高二
146	王红艳	女	1978.05	二级	本科	公寓管理员	
147	王建利	女	1971.01	高级	本科	政治	高二
148	王建玲	女	1968.07	一级	本科	化学实验室管理员	
149	王倩文	女	1985.02	二级	研究生	历史	高三
150	王稳玲	女	1972.06	一级	本科	教师业务管理员	
151	王晓莉	女	1972.03	高级	本科	英语	高一
152	王亚玲	女	1971.04	高级	本科	语文	高二
153	王艳红	女	1975.08	一级	本科	英语	高二
154	王茵莉	女	1977.06	一级	本科	化学	高二
155	王永奇	男	1972.05	高级	本科	数学	高三
156	魏振晓	男	1975.01	一级	本科	学部一处干事	
157	吴小莉	女	1979.09	二级	本科	语文	高一
158	武巧娟	女	1981.05	一级	本科	语文	高三
159	武亚萍	女	1974.12	一级	本科	英语	高二
160	校百芳	女	1969.04	二级	专科	公寓管理员	
161	徐艳丽	女	1981.12	一级	本科	语文	高二
162	闫 妮	女	1985.01	二级	本科	物理	高二
163	杨 洪	男	1984.02	二级	本科	公寓管理员	
164	杨 蕾	女	1984.07	一级	本科	学部二处主任兼高三语文	高三
165	杨春利	女	1981.01	一级	本科	化学	高三
166	杨宏昌	男	1965.07	一级	专科	德育处干事	
167	杨立虎	男	1974.01	一级	本科	学部二处干事	
168	杨明辉	男	1978.03	二级	本科	公寓管理员兼高二体育	高二
169	杨晓龙	男	1988.08	二级	研究生	德育处干事	
170	姚 龙	男	1988.04	二级	本科	物理	高一
171	姚建军	男	1981.08	二级	本科	体育	高一
172	姚民仓	男	1960.04	一级	本科	德育处干事	
173	尹 婧	女	1969.10	高级	本科	政治	高三
174	原 芬	女	1980.01	二级	本科		
175	原亚萍	女	1974.03	一级	本科	生物实验室管理员	

序号	姓名	性别	出生年月	职称	学历	岗位	年级
176	袁博	男	1982.12	二级	本科	数学	高一
177	袁国强	男	1958.04	技师	专科	德育处干事	
178	曾淑会	女	1973.10	高级	本科	政治	高二
179	张萍	女	1983.01	二级	本科	英语	高三
180	张涛	男	1981.05	二级	本科	办公室副主任兼高二信息技术	高二
181	张宜	女	1991.12	二级	本科	通用技术	高一
182	张爱玲	女	1978.05	一级	本科	数学	高二
183	张冰青	女	1979.06	一级	本科	数学	高三
184	张尕丽	女	1977.05	二级	专科	总务处干事	
185	张海潮	男	1979.04	一级	本科	化学	高一
186	张红军	男	1975.11	一级	本科	化学	高二
187	张欢欢	女	1990.07	二级	本科	地理	高一
188	张洁娟	女	1982.04	二级	本科	英语	高二
189	张林虎	男	1962.04	高级	专科	图书管理员	
190	张美榕	女	1973.10	一级	本科	公寓管理员	
191	张水玲	女	1978.05	一级	本科	语文	高一
192	张小花	女	1981.09	一级	本科	学部二处干事	
193	张小艳	女	1979.09	一级	本科	化学	高一
194	张月宾	男	1969.11	高级	本科	教研处主任	
195	张战军	男	1982.11	二级	本科	信息技术	高一
196	赵丹	女	1969.10	二级	本科	音乐	高二
197	赵倩茹	女	1981.03	二级	本科	生物	高一
198	赵稳阳	男	1968.12	高级	本科	英语	高三
199	赵雪娥	女	1981.01	一级	本科	教研员	
200	赵永刚	男	1980.11	二级	本科	历史	高二
201	赵岳峰	男	1979.06	二级	本科	美术	高一
202	郑红倩	女	1985.10	二级	本科	地理	高三
203	朱慧敏	女	1979.11	一级	本科	数学	高三
204	朱军利	男	1974.06	一级	本科	公寓管理员	
205	朱仁双	女	1987.04	二级	本科	化学	高二
206	曹育红	男	1979.04		本科	纪检组长	
207	常祎	女	1994.05	未定级	本科	生物	高一
208	白晓蒲	女	1979.09	一级	本科	教研员	
209	张淑丽	女	1980.09	一级	本科	教研员	
210	高晓燕	女	1985.04	二级	研究生	生物	高二
211	王凤莲	女	1979.01	一级	本科	物理	高三
212	杨海信	男	1967.12	高级	本科	教研员	

序号	姓名	性别	出生年月	职称	学历	岗位	年级
213	张化林	男	1966.10	高级	本科	党支部书记	
214	程淑侠	女	1962.06	一级	专科	公寓管理员	

(八)2017—2018学年度教师花名册

序号	姓名	性别	出生年月	职称	学历	岗位	年级
1	苏耀锋	男	1977.07	高级	本科	党总支书记、副校长	
2	陈娟	女	1967.07	高级	研究生	党总支副书记兼高三语文	高三
3	梁双纪	男	1969.08	高级	本科	副校长	
4	姜新民	男	1971.11	高级	本科	副校长	
5	曹育红	男	1979.04		本科	纪检组长	
6	刘海林	男	1972.05	高级	本科	工会主席兼高一物理	高一
7	蒋宏杰	男	1978.08	一级	本科	德育处主任	
8	董洁	男	1970.03	高级	本科	课程处主任兼高三英语	高三
9	张月宾	男	1969.11	高级	本科	教研处主任	
10	刘小利	男	1968.06	一级	专科	总务处主任	
11	王军	男	1979.03	一级	本科	学部一处主任兼高三数学	高三
12	杨蕾	女	1984.07	一级	本科	学部二处主任兼高二语文	高二
13	张涛	男	1981.05	二级	本科	办公室副主任兼高一信息技术	高一
14	韩斌	男	1982.01	二级	本科	课程处副主任	
15	张天龙	男	1980.09	一级	本科	德育处副主任兼高一信息技术	高一
16	万永强	男	1975.03	一级	本科	总务处副主任	
17	李莹	女	1986.03	二级	本科	团委书记	
18	奥仲武	男	1979.05	一级	本科	体育	高一
19	曹东峰	男	1979.02	一级	本科	数学	高三
20	曹惠莉	女	1979.10	二级	本科	数学	高二
21	曹晓梅	女	1980.12	一级	本科	英语	高一
22	常桂叶	女	1970.12	高级	本科	数学	高三
23	常立山	男	1978.11	一级	本科	物理	高二
24	车敏娜	女	1982.04	二级	本科	英语	高二
25	陈琳娜	女	1985.09	二级	本科	物理	
26	陈叶芳	女	1988.01	二级	研究生	数学	
27	成兵	女	1988.07	二级	本科	地理	高二
28	程高锋	男	1972.11	高级	本科	物理	高三
29	程红茹	女	1971.05	一级	本科	语文	高三
30	程县莉	女	1981.02	二级	本科	数学	高三
31	楚黎明	女	1971.09	二级	专科	公寓管理员	

序号	姓名	性别	出生年月	职称	学历	岗位	年级
32	党　芳	女	1978.03	一级	本科	语文	高一
33	党苗苗	女	1987.01	二级	本科	学部一处干事	
34	党卫东	女	1991.04	二级	本科	数学	高三
35	邓兵利	男	1981.08	二级	研究生	地理	高三
36	董家音	男	1975.08	一级	本科	公寓管理员	
37	杜红茹	女	1975.06	中级工	初中	总务处干事	
38	段　磊	男	1987.10	二级	本科	化学	高一
39	段冬梅	女	1975.10	高级	本科	历史	高一
40	段玉红	女	1969.05	高级	本科	学部二处干事	
41	樊建军	男	1980.08	二级	本科	德育处干事	
42	樊娟芳	女	1981.11	二级	本科	英语	高二
43	樊雪梅	女	1986.01	二级	本科	地理	高一
44	樊云芳	女	1977.10	高级	本科	语文	
45	范志刚	男	1980.05	一级	本科	生物	高一
46	方忠孝	男	1966.01	高级	本科	数学	高二
47	付　艳	女	1977.01	中级	专科	校医	
48	高晓翠	女	1980.07	一级	本科	图书管理员	
49	缑艳平	女	1980.10	二级	本科	音乐	高二
50	郭红丽	女	1979.03	一级	本科	英语	高二
51	郭　瑞	男	1985.03	二级	研究生	政治	高一
52	郭　瑞	女	1984.10	二级	本科	语文	高二
53	郭晓栋	男	1979.01	一级	本科	体育	高二
54	韩秦龙	男	1984.03	二级	本科	地理	高二
55	韩雪芹	女	1979.07	一级	本科	出纳	
56	郝兴成	男	1971.01	高级	本科	物理	高二
57	贺社利	男	1968.09	高级	本科	数学	高二
58	侯胜斌	男	1980.10	一级	本科	英语	高三
59	胡爱玲	女	1970.08	二级	专科	图书管理员	
60	惠星星	女	1986.11	二级	本科	生物	高三
61	贾丰颖	女	1983.12	二级	本科	语文	
62	姜艳妮	女	1982.03	二级	本科	物理	高二
63	姜银芳	女	1971.09	高级	本科	化学	高二
64	蒋兴春	男	1983.12	二级	本科	英语	高三
65	蒋振明	男	1979.12	二级	本科	数学	高三
66	景　娜	女	1982.06	二级	本科	德育处干事	
67	景艳萍	女	1981.11	二级	本科	数学	高一
68	雷　涛	男	1982.12	二级	本科	物理	高三

序号	姓名	性别	出生年月	职称	学历	岗位	年级
69	雷高萍	女	1984.10	二级	本科	英语	高三
70	雷江海	男	1971.05	高级	本科	语文	高一
71	雷靖鸿	男	1971.10	高级	本科	物理	高三
72	李芳	女	1974.09	一级	本科	语文	高三
73	李剑	女	1976.10	高级	本科	语文	高三
74	李娟	女	1988.03	二级	本科	生物	高三
75	李敏	女	1984.02	二级	本科	语文	高三
76	李森	男	1980.12	一级	本科	数学	高二
77	李雯	女	1987.07	二级	本科	英语	高二
78	李东荣	男	1981.08	一级	本科	数学	高二
79	李发民	男	1979.06	一级	本科	体育	高三
80	李光蓉	女	1983.06	二级	本科	历史	高三
81	李华丽	女	1970.05	高级	本科	语文	高二
82	李华平	男	1977.01	一级	本科	信息技术	高二
83	李娜	女	1982.05	二级	本科	地理	高三
84	李娜	女	1979.12	一级	本科	语文	高二
85	李水阁	女	1963.04	一级	专科	图书管理员	
86	李文宾	男	1975.07	一级	本科	语文	高三
87	李晓芳	女	1981.11	一级	本科	物理	高一
88	李晓倩	女	1982.04	二级	本科	语文	高二
89	李亚红	女	1970.08	高级	本科	英语	高一
90	李亚利	女	1963.10	一级	本科	学部一处干事	
91	李艳宁	女	1982.08	二级	本科	数学	高一
92	李伊娜	女	1977.08	一级	本科	英语	高三
93	李瑛靓	女	1986.08	二级	研究生	体育	高三
94	李宇鹏	男	1982.07	二级	本科	数学	高一
95	梁高奎	男	1970.03	高级	本科	生物	高三
96	梁建民	男	1968.03	高级	本科		
97	刘博	女	1982.05	一级	本科	政治	高二
98	刘伟	女	1983.06	二级	本科	德育处干事	
99	刘继宏	男	1982.04	二级	本科	历史	高一
100	刘兰英	女	1974.05	一级	本科	生物	高二
101	刘婷婷	女	1988.04	二级	本科	数学	高一
102	刘伟	女	1978.09	一级	本科	数学	高二
103	刘文杰	男	1978.12	一级	本科	数学	高三
104	刘晓丽	女	1980.01	一级	本科	英语	高一
105	刘晓宇	男	1974.05	一级	本科	物理	高三

序号	姓名	性别	出生年月	职称	学历	岗位	年级
106	刘宇清	女	1976.08	高级	本科	党务干事	
107	卢艳荣	女	1977.09	一级	本科	历史	高三
108	路改妮	女	1975.02	高级	本科	政治	
109	路 萍	女	1980.12	一级	本科	英语	高一
110	吕 娜	女	1982.01	二级	本科	历史	
111	马 芳	女	1989.02	二级	研究生	生物	高一
112	马 萍	女	1983.10	二级	本科	语文	高一
113	马建义	男	1967.05	高级	本科	语文	高一
114	马卫国	男	1968.11	二级	本科	化学	高三
115	孟 璞	女	1985.12	二级	本科	政治	高二
116	弥小兵	男	1978.03	一级	本科	化学	高一
117	强永堂	男	1980.08	二级	本科	历史	高二
118	秦凤英	女	1974.03	一级	本科	政治	高三
119	秦环环	女	1977.08	一级	本科	数学	高一
120	秦招弟	女	1975.04	一级	本科	英语	高三
121	屈建民	男	1959.01	高级	专科	物理实验室管理员	
122	权 明	女	1984.12	二级	本科	英语	高二
123	任焕娣	女	1976.11	高级	本科	语文	高三
124	申亚萍	女	1975.05	一级	本科	语文	高三
125	史文华	男	1969.08	高级	本科	政治	高一
126	孙芳云	女	1974.01	二级	本科	档案室管理员	
127	孙浩帆	男	1988.03	二级	本科	历史	高二
128	孙克礼	男	1972.12	高级	本科	体育	高一
129	孙利娜	女	1979.04	一级	本科	历史	高一
130	孙艳红	女	1979.06	二级	本科	化学	高二
131	谭晶晶	女	1984.12	二级	本科	音乐	高一
132	唐 婷	女	1985.04	二级	本科	化学	高一
133	唐巧娥	女	1980.06	二级	本科	英语	高三
134	唐庆发	男	1982.09	二级	本科	总务处干事	
135	唐艳娥	女	1984.10	二级	本科	地理	高三
136	田亚萍	女	1983.09	二级	本科	英语	
137	庹晓勇	男	1982.03	一级	本科	物理	高三
138	万 辉	男	1985.05	初级工	专科	德育处干事	
139	万永新	男	1972.02	高级工	专科	会计	
140	王 华	女	1979.01	一级	本科		高二
141	王 洁	女	1986.10	二级	研究生	化学	高三
142	王 晶	女	1988.05	二级	本科	语文	高一

续表

序号	姓名	性别	出生年月	职称	学历	岗位	年级
143	王　婧	女	1982.10	二级	本科	音乐	高一
144	王　娟	女	1982.10	二级	本科	公寓管理员	
145	王　丽	女	1981.12	二级	本科	办公室干事	
146	王　娜	女	1980.04	二级	本科	生物	高二
147	王　宁	女	1979.03	一级	本科	化学	高三
148	王　婷	女	1980.11	二级	本科	学部二处干事	
149	王宝红	男	1971.02	一级	本科	数学	高一
150	王东周	男	1975.10	高级	本科	语文	高一
151	王海洋	男	1978.10	二级	本科	总务处干事	
152	王红军	男	1978.08	一级	本科	数学	高三
153	王红艳	女	1978.05	二级	本科	公寓管理员	
154	王建利	女	1971.01	高级	本科	政治	高一
155	王建玲	女	1968.07	一级	本科	化学实验室管理员	
156	王倩文	女	1985.02	二级	研究生	历史	高一
157	王稳玲	女	1972.06	一级	本科	教师业务管理员	
158	王晓莉	女	1972.03	高级	本科	英语	高二
159	王亚玲	女	1971.04	高级	本科	语文	高三
160	王艳红	女	1975.08	一级	本科	英语	高三
161	王茵莉	女	1977.06	一级	本科	化学	高三
162	王永奇	男	1972.05	高级	本科	数学	高三
163	魏振晓	男	1975.01	一级	本科	语文	高二
164	吴小莉	女	1979.09	二级	本科	语文	高二
165	武巧娟	女	1981.05	一级	本科	语文	高一
166	武亚萍	女	1974.12	一级	本科	英语	高三
167	校百芳	女	1969.04	二级	专科	公寓管理员	
168	徐艳丽	女	1981.12	一级	本科	语文	高三
169	闫　妮	女	1985.01	二级	本科	物理	高一
170	杨　洪	男	1984.02	二级	本科	公寓管理员	
171	杨春利	女	1981.01	一级	本科	化学	高二
172	杨宏昌	男	1965.07	一级	专科	德育处干事	
173	杨立虎	男	1974.01	一级	本科	政治	高一
174	杨明辉	男	1978.03	二级	本科	公寓管理员兼高三体育	高三
175	杨晓龙	男	1988.08	二级	研究生	音乐	高二
176	姚　龙	男	1988.04	二级	本科	物理	高二
177	姚建军	男	1981.08	二级	本科	体育	高二
178	姚民仓	男	1960.04	一级	本科	德育处干事	
179	尹　婧	女	1969.10	高级	本科	政治	高三

序号	姓名	性别	出生年月	职称	学历	岗位	年级
180	原 芬	女	1980.01	二级	本科		
181	原亚萍	女	1974.03	一级	本科	生物实验室管理员	
182	袁 博	男	1982.12	二级	本科	数学	高二
183	袁国强	男	1958.04	技师	专科	德育处干事	
184	曾淑会	女	1973.10	高级	本科	政治	高三
185	张 萍	女	1983.01	二级	本科	英语	高二
186	张 宜	女	1991.12	二级	本科	通用技术	高一
187	张爱玲	女	1978.05	一级	本科	数学	高三
188	张冰青	女	1979.06	一级	本科	数学	高二
189	张尕丽	女	1977.05	二级	专科	总务处干事	
190	张海潮	男	1979.04	一级	本科	化学	高二
191	张红军	男	1975.11	一级	本科	化学	高三
192	张欢欢	女	1990.07	二级	本科	地理	高一
193	张洁娟	女	1982.04	二级	本科	英语	高三
194	张林虎	男	1962.04	高级	专科	图书管理员	
195	张美榕	女	1973.10	一级	本科	公寓管理员	
196	张水玲	女	1978.05	一级	本科	语文	高二
197	张小花	女	1981.09	一级	本科	学部二处干事	
198	张小艳	女	1979.09	一级	本科	化学	高一
199	张战军	男	1982.11	二级	本科	信息技术	高二
200	赵 丹	女	1969.10	二级	本科	音乐	高一
201	赵倩茹	女	1981.03	二级	本科	生物	高三
202	赵稳阳	男	1968.12	高级	本科	英语	高一
203	赵雪娥	女	1981.01	一级	本科	英语	高一
204	赵永刚	男	1980.11	二级	本科	历史	高三
205	赵岳峰	男	1979.06	二级	本科	美术	高一
206	郑红倩	女	1985.10	二级	本科	地理	高一
207	朱慧敏	女	1979.11	一级	本科	数学	高一
208	朱军利	男	1974.06	一级	本科	公寓管理员	
209	朱仁双	女	1987.04	二级	本科	化学	高三
210	常 祎	女	1994.05	未定级	本科	生物	高二
211	王娅斌	女	1979.04	二级	本科	化学	高二
212	张爱宁	女	1982.06	二级	本科	物理	高一
213	闫 菲	女	1985.10	二级	本科	物理	高一
214	武双庆	男	1978.02	一级	本科	物理	高三
215	绪道祥	男	1989.05	二级	本科	音乐	高二
216	赵莹熠	男	1985.12	二级	本科	生物	高一

序号	姓名	性别	出生年月	职称	学历	岗位	年级
217	田飞	男	1990.10	二级	本科	美术	高一
218	苑昆	男	1985.04	二级	本科	体育	高二
219	张鹏	男	1980.08	一级	本科	信息技术	高一
220	陈王斌	男	1982.09	二级	本科	体育	高一
221	杨永红	男	1968.03	高级	本科	英语	高二
222	齐飞飞	男	1985.02	二级	本科	生物	高二
223	澹台典谱	男	1963.08	高级	研究生		
224	惠智龙	男	1961.02	高级	本科	教参员	
225	唐建民	男	1959.10	高级	本科	教参员	
226	王忠民	男	1964.03	高级	本科	教参员	
227	王九德	男	1962.09	高级	本科	教参员	

（九）2018—2019学年度教师花名册

序号	姓名	性别	出生年月	参加工作时间	职称	学历	岗位	年级
1	苏耀锋	男	1977.07	1995.8	高级	本科	校长、党总支书记	
2	陈娟	女	1967.07	1991.8	高级	本科	党总支副书记兼高三语文	高三
3	梁双纪	男	1969.08	1992.8	高级	本科	副校长	
4	姜新民	男	1971.11	1994.8	高级	本科	副校长	
5	董洁	男	1970.03	1996.8	高级	本科	副校长兼高三英语	高三
6	曹育红	男	1979.04	2003.8		本科	纪检组长	
7	刘海林	男	1972.05	1996.8	高级	本科	工会主席兼高二物理	高二
8	蒋宏杰	男	1978.08	2003.8	一级	本科	德育处主任兼高一体育	高一
9	杨蕾	女	1984.07	2007.8	一级	本科	课程处主任兼高一语文	高一
10	张月宾	男	1969.11	1992.8	高级	本科	教研处主任	
11	王军	男	1979.03	2002.8	一级	本科	学部一处主任兼高一数学	高一
12	张天龙	男	1980.09	2002.8	一级	本科	学部二处主任兼高二信息技术	高二
13	张涛	男	1981.05	2001.12	二级	本科	办公室主任兼高一信息技术	高一
14	刘小利	男	1968.06	1988.8	一级	专科	总务处主任	
15	曹东峰	男	1979.02	2002.8	高级	本科	课程处副主任兼高三数学	高三
16	范志刚	男	1980.05	2003.8	一级	本科	德育处副主任兼高二生物	高二
17	侯胜斌	男	1980.10	2005.8	一级	本科	教研处副主任兼高三英语	高三
18	姚建军	男	1981.08	2005.8	二级	本科	德育处副主任兼高三体育	高三
19	张海潮	男	1979.04	2003.8	一级	本科	课程处副主任兼高三化学	高三
20	万永强	男	1975.03	1995.8	一级	本科	总务处副主任	
21	李莹	女	1986.03	2005.1	二级	本科	团委书记	
22	奥仲武	男	1979.05	2002.8	一级	本科	体育	高二

续表

序号	姓名	性别	出生年月	参加工作时间	职称	学历	岗位	年级
23	曹惠莉	女	1979.10	2001.8	二级	本科	图书管理员	
24	曹晓梅	女	1980.12	1999.8	一级	本科	英语	
25	常桂叶	女	1970.12	1989.8	高级	本科	档案室管理员	
26	常立山	男	1978.11	2002.8	一级	本科	物理	高二
27	车敏娜	女	1982.04	2001.8	一级	本科	英语	
28	陈琳娜	女	1985.09	2008.8	二级	本科	物理	高三
29	陈叶芳	女	1988.01	2010.8	二级	研究生	数学	高三
30	成兵	女	1988.07	2010.8	二级	本科	地理	
31	程高锋	男	1972.11	1996.8	高级	本科	物理	高三
32	程红茹	女	1971.05	1990.8	一级	本科	语文	高三
33	程县莉	女	1981.02	2005.8	二级	本科	总务处干事	高三
34	楚黎明	女	1971.09	1992.8	二级	专科	公寓管理员	
35	党芳	女	1978.03	2001.8	一级	本科	语文	高二
36	党苗苗	女	1987.01	2010.8	二级	本科	学部一处干事	
37	党卫东	女	1991.04	2012.8	二级	本科	数学	高一
38	邓兵利	男	1981.08	2012.8	二级	研究生	地理	高一
39	董家音	男	1975.08	1999.8	一级	本科	公寓管理员	
40	韩雪芹	女	1979.07	1999.8	一级	本科	出纳	
41	贺社利	男	1968.09	1992.8	高级	本科	图书管理员	
42	方忠孝	男	1966.01	1987.8	高级	本科	数学	高三
43	胡爱玲	女	1970.08	1992.8	二级	专科	图书管理员	
44	惠星星	女	1986.11	2009.8	二级	本科	生物	高一
45	贾丰颖	女	1983.12	2007.8	二级	本科	学部一处干事	
46	郭晓栋	男	1979.01	1998.8	一级	本科	体育	高三
47	姜艳妮	女	1982.03	2004.8	二级	本科	物理	高三
48	姜银芳	女	1971.09	1995.8	高级	本科	化学	高三
49	郭瑞(女)	女	1984.10	2007.8	二级	本科	语文	高三
50	蒋兴春	男	1983.12	2006.8	二级	本科	英语	高三
51	蒋振明	男	1979.12	2003.8	一级	本科	数学	高一
52	景艳萍	女	1981.11	2007.8	二级	本科	数学	高二
53	雷涛	男	1982.12	2005.8	一级	本科	物理	高一
54	雷高萍	女	1984.10	2002.8	一级	本科	英语	高一
55	雷江海	男	1971.05	1995.8	高级	本科	语文	高二
56	雷靖鸿	男	1971.10	1996.8	高级	本科	物理	高三
57	李芳	女	1974.09	1993.8	一级	本科	语文	高三
58	李剑	女	1976.10	1998.8	高级	本科	语文	高一
59	李娟	女	1988.03	2011.8	二级	本科	生物	高一

序号	姓名	性别	出生年月	参加工作时间	职称	学历	岗位	年级
60	李　敏	女	1984.02	2007.8	一级	本科	语文	高一
61	李　森	男	1980.12	2004.8	一级	本科	数学	高三
62	李　雯	女	1987.07	2011.2	二级	本科	教研处干事	
63	郭瑞(男)	男	1985.03	2012.8	二级	研究生	进修学习读博	
64	李东荣	男	1981.08	2004.8	一级	本科	数学	高三
65	李发民	男	1979.06	2002.8	一级	本科	体育	高一
66	李光蓉	女	1983.06	2001.8	二级	本科	历史	高二
67	李华丽	女	1970.05	1995.8	高级	本科	语文	高三
68	李华平	男	1977.01	1996.8	一级	本科	政治	高一
69	李娜(地)	女	1982.05	2005.8	二级	本科	地理	高三
70	李娜(语)	女	1979.12	2002.8	一级	本科	语文	高三
71	李文宾	男	1975.07	1994.8	高级	本科	语文	高三
72	李晓芳	女	1981.11	2004.8	一级	本科	物理	高二
73	李晓倩	女	1982.04	2005.8	二级	本科	语文	高二
74	李亚红	女	1970.08	1994.8	高级	本科	英语	高二
75	李亚利	女	1963.10	1981.2	一级	本科	学部一处干事	
76	李艳宁	女	1982.08	2004.8	一级	本科	数学	高二
77	李伊娜	女	1977.08	2000.8	一级	本科	英语	高三
78	李瑛靓	女	1986.08	2011.8	二级	研究生	体育	高一
79	李宇鹏	男	1982.07	2006.8	二级	本科	数学	高二
80	梁高奎	男	1970.03	1994.8	高级	本科	生物	高三
81	郭红丽	女	1979.03	1998.8	一级	本科	英语	高三
82	缑艳平	女	1980.10	2000.8	二级	本科	音乐	高二
83	刘　博	女	1982.05	2004.8	一级	本科	政治	高三
84	刘　伟	女	1983.06	2002.8	二级	本科	德育处干事	
85	刘继宏	男	1982.04	2006.8	二级	本科	历史	高二
86	刘兰英	女	1974.05	1998.8	一级	本科	生物	高三
87	刘婷婷	女	1988.04	2012.8	二级	本科	数学	高二
88	刘伟(数)	女	1978.09	2000.8	一级	本科	数学	高三
89	刘文杰	男	1978.12	2001.8	一级	本科	数学	高一
90	梁建民	男	1968.03	1990.8	高级	本科		
91	刘晓丽	女	1980.01	2002.8	一级	本科	产假	
92	刘晓宇	男	1974.05	1993.8	一级	本科	物理	高一
93	刘宇清	女	1976.08	1998.8	高级	本科	党务干事	
94	卢艳荣	女	1977.09	2000.8	高级	本科	历史	高一
95	路改妮	女	1975.02	1999.8	高级	本科	政治	高二
96	路　萍	女	1980.12	2000.8	一级	本科	英语	高二

序号	姓名	性别	出生年月	参加工作时间	职称	学历	岗位	年级
97	吕 娜	女	1982.01	2006.8	二级	本科	办公室干事	
98	马 芳	女	1989.02	2014.8	二级	本科	生物	高二
99	马 萍	女	1983.10	2006.1	二级	本科	语文	高二
100	马建义	男	1967.05	1992.8	高级	本科	语文	高二
101	马卫国	男	1968.11	1992.8	一级	本科	化学	高三
102	孟 璞	女	1985.12	2008.8	二级	本科	政治	高三
103	弥小兵	男	1978.03	1999.8	一级	本科	化学	高二
104	强永堂	男	1980.08	2003.8	一级	本科	历史	高三
105	秦凤英	女	1974.03	1997.8	一级	本科	政治	高一
106	秦环环	女	1977.08	2003.8	一级	本科	数学	高二
107	秦招弟	女	1975.04	1999.8	一级	本科	英语	高一
109	任焕娣	女	1976.11	1994.8	高级	本科	语文	高三
110	申亚萍	女	1975.05	1994.8	一级	本科	语文	高一
111	史文华	男	1969.08	1992.8	高级	本科	政治	高一
112	孙芳云	女	1974.01	1998.8	二级	本科	图书管理员	
113	孙浩帆	男	1988.03	2011.8	二级	研究生		
114	孙克礼	男	1972.12	1995.8	高级	本科	体育	高二
115	孙利娜	女	1979.04	2002.8	一级	本科	历史	高一
116	孙艳红	女	1979.06	2004.8	二级	本科	化学	高三
117	台校长	男	1963.08	1984.8	高级	研究生		
118	谭晶晶	女	1984.12	2003.8	二级	本科	课程处干事	
119	唐 婷	女	1985.04	2008.8	二级	本科	化学	高二
120	唐巧娥	女	1980.06	2004.8	二级	本科	英语	高三
121	唐庆发	男	1982.09	2001.8	二级	本科	总务处干事	
122	唐艳娥	女	1984.10	2009.8	二级	本科	地理	高二
123	田亚萍	女	1983.09	2002.8	二级	本科	英语	高三
124	庹晓勇	男	1982.03	2006.8	一级	本科	物理	高一
125	万 辉	男	1985.05	2004.12	初级工	专科	德育处干事	
126	万永新	男	1972.02	1991.12	高级工	专科	会计	
127	王 华	女	1979.01	2003.8	一级	本科	物理	高一
128	王 洁	女	1986.10	2012.8	二级	研究生	化学	高一
129	王 晶	女	1988.05	2012.8	二级	研究生	语文	高二
130	王 婧	女	1982.10	2000.8	二级	本科	音乐	高一
131	王 娟	女	1982.10	2000.8	二级	本科	公寓管理员	
132	高晓翠	女	1980.07	2003.8	一级	本科	英语	高二
133	王 丽	女	1981.12	2000.8	二级	本科	办公室干事	
134	王 娜	女	1980.04	1998.8	二级	本科	生物	高三

序号	姓名	性别	出生年月	参加工作时间	职称	学历	岗位	年级
135	王　宁	女	1979.03	2001.8	一级	本科	化学	高三
136	王　婷	女	1980.11	2004.8	二级	本科	学部二处干事	
137	王宝红	男	1971.02	1995.8	一级	本科	数学	高二
138	王东周	男	1975.10	1994.8	高级	本科	语文	高一
139	王红军	男	1978.08	2002.8	一级	本科	数学	高一
140	王红艳	女	1978.05	2004.12	二级	本科	公寓管理员	
141	王建利	女	1971.01	1996.8	高级	本科	图书管理员	
142	王建玲	女	1968.07	1990.8	一级	本科	化学实验室管理员	
143	王倩文	女	1985.02	2012.8	二级	研究生	历史	高一
144	王稳玲	女	1972.06	1996.8	一级	本科	教师业务档管理员	
145	校百芳	女	1969.04	1987.8	二级	专科	公寓管理员	
146	徐艳丽	女	1981.12	2003.8	一级	本科	语文	高三
147	王晓莉	女	1972.03	1995.8	高级	本科	英语	高三
148	王亚玲	女	1971.04	1992.8	高级	本科	语文	高一
149	王艳红	女	1975.08	2000.8	一级	本科	英语	高一
150	王茵莉	女	1977.06	2001.8	一级	本科	化学	高一
151	王永奇	男	1972.05	1994.8	高级	本科	数学	高三
152	魏振晓	男	1975.01	1998.8	一级	本科	学部一处干事	
153	吴小莉	女	1979.09	2003.8	二级	本科	语文	高一
154	武巧娟	女	1981.05	2004.8	一级	本科	语文	高二
155	武亚萍	女	1974.12	1998.8	一级	本科	英语	高一
156	杜红茹	女	1975.06	1992.12	中级工	初中	总务处干事	
157	段　磊	男	1987.10	2011.8	二级	本科	化学	高二
158	段冬梅	女	1975.10	1998.8	高级	本科	历史	高三
159	段玉红	女	1969.05	1989.8	高级	本科	学部二处干事	
160	樊建军	男	1980.08	2006.1	二级	本科	德育处干事	
161	樊娟芳	女	1981.11	2000.8	二级	本科	心理咨询师	
162	樊雪梅	女	1986.01	2010.8	二级	本科	产假	
163	樊云芳	女	1977.10	1999.8	高级	本科	语文	高一
164	韩秦龙	男	1984.03	2008.8	二级	本科	地理	高三
165	付　艳	女	1977.01	2012.11	中级	专科	校医	高三
166	杨春利	女	1981.01	2004.8	一级	本科	化学	高三
167	杨宏昌	男	1965.07	1987.8	一级	专科	德育处干事	
168	杨立虎	男	1974.01	1998.8	一级	本科	总务处干事	
169	杨明辉	男	1978.03	2004.8	二级	本科	教研处干事兼高三体育	高三
170	杨晓龙	男	1988.08	2011.8	二级	本科	德育处干事兼高一音乐	高一
171	姚　龙	男	1988.04	2012.8	二级	本科	物理	高三

序号	姓名	性别	出生年月	参加工作时间	职称	学历	岗位	年级
172	闫 妮	女	1985.01	2008.8	二级	本科	物理	
173	杨 洪	男	1984.02	2003.8	二级	本科	公寓管理员	
174	张 宜	女	1991.12	2014.8	二级	本科	产假	产假
175	张爱玲	女	1978.05	2002.8	一级	本科	数学	高一
176	张冰青	女	1979.06	2003.8	一级	本科	产假	
177	张尕丽	女	1977.05	2001.8	二级	专科	数学	高一
178	张红军	男	1975.11	1998.8	一级	本科	化学	高一
179	张欢欢	女	1990.07	2014.8	二级	本科	地理	高一
180	姚民仓	男	1960.04	1984.8	一级	本科	德育处干事	
181	尹 婧	女	1969.10	1994.8	高级	本科	政治	高三
182	原 芬	女	1980.01	1999.8	二级	本科	办公室干事	
183	原亚萍	女	1974.03	1998.8	一级	本科	生物实验室管理员	
184	袁 博	男	1982.12	2005.8	一级	本科	数学	高三
185	曾淑会	女	1973.10	1995.8	高级	本科	政治	高二
186	张 萍	女	1983.01	2005.8	二级	本科	英语	高一
187	张洁娟	女	1982.04	2002.8	二级	本科	英语	高一
188	张林虎	男	1962.04	1984.8	高级	专科	物理实验室管理员	
189	张美榕	女	1973.10	1991.8	一级	本科	公寓管理员	
190	张水玲	女	1978.05	2004.8	一级	本科	语文	高三
191	张小花	女	1981.09	2000.8	一级	本科	学部二处干事	
192	张小艳	女	1979.09	2003.8	一级	本科	化学	高二
193	张战军	男	1982.11	2001.8	二级	本科	信息技术	高一
194	赵 丹	女	1969.10	1990.8	二级	本科	音乐	高二
195	赵倩茹	女	1981.03	2006.8	二级	本科	生物	高一
196	赵稳阳	男	1968.12	1988.8	高级	本科	图书管理员	
197	赵雪娥	女	1981.01	2001.8	一级	本科	英语	高二
198	赵永刚	男	1980.11	2007.8	二级	本科	历史	高一
199	赵岳峰	男	1979.06	1998.8	二级	本科	美术	高一、高二
200	郑红倩	女	1985.10	2009.8	二级	本科	地理	高二
201	朱慧敏	女	1979.11	2001.8	一级	本科	数学	高三
202	朱军利	男	1974.06	1997.8	一级	本科	公寓管理员	
203	朱仁双	女	1987.04	2011.8	二级	本科	化学	高一
204	常 祎	女	1994.05	2016.8	二级	本科	生物	高三
205	王娅斌	女	1979.04	2004.8	二级	本科	化学	高一
206	张爱宁	女	1982.06	2009.8	二级	本科	物理	高二
207	闫 菲	女	1985.10	2009.8	二级	本科	产假	
208	武双庆	男	1978.02	2001.8	一级	本科	物理	高二

续表

序号	姓名	性别	出生年月	参加工作时间	职称	学历	岗位	年级
209	绪道祥	男	1989.05	2014.8	二级	本科	音乐	高一
210	赵莹熠	男	1985.12	2010.8	二级	本科	生物	高二
211	田 飞	男	1990.10	2013.8	二级	本科	美术	高二
212	苑 昆	男	1985.04	2008.8	二级	本科	宿舍管理员	
213	张 鹏	男	1980.08	2002.8	一级	本科	办公室干事兼高二信息技术	高二
214	陈王斌	男	1982.09	2006.8	二级	本科	体育	高二
215	杨永红	男	1968.03	1991.8	高级	本科	英语	高二
216	齐飞飞	男	1985.02	2010.08	二级	本科	生物	高三
217	惠智龙	男	1961.02	1983.8	高级	专科	教参员	
218	唐建民	男	1959.10	1980.8	高级	专科	教参员	
219	王九德	男	1962.09	1982.8	高级	专科	教参员	
220	王忠民	男	1964.03	1984.8	高级	本科	教参员	
221	李 莎	女	1982.09	2005.8	一级	本科	化学	高一
222	姬改变	女	1988.07	2012.8	二级	本科	生物	高一
223	闫 翰	女	1990.09	2014.8	二级	本科	通用技术	高一
224	刘县丽	女	1982.09	2006.12	二级	研究生	历史	高三

第六章

学生会　团支部　班级学生　学生社团　研学旅行

第一节　学生会

学校学生会自2012年3月组建,迄今已有七届。学生会完全由学生自主管理,协助学校做好课间操、餐厅就餐秩序管理及学生各类活动的组织等;组织开展丰富多彩的自我教育活动。这些由学生自己策划,自行组织,自主完成的活动,使学生自我教育意识和能力,在三中这方净土,得到增强和提高,为学生终身自主管理习惯的养成奠定了基础。

学生会干部的产生,由学生本人申请,组织考察,经初试、竞选演讲、面试等环节,进行公开选拔。随后将初选名单进行公示,如有异议则在公示期内提出,经校团委、德育处审核确定。

一、2012年3月首届学生会干部名单

学生会主席:张军闯

宣传部部长:张璐

委　　员:张心康　樊妙琳　辛雯　雷硕　梁倩

文体部部长:李欣欣

委　　员:冯莹　闫立　王飞龙　于莹莹　赵志华

组织部部长:张辉

委　　员:王杰　冯啸天　刘辙　申娇娇　唐蒙鸽

监察部部长:刘文雄

委　　员:闫绵　张少豪　于江　李昆仑　于志珍

二、2013年第二届学生会干部名单

学生会主席:张心康

宣传部部长:郭博渊

委　　员:辛雯　雷硕　梁倩　王洲　王嘉敏　徐熔键

组织部部长:马佳乐

委　　员:申娇娇　冯啸天　刘妍孜　高丹妮　郭妍　屠雨欣　贺欣

文体部部长:杜勇为

委　　　员:赵志华　付晨杰　张雨晨　王芸　王希　刘宇华

监察部部长:闫绵

委　　　员:于志珍　闫强　周婕　李琪　张少豪　杨磊　高成

三、2014 年第三届学生会干部名单

学生会主席:马佳乐

宣传部部长:郭博渊

委　　　员:吕文博　王梦鹤　何晓光　李倩倩　万婷叶　尹浩

组织部部长:贺欣

委　　　员:孙慧茹　李俊　屠雨欣　王庆哲　王萌昕　魏思琪

文体部部长:杜勇为

委　　　员:杨志洁　姚思雯　武文辉　韦娇姣　王希　王志华

监察部部长:闫强

委　　　员:雷奔　王巍恒　周婕　屈源植　连岳　蔡玉澄

四、2015 年第四届学生会干部名单

学生会主席:何晓光

宣传部部长:李俊

成　　　员:王梦鹤　王雪晨　于璇　王梦甜　张敏　雷侣

组织部部长:韩锐

成　　　员:任悦　王巍恒　白昕雨　樊子睿　杨乐　董源宸

文体部部长:王萌昕

成　　　员:蔡雨澄　王志华　王鹏君　马梦媛　郭欣睿　闵博华

监察部部长:武文辉

成　　　员:权佩洁　魏思琪　刘璇　王晶智　吴昊　邓伟　韦娇姣

五、2016 年第五届学生会干部名单

学生会主席:于璇

宣传部部长:王梦甜

委　　　员:白昕雨　杨乐　董源宸　张洁　赵晨　张玉平

文体部部长:王鹏君

委员:张敏　雷侣　赵雨薇　赵星航　张沛霖　梁昭

组织部部长:张玉平

委员:曹蕊　康李甜　游子涵　马梦媛　陈圆　闵博华

监察部部长:刘璇

委　　　员:吴昊　杜肖珂　王阳　张洋心　卫甲康　王晶智

六、2017年第六届学生会干部名单

学生会主席：王阳

组织部部长：赵雨薇

委　　员：卫甲康　张　洁　李萌萌

王文欣　王紫轩　张博轩

宣传部部长：由子涵

委　　员：赵　晨　杜肖珂　刘腾

贺紫妍　赵梦媛　徐梦佳

文体部部长：陈嫄

委　　员：曹　瑞　杨婉欣　刘　倩

鱼文皓　杜旭桐　高　星

监察部部长：赵星航

委　　员：张沛霖　张艺楠　马凯军

程炜炜　杨一帆　陈　点

七、2018年第七届学生会干部名单

学生会主席：万仕玺

组织部部长：樊亦娜

委　　员：徐王贝　王靖同　王艺栋

魏　玥　张子涵

宣传部部长：林　洁

委　　员：白悦杨　索紫怡　李嘉怡　王梦月

王佳涵

文体部部长：　周梦麒

委　　员：唐　喆　袁小玮　陈　钊　史晨欣　杜肖猛

纪检部部长：郭梓桐

委　　员：方　静　刘佳欣　唐　沁　校冰格

张文璐

第二节　团支部

在校团委领导下,每班下设一个团支部,各支部设书记、组织委员、宣传委员各一人。其职责为:书记:负责代表班级与校团委沟通;组织进行校团委安排的各项工作;负责班级黑板报制作;制定团支部管理方案。组织委员:负责团费收缴工作和团员档案管理工作。宣传委员:负责班级黑板报制作;图书角的管理;班级其他宣传有关的工作。

174

一、2015—2018 学年度各年级各班团支部书记名单

1. 2015—2016 学年度

高一

101 张　妍　102 姜雨涵　103 党闫路　104 袁明倩　105 鱼文浩

106 张　瑞　107 赵梦媛　108 唐佳怡　109 权若楠　110 贺晓婵

111 樊伊平　112 张　璠

高二

201 苏华蕊　202 刘晓伟　203 崔嘉诚　204 王振超　205 梁　彤

206 唐海洋　207 贺　静　208 常　远　209 张　芮　210 杨紫薇

211 杨腾飞　212 李伯元　213 王昕怡　214 王　婷

高三

301 闫佳欣　302 刘淼青　303 常万荣　304 闫婕妤　305 李　璇

306 赵子恒　307 刘乐乐　308 李　琳　309 杜雯雯　310 张　煜

311 胡阳洁　312 王雨禾　313 王　丹　314 倪豆豆

2. 2016—2017 学年度

高一

101 张　妍　102 姜雨涵　103 党闫璐　104 袁明倩　105 鱼文浩

106 张　瑞　107 赵梦媛　108 唐佳宜　109 权若楠　110 贺晓婵

111 樊耀兵　112 张　璠

高二

201 苏华蕊　202 刘晓纬　203 崔嘉诚　204 王振超　205 梁　彤

206 唐海洋　207 贺　静　208 常　远　209 张　芮　210 杨紫薇

211 杨腾飞　212 吴　辉　213 王昕怡　214 赵雨薇

高三

301 闫佳欣　302 刘淼请　303 常万荣　304 闫婕妤　305 李　璇

306 李梦宁　307 刘乐乐　308 李　琳　309 杜雯雯　310 张　煜

311 胡阳洁　312 党鑫喆　313 王　丹　314 倪豆豆　315 李阳敏

3. 2017—2018 学年度

高一

101 路蕊杰　102 原金燕　103 周梦麒　104 张　丹　105 李雪洋

106 梁琳毅　107 景文杰　108 管楠楠　109 王斐璇　110 张柏宁

111 孙凡茜　112 权熙芬

高二

201 党闫璐　202 路进敏　203 袁明倩　204 雷　卓　205 张瑞

206 鱼文浩　207 刘纬琪　208 张　璠　209 唐佳怡　210 贺晓婵

211 党译明　212 闵　卓　213 刘　腾　214 李雨泽

高三

301 苏华蕊　302 刘晓纬　303 崔嘉诚　304 王振超　305 梁　彤
306 唐海洋　307 贺　静　308 常　远　309 张　芮　310 杨紫薇
311 杨腾飞　312 吴　辉　313 王昕怡　314 赵雨薇　315 李　恩
316 韩　丹　317 程　媛　318 叶晓燕

二、2015—2018 学年度先进团支部名单

1. 2015—2016 学年度

高一:1 班、7 班、9 班、10 班团支部

高二:2 班、5 班、10 班、15 班团支部

2. 2016—2017 学年度

高一:2 班、5 班、8 班、10 班团支部

高二:2 班、7 班、9 班、14 班团支部

高三:1 班、2 班、8 班、13 班团支部

3. 2017—2018 学年度

高一:1 班、3 班、4 班、7 班、8 班、9 班团支部

高二:1 班、2 班、4 班、6 班、8 班、9 班团支部

高三:1 班、6 班、7 班、9 班、11 班、14 班团支部

三、2015—2018 学年度优秀团干部名单

1. 2015—2017 学年度

王凯悦	苏梦	史家豪	刘晓伟	王毅	赵晨	姚涛涛
曹晓龙	李仲元	晁震	赵佳玉	赵可	申腾飞	冯腾帆
董力玮	郝龙龙	董力玮	郝龙龙	王陆驰	王瑞雯	李瑞平
廉鑫	赵博文	高毅涛	井章阳	杨紫薇	张艺楠	姬雨桐
王亚梅	魏超帆	刘莘度	屈洁茹	杨子江	米振华	闫钰泽
杨航	闫婕妤	刘旭航	闫明亮	李璇	石永超	赵子恒
李佳莹	樊彤	刘夏威	曹棋	王殿霞	辛攀	李岳鹏
赵康平	屈柯欣	杜雯雯	高凯	关琳	冯璐	白昕雨
成晓庆	雷海洋	段欣悦	猴高杰	姚莹	刘金昌	

2. 2017—2018 学年度

高一

杨鑫泽	王浩博	王海洋	愿金燕	何庞藩	万仕玺	李腾
王祎喆	尹思甜	李佳豪	万靖仁	陈硕	张寒艺	严云豪
赵舒蕾	管楠楠	种怡茗	郗婉婷	元思佳	李朕	朗晨
姚天一	杨乐	王欣意				

高二

侯树恒　奥霖茹　权程成　任少泽　许　怡　李　鑫　周明洋
雷　卓　张　瑞　弥郑琪　彭旭昭　雷　甜　杨　晨　王浩燃
何　蓉　冯一杰　闫陈林　任晓月　弥扬帆　武文斌　闵　卓
李瑞凡　党明星　左　晨　李雨泽　张梦婷

高三

刘家兴　李海宁　刘晓玮　王　博　孟　阳　牛程泽　王　菲
赵星航　薛欣飞　曹　蕊　李　根　田夏莹　唐璟涛　李世杰
常　远　闫　福　郭　璇　王　婵　杨紫薇　杨腾飞　王清源
廉　鑫　李瑞平　王陆驰　郭　奥　董力玮　郝龙龙　宋渊员
赵　盈

四、2015—2018 学年度优秀团员名单

1. 2015—2016 学年度

苏华蕊　郑则原　徐倩茹　刘宇冰　万欣鸽　任　一　杨智鹏
王振超　温　婧　张　拓　由子涵　薛欣飞　崔嘉城　雷雯钰
王　婷　刘希萌　冯　越　郭　奥　冯芝婵　李婉彤　王丹宁
史宜涵　党恒一　苏蒲阳　李恒涛　雷晓菲　胡佳丽　胡佳佳
王　祯　屈星波　刘森青　席　朴　马禧龙　王　哲　催思琳
贾梦婷　李志涛　吴　悦　周怡凡　周　洋　郭　婉　弥安斌
刘晓仪　宋睿奇　张　雄　原　敏　李　琳　王一舟　赵晓斌
刘修齐　鱼　昂　杨　星　刘紫薇　杨　刚　王雨禾　王　妍
樊景婷　屈路袁　张茂杰　王思璐

2. 2016—2017 学年度

高一

1 班:张　妍　刘宇轩　2 班:姜雨涵　赵可心　3 班:王婉婷　党闫璐
4 班:袁明倩　张井晶　5 班:杜旭桐　尚文斐　6 班:衡轩熙　王奇梦
7 班:党　晨　谷帆兵　8 班:唐佳怡　邓湘烨　9 班:董致涵　王倩文
10 班:宋佳怡　贺晓婵　11 班:刘欣怡　李怡凡　12 班:张　璠　关　鑫

高二

1 班:程晨悦　陈欢乐　2 班:刘晓玮　李海宁　3 班:唐玙璠　李萌璠
4 班:王昱涵　曹琳格　5 班:薛新飞　马　创　6 班:唐海洋　朱奥星
7 班:贺　静　雷雯钰　8 班:唐乐平　王　涛　9 班:张　芮　郭　璇
10 班:王　敏　苏蒲阳　11 班:王清源　杨腾飞　12 班:冯芝婵　李佳茵
13 班:同腾飞　郭融融　14 班:王　婷　王宛宁

3.2017—2018 学年度

高一

1 班:薛锦萍　王卓然　2 班:梁　格　皇甫婉　3 班:周梦麒　陈　彤

4班:张 丹 雷 蕾 5班:张乐莞 周紫菡 6班:简 雪 路怡雪

7班:王雨柔 雷露华 8班:秦明月 王伟乐 9班:贺玉轩 雷世翔

10班:张柏宁 孙豪杰 11班:孙凡茜 郭孜柔 12班:权熙芬 宋卓伦

高二

1班:党闫璐 简梦华 2班:路世敏 苏佳豪莹 3班:刘 洁 袁心怡

4班:张井晶 王文欣 5班:党婧华 安 科 6班:杜旭淳 奥腾斐

7班:鱼文浩 杜旭桐 8班:万元元 华 蕾 9班:姚 佳 张雨萌

10班:李怡凡 赵世琦 11班:贺晓婵 屈英敏 12班:任 璇 关 鑫

13班:党明星 左 晨 14班:张博文 史 彤

高三

1班:陈欢乐 张恩融 2班:史元佳 张 哲 3班:张玉芯 崔嘉诚

4班:周 森 曹晓龙 5班:梁 彤 王 阳 6班:屈蓓蕾 朱奥星

7班:常 珍 张怡佳 8班:唐乐平 王 涛 9班:王 彤 吴 珊

10班:苏蒲阳 程玉龙 11班:孙思伟 张 强 12班:冯芝婵 缑宇茜

13班:吕 鑫 路 婕 14班:王宛宁 赵雨薇 15班:王 勇 吴若锦

附:校团委工作者荣誉一览表

姓名	性别	获奖名称级别	颁授单位	获奖时间
蔡国栋	男	青年突击手	共青团蒲城县委	2011.05
杨 蕾	女	青年突击手	共青团蒲城县委	2013.05
张爱玲	女	青年突击手	共青团蒲城县委	2013.05
王晓莉	女	青年突击手	共青团蒲城县委	2013.05
谭晶晶	女	第十一届星星火炬中国青少年艺术英才推选活动陕西赛区钢琴专业高中组优秀指导奖	中国少年儿童文化艺术基金会	2014.05
李娜(语)	女	青年突击手	共青团蒲城县委	2014.05
曹东峰	男	青年突击手	共青团蒲城县委	2014.05
蒋宏杰	男	青年突击手	共青团蒲城县委	2014.05
李 莹	女	青年突击手	共青团蒲城县委	2015.06
李 莹	女	2015年度共青团工作先进个人	共青团蒲城县委	2016.05
李 莹	女	陕西省优秀共青团干部	共青团陕西省委员会	2016.12
杨晓龙	男	2017年度共青团工作先进个人	共青团蒲城县委	2018.03

第三节 班级学生

一、各学年班级数 学生数统计表

根据上级教育行政部门每年下达的招生计划,严格执行招生纪律,按政策设班,确保教育资源均衡分布。学校始终坚持平均分班的原则,编班过程做到公开、规范、透明。班级男女生比例相当,各分数段人数均衡,达到平均分班的效果。同时,学校还实行小班额制,班级人数控制在50人左右。

2010年8月三中筹建初期,按招生计划招生800名,实际招生720名。

附:各学年班级数 学生数统计表

学年度	年级	班级数	学生数	总人数
2010—2011	高一(2010级2013届)	16	822	822
2011—2012	高一(2011级2014届)	16	910	1760
	高二(2010级2013届)	16	850	
2012—2013	高一(2012级2015届)	16	948	2716
	高二(2011级2014届)	16	926	
	高三(2010级2013届)	17	842	
2013—2014	高一(2013级2016届)	16	828	2688
	高二(2012级2015届)	16	924	
	高三(2011级2014届)	17	936	
2014—2015	高一(2014级2017届)	16	838	2612
	高二(2013级2016届)	16	810	
	高三(2012级2015届)	20	964	
2015—2016	高一(2015级2018届)	16	726	2377
	高二(2014级2017届)	16	805	
	高三(2013级2016届)	17	846	
2016—2017	高一(2016级2019届)	12	608	2142
	高二(2015级2018届)	14	724	
	高三(2014级2017届)	17	810	
2017—2018	高一(2017级2020届)	12	568	2050
	高二(2016级2019届)	14	706	
	高三(2015级2018届)	18	776	

学年度	年级	班级数	学生数	总人数
2018—2019	高一（2018级2021届）	12	571	1718
	高二（2017级2020届）	12	552	
	高三（2016级2019届）	14	595	

二、历届学生名单

2013 届

一班

史琼杰	马宸	曹永艺	刘刚	郭宁	惠程云	陈珂	王静
王彤	刘佺	郭帅	程冰	姚玮	陈亚楠	陈天阳	周文
宁涛	范晨浩	张乐	党娜	薛张杰	冀露	吴志成	张月倩
张振威	酒永超	王凯旋	王金风	曹张帆	冯安煜	王睿	吕世珺
王乾龙	张晨	吴云涛	于莹莹	杨若晨	石瑞星	苑明辉	牛晓莹
杨旭园	陈尚	段晓杰	李宁	魏强	苏园	袁浩然	韦思思

二班

韦若飞	党文豪	郭斌	李娜娜	雷源	毕毅美	薛剑寒	王蒲
宋航	徐永刚	万国豪	井晓妍	麻文	杨钰莹	雷嘉奇	屈乐琪
王晓覃	谢增辉	成鼎文	曹熙倩	韩清阔	杨露盈	程伟鹏	李晨
王伟明	王丽娜	胡博	张礼萍	曹萌涛	谢秦娣	马超	王乐
吴文豪	韦天欣	郭智	王欢	雷午渊	闫惊蕾	陈康	冀雪盈
李桐	张凯悦	王卓鹏	唐林芝	李全彬	王笑	刘洋	王若昕
李晓	黄乐	唐宏博	周艳妮	蒋秦玉	校嘉蔚	王珂	孟欣
马帅	张艳莉	贾哲	张妮娜	张晓林			

三班

魏鼎国	孙文强	王景	耿思甜	雷小康	陈泽华	原庆辉	任艺华
田坤	毕世雄	任源涛	李乐	何珊	校莉芳	张伟超	孙冰冰
王建平	梁海宇	朱柱天	党雅欣	赵伟	苏冰	李昆仑	唐梦园
刘月朋	阴蒙斐	薛驰	雷幸	何江龙	杨妮	罗林杰	孙园园
范力	王凡	朱孜旭	樊妙琳	杨涛	赵倩	米彤	刘烁
何崇池	王倩	胡钱宝	杜雅倩	弥江浩			

四班

祁 鼎	党 鸽	王昊男	郭 莹	何晶浩	刘 梦	龚 超	刘 鑫
张秦治	刘 珍	李 昌	王 蒙	党卫超	刘 双	魏明明	屈 甜
马 超	郭 锐	李鑫庆	李梦珍	曹圣刚	陈 倩	过付阳	樊悦情
李盼亮	张 荣	郭 雷	王 梦	苗俊博	孙欧静	宋思源	李 倩
薛锦超	高 飞	曹 洋	孙倩茹	惠嘉琛	蔡国倩	贺栋	张智冲
张子洲	姚 阳	刘宝杰	杨 妮	蔡祯杰	齐 冰	路鑫	刘常哲
惠智锋	王超萍	吴 川	张 妍	许家豪	王依晨	任梦鸽	张辛珂
卢玉鹏	李银双	李旭杰	黄 丽	王 策	付楠		

五班

陈 兴	张 帅	董清博	杨 萌	张少梅	邹 航	王三宁	陈渊博
张 栋	于金兵	赵 珂	李 雯	薛 婷	刘 鹏	闫 宁	王 仲
赵海潮	王 瑜	杜禹庚	雷洁薇	车林娜	柏凯乐	张苏杭	郭 斌
鲁 孟	张卫东	雷 杰	汪梦雯	余梦瑶	张 驰	郝 洋	李欣欣
张 辉	牛 垒	薛 航	王 宁	刘楚君	王 毛	柏清月	高 兴
李早光	姚 伟	沈 宁	陈 琪	费康婷	李 鹏	唐蒙蒙	孙 涛
贺 非	孙 松	王静文	李 辉	张 媛	王星博	王艺薇	刘金波
叶 展	雷琦瑛	陈世杰	王文浩	孙芬婷	胡 祥		

六班

高 晨	雷 凡	万 乐	雷琳飞	王 蒙	惠 艳	李 瑞	闫 琛
张 晨	雷 华	宋芷若	苏汪洋	吴 梦	韩红奕	屈仁桃	原 珊
苏 鹏	郑冰清	王梦凡	张皓天	宁 静	王 艺	秦 萱	贾 玮
刘 畅	屈 莹	陈 旭	徐 钊	陈 碧	罗 京	张 乐	姚红萍
何 浪	杨 幸	任 萌	董阿倩	刘晓倩	党玲娜	杨 晶	鲁 萌
何一新	元云鹤	田云云	蒋 议	张 璐	许甜甜	曹 柔	孙凡琪
惠苗苗	杜同乐						

七班

巩琛	王 敏	赵 琪	王 凯	李 娜	王晓静	张 蒙	王 仙
刘羽飞	王园媛	王 利	王腾飞	王 洁	李萌雨	党静怡	王 妮
王轶博	任雪婷	郭小艳	弥 洋	秦 静	代 洁	武婷华	屈明珠
杨霖昊	张舒宁	王 丹	庄鑫浪	王倩倩	杨蓉蓉	李 雪	赵 倩
武赟华	赵思维	张慧萍	龚娇娇	高冰冰	蔺惠茹	程 淼	张任
樊腾博	张蓓鑫	刘 佳	肖 姣	李 莎	温碧辰		

八班

王晨	柏晓庆	王嘉升	校茜	高鸽	刘红茹	程晨	林墨玉
梁晨	王依凡	周哲	王婉月	王斐	段昀姗	李姣	史维雪
马璞林	张云	武康	罗甜	孙晓芳	张娇	余鲁	张蕊
张鹏	韩雪莉	刘乐飞	李晨露	李芬	李月莉	张丹丹	简乔
郭浩	杨玮	刘磊	王倩梅	师凡	王迎春	刘欢	
苏永瑞	赵旭蕾	刘甜	赵萌				

九班

李磊	李佳妮	田林	史林娜	杨彤	邢露萍	雷静	和佳欣
刘郅雄	李燕	毛泽明	张苗苗	窦倩	杜莹	齐心	原媛
陈斌	杨红蕾	赵孟媛	米媛	张静	李芳	史佩	孙敏
曹梦园	王安琪	李恒阳	李文博	郭琳	王丹	王凯锐	唐晓萌
韩勇	孙艳茹	刘陶笠	王妮	王益	刘千金	王妍	贺姣
郭燕	屈莎	张莹莹	李佳妮	张妍	孙璐瑛	张萌	同卓妮
陈凯欣	陈晨						

十班

刘皓	韩曼	雷浩	李皎	孙璠	张婵	刘怡	赵媛
惠伟江	屈倩	温腾	周蓉	王冰	李芳璇	赵瑜	何佳
李科强	杨梦玉	张秦州	张静	曹美晨	雷云静	张敏	赵娜
李晓	王倩	上官琳杰	刘思	李妍	屈蓓洁	孙晓洁	宋甜英
王博	宫梦菲	党昊东	陈月	刘梦璇	聂宇晓	王馨悦	李艳宁
马超	孙梦晨	张雪					

十一班

翟明	贺晓艳	邹家兴	王丹	张梦鹤	刘宁	闫玲	贾艺园
王乾	张莹	刘卓仁	姚欣	屈倩楠	吴培雅	邢润红	郭静蕾
李佳	景星	李鑫	张楠	苏乐	王亚妹	刘娟	郑佳佳
曹晓阳	李萍	马星驰	常旖	井苛	宋园	张哲	杨洁
官博成	赵凯	高林	田海娜	韩笑	雷敏利	李蕊	王凡
王莹	陈妍	张文					

十二班

张　晨	赵路明	万天翔	王　凡	张炳坤	孙　妍	赵志强	王新果
屈龙兴	屈卫斌	闫　立	赵菊萍	何振兴	安　琛	陈　磊	王　钰
张　林	韩朋飞	万武强	曹明珠	杨　力	柏立宁	张　兵	杨佳露
屈　浩	杨少杰	郭海军	王晓盼	王　辉	付建宁	张　涛	张　萌
耿文浩	王　新	于明杰	李　蕊	魏俊杰	谷　悦	郑晨阳	陈嘉璐
刘豆豆	杨可心	武建许	李　婧	曹智雄	党星凯	王　尊	张苗
冯　阳	代立蒲	曹新月	简碧波	苏　凯	王　丹	雷苗武	张红宇
张　耀	张　宇	李　凯	李　雪	李庆			

十三班

黄林林	王　晨	程　龙	房蒲飞	王晓刚	王　莹	魏　源	常科楠
徐　铖	张　哲	李　宁	杨若海	花蓬勃	何卓敏	吴　恒	张梦航
曹东兴	李　成	安　康	张艺雅	徐增刚	崔幸军	杜志伟	张　粉
李耀琪	王　松	张军龙	曹睿恒	司春刚	杨迎莉	葛佳乐	杨　静
郭玉明	唐菲菲	李　凡	孙姗姗	杜晓辉	周怡珊	韦　辉	耿尚蓓
姜乾坤	张　旭	唐　晔	张　璐	陶嘉彧	雷王月	秦克斌	王智强
万福贵	刘　晓	鲁武军	马　红	杨　浩	王夏芝	花成龙	惠佳欣

十四班

薛　武	王　进	王　星	屈慧琳	党　辉	杨　艳	胡伟强	任　蓉
魏忠峰	梁　源	李佳浩	邢金莎	田玉川	王　菲	王　拓	邹　倩
徐　鑫	何　蓓	邢黎明	刘　青	申鹏松	曹赟菲	李文源	李　转
刘文雄	李航杰	李元凯	杨　敏	李　帅	舒　薇	苏浩鑫	史晨阳
郭　郑	万丹丹	庞振虎	冯灵芝	王　松	何　妮	唐晨辉	胡康婷
吴元兴	张　荣	张泽鑫	侯　蓓	刘　森	王　莹	刘　庚	齐晨茜
朱正荣							

十五班

张鹏铄	郭　磊	张　旭	张新宇	王相忆	李　娜	王博伟	贺妙星
王　楠	王博东	李　帅	牛鹏飞	何　鹏	马晓芳	孙开浪	李　囡
倪西蛟	王嗣桐	高淳华	胥茹玉	马小锋	李晓兰	刘　楠	佟晨瑶
刘　钿	李泽玉	王　杰	薛晓鸽	邓飞洲	王丹凤	蔡　乔	冯　甜
雷卓霖	侯　博	唐　龙	张乃璇	曹振杰	郭晓婷	李　鹰	李　虔
李林杰	宋　顺	何文学	张　茹	史　寒	刘函汝	权李天	王婉蓉
乔弘民	闫　笑	邓耀武	杨静宜	刘文鹏	刘　琳	孙金博	李秋红
邱　磊	屈丽媛	王　哲	彭　蕾				

十六班

张 力	樊树康	王 刚	赵蕊宁	苏新波	校 媛	靳佳磊	郭 洋
崔皓岩	赵福星	薛延飞	杨 飞	曹天松	由 鑫	罗 庚	王夏蕊
陈 博	李 嘉	王 泽	李 倩	张翰林	周 笛	温莹辉	李 静
何 彦	原开明	李佳伟	房 艳	李 宁	郝安琪	张明义	姜瑞洁
毕 帅	郝 鑫	黄卓雄	王萌洁	于 江	张 彤	张思宇	邓琳倩
王飞龙	齐安娜	曹萌共	穆 茜	李 晗	杨 璐	王 旭	简文璞
李博平	马 欣						

2014 届

一班

李 颖	丁 潇	叱喜悦	薛 姣	赵 航	李克寒	邹照乾	王桢玉
任 静	乔雪莹	李康婧	赵文斌	王 超	梁 航	贺 东	蒋婉婷
刘 朝	张 彤	孙若彤	杨 旋	郝 月	窦雷佳	屈香香	何 婉
王苟心	赵 童	刘伟翔	奚兆谡	贺 凯	杨旭恒	王照怡	李 娜
李 脁	杨 明	缑郭源	孙 凯	郭佳绒	原清辰	马亚晨	张 亮
朱 浩	陈元坤	何 璞	何少华	叶 杰	梁 莽	孙梦洁	王海浪
胡婉翡	张文超						

二班

吴健彰	徐 靖	陈 松	李录强	齐阿卓	唐甜甜	张文蕾	谷可心
李 洁	陈阿庚	刘鑫悦	任 豪	车宝蓉	张少奇	袁 怡	奚 煜
刘欢迎	张剑鑫	王 婷	李 婕	梁 倩	杨曼如	刘海茵	郭若聪
别壮壮	李泽鑫	张少豪	单媛媛	王梦迪	闫瑨华	董 晨	李 朋
张馨月	王 栋	孟伍军	黄 月	李 杰	李浩博	皇 珂	李鸿江
冯 星	芮晓茹	苏 琦	付 宁	赵梦婕	薛阳鸽	张志涛	梁 豪
王 震	郭 聪	冯啸天	付明真	王欣赞	刘 科	王欣薇	路蒙蒙
高丹妮	李玉芳	车潇飞	姚晨宇	阮 咪	仇 倩		

三班

宋 卓	王 阳	张 琼	黄星星	贾富强	刘炳阳	仵 森	刘锦秀
魏荔阳	刘天鹏	张 玉	陆 涛	郭 宁	申 力	郭 冰	何东博
刘 豪	陈 泽	丁 依	李 颖	蒙威龙	张盼盼	蒋佳佳	孙鹏飞
王 秦	代可欣	雷 泽	鲁 蕊	张 晓	姜冰枝	负海龙	王 晨
石 蕾	秦蓓蓓	井红星	党 辉	罗文博	郭凯旋	张新哲	谷晓鹏
张晓杰	杨 韩	张 卓	董家辉	安思佳	付晨洁	张文婷	郝渊博
陈小莹	王 倩	王琛蓉	王 姮	王 泽	屈育苗	鲁庆庆	孟战杰

续表

刘松	杨晓勇	刘磊	刘彻				

四班

田媛	刘惠	徐孟鑫	张琼	陈欢	惠子卿	耿桥通	秦王茜
王倩	王紫璇	何斯琪	牛涵	韩晓豪	张嘉辰	韩佳晨	张晓东
张航	乔晓晨	贺浩杰	薛波涛	任景章	唐辉	唐甜	刘爽
苏怡	雷康飞	蔡松岩	刘渊博	潘佳琦	刘凯	张心康	王颖
杜坚	吴凯云	姚皎洁	刘梦歌	秦书豪	王华	吕文靖	陈丹
张龙	梁子轩	李雪	薛强	刘晶	任景林	辛婉妮	刘磊
王晨凯							

五班

宋尚通	王凯	王浩	刘欢	王盼荣	杨驰	张蕊	李晓飞
陈振	李恩	王姣	郭鹏飞	王美	李佳芯	段怡媛	雷东安
宋旭	李昕	车盼盼	杨国涛	周成志	李瑶	彭鹏	辛杨莹
李放	薛雅茹	李倩	张亚楠	程航	薛凡君	代菲	徐婉琳
谢雄好	李凯欣	程佳	鱼海荣	蒙博	杨颖	盛凯	王菁
张雨晨	车宇转	白新科	任敏	荆风	杨婷	张蕊	同仲璐
黄佳玺	张艺凡	王界	樊娟娟	苏旗	胡煜	李倩茹	刘豪
屈嘉轩	黄海瀛	史军泽					

六班

郝张辉	吴昊	倪绒	党鸽	李倩	张世玉	王钰	王涛
王艳	李鲁泽	史佳凝	王洲	张永超	王丹妮	韩萌	杜科
杨楠	郭沁	窦梦捷	井晓楠	王玉超	任芝婷	韩柯	唐浩
张彦杰	任胜飞	何丽倩	吝乐	李智	路静静	唐笑笑	李彤
董明仓	党晨阳	郭苗	赵雁锋	张晓	闫晓婷	郭晨艳	翟可心
杨萌	代珊	王茜	屈凡	肖雪	刘鑫	姜昊	薛超凡
詹国锋	王斌	江宇昊	姚泽彦	王璇	王弼儒	徐丁卓	吴利豪
窦佳斌	赵鸽	杨帆	刘双晨	侯毅璋	张卓		

七班

王义雄	高鹏	倪苗	张曼	辛航	丁旭倩	李媛媛	李梦尧
张星南	何婵蝉	邵勇建	李卓玉	苏诗雨	唐伟	屈超	周媛
诸葛雨鑫	陈佳	尹晓芹	申娇	弥泽宁	李雯雯	许珂	李晨阳
姚乾州	王儒彬	杨航	屈璇	马旭辉	于红超	武珂	樊冰

续表

刘玉川	郭妍	曹新	王倩	李倩	何玉萌	程坤	任浩强
杜娆	许杰	秦双艳	郭若冰	陈萌	李拓	王玉娟	梁倩
郭晨	李康娜	刘琳	姚显宣	刘梦	王鹏超	王景涛	刘俊豪
杨凯						

八班

任笑梅	万伦	吴向哲	刘毅	韩续	曹锦妮	郭文博	蒙耀
徐倩倩	何藤	王勇	王微	纪洁	王晨聪	乔同杰	范啸天
杨培	杜云聪	高成	屈泽辉	赵瑶	李宇卓	任家腾	薛宇
解倩	路雪	张铭娜	黄磊	王振宁	万少华	翟姝	姜灵
孙成鹏	屈拓	党晓阳	王振振	刘妍孜	张梦婷	韩泽	任超
王倩	李星蕾	屈瑞倩	刘强	马娇	刘昕旖	佀爽	张哲
李田鸽	赵彤	龚凡	武娅	郭藤		

九班

张莎	杨洋	苏怡	路晨阳	邓烨坤	田涛	陈创	张保赤
马晨佩	汪丹	苏杜娟	屈蒙	张少康	杨蕾	武英	王逸栖
曹国栋	周婉	王芸	宋天天	杨晨	赵志华	徐奔	王蕊
王前	井小浩	刘王丽	王旭	张婧	牛玉洁	雷静	徐熔键
郑晓宁	陈凡	田子豫	张冰	张阳阳	梁剑波	邵林	王华
张静	王建云	李颖	屈硕	闫东昌	李妮莎	郭冯一枝	

十班

何振欢	王泽南	冯钰	王庆哲	姜佳杰	张凯	王梦凡	邢云波
毕亮	王敏	张政宪	张帆	张雨	南森	韦筱苗	闫歌
奥胜杰	王萍	瞿敬	冀雨萌	白拓	车欢宁	杨重坤	贾晨
吴延涛	蒋睿	闫春菁	黄婷	王晶	万航	车潇洒	魏宇凡
李萌	王婷婷	杨迎香	王佳乐	屈勃恒	王龚	姚晨婧	张豪
张洁	王楠	王悦	杜嘉纯	张怡	刘明	弥妞	权硕硕
屈新欢	樊金仓	刘欣蕊	刘嘉伟	王金玉	党翠翠	白晗	郭凯
郭关豪	刘辙	孙展鹏	郭金玉			

十一班

樊聪冲	权佳佳	闫茹	张婷	薛昊东	权竟	王梦祥	杜勇慷
万邵山	李建红	王翔	贺路宽	车璐萍	范鹏博	李喆	高文静
雷月倩	辛程	张瑶	张超博	余鼎	冯文起	李倩文	赵智鹏

夏中华	叱鑫	苟丹	孟延青	翟宇	李苗	孟景琳	王晨
董晓熙	王苗	杨坤	孟霖	闫绵	王港	王小宁	曹高
唐文	校凯	党婕	王嘉敏	卢晓含	孙茹	李佳欣	高丁
党航	孙茜	李晓雪	刘玉朝	胡仁杰	李长虹	王博涵	郭帅华
贾晓东	刘军	李甜	金媛				

十二班

刘鸽	杨梦	徐青竹	吴琼	雷瑶佳	张露	王威	党泽昆
原梦星	张朋娜	曹康凯	李珍	刘晶	陈晨	梁蕊	屈盼
王锋	赵彤	于志珍	蔺小祥	李旭兴	王康	雷小娇	庞豆
雷欢	柏海波	高婉涛	李乐	杜颖斌	朱婧	倪思奇	闵腾飞
雷硕	薛晓凡	姚栋	翟涛	张明涛	薛帅	李明卓	薛冰
于平凡	李菲	赵舒萍	陆彦昊	苏鑫	徐耀	万恒	郑瑾
程驰							

十三班

唐粟甫	宋俊婷	李晨阳	任园园	刘倩	郭家敏	王鑫	张兴博
刘第	刘汉卿	奥超	薛闫露	鲁明	蔡倩	唐蕊	许盼峰
陈硕	任昭英	王雪儒	张菁	赵康	吝佩琳	李梦玉	刘晨
吝晓娟	张明	唐明	吕智博	李紫霖	刘心玥	吴晓亮	潘俊
张啸	宁沛	杨磊	谭婧	崔昱	汪腾	刘戈	赵奇
韩瑞丹	索卫军	曹鑫茹	李阳	马啸倩	任艳娥	王彤	姚奔
田梦玄	张文敬	郭钰	杨晨玉	惠定茹	苏帅	刘军莉	董泽慧
曹振峥	何静媛	常絮怡	张震				

十四班

胡雪	韩伟才	李文欢	李昂	邵帅	李静	杨洁	于昭
宋肖康	王莎	李婷	薛茜	赵章鹏	刘俊茹	张媛	史一帆
阴钰杰	陈淑莹	孙朋英	王祎	胡晓	赵苗	田欣	陈屹
张文辉	党毛宁	蒋耀杰	高咪	王双石	孙科	王康	惠思兴
席婉春	李艳萍	郗望	张晨	张可欣	井蕊	屈驰	曹鑫伟
马红宇	万登科	薛雄	冯露	梁万成	张雷刚	赵世鹏	胡晨阳
猴蕊	雷志远	李晓辉	张新	杨冰洁	索楠	程晨阳	陈奥迪
宋智辉	李苗	辛雯					

十五班

韩思琪	朱程程	田晨	罗科	张倩楠	王苗	张丹	阴少妮
任晨阳	周永祥	王浩	过振龙	孙亚楠	唐雪艳	陈晨	何泽安
马晓旭	董文华	刘美玲	孙楠	曹婷	蒋冬茹	何晓延	蔡凯伦
朱妍妮	薛王立	唐旭超	郑瑶	李俊雄	李喆	张鑫	徐智佩
杨飞	张冰	花彤	魏旭延	侯文卓	武诗涵	马宛莹	闫正杰
张菁	张栋杰	惠荣	李佳鑫	井县斌	张梦怡	张泰旗	雷博兴
董楠	李华	张宇聪	薛三斌	单丽萍	雷鑫博	党维娜	许飞
赵洁	庄卓	赵兴康					

十六班

苏阳	樊情威	惠栋	任柯	周小红	樊萍	陈月蓉	刘毅
李琦	牛玉莹	缑志恒	雷凤菊	雷栋	周江	常利娜	左少帅
董鹏凯	张星	孙立	万洋	刘校芬	吴泽泽	杜美娟	徐强
党旭阳	张晨	韦欢欢	黄玥	李萌	朱豆	李恒	李卓雅
胡晓蓓	蒋敏玲	宋鹏	刘蓓蕾	贾云瑞	张凡	杜腾龙	韩沁萌
王丽	刘欣	孙权	张倩	孙仓	宁婷	李智光	惠嘉君
陈璟	马婵月	武萌婷	李彦杰	刘洋	刘洁	安飞	韩萌
齐龙	秦晶	王甜	李童	张宁	王郁松	范特特	蒋萌
乔磊	樊琳	陈毅	苏阳卓	陈博	耿英茹		

2015 届

一班

叶佛彪	孙嘉欢	荆腾	彭勇	刘瑞洁	刘凯璇	肖梦月	朱凯茜
郭博渊	孙立	刘昊男	尚武林	宋晨宇	张星	孙倩倩	王月月
车辉	党紫阳	李辉刚	王曙光	刘幸	朱媛媛	王倩阁	朱晓凡
何琳刚	杜勇为	王向坤	杨文智	白莹星	王冰洁	李苗苗	弥婧宇
刘哲	雷鹏	武啸鹏	程琳	杨华艺	乔羽	刘萍	刘鑫
王家豪	魏泽亮	雷康	张曼	何田	窦悦琪	万乐	

二班

余曹聪	王凯	张佳微	邢浩	郗梦丹	付盼宁	杨杜萍	徐佰勋
王立波	田泽凯	雷雪松	刘涛	雷蒲	董倩	张悦	校卓斐
王国栋	徐天昊	许鑫	党菲	万蒙	曹梦琦	李萌	薛迎港
王家伟	负春旭	刘云杰	胡田欢	赵妍	杨蓓	曹幸星	咨昳华
亢艺豪	阮轲锋	常自恒	秦童	黄泽	荆方乐	刘妍	李佩佩
冯政	李煜博	张健	王菁宜	屈琦	杨莉	李婉	

三班

郭晨	任泽华	朱鑫军	杨珂	王刚	曹鑫倩	白梅	孙梦晨
马震	康凯	张泽	刘炫	李煜东	范佳琪	张函	唐莹莹
麻京星	王帆	沈永强	何星斗	张疆豪	奥婉春	唐金蕊	徐船
许国星	张策	万李泽	李凯拓	张徐阳	高甲柔	李旭倩	肖蒲
薛明	郭凯旋	吴林珂	闫豆	张鑫	焦琳	许英英	杨晨阳
李旭	武鹏	孙泽立	周杨栋	王南南	路嘉薇	李瑱	魏靖函
宋潇圆	郭佳莹	吴丹	王希	连彬	陈瑶	许婷	杨婷婷
张萌							

四班

王晨阳	杨奔	李江涛	赵仁杰	刘妮	孙慧茹	阴天会	郭冰
王伟凯	黄泽华	巩才毓	张聪	刘莹	雷凯利	李怡	李梦
任康平	喻少华	韦彦祺	杨舒任	段亚玲	李倩	曹小沙	安琪琪
王小飞	刘锦洋	辛伟奇	王嘉诚	常玉	李文	郭婷	王锦
王世东	雷学	申浩亮	姜洋	任婷	王青青	刘宇华	蔡梦琳
苏星航	马昶	张发林	曹晓文	张璟	王倩	孙白卓	鲁焕焕
党朝	郑宇	何智强	李欣	张哲	武萌萌	蔺凯丽	陈翠翠
常恬妹							

五班

胡云峰	原文豪	换智强	薛磊	刘嘉琪	王敏	程鑫	解俊
王一新	杜旺	李波	吴江	朱欣欣	李玄冰	张思婷	康琳
张旭	张涛	周世聪	张阳行	屈敏鸽	王珂鑫	魏秀	杨倩倩
刘瞳昕	李鑫	曹斌	刘石	许姣	李彤	冉卓	蒋梦莹
李晓星	王晨	刘畅	李子玉	陈少多	党喆	刘佩	史重阳
肖博涵	王巍	李华	张文靖	赵丹丹	刘美扬	井雯	

六班

郭荣	许富豪	王佳晨	王松	王悦	董雪苗	雷宸歌	李倩
宋祎博	贾小刚	刘鹏	叶富豪	郭凡	冯星源	贾梦瑞	万旭春
奥武	连野	周新昀	陈轲	高爽	刘盼盼	荆莹	何锦
张浩	侯攀杰	王毅	李琦	杨秦剑	金燕子	雷星	邵梦雨
薛聪	韩少奇	祖鹏飞	王文华	杨露	李心雨	宋阁林	黄媛
刘超	刘军	王长鑫	李韩宁	辛佳	何茹意	惠鑫	

七班

闫　强	任鹏魁	刘磊	李禹硕	杜宇豪	王晓	胡馨悦	高星
王　佳	闫海洋	郑皓阳	路曦林	尚东旭	田彤	董涵湄	郭晨曦
张恒	苏仁杰	曹鑫博	蔡彤	肖泽文	韩可佳	王楠楠	肖泽
高仁杰	权晓刚	吴佳宝	高港辉	李昂	贾慧萍	权姣杰	李瑶
马小飞	井鑫亮	唐赵泽	成张琦	屈卓	刘冬冬	张楠	高文硕
王泽浩	奥卓	陈昱龙	柳剑青	李萌	曹佳敏	雷春苗	张凯
王晨	贺佳蒙	李丹	曹晓玉	同欣欣	范萍	何茜樱	杨敏
吕文博							

八班

党凯圆	苏源坡	李伦	高春元	万婷叶	万苗	杨帆	徐小林
杨扬洋	贾孟杰	曹祺	赵博睿	张芝伟	刘秋凤	郝盼盼	杨锐
万家飞	王怡博	原冬杰	李晓楠	杨睿欣	王媛	杨姣	张璇
张犇	郑智伟	王鹭	窦少波	贾琪	郭俊凤	同晓薇	刘晶
肖凯	张文生	韦金玉	王卓	何玉帆	张小亚	张芷怡	窦婴
吕浩	王佳兵	晁力逊	徐倩楠	王姣	薛雪艳	奥瑞	张聪
舒畅	徐创	赵秦雷	刘婉琼	李璇	武文娟	牛凯鑫	刘晨
史维珂							

九班、

杨斌	孙璐松	梁新洲	李晗	蔡浏阳	杨春玉	万璐	阴青
武文博	张泽茜	孙哲	王夏凡	尚文玉	陈英茹	杜可心	段蝉娟
陈皓	郑小康	王凯科	李国良	何晨	张晨	李荣	王妍
雷晨盼	刘博策	梁学斌	郭雷靖	刘欢	田小宇	蒙旭蟠	周梦洁
薛博文	任磊	同乐乐	杜哲	李朵	徐祎华	贾晓	胡紫薇
张永臣	薛震	曹航宇	樊宁	房妍玮	张凤蒲	张玉钻	

十班、

郝俊杰	张耀	梁雷勇	王新宇	车睿智	冯童	薛晓晴	纪晨
何成凯	张沛科	韩晨	赵铖	南蔼容	李琰云	韩苗	吴婧
李建荣	杨恒	李一航	雷子健	苏苗	赵蓉	樊媛媛	王婧
曹兆博	徐康	王林伟	雷鑫	刘萌	过金朵	肖娇丽	刘敏
刘嘉浩	张艺超	唐政军	杨鑫杰	史腾	周丽蓉	李冰茜	党薇
刘宸华	薛杰	曹鑫	唐紫薇	弥明言	杜英婕	邵佩佩	

十一班

张晓航	郭帅	万佳乐	吴迪	贾佳妮	阴艺	张静誉	侯新
刘凯	张勇	周艺兵	姚国栋	何茹	何苗	景倩雯	陈怡
彭柯鑫	姜文科	刘文强	史国欣	梁晓宁	涂鑫瑞	李艺琳	张莹
许辰博	刘斌	宋嘉豪	杨林涛	郭倩娣	陈雪	成乐乐	徐子藤
孙珂欣	郑国胜	王鹏	麻妮	郭静(雏鹰)	张琳倩	郭薇	徐倩文
校智科	冯泽鹏	李勋	刘静蓉	屈蒙	韦景绒	姜祎	周健
何昂	赵晨熙	王瑞鹏	范杰宁	吴晨	苏玉玉	雷丹	叶晨曦
王晨(原仁)							

十二班

王胜国	王纯阳	鲁涛	张健博	刘帅	惠英洁	杨茹琦	秦敏华
田恩成	董昕	王真	王非凡	赵栋	李亚琴	王杨	弥和汐
张路楠	田俊杰	温柯	郭方方	雷庚	朱珂	刘珂	索璐
王直	张琨	王文博	杜聪敏	杜苗	南楠	王甜甜	张威
杨思瑶	王亚东	张丹杰	冯振家	张乐	校宇	武志远	许康蓉
杜立明	史嘉豪	王家豪	张欣	王童	郭静	吴艺珍	康育萌
叶田伟	周宇光	雷蕊豪	刘佳怡	张雯雯	孙丹妮	闫蕊	杨蕾

十三班

张昭	张恒	李旭辉	张耀荣	张媛	张丹	王佳茜	梁丽莹
田犇	周鑫	刘一帆	冉晨曦	杜聪敏	党徐宁	常新萌	吴悦
李文强	刘博	曹鑫宽	马林杰	万晓倩	郭茜雪婷	赵琦	王静静
张科豪	陈哲	王欢	原鑫	贺鑫	李妍	张静	马珍妮
许鹏飞	张卫强	温魁	丁荣蓉	赵妮	朱校庆	校利欣	晏倩玲
李冬	田卫	程秦伟	肖冰	刘晓倩	何睿	樊荣荣	

十四班

李帅	杨志明	张城	王鑫	徐超捷	冉欢欢	王璐	胡碧玉
刘轩昂	马佳乐	闫晨	燕琦	王晓彤	王培蕾	刘瑞瑜	张阿敏
王超	梁轲鑫	毛杰	汪晨	李玉	杜倩	原天旭	李小娇
万雷浩	陈科	薛亮	王毅涛	宋瑛	田乐乐	李毓	蒙新妮
王佟玺	董良坤	赵年博	张诗荟	李盈	胡珍仙	徐艳妮	
陶琪	李博宇	孙永康	刘阁	朱珍珍	张瑜	何怡	

十五班

李旭阳	杨曌	吴鑫彬	张远盟	杜苗	高妍	李洋	张宇
党杨珂	葛泓煊	曹磊	李明洲	孙佳乐	孙盈英	汪煜佳	李艳妮
李王博	权宏伟	严一杰	段驰	万佳宁	王静	原瑞娟	李苗
黄振雷	王子帆	张恒	曹闫纲	薛何梅	王靖	李王彤	魏臻
王振凯	李凯	李嘉铖	杜政航	代立花	裴冰瑞	李盼盼	王安怡
朱峰	许铁剑	王震	张佳栋	李晶	杨婕	王园园	程晓鸽
李勇	许哲	王腾飞	张斯敏	刘婵	吴敏	李旭丹	常晶莹
南姣姣	广佳怡						

十六班

何飞	刘振	张海斌	赵井毅	康倩	何亚茹	惠悦悦	张思莆
同庆	同晨阳	张明凯	武桐	程伟莹	李靖茹	樊越儿	屠雨欣
党明星	杜智	王博	齐国伟	宋甜洁	贾佩	王思媛	惠雪佳
何磊	宋思源	王加洲	王奕	李亚茹	郑秀秀	韩微	杜璇
赵回归	屈榜	张原凯	米旭涛	张玉鑫	闫洋佩	梁甜格	鲁萌芝
刘延博	郑志琼	鲁康凯	邓晓宁	郭燕妮	吝莎	焦璐	郭玉楠
王晨	万健	徐鹏超	韩玲	蔡姣	吴蕊	惠蕊蕊	单婧
李凌晨							

2016 届

一班

路珊	李思琪	曹辉	李泽茹	党江鹏	姚玉菲	杨奇	刘成英
台凯文	徐苗	程斌	张欢欢	王宇东	李静	付韦虎	王璐
潘亨	张晨	曹梦琪	唐佳艺	刘鹏	原星	党晓杰	贾静
李金斗	张家竞	王杰	何娜娜	马晓刚	魏玉洁	樊译	宦小娜
王浩	田茹	邢立文	常梦玉	程旭港	程婷华	赵浩泽	姚晨鹤
李栋	党欣澜	党晟川	武建	王卓	李潇洒	董津川	张宁
武宾	张露琦						

二班

陈锁	张欣怡	雷豪杰	谢月扬	廉居田	张思佳	冯哲	李杨恩
王凯	李晨迪	党瑞森	任悦	王震	彭鲁丽珠	胡声涛	王玉姣
杨嘉康	原小姣	董锋	苏锦	白晨帅	杨璐	左童	王旭
唐吉元昊	李仲雨	朱宇航	张思园	杨旭	李金怡	贾紫怡	韦梦鸽
董力	姚思雯	党荣	田甜	刘航	曹卓苗	张旭阳	万筠钱
赵泽	张晁璇	雷国庆	王萌昕	由哲洋	黄玉欣	韩拓宾	唐雨婷

校唯岳	薛团囡						

三班

曹鹏程	鲁姗	刘禧宁	赵旭彤	张洋搏	段玉婷	岳煜卓	原鑫
李俊	赵欢	唐家豪	王丹	董帅	朱金红	付少华	李欣怡
刘远	党艺伟	赵帅	纪莎	武文辉	杨徐静	舒佳炜	贺晓静
张旭	刘艳	樊恒辉	张静	康帅聪	杨可心	武桐	郑思晨
孙立特	王越	窦云鹏	董凤鸽	王昊	何微怡	王夏童	闫凝慧
贺伟	王萌	屈刘杰	魏一桐	张经川	刘珂娇	胡迎春	李程
秦嘉	李澳利	杜之豪	王妍博	许泽妍	李静		

四班

华强	杨丹	岑浩楠	党艺昕	蔡泽恩	杨皓月	任鑫	张莹
赵磊	刘晨	李旭健	任雯菲	和政	武堃	齐国欣	韦晓茹
马耀光	王玉玉	白运锋	唐欢	曹磊	曹佩	校杰婷	陈懿
段王慎	马丹妮	何一博	朱双静	蒙文鹏	王玉阁	韦娇姣	孙王俊
王佳明	雷婷	党旭凯	汪冰玉	李晨	杨晨	许晓丹	赵航
邢磊	王飞	樊志伟	许倩	侯鹏辉	曹茹	何青芳	杨秦剑
屈旭明	梁晓维	李濛哲	潘洋洋				

五班

卫玉龙	赵祎	唐王凯	惠晓筠	李煜	杨志洁	杨嘉安	韩玉红
郭泽	张盼飞	刘乐萌	魏思琪	权毅	赵静乐	刘艺凡	赵珂
刘文哲	党甜	由东峰	权佩洁	杨旭	辛童心	来斯杰	王若彤
李哲发	李媛媛	高珩源	张美琪	丁威	张谨	李凡	王婉婷
薛弘洋	何松怡	马仲乐	孙梦蕊	王毅然	王瑞	赵妍妍	蔡雨澄
李旭阳	解佳瑛	杨鹏博	冯密	梁森	杨童	孟宇飞	温梦圆
余常乐	何蕊姣						

六班

薛保玉	张梦婷	王波	谢惠敏	常孙杰	樊星	程欣	杨珍
吴凯	雷金	张智华	王乐	安怡泽	贺菁	钟华伟	杜喜鸽
唐志杰	韩若琛	马轲	张敏	张浩	李甜	吴佳欣	胡进
白云杰	程镜丽	姜嘉超	张鑫	郝东虎	武家彤	苏芮	屈怡悦
范大承	李腾	段江辉	张祎敏	陈志强	冯呵新	苏丽娜	李娟
牛冰	王宇	同家辉	李星				

七班

丁致军	房晨妍	闫涵	赵白雪	唐琦	孙旗	赵瑞洋	何妍
宋帅帅	张乃倩	原拓	刘琼玉	李星宇	张聪慧	郭嘉凯达	王欣怡
梁博	赵晨星	程少伟	王平山	吴晨林	耿妍	刘泽	原晨晨
陈程	高柔婷	王涛	王维	吴赛	魏楠	王乐	韩雨航
李智坤	闫枭妹	王正	张晓娟	陈永奇	金海心	张亚楠	陈瑞
李静远	陈明媛	周正	元晶	王卓	路茜	任红莉	杨妮
赵力	雷佩	张晨	緱婷	雷昕磊	闫蒲笛		

八班

屈昭良	曹如意	郑文辉	彭西悦	原俊哲	王延	渊昭嘉	陈童
罗一镭	张曦心	王腾	田雨玉	张晓楠	魏敏	解昭睿	张颖
王健	盛一格	梁卓	柏静	汪泽强	赵茜	韩帆帆	陈草
刘星刚	白银珠	徐博	闫茜	任航	魏小雪	王雨霜	王娇
孟俊超	曹乐	王泽	高珊	梁福阳	原盼盼	史旭颖	蒋泽辉
张佳乐	常卓	许攀峰	张怡蒙	马兆庆	李晨阳	吴鹏岗	杨珂萌
赵帅	史家钰	蒋衡	张童	樊勇	窦宝珍		

九班

罗耀文	原佳	耿小超	米琳	李孝鹏	苏佳	田祥怡	高鑫丽
陈海啸	赵蕊	陈金坤	郑玥琳	孙孟航	杨芳	李朋	张梦凡
何振明	李佳芮	惠天乐	原飞飞	田旭科	董金蕊	王朝	王志华
郑岩松	王瑞盈	张世泽	李佩芝	杨昆	张楠	李艺婷	屈婉萍
唐旗	刘怡帆	张赟	韩悦萍	袁浩	苗晶晶	千甜甜	王挪静
罗耀武	刘佗	刘一帆	路航	李智鑫	万芝玄	任旭乐	董志洁
王天赐	王希雅						

十班

金钦	张西婷	张克	王楠	董思杰	党晨婧	张思雨	刘悦
张柯	席莹	张恒	刘蕊	吕国栋	唐薇	秦驰	曹瑾
杨坤	屈媛媛	彭成	韩博	张韩洋	李娜	何彦斌	李方烨
屈世林	王思佳	原琢雨	李欣倩	李湘杰	张盼婷	周华锋	党珍珍
李嘉浩	郭齐华	景大禹	樊雪璘	唐星	王若彤	李解航	常颖洁
王冬辉	何明苑	朱永强	惠丹妮	薛健腾	宋雯	王蕾	李楠楠
刘韦鑫	卫一凡						

十一班

王亦凡	王萌	田凯	李怡	张少鹏	何静	周鑫	校欣
韩泽光	韩安旗	张航	申佩妍	魏乐	樊明慧	权逍岩	雷莹
李恒博	王晨	王帅	章婉莹	王松	王旭宁	党雅茹	张天鸽
张和	赵敏	王兴华	雷晓娟	屈源植	曹晓庆	窦文洁	咨碧洁
尹浩	薛李茜	刘鹏睿	张曦	郭驰	唐珂	李聪聪	员玺
王鑫	杨里	张强	朱春宁	李旭飞	张宁	孙育	韩锐
王铎桦	范格格	张建鹏	王健怡				

十二班

陈文博	郭葛怡	万小龙	陈诗雨	刘侨	张小爱	左阳	李豆
李超	梁言	刘浩	孙盈	刘赟	杨也	杨诗梦	王怡楠
杨杰	单郝彤	奚路成	闫晓娟	张杰	常楠楠	同国花	朱艳
王珂	米珂	韩浩	白彤	李卓凡	王怡婷	丁锦莹	丁沛妮
王鑫	孙怡	屈博伟	李思雨	李航	王晓齐	李明渊	梁蕊
朱炳博	王杨	张航	张梦妍	李永乐	王雪晨	史伟豪	苏颖
陈杰	权佳鑫	惠鹏飞	王贞博				

十三班

陈雨豪	李欢乐	魏鑫	魏晨阳	杨嘉诚	韦玉蓉	张旭	初倩阁
路维龙	杨航	李璐瑶	刘玉	蒋泽智	屈婷	屈度	李静
张尚元	路凤茹	李鑫	原佳琪	陈一帆	李心茹	韩笔臣	苏倩
梁博	索洋航	张清辉	翟亚楠	王珂磊	杨苗	王雨	郭甜
刘鑫	同丹	王毅功	孙晨璐	张波	张彤	李洁	赵梦鸽
冯鑫	杜佳茜	王一博	张鑫	李俊杰	樊沁柯	史高翔	路瑶
王鸿博							

十四班

李汶贝	赵甜	王超	李琪	孙宇航	宋新月	王旭光	杨熔熔
王锦国	王倩雯	李智	张卓	刘冰	石盼	花凯旋	樊妍
任子恒	刘悦	雷奔	王梦鹤	尚东镇	王欣荣	齐夏亮	郭家延
尚静远	张玥	王艺豪	周萌	李一凡	刘玉	王巍恒	吴小庆
姚磊	李可	咨佳康	杨璞燕子	王世豪	杨琳	张梦琪	冯鑫
李腾飞	常妍	程磊	苏佳琪	王鹏	张楠	王卓	

十五班

周豪	李甜田	张凯斌	李倬	赵毅康	李璇	刘泽	杨嘉馨
王星	孙伟	王鑫	苏媛	魏运航	陈静	彭豪杰	刘欣
李犇	张倩联	王宇	鲁晓冰	赵森	陈景琪	苏越	张梦琳
蔡泽成	仝苏倩	马京	辛甜	程松伟	马泽	叶敏	李欣
王哲鹏	张婷	李创国	张佳	张明昊	雷晓敏	杨静	连岳
王博成	薛茸	张泽	郑丽萍	任航	曹宝娟	刘畅	李艺鑫
井斐阳	万丹	蒋昊昊	李梦芝	付晓蕊	孙欢乐		

十六班

权衡	曹肖颖	荆冲	张英鸽	王雨晨	赵妍	张拓	段舒欣
武旭辉	薛怡慧	何思洋	王雨昭	范志强	苏昕月	段毅成	康孟囡
张毅	连铭	李港	杨晨	原若晨	于欣	田佳音	冀开心
李杰	陈茜	刘腾	刘颖杰	李骥松	惠亚红	张彤	雷珍
孙锋鑫	雷姣	初明科	田娟红	冯泽星	苏陈晨	任倩茹	李双
王超群	王雯静	秦韵卓	任昊蓉	成星宝	王珊珊	原红光	惠康
马延强	杨晨曦	何晓光	徐梅平	史科鑫	苏雅倩		

2017 届

一班

任展飞	赵鑫	刘莘度	段泽奇	王梦泽	马超	张凯欣	权涛
王祯	闫鑫卓	闫佳欣	李英杰	郭晓彤	任英	曹孟	董宁新
刘婵	曹鑫	申毅恺	姚旸婷	王旭沅	党延锋	冯熙庆	赵茹
权若彤	曹子兴	宋博晨	连冰辛	王伟华	樊楠	秦璇	刘博强
屈洁茹	段嘉源	郭珂欣	王泽豪	孙松松	张隆基	刘宇辉	李辉
车仁艳	杜宝珠	宫雪瑞	宋磊	许卓玛	孙余瑶	张俊	雷晶

二班

王文静	吴悦	耿欣悦	马澳辉	朱珍	郭洁	闫静	樊鑫
陆丁岩	刘石	卜晓满	姜婧怡	郭圣杰	张晨	王苗	李宇泽
邵彤	陈琳娜	雷晓龙	樊旭东	屈星波	王赵强	王琨	高萌
石永超	何佳英	张欣瑶	朱照	贺文琪	宋成琦	惠月晶	刘晓仪
魏文博	王伟	王钢	马梦媛	刘夏威	蒙诗琦	寇泽坤	常雷
王雪萌	黄艺博	薛玉蝶	赵伟强	王鹏君	万年伦	徐倩	王邓欣

三班

李岳祥	刘璇	马小燕	朱转转	杨玉萌	李欢	王恒	高兴
何鑫	仵源	赵怡	张敏	王畅	刘夏	钟国鹏	弥安斌
陈蕊宁	李雯	闫睿梅	何亚琴	王藤	曹健	曹博	孙宁
张倩	褚鑫珮	陈晚茹	焦欢	马宇航	王勇	周怡凡	宋睿奇
翟庆华	杨帆	刘路远	张星	申英杰	张睿	房玉婷	郭纬云
赵雪婷	郭首道	米振华	孙江源	陈秦豫	王萌璐	许治	杨盈盈
刘盈佳	杨昊	袁静茹	刘佳	李俊杰			

四班

党凯怡	郝旭阳	樊若彤	张扬志	张勇涛	秦照升	周祺	刘阳
屈泽路	王昱亮	杜鹏超	安方帅	雷志杨	皇森	张琦智	刘侣鑫
曾恒蕊	姚塱	张誉馨	姜妍	曹尚敬	王旭超	刘旭航	马煜坤
刘玉琪	何金鸽	韩鑫月	贾朵	王向唯	马少松	贾蒙婷	蒋梦华
王薇薇	崔思琳	王静	李萌	邓宇晨	史庆	彭尤	屈佳庆
刘园	张哲	曹棋	郭婉	闫婕好	李照军	张周璇	张豪杰
校一彤	李雪枝	权庆建	贾虎				

五班

姜姗姗	李志涛	原静	王创	樊戈宸	王丹妮	张佳茜	曹郑鑫
王恒博	闫明亮	李佳莹	陆静怡	冀荣荣	郭旋之	王伊雪	唐京杰
王笑	李倩	杨国威	李欣鹏	霍腾	张琼月	赵雨晨	刘楠
李豪飞	王龙	汪凯	崔晟康	景建国	张澳翔	薛维	张涵
贾鹏程	刘敏	李璇	窦倩	王晶智	雷龙聘	曹剑雄	杨欣
吴婷塱	张玉平	张钰晨	党超凡	张茜	姚梦宁	吴昊	窦晗露

六班

郭美静	何炜	胡金超	赵子恒	赵泰康	张粉婷	周宁	王毓
刘艳鸽	刘森青	王佳静	邓伟科	李甜	肖伟鹏	李梦飞	陈铎
忽文博	张航彪	叶岚萍	王冰昕	陈秦安	刘文博	张少坤	王玉珂
王继文	张笑姣	赵凡	宋可心	李二新	石文强	高磊	吴杰
任昕梅	刘彧昊	冯佳豪	田超	杨子江	梁星	于璇	李欣羽
席朴	王玉洁	程佳怡	曹丹妮	张新	王柯柯	蒋梦瑶	唐胜坤

七班

吕珂	杨雨萌	高聪洁	闫钰泽	王泽华	惠贝	罗乃婷	张帅
常炫策	张振宇	宋任钏	刘乐乐	韩珂娜	王静博	王少星	王栋梁
常万荣	高蓉	奥鹏宇	董乐乐	杨航	马禧龙	张科	井斌龙
张婉婷	梁永妮	万荷	常琳琳	何嵩剑	万重楠	王彤	曹志琪
刘洋溢	雷晋轩	刘茜	汪静璇	汪文豪	雷思懿	王亚松	樊兴光
雷侣	杨甜甜	杨立强	郭韦欣	朱宁	王哲	闫怡洋	吴鸽
王蕊	冯伟	付昱萌	王晶洋	董永辉			

八班

候金倩	王梦甜	樊柯瑾	王欢	杨子怡	郭甲	韩雯婷	李琳薇
王萌昊	王浩	任怡	周洋	仇明珠	陈伟杰	武卓立	张毅
王倩	史佳珍	李荣	杨菁	张泽	樊彤	唐静怡	王逸飞
贺宇昭	张丹	左振雄	梁佳辉	马宇杰	鲁露	万智辉	景点
荆紫琼	吴涛	张田	王凯旋	姚歌	张毅华	王巍	猴晓强
薛蕾	许珮华	梁轲	翟伟栋	张程	常飞虎	党文昌	华旭阳
李超	雷丽云	王佳佳	校张康				

九班

宋甜恬	党蕾蕾	苏超	杨晓珍	张艺晨	李展鹏	李华丽	杨朵
车智伟	王宇豪	朱雪杰	闫伟兴	姚莹	张权	申王蒲	原敏
李雨潼	王旭辉	麻翊	张晨阳	吴文豪	李梦瑶	李恩	梁雷
路彤	王思璐	韩瑞州	张小丫	秦光	佘浩	刘浩	赵含荣
雷昊	苏瑞华	张卓飞	倪豆豆	白莹	王莎莎	郝媛	杨鑫潞
张茂杰	谢梦哲	梁敏华	刘金昌	李洁	刘浩	宋博成	单枭

十班

李忻泽	党瑞阳	千庆庆	张展鹏	王柏乔	孙晶晶	刘静文	张世杰
乔哲	郭冲	李清月	雷鹏塱	张浩然	王浩	李彦蓉	陶奇琳
李佳怡	房晨盼	李思琦	王婧	刘叶	辛攀	刘晓韩	韩万兴
王丹	杨雨柔	屈路袁	张豆豆	奥文乙	樊景婷	何振琪	赵思真
鲁天恒	杨震	邓祎鹏	尚伟华	甘玉卓	党潇鹰	校烨	安常乐
段欣悦	猴高杰	张晶	李松	何琳娜	贺晓光	雷倩	许可欣

十一班

刘育凡	陈航	党妍	申梦娜	周宇	曹王怡	韩雨鑫	王泽煜
武兵兵	苏航	郭伟	杨凡	王哲	郑乾威	唐乾	段志超
李甜	武鹏鸽	窦梦玉	王雪	黄荣	赵梦婷	杨咏康	郭欣瑞
窦英杰	王曼泽	杨莉娜	王一舟	郭智文	万涛涛	王秦鹏	刘汉杰
连颖珏	高晓波	张晨阳	王彤	周新	董源宸	赵世同	张玉
冯卓琳	杜雯雯	梁诗恬	杨乐	王闯	韩怡泽	蔡国莹	金俊涛
郑欣怡	田方怡	樊子睿					

十二班

杜会丽	曹千龙	张月聪	王柏琪	张玉皎	冯永辉	何卓蕃	常静怡
郭佳豪	杜菁华	张立龙	王咪	唐振阳	王殿霞	孙未阳	赵康平
杨燕	连杰霖	任欢庆	孟丽菲	李蒲阳	张象龙	杨微	许志杰
安伟豪	张林	李琳	唐朕	刘修齐	徐国辉	陈远航	苑凤婷
冉光楠	宋倩楠	张梅	同郭歌	高昆	曹玉	叶少博	闫旋
李冬梅	郑旭洋	贾志明	张大庆	杨倩	宋晨阳	王耀辉	张旭东
秦博琳	张鸽	汪海洋	苏玉航				

十三班

党鑫喆	武钰	雷彩虹	田艺苑	张茜	高璐	成莎莎	郭高健
宁景晖	鲁房岗	查珉	毕元辰	李兴顺	张柯	王雨禾	韩娟
王宇航	王庆	吝旭浩	雷海洋	曹婉碗	张雄	郝懿德	蒋炎妍
王妍	辛明月	曹卓萍	党晓颂	任振华	成晓庆	王澳惠	李嘉辉
童安敏	郭乃华	田航波	屈育华	郭耀华	赵敏孜	薛一康	李藏凡
王相博	原双阳	叶奕含	王腾飞	刘雯洁	梁康	秦真宝	王泽霖

十四班

李昕瞳	刘雨荷	杨振奇	王驰洲	张曼莉	韦秉君	屈彤	张庆
胡阳洁	李文博	原欣	王宇	王哲	杨玉玺	杨世鹏	党琳洁
李荣涛	院子甄	杨刚	孙嘉明	张佳乐	陈泳辰	杨乐	彭辉
赵晨阳	程乐	刘枭	刘紫微	权婧	李蒲峰	马争琪	李相宁
隋心语	王梦鸽	冯璐	李智宇	张贺	王兆硕	张彤	贾若楠
李林	白昕雨	刘思媛	刘宁博	权梦疆	张星	程杰	蔡培元

十五班

李昊洋	田婉瑛	郭璐	屈柯欣	张宇	杨星	李玥	王恒
王蕾	万凯伟	房曙光	王莹倩	舒心	张倩	刘哲	高关育
门嘉辉	渊晨	马晓桐	鲁尧岗	喻肖健	杨登科	闵博华	张旭
惠钰洁	常文清	陈格格	任静	王震	李沂倬	王雪丽	张博华
常雷豪	皇鑫	杨婧玥	刘卓茜	索怡佳	王雯	董泽豪	刘自强
雷师婧	任鹏辉	杨刚	郭晓童	李枭	赵泽琛	贺永宁	高原婧
赵梦玉	张皓深	吴钰涵	韩梦悦	李尚喆			

十六班

赵毅	张蓉	韩鹏程	陈雄	屈宇飞	赵晓薇	牛雨晴	关琳
许国威	王婉晴	张凡	刘琛	申国婷	崔明瑞	闫佳乐	赵晓斌
廉雄博	盛傲东	王甜恬	吴玉洁	万家乐	梁志杰	李谦	赵飞
康李甜	苏晗	王宏远	冯璐	孙逸聪	万志豪	万燭坡	辛珩乐
张旭数	陈春蕾	徐聪	郭靖	张煜	范江露	李文玉	鱼昂
王小斌	祝佩	姚田	程媛	董蔚风	郭子豪	高凯	焦博雨
鱼倩倩	谢壮	刘磊	韩瑾	陈亮			

2018 届

一班

朱辰兵	张家毓	吴奇泽	万泽亮	王璇	吴彤彤	张茵	张阳欣
梁龙飞	程晨悦	刘驰	陈鑫	皇格格	马紫薇	常婧	王紫璇
许恺	王凯悦	解洋	赵雯	苏华蕊	任蒲姣	罗秀茹	冀萌
王恒源	程嘉辉	赵世龙	段琛	苏梦	陈欢乐	苏玉	杨舒萍
史文龙	孙航飞	吕世圣	王佳乐	郑则原	范瑶	闫靓文	贺静
屈世茂	唐鼎革	闫江	付紫婵				

二班

张驰	郑国强	武嘉威	史家豪	原佳瑶	刘晓玮	杨梦园	唐欣
权卓	闫卓	杨辰	路冰冰	万玉怡	李轩捷	陈子涵	任喆
秦柯森	李海宁	张哲	王怡欣	李冰花	权惠童	张怡佳	许杨
王健楠	路伟浩	万乾鹏	闫玉洁	韩梦鸽	王子涵	校小梅	原若彤
张冬宇	董世杰	蔺丹哲	刘宇冰	徐倩茹	姜欢	李一涵	何家欢
段晨星	李安辉	李欣乐					

三班

龚泽超	王一多	韩潇硕	徐智越	苏童	张苗	王宇晴	党金凤
杨胤琪	李希	张恩融	郝霖莹	魏申华	葛昕	杜肖珂	刘蕊
任一	张鹏坤	罗善泽	薛怡阳	张玉芯	张雨乔	张越	屈蓓蕾
郑旭超	张科遥	刘张龙	万欣鸽	李钰媛	杨琪	冀王洁	许彭星
王振国	刘俊杰	井黄帅	王仪	和璇	赵晨	张雯	冰琛博
王浩博	唐海洋						

四班

朱含彬	惠嘉晨	杨帆	史万祺	单悦	杨莉莎	校璞维	成佳乐
张晨昕	屈鹏军	姚涛涛	武正豪	王格	李赛凤	曹蕊	杨欢
王昱涵	万张轲	程雷涛	刘伟泽	宋薛辉	王菲	王倩	陈心宇
王肖雄	李根	马泽星	李花航	赵瑞	原泽	陈晨	时利珺
校航	周森	曹晓龙	权鸽	由梓煊	李安宁	张雪薇	郭小炎
王振超	亓纪伟	杨智鹏	曹琳格	闫千帆	程欣雨		

五班

夏松涛	胡文豪	樊晶	张涛	王师怡	程佳佳	申灿宇	梁彤
晁震	马创	张鹏飞	赵航	王倩	贺英姿	杨晗	樊艺媛
刘家兴	吴雷宇	张拓	李仲元	常珍	何梦瑶	刘余松	王美璎
叶坤	杜乾龙	仵世豪	万佳乐	徐涵	王怡菲	孙子影	张雯
张一帆	张成子	张鹏飞	同娆丹	刘丹	任芳	万丹怡	朱心怡
王庚	李明	史元佳	刘倩	史星光	温婧		

六班

党路杰	李鑫	李国华	蔡扬凯	丁晨茜	韩思雨	李冰冰	陈嫄
刘鑫	汤承运	李航	关浩康	王阳	常安俊	曹瑞	杨婉欣
唐凯鑫	张震	耿泽华	薛欣飞	原美婷	代冬	陈琳	屠然
邓佳龙	屈李晨	王龙飞	李凡	冯佳楠	王朵	王刘妍	李茵
李昭	郭子杰	朱科技	赵佳玉	由子涵	李瑛琪	范雨露	孟舒琪
王鑫	许晓琦	王佳辉	杨怡	孙悦	李晨宇		

七班

万志学	牛泽航	刘朝阳	郭峰斌	任梦瑶	唐玙璠	雷妙	白孟凡
刘小龙	杨魏豪	朱奥星	李扬帆	李萌璠	张世洁	雷雯钰	杨妍妍
张宇航	屈国涛	丁清开	赵东杰	常卓琳	李杰	张一荷	郑子怡

刘开元	杨子浩	崔嘉诚	袁丹	孟阳	谭校倩	张怡	胡郭钰
张浩	高纪航	刘泉	王钰茜	贾怡	曹丹丹	田佳琪	李贺孟
屈景涛	冯腾帆	申腾飞	贺雪婷	赵文瑾	王文彤		

八班

刘超	董力玮	刘鹏远	齐祥宇	刘希萌	王绒	范雯萱	刘小蝶
车旭阳	赵煜	任毅	梁昭	牛玮鹤	任梦怡	原微娜	闫奕斐
李国栋	万玉杰	孙卓	梁京京	路懿	田蜜	梁凡凡	张乐
郝龙龙	樊林江	张宝雨	张洁	张凯琪	王宛宁	谷彩艳	王婷
杨烁	王昊晨	冯珏	赵雨薇	吴倩	吴茜	吴蕊	秦琪
李涛	刘禧龙	景旭光					

九班

秦旭辉	同腾飞	刘鹏	赵梦阳	韩史鸽	马珍妮	梁靖婕	同乐雨
李晨	常孟鑫	雷涛	汪舒羽	蒋怡超	蒲一苇	路婕	高祎旭
吕鑫	唐宇尧	霍龙	路蓝博	郭奥	王昕	党婷婷	郭融融
崔建铖	卫甲康	党禧龙	田亚妮	行越	周葆倩	张谦	梁怡宸
徐泽昕	王一雄	屈岩磊	姜孟媛	王瑞雯	王怡芝	陈健阳	王昕怡
王陆驰	张毅航	何佳妮					

十班

竹孔飞	王聚	邵宇航	张涛	曹静	张孟欣	白双阳	井佩
张浩	李瑞平	廉鑫	黄梦乔	李婉彤	王芝衡	韩默琛	车清洁
王继飞	杨秦剑	屈淳	师静怡	冯芝婵	路晶	闫萍	刘乐
白云龙	闫天磊	梁云豪	雷田欣	猴宇茜	苏乐依	李佳茵	吴珊
张甫	陈金涛	郝禧	赵若男	徐冰	范钰琛	卫茹	康静媛
李伯元	吴辉	王江毅					

十一班

李浩楠	冉康康	王刘崧	赵博文	常新荣	王天锦	杨晓	武乔
郑言琦	贺少杰	冯锦辉	高毅涛	曹柯婷	张魏娟	徐赵婕	王丹宁
杨世杰	董招辉	段尊	万青岳	吕文静	史宜涵	蔡佳琳	何玉洁
秦禹尧	常鹏程	张元睿	赵西潼	吴扬	秦蕊亭	郭赞	高欣
孙思伟	王璐	伍晓弟	朱素行	郭舒妍	王蕊琦	邹双月	候云娟
梁欢	朱怡楠	高原	王静	赵卓琳	苗科慧		

十二班

张文博	张东亮	米康帅	孙佳源	赵玉銮	刘梦婷	张虹宜	张莹
史智轩	董霖	陶泽鑫	申奥奥	张鑫倩	权芙妮	王盼	侯梦婷
杨成龙一	张浩	杨朋	陈澳冬	李玉婷	高怡洁	井璐	范伊静
党恒一	井章阳	王克	原鹏	郭钰	万瑜洁	朱莉娜	王子坤
杨嘉豪	校甲豪	张国梁	苏蒲阳	武婷	刘慎格	张乐敏	屈鑫
杨嘉华	李康尧	吴皓阳	杨紫薇	孙艺鑫	郭璇	刘嘉妍	

十三班

王泽鹏	许星哲	陈泱呈	王渭哲	苏醒	姬雨桐	陈昱如	任杨萍
李恒涛	王俊豪	马博超	武国强	张宇娇	任乐	耿陶卓	杨文静
马嘉威	兰凯旋	曹利鑫	张嘉隆	刘璇	祁艺	郭晨阳	皇佩
王芃生	王帅	潘龙龙	校合磊	张咏铭	张佳敏	张田	原白乐怡
赵李凡	王巨光	李树仁	马静婷	段婉莹	刘冰倩	秦豫	雷晓菲
袁梓杰	杨治杰	张艺楠	辛露	王梦瑾	赵卓		

十四班

高建华	党明轩	叱枭菁	吝思龙	胡佳丽	张文静	胡佳佳	辛晨曦
张建业	程玉龙	李星博	史洪嘉	王慧敏	王敏	田美萌	付艺云
王康	赵泽西	吴世锴	穆江博	任澄媛	杨盼婷	李奉仪	张芮
刘治卫	王涛	魏超帆	李泽洋	薛仕琪	宋紫怡	严章乐	马青
高翰林	刘创新	韩鸿博	李梦	王音	唐佳玥	闫钰	张乐
赵晨	张雷	杨康辉	程静玉	王亚梅	刘诗雨		

2019 届

一班

邵哲	任绍斌	杨博	王晓栋	钟乐	任碧石	高雯婧	党亚男
张勋	李旭豪	蒋岚博	张宇航	牛甜	简梦华	赵逸飞	张威婧
马煜航	郝嘉浩	宋科研	李冬阳	张妍	唐晨园	李湘	赵雨童
刘国强	左剑波	缑博毅	党佳艳	王雯婷	万元元	程青红	刘腾
叶玉龙	田泽林	陈志强	刘苗	刘梦	杨雨露	程王宁	喻芝璇
王旭升	王宇鹏	刘宇轩	王昭君	奥霖茹			

二班

党喆	苏佳豪	黄旭武	孙博峰	安玉莹	杜霄瑶	李嘉乐	张钰露
李雄	王子瑄	高明刚	唐帅臣	黄佳鑫	刘洁	张丹	华蕾

续表

谢蓬辉	赵钰淳	权朝阳	郭卜维	王莎	刘鸽	周婧	赵英淇
左航亢	司柏宇	陈海洋	刘阳	张瑞晗	庞鹿轩	张萌	冉婉婷
姚子恒	崔延鑫	岳运伟	袁心怡	赵可心	姜雨涵	李晨阳	贺娟
刘嘉豪	唐硕涛	张雪龙	路世敏				

三班

张乐毅	陈旭东	姜旭东	王婉婷	杨国栋	刘妍	冯锋	徐珂璇
赵泽	王梦婷	康宁辉	杨佳瑜	杨世龙	薛鸣月	田冰奇	王丹彤
陈旭东	曹梦蝶	杨晨	薛梦桐	汪鹏	李瑛	孙毅	秦甜
王黎博	李璐玥	李世杰	王妍	席哲	蒋梦倩	李航	宗润婷
李严	薛雨	张智杰	周凯璇	杨吉祥	张紫溪	杨潇	雷若冰
梁永康	白云	李纪元	党闫璐	原高恒			

四班

李珂	赵天	计楷涵	王文欣	耿一豪	薛怡婷	李光杰	何旭艳
梁栋	王超	喻王森	李婉	陈泽豪	赵思雨	杨博	雷梦凡
屈长庆	张莹	郭忠扬	王紫轩	高恒举	刘玉倩	李飞龙	屈庆怡
张翰举	徐晓红	权程成	屈宁	张鑫哲	董鑫鑫	樊盼	梁心仪
校文豪	樊小渲	倪煜凯	窦梦星	郭镒诚	袁明倩	张井晶	曹子怡
侯树恒	李异凡	张延松	许怡	冯嘉曦			

五班

孙祥辉	李帆	雷卓	梁楠	严功林	张悦	周明洋	李晶瑶
白世龙	彭旭昭	原周杰	许卓卓	张弛	尚文斐	雷佳琦	张璇
刘明辉	梁超	曹尚志	韦佳	权志强	张梦婷	田艳婷	赵欣羽
刘甲生	李堂堂	李晨曦	唐静	王伟东	杜旭桐	连婷婷	韩婉玉
肖斌	闫璇	胡逸豪	鲁星洋	鱼文浩	曹乐义	程亚萍	张倩妮
安科	方需	米宸	张继星	吴文星			

六班

徐一琦	张瑞	张迈	陈晓艺	苏成龙	屈雯琪	荆志远	李欣悦
张鹏歌	赵静	李佳徽	程欢乐	楚世纪	刘祎祺	杨超凡	王攀越
廉擘	郝欣仪	权衡	田怡	李文斌	党婷婷	元靖帅	张欣煜
张宇	李少飞	原英辉	李若林	王珂伟	田佳宁	唐勇勇	冀海涛
刘思雨	李妍	王啸伟	王奇梦	张桐	杨姣姣	衡轩熙	肖文婷
刘宇轩	王一科	杜振	李利娜	王智			

七班

赵梦媛	唐盈	王康	谷帆兵	刘泽洋	何蓉	徐梦佳	党晨
杨骐逍	马熙蝶	张博轩	王文龙	刘一莹	董嘉欣	李嘉诚	龚仁杰
索佳乐	唐晔	张毅松	闫哲	赵洛刚	赵倩洁	吴悦	花思维
张洋	任国雄	史彤	惠重阳	曹登辉	冯键	代思源	卺尚怡
左欣榕	刘科	杨佳浩	牛柯	何琳	王文杰	孙张桥	李梦琦
宋凡	李婉婷	郭晨	李敏				

八班

张国瑛	姚琛	王洋	罗屹森	郭晗	丁楠	曹晓丹	宋萌萌
赵皓月	杨舒翔	李梦璇	秦宇栋	刘霖冰	党明星	魏博康	杨文晶
韩昊喆	武文斌	姜何雄	刘宇轩	孙梦瑶	唐佳怡	孙毅	原雨晨
徐兆琳	代哲	姚薇	白志凝	李栋杰	叱欣宁	索睿杰	曹一博
韩冰	张艳婷	李佩刚	陈锦帅	李洁雯	袁思睿	邓湘烨	杨茵
程炜炜	杜滢璇	车欢欣	刘恒杰				

九班

王倩雯	马晓晨	校凯宇	郑项天	任晓月	刘梦洁	安利斌	申伟科
樊同杰	杨怡航	卫晨阳	程卓	高星	秦骅	何岩松	牛宇龙
雷晓蒲	冯一杰	武婷	程兴	屈英敏	王怡	李舰	李少轩
惠康	董致函	雷乾隆	付岚菁	韩安慷	屈瑞琪	李泽	曹馨文
夏晓鸽	路琪乐	权若楠	张艺华	潘学仕	井海东	胡莺蓝	张晨睿
李彤	薛瑞杰	王永峥	蒋武伍	苏奇			

十班

刘宇航	左晨	周紫晗	范梦瑶	周瑞	杨帅帅	贺晓婵	张思乐
解开科	张翔	王益祥	王理	王鹏辉	高子怡	马孝艳	陈芝敏
王晨	王佳鹏	路佳	苏京潭	何志航	王毅恒	蔺世杰	姚佳
王旭阳	贺苗青	潘燕洁	陈婉菊	党思前	秦原茹	马梦婵	杨一帆
校王一男	李伟航	程伟东	赵宁波	王豪杰	张晨飞	原怡洁	井晓凡
闵馨怡	井鑫	黄有印	张泽	薛晨光			

十一班

李霆阳	闫思泽	韩吕丞	王科	党潇莹	刘育彤	惠宇航	汪永康
曹菲	王露楠	闫泽源	王佳	李国华	王璇	党泽明	赵开心

史泰龙	李中茸	苏妍婧	宋沛洋	张自尊	郑园园	张卓琳	孙志龙
王笑言	张娅楠	刘世杰	薛尧	王孜钰	严勇康	樊耀兵	程凤
李怡凡	李冰	杨志龙	张磊	冯意科	赵世琦	樊伊平	刘艺馨
毕明君	陈敏茹	梁子毅	李林岗	刘怡洋			

十二班

窦鑫茹	韩笑	曹智	张卓豪	刘梦托	赵佳	周若卿	瞿承毅
李亮	刘林辉	王乔森	齐卓渊	马佳萌	李梦圆	原宇静	刘震霆
刘心怡	关鑫	樊淞儒	杨佩玥	万依琳	王梦诚	刘亚男	李瑞凡
贾莹	马茹茹	张珣	许亚博	郭娈璐	闫晨松	赵淳	赵驿豪
程华阳	张梦婷	黄英娇	樊璇	房菲	李重谊	闫陈林	张书辉
闵卓	原梦琪	赵崧云	崔启航	张璠			

2020 届
一班

张凡	张罗渊	同泽泽	王昊栋	张子涵	范嘉仪	陈韦华	潘一瑾
齐庆康	李岱垚	简浩	史炫杰	郑雪菲	程颖睿	唐博盈	武壮志
杨鑫泽	王浩博	朱梓赫	郭鑫	刘雅静	徐荣	林洁	张若楠
孙宇皓	党诚卓	王少波	薛锦萍	王怡婷	路蕊杰	李羽彤	屈梓萌
刘红君	叶树辉	孙钰康	李格格	何俊喆	张静	李世文	牛植
王志远	李林昊	王卓然					

二班

武壮志	郭轶天	郭耀升	蒋家乐	任沛哲	惠佳苗	李怡萌	杨鸽
曹一男	程梦毅	许超凡	路桥	刘欣怡	闫倩	赵青	程佳文
张一凡	鲍凯	王哲	陈向阳	王海洋	张婵媛	权永乐	王梦蓉
李文浩	王奇	李鑫	郭龙强	安珂朦	皇甫婉	周美慧	李佳蔚
雷晓柯	杜思阳	李洲	韩沛男	梁格	原金燕	雷琳	何奕
郭乐乐	李仡凡						

三班

刘锦麟	马佳鑫	侣林博	史国栋	苏欣	郑雨萌	许若瑄	姚嘉怡
李东辉	陈彤	燕腾乐	刘宇	蒲聪辉	胡欣	李睿婵	王奕曼
何旭扬	薛喆	何庞藩	田国雄	何萌萌	郭蕊	任奕凡	樊祎菲
张旋	周梦麒	李桐	万伟超	车芳	宁静	房刘瑛	张亚文

冯旋	秦汉华	任凯	苏菀婷	窦紫媛	唐嘉怡	万佳怡	杨子莹
万仕玺	李豪杰	卜马赢	韩谨	李梦雪	杨晨露		

四班

原博	陈京	王泽兴	王祎喆	乔旭莹	刘姝辰	田豆	屈育蓉
张思佳	李晨飞	李蕾	万晨	罗玉洁	白静	耿庆月	张丹
刘晨	杨文宇	冯旭辉	郭梓桐	雷蕾	吴楠	廉可蕊	唐佳怡
史智康	李俊辰	张思凡	杨安琪	鲁佳瑶	樊雪妮	马婵媛	田阿云
钟伟滔	王乾	李腾	李秦茹	王子璇	杜飞燕	樊奕娜	王钊煜
王驰宇	张贝	赵士康	徐婵	梁露洁			

五班

任鹏飞	刘高雄飞	李英奇	李佳豪	景晨阳	周紫菡	冀书彤	闫婉婷
樊浩飞	张宇轩	何经纬	赵向荣	刘金凤	王妍	雷凤	王冰倩
韦毅鹏	刘晨凯	马贝	何珂	同喆	赵芝婧	张乐莞	冯婧
田卫国	杜阳	朱凯旋	姜旭泽	赵玉娟	余梦婷	赵晓娟	雷延幸
李博阳	杜晓龙	吕梓华	黄冠程	王欣悦	刘玉华	郭曼星	杨佳怡
郭炫	惠错	张泽安	贺园圆	于晗月	张慧杰	谷亚婷	尹思甜
张倪萍	李智豪	耿一豪					

六班

马勇苗	马博兴	徐诗博	党浩强	周晓强	冯雯静	鱼梦停	梁琳毅
李旭	张春阳	杨泽林	郭子涵	蔡冰冰	闫梦梦	陈琳	闫博宁
万靖仁	寇章斐	井永辉	陈硕	简雪	王怡	何晨旦	梁康
程智杰	权林涛	王晨庆	安江	韦昌雪	张卓李繁	鱼清晨	缑赵婷
王柏	杨路凯	姬昌朴	刘月	路怡雪	党二琳	许静楠	王璐
张熙	韦程浩	唐科科	马妍妍	田乐	李欣	华玉燕	张宁
韩颖	许婉瑜						

七班

樊霖澎	任泓锦	王梦兆	惠嘉乐	习佳旋	宋思怡	张伟国	何泽豪
董豪杰	雷露华	周璋晨	曹佳怡	车妍	秦正沂	井润	范嘉龙
房晨朝	陈帅鑫	李鹏飞	赵星弛	刘沛尧	景文杰	李志鹏	路旭刚
张旭光	王雨柔	付新超	徐嘉彤	张寒艺	李雪妍	屈阳晨	许昀辉

续表

高李翔	屈怡涵	权航天	罗梓怡	徐秦艺	党静茹	严云豪	孙怡婷
郑思彦							

八班

刘乾	付锦华	武官定	王煜	原嘉伟	任小雨	曹荀昊	秦明月
孙鹏英	聂梦萍	曹飞宇	曹怡璐	王玄烨	穆思佳	刘旭琨	赵子琪
唐林铉	韩晶	钟佳乐	李蓉	韩喜龙	梁欢	曹浩楠	刘思雨
李珂	赵舒蕾	王俊涛	张璐	邢修远	赵靖怡	李佳辉	管楠楠
王伟乐	尚欣瑶	窦潼	权文宇	王子松	徐菁敏	王梓豪	王宇宁
张腾							

九班

王博渊	王婉婷	叶旭旺	贺玉轩	雷世翔	冀蕊	王格	曹博宇
赵正阳	左娜	鲁俊杰	张文璐	乔晨浩	李文倩	王乐怡	石振华
涂恒宇	范露露	张宇轩	种怡茗	吴喆	陈果	刘香君	徐林
朱晨	郗婉婷	韩尚智	孙宁君	原博	陈秦玉	王梦露	丁康杰
王佳豪	王俊婷	苏展昭	康玉叶	王家乐	刘蜜	惠祎繁	马清晨
耿渊博	王斐璇	王雨欣	屈怡喆	曹晨辉	付琪		

十班

任东科	赵晓鸽	王兴	校莹	刘昭仪	黄嘉伟	张虔	李世安
王飞	李玉馨	鱼贺祯	边文谨	党涵希	马储	李慧鑫	王佳昊
郑闫史姚	毕玉	李眹	程妍	元思佳	祖同庆	孙静蕾	韩冰
何渊博	曹兆妍	张政	高旋	郭凯雯	丁欢	杨静园	安陈泽
常恒涛	梁敏瑞	孙豪杰	刘帆	张诗雨	田闯鑫	张柏宁	赵宇星
杨哲	崔晓楠	赵驰	梁娇	曹璇	李玉柔		

十一班

白茂东	冀锴	杜肖猛	赵紫悦	徐境亨	李茹意	梁永健	朱新月
赵嘉宝	党开心	陈赟哲	屈星	曹锋辉	张宁	赵恒立	窦豆豆
许赫凡	李佳怡	杨博阳	王晓娟	王少男	刘欣	张旭康	郭孜柔
姜武杰	吕叶	郎晨	王一凡	姚天一	李鑫丹	贺晨晨	樊容言
邹嘉华	严晨静	孙杨哲	曹周彤	姜丰伟	刘杨	马博晖	孙凡茜
郑柯	张玉欣	宫哲	刘婉	武恒森	钟文静	张思奕	万芝菁
常媛	李博明						

十二班

付伊凡	杨乐	李奕扬	李敏	孙浩博	关泽华	唐星辰	权熙芬
姚旭	闫昳晗	唐艺卓	石晓睿	张哲	刘俊雅	任伯豪	校雨乐
原雷江	连怡	闫浩晨	李梦鸽	董一凡	王瑜	季易凡	谢婵
宋卓伦	刘菀菲	谢家豪	梁欣怡	曹欣博	吕婧怡	王婉莹	唐美静
王阳光	王欣意	武嘉磊	闫雯	牛仁杰	郭冰	张娟荣	苏洁雅
丁光泽	杜佳美	张驰卓云	田丹丹	杨一凡	李薇妍	武圆圆	索喆怡
武桐瑾	韩婉莹						

2021 届

一班

王欢笑	成少晨	江泽杰	张子璇	付格格	黄嘉怡	郑雨荷	张玉瑶
杨泽资	马毅凡	黄志奇	张秋萍	王苗	郭佳煜	段馨媛	解佳怡
李锦海	万圳延	毛勇斌	姚梦远	王雪儿	孙倩	王浩楠	安李瑛琪
张朝泽	马荣昊	李奕凡	乔欣月	杨仪晨	王诗蓉	王小芸	耿陈晶
张文泽	蒙武毅	王雪松	刘晨钰	姚雨彤	杨紫薇	黄佳丽	董玉川
侯秦博							

二班

王硕	白云祺	宋王博	张锦辉	王锦玉	李莹	原怡菲	马倩茹
原耀武	万文博	孙建哲	刘艺萌	杨逸荻	张梦园	梁紫莺	张钰洁
李毅鑫	刘思源	宋佳豪	文庆盈	王宋迪	孙喆瑶	闫美乐	杨艺琳
杨文泽	王泽坤	王康洁	毛翌菲	吴昱婵	王欢	郭佳颖	雷佳怡
张勋	王明辉	崔博洋	张孟瑶	刘斯雅	孙志薇	屈婉玥	

三班

郗敬淳	屈江涛	吴佳庆	刘小杰	李茜	王冰怡	贾一凡	杜琼琼
任泽桐	赵麒麟	张蒲元	汤思洋	张欣怡	孙雨柔	忽欣然	刘斯文
张科瑞	赵天赐	校泽晨	韩伊航	张若冰	贺彤	马琳	岳忻颐
曹怡飞	李毅	李杰煜	庄梦园	雷婧怡	韩欣月	李雨芮	张梦凡
单若辉	高远瞻	王江涛	常小雨	王爽	张静怡	杜清华	师婉茹
殷胜杰	李泽华	杨天航	杜夏	张紫怡	刘小庆	周博娜	宋予婕

四班

校一博	姜路卓	袁梓豪	权东勃	范腾飞	陈婉彤	冉紫蔚	田瑞
原恒立	张承东	刘昌昊	安薛森	李甜丹	万国芳	韩雪奕	赵梦媛

李嘉乐	李林洋	叶晓斌	许少倬	许文菲	李昕怡	张思源	李金鸽
田腾飞	董嘉泽	张煜	王新峰	任雯鑫	叱旭婷	王贝尔	王诗涵
余思源	王一松	薛程锦	马贺华	孟紫芝	范珂	张梓桐	原可可
于旭洋	刘珂成	郭留者	王东江	陆东妍	呇嘉怡	刘宁	苏洁雅

五班

麻鹏东	安佳兴	苏信哲	陈晓乐	何可怡	张蕾	曹容真	杨梦月
樊怡博	井立强	叶荣辉	王晨旭	杜孝旋	王姿琰	程颖	王静怡
万志豪	赵晨阳	程耀东	李宛芸	赵怡	舒佳妮	史文翠	刘佳欣
党宇航	何宇鹏	刘阳	唐紫怡	李伊婷	张欣怡	李哲帆	仇敏洁
路玉翔	呇文卓	方鑫磊	徐王贝	张佳乐	齐晨静	张瑜	董丁其
朱博瑞	吴泽奇	张秦尧	朱满盈	李思语	郭思如	李子涵	杨梦婷
王靖同	原朝奇	程玉辉	刘欣雨	李卓佳			

六班

任立博	乔泽浩	王甲东	张凯卓	李丹	史晨欣	李冰艳	马烜璇
赵书海	杨哲	王嘉泽	李鑫辽	武玉欣	奥玉茹	王雷鸣	万妍菲
唐名魁	武旭志	王艺栋	张妍妍	常如意	王晨杰	秦佳怡	杨双双
陈怡杰	贾乐	蒋一帆	李欣怡	奥晓奕	张乃欣	殷冰雨	白悦杨
耿英豪	徐嘉辉	梁万柯	魏娜	校冰格	徐婧	杨佳怡	李佳欣
皇储	李航	惠泽	徐怡楠	胡小青	唐沁	张佳乐	薛冰玉
蒋李伟	赵家宁	安豪杰	白茹雪	樊倩倩			

七班

井一凡	王京泽	梁文泽	李洋梓	宋雨筱	李艳茹	李慧	雷玉洁
范少康	骆羽凡	王剑博	车嘉琪	后雯英	李嘉怡	王丽宁	张子晗
王欣博	尉佳伟	崔元泽	原佳鑫	王若妃	王佳涵	张檬丹	杨佳荣
徐晨飞	邹晨阳	李林烜	王璟妍	刘宛婷	车璐昕	索紫怡	张孜卓
李一鸣	王宇航	鲁琪	党常乐	贺茜文	薛安纳	林洁	何俊喆
韩泽阳	薛普珈	陈钰波	李清阳	赵恪祎	窦金阳	唐艺萱	王鑫怡
卫进友	张晨博	武泽森	张天				

八班

王卓	李源	杨胜	曹晶莹	傅燕子	吴金丹	刘静琦	王奕洁
屈文乾	范博瑞	张嘉豪	李泽玫	李深紫静	熊家悦	张欣洁	张嫦月
权佳乐	唐原凯	王智伟	赵卓筠	王妍	曹雪萌	刘嘉媛	马睿欣

王新鹏	王展鹏	闫宇坤	王辽	王梦月	白家壁	梁李媛	董丁菽
尉武超	周凯兴	王卓	冯姗姗	李静	王静	余晨阳	许金乐
张嘉浩	韩蒲江	樊宇金	党文琪	王星	李彤	赵一	徐若讷
杨伊帆	王毅哲	常权程	任泽佩	郭思晨	张莹彤		

九班

董塬鑫	陈哲智	惠泽鹏	杨鑫	郝锦涛	兰佳怡	牛莎维	方静
魏涛	孟海涛	刘宇琛	雷智鹏	张济政	何一	高雅	张蕊雪
王吕溢扬	万里航	张佳泽	屈博	姜梦辉	徐静	付子源	赵鹤妍
张志飞	武楚惟	屈庆圆	屈杨洋	校佳怡	田阿丹	党博洋	田泽琳
陈星晨	李涵哥	张博帅	赵敬阳	秦奕阳	张艳利	樊苗苗	许秉鑫
李艺帅	杨泽林	马一鸣	李鼎	孙欢洁	李祎曼	王丹	王一诺
郑远哲	程正郅	孙晨鑫					

十班

王百安	赵智勇	武文豪	张丁	王旖旎	魏嘉怡	权晓蓓	王琪钰
许文兴	刘俊杰	陈钏	王蕊	屈佳怡	张琳怡	徐佳艺	屈佳宇
张平阳	苏佳辰	黄卓	张天一阁	李翰琳	尹静静	井卓儿	赵玉格
索晟轩	王盛宇	彭少华	张婧璇	彭格婷	何晓敏	冯艺林	樊若青
侯李兆	韦康名	宋佳和	李丹	张育菲	仵白桦	苏亿菲	孙佳璇
程天乐	王廷州	唐喆	张伊蕾	周卓冰	王子涵	李茜玥	张迪
董家兴	齐杨阳						

十一班

原毅恒	严苗烨	何哲	马茜茜	王欣悦	陈佳荷	王晓月	魏玥
汪一恒	韩煜冉	鲁明	袁小玮	王佳彤	张贝	武宝贝	王京婵
王昕	吴月东	杨科伟	屈静蕾	韩颖欣	姜逸香	段小婷	雷怡婷
汪新建	屈欣源	李锦航	张梦雨	康琳娜	权佩玉	雷宛萍	李思沛
陈毅锋	张博	陈立新	万航宇	王何庆	姚玺珅	刘艺玮	张瑜乔
何续							

十二班

武旭阳	校乐昀	张强强	曾瑶	王钰格	姜佳雪	弥晓敏	韩心
高嘉翔	王策	张森	雷怡阳	范紫怡	杨恒鑫	周庭渭	闫雪盈
李斌	张智	贺正同	侯可人	李萌	杨乐	王聪会	刘丹

续表

刘乔越	张睿财	张招	王星	于倩卓	唐雪	范瑜斐	闫碧媛
阴孟卓	薛枨心	魏彤	周坤宁	王文菲	党佳瑶	吝可心	杨思语
王毅博							

第四节　学生社团

一、队伍建设

学校成立了形式多样、促进学生个性发展的社团组织。有篮球队、田径队,彰显体育精神;艺术社团有美术兴趣小组,为特长生搭建挥毫泼墨的舞台;舞蹈、器乐和合唱队,熏陶学生艺术情操,展示学生才艺;文学组创办校刊《起步》,成为师生交流学习园地;英语角,增强学生学习英语兴趣。这些形式多样、各具特色的兴趣小组活动,丰富了校园文化生活,为学生综合素质提高和自身发展创造了空间。

学生社团成立以来,充分发挥着各自的职能,组织丰富多彩的自我教育活动。每周一次的国旗下讲话,掌声雷动、振奋人心;每月一次的"学生论坛"异彩纷呈、碰撞思想;"我是三中人"演讲比赛激情洋溢,激发自豪感;对格言的诠释为每位学子指明了前进的方向;"崇尚文明,告别陋习"签字仪式、"养成好习惯,幸福一辈子"主题教育

活动,激发学生更加文明、健康地成长;"感恩父母的社会实践"活动,使学生学会感恩,懂得回报;"我的价值观、我的中国梦"主题教育活动,使学生树立积极向上的人生态度;各种内容的模拟法

庭开庭活动,增强了学生的法律意识;情景剧表演、才艺展示、英语话剧表演等,展示了学生的青春活力,张扬了学生个性。

为了丰富校园文化,培养学生自我学习、自主发展,学校经过充分酝酿和精心筹备,把学生社团课程作为校本课程的重要组成部分,纳入拓展型课程管理,面向全体师生定期组织学生社团活动。根据校内师资和学生情况,从培育学生核心素养的视角出发,以"参加一个社团,培养一种兴趣,学会一门知识,练就一项技能,体会一个成功,享受一份快乐"为活动目标,进一步关注学生特长发展,使学生社团真正成为学生喜欢的活动场所。2018年3月15日,在学校各部门的大力支持下,成立了器乐、舞蹈、书法、化学、健美操、篮球、生物实践、琼林、素描等涵盖了艺术、文学、体育、科技等28个社团。每名同学都可以根据自己的爱好和特长自主选择参加其中一个社团,既适应新课改的需求,又发挥教师的特长优

势,使教师在工作中收获喜悦、丰富人生,更让学生在学习中增长知识技能,培养兴趣特长,促进全面发展。

二、硬件建设

学校坚持把特长教育作为提升学生综合素质的有力抓手,投入资金维修、建设基础硬件设施,完善了舞蹈室、合唱室、电子琴教室、声乐教室、美术展室、画室等艺术教育场馆,为艺术教育奠定坚实的物质基础。加大对体艺教师的培训力度,深入开展艺术特长教育,培养学生的兴趣爱好,促进学生的全面发展。学校每年都参加县中学生篮球赛、舞蹈、美术大赛等,并取得了显著的成绩。

三、社团活动

1. 文学社组织广大学生积极投稿,为学校校报《起步》及广播站提供好的作品。文学社成员何丽倩的诗朗诵《地球我的母亲》获渭南市"朗诵专业高中组银奖"。广播站每天利用早点时间为学生播报当日新闻,开阔师生视野。

2. 体育方面,积极响应国家"阳光体育"号召,学校每学年定期举办田径运动会,冬季师生越野赛,教职工篮球赛、羽毛球赛、乒乓球赛、象棋比赛、拔河赛等,举办学生篮球赛、羽毛球赛、乒乓球赛、拔河赛、队列队形广播体操比赛等活动。校篮球队在"渭南市第12届运动会"中获得了青少年男子组第一名,在"蒲城县2014年中学生篮球运动会"获得高中男子组第一名。校田径队在蒲城县第六届中学生田径运动会上获得团体总分第二名,取得了4金、6银、11铜的佳绩。

3. 艺术方面,学校每年举办"校园文化艺术节",组织学区文艺会演。在蒲城县教育局举办的第五、第六届"校园艺术节"中,三中的文艺节目分别荣获一等奖、优秀组织奖、节目优秀编排奖;舞蹈队在陕西省第十届"星星火炬"青少年艺术英才推选活动中荣获舞蹈专业高中组金奖。成立师生书法协会、绘画协会,定期举办师生书画展。

学校定期在学生中开展小科技、小发明

活动,并组织收看神舟十号太空授课,培养学生科学探索意识。2013年11月—2014年3月,中国流动科技馆在蒲城三中开展了为期100天的科技展览活动,开阔了学生视野,提高了学生科技兴趣。在28届陕西省青少年科技创新大赛活动中,学生薛宇、许飞、张鑫合作设计申报的"LED多功能台灯"项目获省级三等奖、市级一等奖。党旭阳等十名学生参加了由中国科协组织的"2013年青少年高效科学营——西北工业大学分营活动",提高了学生的科学素养。

这些活动,丰富了学生的文化生活,营造了良好的学习氛围,为学生学习生活拓展了空间。首届高考,蒲城三中体艺类二本上线人数达20余人。

2017年12月20日,高三年级在操场举行了拔河比赛。这次拔河比赛由两个学部组织,以班为单位,每个班派出8名男生7名女生参加,邀请体育老师担任裁判,以淘汰赛方式进行。历经激烈角逐,最后高三七班、高三十二班获得最后胜利。

2018年4月16—19日,高二年级开展了以"交流、团结、活力、拼搏"为主题的篮球赛。赛场上运动健儿身姿矫健,士气如虹,球员斗志昂扬,信心十足,与对手展开了激烈的碰撞和角逐。那精彩的三分球,精准的罚球,无不把比赛推向一个又一个高潮;快攻、妙传,更是令比赛精彩纷呈。观众也都成了啦啦队员,呐喊、助威,为自己的班级加油,喊出了活力,显示了风采。

9月27日,各社团纷纷拉开新学期第一次活动的大幕。在指导老师们精心组织策划下,活动场面令同学们欣喜不已。表现自我、演绎人生的话剧社,培养和锻炼抽象思维能力的象棋社,激发和培养创造意识的地理社等30多个社团,精彩不断呈现,不仅拓展了同学们的文化知识,还提升了同学们的精神情操。

第五节 研学旅行

"研学旅行"是由学校根据区域特色、学生年龄特点和各学科教学内容需要,组织学生通过集体旅行、集中食宿的方式走出校园,在与平常不同的生活中拓展视野、丰富知识,加深与自然和文化的亲近感,增加对集体生活方式和社会公共道德的体验。"研学旅行"继承和发展了我国

传统游学、"读万卷书,行万里路"的教育理念和人文精神,成为素质教育的新内容和新方式。

2018 年 3 月 17 日,蒲城第三高级中学部分老师走进白水县仓颉庙内,探寻汉字之源,感受文字的力量,领悟汉字给我们的精神。此次活动,促进了研学旅行和学校课程有机结合。

4 月 11—12 日,学校琼林社、国学社、历史社、地理社与政治评论社团的 100 余名学生,列队走向王鼎纪念馆,开启本校第一次学生社团的研学活动。本次研学活动的主题是"追慕先贤,励志成才"。同学们向王鼎铜像敬献花篮并致祭词。王鼎是中国近代民主革命序幕时期的政治家,他曾改革河务、盐政,平反冤狱,颇有政绩。晚年为维护中华民族利益,捍卫领土主权,与林则徐一道同穆彰阿、琦善为代表的投降派作殊死斗争,最终尸谏殉国的壮烈之举,震撼了同学们的心灵,激励学生励志成才。

2018 年 7 月 5 日上午,蒲城县第三高级中学近 600 名师生开启"探寻历史文化源流·传承中华民族精神"为主题的研学韩城之旅。此次之行,韩城市"司马迁文史"研学实践教育基地揭牌仪式暨蒲城县第三高级中学研学旅行启动仪式在司马迁祠景区举行。韩城市旅发委党工委副书记张五一、副主任庞有学,蒲城县第三高级中学校长苏耀锋,韩城市教育局副局长张晓刚、副局长李世杰,韩城市研学办主任牛佳等出席活动。

活动中,同学们穿汉服、行汉礼、拜谒史圣司马迁并诵读《报任安书》片段。孩子们怀着一颗颗恭敬之心,在礼仪老师的指导下,与先贤同行,与历史共鸣。

随后,组织学生奔赴八路军东渡黄河出师抗日红色革命教育基地,继承弘扬革命优良传统、

持续开展让红色基因融入学生血脉、浸入学生心田,汇集成学生用之不尽的精神动力。

第六节　学籍管理

　　学校严格执行 2010 年 10 月省教育厅制定并颁发的《陕西省普通高中学生学籍管理办法(试行)》之规定及 2013 年 9 月 1 日教育部颁发并施行的《全国中小学学生学籍管理办法》,为规范中小学生学籍管理,提高新形势下基础教育科学管理水平,学校建立健全了学生转学、休学、复学等各项规章制度,积极实行学籍信息化管理,做到学籍有专人负责。学校已经建立了纸质学籍档案和电子学籍档案,学籍资料分类清楚,条目清晰,数据准确,上报及时。

第七章

校园建设

 蒲城县第三高级中学是2010年7月在原蒲城师范学校旧址改建而成的一所全日制公办寄宿制中学。至2018年9月,八年来,在各级领导的大力支持下,在学校领导的努力推动下,在后勤人员的积极配合下,学校已创建为省级标准化高中,获多项市级"示范性学校"。现在,学校校园软硬件设施建设已跻身一流行列;尚有建设项目,正在完善之中。

第一节 硬件建设

一、校舍建设

 2010年7月,学校接收原蒲城师范学校土地107亩,建筑物面积26850平方米。其中,教学楼一栋,实验楼、艺术楼、图书楼各一栋,综合楼一栋,学生公寓楼2栋,教工宿舍楼4栋,其他用房3794平方米。接收后,对原师范教职工宿舍楼2栋,共投资30万元进行维修改造。对教学楼、综合楼、实验楼、艺术楼进行了维修,面积12700余平方米,拆除危漏校舍4500平方米,新建校舍22434平方米,购置了部分实验设备及教学设备,新添了校园广播系统、照明系统、校园通讯、网络等8个系统,铺设道路400余米,硬化场地1200平方米,累计投入资金535万元。

 2011年,学校先后投资1023.9万元,对教学楼、综合楼、实验楼、多功能厅、单身教职工住宿楼、3号学生公寓楼进行加固维修;对校门进行改造,维修了校内供水设施、排污管道、供电线路等;购置架子床280套,衣柜90套;购置餐厅学生用餐碗、盘1800套,消毒柜等设备。至2011年12月,学校改修装备的微机室、校园网络主控室、16个多媒体教室、音乐室、美术室、舞蹈室、健身室、综合活动实践室、物理实验室、生物实验室、化学实验室、通用技术教室、两个地理、历史演示教室、标准化图书室、体育器材室、医务室等;新购置的图书、理化生演示仪器、实验室仪器等,均达到了省级标准化高中的配置要求,基本满足教育教学的需求。学校标准的400米环形操场,篮球场、足球场、室外乒乓球台、双杠、爬梯等体育场地和器材,为学生体育课堂提供了保障。

 2012年,投资3000余万元,建设教学楼一栋、学生公寓楼一栋、学生服务中心一所。投资305万元健全了图书室、阅览室、音乐室、美术室、舞蹈室、健身室、综合活动实践室、物理实验室、生物实验室、化学实验室、通用技术教室、地理教室、历史教室等多功能教室。投资48.6万元购置课桌凳1100套,办公桌椅150套;投资132万元为每个教室安装了教学用多媒体,并给各办公室配置了30多台电脑及打印机;投资97万元安装了设备齐全的校园广播系统、通讯系统、网络系统、照明系统、安保监控系统等。至2012年底,学校各项硬件设施已可满足三个年级正常的教育教学活动开展。学校先后投入资金30万元,加大绿化面积,改善绿化设施,总绿化面积为21800平方米。同时,进行校园文化建设,美化校园环境,使校园四季如春、三季有花,文化氛围浓郁,育人作用明显。

2013年初,由于建设资金有限,学校累计负债3500万元,偿还债务成了学校最急迫的大事。学校向教育局、县政府反映困难,同意将学校临迎宾路的服务楼面向社会拍卖,所得资金用于偿还债务。

2014年3月,服务楼拍卖成交,拍卖资金2850万元用于偿还了部分学校债务。11月,学校争取到国家专项资金5835万元,全部用于清理债务。经过两年努力,学校债务基本还清。为学校后续发展奠定了基础。

2015年9月,学校改建了多功能厅,面积1300平方米;修建了操场围墙;配置了新微机教室,添置微机50台;新建了篮球场;硬化了路面等,推动了学校的教育教学工作。

2016年投资370万元,改建了操场,面积19000多平方米。至10月,工程基本完成,满足了体育教学的需要,方便了师生的体育锻炼。塑胶尚待铺设。

2017年,学校投资238.727万元,用于校舍建设维修改造。绿化种草2514平方米;硬化了西南及3号公寓楼北两处停车场3436平方米;拆除危房740平方米;新建开水房54平方米;新修卫生厕所252平方米;旱厕改造95平方米;维修体育器材室270平方米;单身楼改造923平方米;空调安装22台;购买燃气锅炉1台,接入天然气;新装供暖管道300米、暖气片87组;阶梯教室改造147平方米;屋面防水1523平方米。

2018年,学校总投资130.6278万元,用于校舍建设维修改造。硬化了南教学楼与综合楼之间道路644平方米;二号学生公寓楼维修改造2789平方米;各部室改造400平方米;综合楼维修改造2567平方米;德育室建设85平方米。

附:蒲城县第三高级中学房屋建筑统计表

序号	建筑名称	结构	建筑时间	用途	层数	面积（m²）	金额（元）
1	南教学楼	砖混	1980年1月	教学用房	三层	2589.59	546921.41
2	实验楼	砖混	1991年1月	教学用房	三层	1392.00	506688.00
3	艺术楼	砖混	1992年4月	教学用房	三层	1650.94	618111.94
4	图书楼	砖混	1993年4月	教辅用房	三层	1358.83	522877.78
5	综合楼	框架	1999年1月	行办公房	五层	2567.80	1589981.76
6	体育器材室	砖混	2003年7月	教辅用房	一层	205.14	69419.38
7	多功能厅	钢屋架	1983年1月	教辅用房	一层	1226.95	371029.68
8	1号教工楼	砖混	1984年1月	教辅用房	三层	988.03	221318.12
9	2号教工楼	砖混	1985年1月	教辅用房	三层	988.03	229222.96
10	3号学生公寓	砖混	1986年1月	生活用房	四层	2789.78	669547.20
11	10号宿舍楼	砖混	1987年1月	生活用房	三层	922.63	228812.24

续表

序号	建筑名称	结构	建筑时间	用途	层数	面积(m²)	金额(元)
12	1号学生公寓	砖混	2006年1月	生活用房	六层	6879.00	5393136.00
13	锅炉房	砖木	1997年9月	生活用房	一层	119.72	40225.92
14	门房	砖混	1983年1月	生活用房	一层	107.90	20975.75
15	供电房	砖混	1983年1月	生活用房	一层	46.26	8992.94
16	观礼台	砖木	1995年1月	教学用房	一层	77.50	14061.60
17	教学楼(北)	框架	2012年9月	教学用房	四层	3548.00	5400000.00
18	生活服务中心	框架	2012年9月	生活用房	三层	5917.00	10626851.84
19	2号公寓楼	砖混	2012年9月	生活用房	六层	4666.00	8588749.80
20	服务楼	框架	2012年9月	教辅用房	六层	8303.00	12724416.20
	合　计					46344.10	48391340.53

制表:万永新

审核:姜新民

2012年12月6日

注释:1. 为了偿还债务,2014年3月将服务楼出售。

2. 2015年9月,学校改建了多功能厅,面积达1300平方米。

二、设施建设

1. 综合楼

学校综合楼是一栋五层楼,始建于1999年1月,建筑面积2567.8平方米;2010年7月,由蒲城县第三高级中学接管并进行了维修,属学校行政办公之地。2018年经过装修整合,一楼设领导办公室、各处室、围棋室,二楼设领导办公室、党员活动中心、心理咨询室、书法室,三楼设校园电视台、录播教室,四楼设监控室、地理教室、历史教室、通用技术教室、信息技术组,五楼设3D打印室、阅卷室、计算机教室两个。

2. 图书馆

学校图书馆是一栋三层楼,始建于1993年4月;2010年7月由三中接管。2011年新购置图书,订报刊、杂志,配置了电脑、图书柜、报刊、杂志支架。2012年健全了图书室。现有22种图书4万余册,订报纸60余种,订杂志200余种。分为图书室、阅览室,管理人员有李水阁(管理图书)、胡爱玲(管理杂

志)、张林虎(管理报纸)、高晓翠(管理杂志)。

2018年,学校对图书馆内部进行了装修改造、布局调整。目前一楼设学生图书阅览室、杂志报刊阅览室、藏书室、借阅登记室,新增图书1.7万册;管理员有赵稳阳、胡爱玲。二楼设教师休闲按摩室、教师沙龙休闲室、电子阅览室、亲子阅览室;管理员有曹慧莉、王建利。三楼设教学能手工作站、名师共同体工作室、德育室、档案室;管理员有王建利、贺社利、孙芳云。

3. 实验楼

学校实验楼始建于1991年1月,共三层,面积1392平方米。2010年7月,三中接收了实验楼并对其进行了维修。2011年,购置配备了理化生演示仪器,实验室仪器。实验楼内分化学实验室、生物实验室、物理实验室。

(1)化学实验室

化学实验室有1个56座通风实验室,2个48座标准实验室。另有准备室、仪器室、药品室、试剂室、专人专管危险药品库。所有仪器、药品均按国家普通高中的标准化配备。

管理人员先后有屈建民(2010.07—2011.08)、王建玲(2011.09—今)。

(2)物理实验室

物理实验室有3个48座实验室:2个电学实验室,1个力学实验室。有4个仪器室:2个电磁学仪器室,2个力学仪器室。还有1个准备室。电磁学仪器、力学仪器均按国家普通高中仪器的标准配备。

管理人员:杨宏昌(2010.07—2012.02)

屈建民(2012.03—今)

张林虎(2018.09—今)

(3)生物实验室

生物实验室有1个48座解剖观察二合一实验室,1个48座标准实验室。另有准备室、仪器室、试剂室。所有仪器、药品均按国家普通高中的标准配备。

管理人员:原亚萍(2010.07—今)

4. 体育场与体育器材室

学校体育场是2010年7月由原蒲城师范学校移交三中,面积19000平方米。共有3付移动式篮杆,篮球、排球、足球等场地基本可以满足体育活动需要。其他如跳高垫、

体操垫、跨栏架、铅球、铁球、铁饼、标枪等,亦可满足各种体育活动需要。体育场上新建了观礼台,西侧有体育器材室、健身室、小房间。操场已全部硬化,待2020年春铺设塑胶,管理人员为体育教师郭晓栋。

5. 地理室

地理展示室配备有:世界立体地形模型图、中国立体地形模型图、冷锋演示模型、暖锋演示模型、大气环流演示模型、火山喷发演示模型、流水地貌模型、火山地貌模型、地震模型、喀斯特地貌、煤与石油、等高线模型、板块模型(2件)、岛屿成因模型(2件)、褶皱模型、断裂模型(2件)、多功能组合模型、重力地貌、五种地形、风沙地貌、构造地

貌、黄土地貌、丹霞地貌、海岸地貌、光电星象仪、飞碟式三球仪、经纬度模型(6件)、填充地球仪(6件)、地球内部构造(6件)。地理室管理人员为韩泰龙。

6. 历史室

历史展示室配备有:半坡遗址复原模型、金字塔模型、二里头殷墟遗址复原模型、都江堰水利工程模型、秦明长城模型、中国古观星台模型、中国古代史挂图、中国近代史挂图、中国现代史挂图、世界古代史挂图、世界近代史挂图、世界现代史挂图、中国历史发展历程挂图、指南车模型、尖底陶瓶模型、磨制石器模型(6件)、长信宫灯模型、编

钟模型、汉竹木简模型、殷墟甲骨文模型、古钱币模型、十二字砖模型、冶铁水排模型、人类进化头像(11件)、四羊方尊模型、直辕犁曲辕犁(1组)、青铜鼎模型、三足鼎模型、水车模型、唐三彩模型、爵模型、人面鱼纹盆模型。历史室管理人员为强永堂。

7. 通用技术室

通用技术室1个,内有根据"通用技术课"标准配备的实验仪器、器材若干。外有准备室,配备有多媒体1套。另设通用技术教室,内有1个教师操作台,6个学生操作台,为"通用技术课"教学使用。

附:通用技术室车床、模型、用具登记表

名　　称	单　位	数　　量	金　　额
教师讲演台	张	1	
金工木工实验台	张	2	
单台工作台	张	6	
学生工作台	张	6	
工具柜	组	1	
作品陈列柜	个	2	
各种用具	个、套	650	
小型车床(车刀1套)	台	1	
立式钻铣床	台	1	
微型锯床	台	4	
微型锣床	台	4	
微型车床	台	4	
电热丝切割器	台	4	
各种用具盒、块、个	248		
焊接粘接铆接模型	套	1	
简单零件模型	套	1	
机械制图模型	套	1	
螺纹连接模型A	套	1	
自制木质小凳套材	套	8	
自制木质相框套材	套	8	
自制木质书架	套	8	
自制视力保护提醒器	套	8	
升旗试验装置	台	4	
桥梁模型	套	1	
桥梁承重试验装置	台	1	
红绿灯控制系统套件.	套	4	
水塔试验装置	套	4	
自动门试验装置	套	4	
抽水马桶模型	套	1	
声控灯系统实验箱	套	4	
电子控制实验室箱	套	4	
图书资料	套	1	
CAD软件	套	1	
视听资料	套	1	
经典结构欣赏	套	1	
展　　板	套	1	
结构与设计试验套件	套	4	

名　称	单　位	数　量	金　额
流程与设计试验套件	套	4	
系统与设计试验套件	套	4	
控制与设计试验套件	套	4	

通用技术室各种设施配备,已达到国家级普通高中的标准。另外,在通用技术室内还有学生自制的作品:如李海宁、张弛、秦柯森、李欣乐制作的"晶品小木屋";组书哲、王清源、杨旭昶、王彤、杨腾飞制作的"终结者机器人";李国华、王阳、杨婉欣、赵星航、党路杰制作的"FY的家模型"等100多件作品。通用技术室管理人员为张毅。

8. 微机室管理系统

(1)监控室

设施有多媒体服务器4个,三合一服务器1个,硬盘录像机18个,监控摄像头175个,监控电视墙有9个电视监控视频。这些设施,基本覆盖全校,集高考监控与校园安全监控为一体,为校园安全提供了重要的保障。内设校园网络中心。其设备有光纤收发器4个,中心交换机2个,语声设备2个,其他附属设备若干。这些设施,保障了校园网络及电话通讯通畅。

(2)微机室教室

设2个微机室教室,室内各有50台学生用机,1台教师用机,多媒体1套,稳压电源1台,网络交换设备1套,空调1台。这些设备,均按高中课程标准设置,保障了"信息技术课"教学的需要。另外高考报名、学业水平考试报名、高考自愿填报,均免费向学生开放。

(3)3D打印室

内设3D打印机8套16台,扫描仪8台,电脑8台,多媒体1套。这些设施,均按高中课程标准设置。

(4)校园电视台

建立校园电视台,广泛应用于校园信息发布,提高学生播音与主持能力。

(5)交互式教学一体机

增设交互式教学一体机47台,全方位用于教学,实现教室全覆盖。

(6)录播室

增设学校录播室,用于课堂实录、回放,教师课后反思等,并应用于同课异构、公开课、"一师一优课""微课"大赛之中。

微机系统管理人员为李华平(2010.07—今)杨明辉(2018.09—今)

9. 艺术楼

艺术楼建于1992年4月;2010年7月,由原蒲城师范学校移交三中,为三层砖混楼,是学校艺术教育教学活动场所。

（1）一层右侧是电子琴室,为电子琴教室。内有总控台,1架教师教学用电子琴,可监听学生练琴,50架电子琴,供学生练琴使用。左侧是舞蹈室,为舞蹈教室。配有电视、音响、DVD、练功把杆,地面铺设专用地板,周围墙面镶嵌玻璃镜面。电子琴室和舞蹈室前有备课组办公室两个,一个是音乐备课办公室,一个是美术备课办公室。

（2）二层右侧是合唱室,为合唱教室。内有合唱台、钢琴、音箱、DVD,周围墙面有中外歌唱家图片和学生活动图片。左侧是乐器室,为管乐教室。内有小号、中号、长号、大抱号(低音贝斯)、萨克斯、长笛、黑管、军鼓、大军鼓、1套架子鼓,周围墙面有乐器介绍图片,配备有乐器专用柜。

（3）三层右侧是素描室,为素描教室。配备有画架、画板、素描模具(石膏像、几何型体)、墙面有学生的作品。左侧是国画书法室,为国画书法教室。室内有作书画的大画台1个,小画台10个,墙面有师生作品展。

艺术楼六室负责人为赵丹。专业教师有:赵丹、缑艳萍,负责合唱;王婧负责舞蹈;谭晶晶负责电子琴;杨小龙负责管乐;赵岳峰负责书法、素描。学校成立音美社团,每周活动两次,时间6:00—7:00。学生参加社团人数:合唱20余人,舞蹈20余人,电子琴15人,管乐12人,书法素描20人。

第二节 文化建设

一、校园文化

校园文化是学校的灵魂,能产生品牌效应,有着巨大的时空穿透力,对师生起着导向、凝聚、激励和约束的作用,有无形的教育力量。蒲城县第三高级中学紧紧围绕"为学生的终身发展和幸福奠基"的办学理念,进行校园物质文化建设,打造优质的育人环境。

学校环境文化建设的目标是"七化四有","七化"即校园布局园林化、科室装备标准化、教学设备现代化、信息传输网络化、校园场地绿硬化、墙壁走廊育人化、橱窗专栏多元化;"四有"即做到春季有花、夏季有阴、秋季有果、冬季有绿,营造文明和谐、洁净美观的校园环境。校园融教育性和艺术性为一体,每一面墙壁会说话,每一处景点都有育人、润物,潜移默化的作用,具有良好的环境文化教育功效。

走进三中大门,迎面的教学楼上方耸立着"毓德、笃志、博学、敦行"的校训,八个大字庄重、醒目,催人奋进。教学楼东西两侧的墙面上贴着"贤相仰止、君子行止"的学校文化主题,八个大字鲜明、有力,引领发展。教学楼前矗立着蒲城县原东陈镇民营企业家、共产党员李天祥同志捐赠的"起步"雕像;雕像前方两侧的花园里各竖立着高大的文化宣传牌,传递时代主题,彰显教育使命;雕像后一字排开四棵苍劲挺拔的青松,与教学楼相互辉映,大气磅礴。

二、教室文化

教室是教育教学的主阵地。各班班主任都很重视教室的环境布置,独具匠心,充分展示在室内设计上的聪明才智:教室正前方有国旗,有班训;黑板两侧有学生们的才艺展示文化墙;两侧墙壁上,悬挂着学生自己选取和创新的励志标语牌;教室外有耀眼的学生格言墙、班级口号、班主任寄语、班委会寄语等。教室内外整洁、温馨,是学生营造出的最佳学习环境。

三、餐厅文化

三中是封闭式管理,全校学生全部在校就餐。学校始终认为餐厅文化建设是校园文化、校风建设的重要组成部分,因此,一开始就朝着创建"文化餐厅""文明餐厅"的方向迈进,并与时俱进,使餐厅格调整洁高雅;学生就餐文明有序;周围文化气息浓郁。再加之营养可口的饭菜,还有师生共餐的场面以及欢快的校园歌曲,共同组成三中学生进餐一道靓丽的风景。

四、寝室文化

三中的学生公寓是学校的亮点,楼道楼梯一尘不染,宿舍内物品摆放井然有序,洗漱台、卫生间、衣橱柜、学习台等功能设施齐全,宿舍的舍友"全家福"、学生生活照、修身格言等格外引人注目。学生爱舍如家,舒心快乐,家长们赞不绝口,参观者络绎不绝。

五、楼道走廊文化

学校在走廊、楼道文化建设上,突出特色,彰显个性。既有师生共选的古训、名人名言,又有师生共同设计的富有时代动感的画面和语言,既能让师生感受到民族文化的厚重感,又能让师生体味到时代的节奏和跳跃感,使学生在潜移默化中受到熏陶,自觉养成良好的行为习惯。

六、网络信息文化

伴随着三中的诞生和成长,学校网站及时、详实地向社会、家长、教师和学生传递学校各方面的文化信息。网站独特的设计版面和丰富的内容,已经成为学校对外宣传的窗口,家校交流的平台,社会各界关注的焦点。

第八章

后勤管理

为了搞好后勤管理工作,学校设总务处,总理学校后勤事务,为学校教育教学服务,创建一流的教育环境。

第一节 财务管理

一、学校财务收支

学校财务收支情况,每年年终结算,公布收支情况。2010年7月至2018年8月,蒲城县第三高级中学收支情况如下表。

蒲城县第三高级中学 2010－2017 年收支情况汇总

单位：蒲城县第三高级中学

单位：元

序号	年度	年初事业结余	财政补助收入	事业收入	其他收入	收入合计	财政补助支出	非财政补助支出	事业支出合计	年末事业结余
1	2010.12.	0.00	1,950,000.00			1,950,000.00	1,928,988.76		1,928,988.76	21,011.24
2	2011.12	21,011.24	3,476,000.00		53,700.00	3,529,700.00	8,473,027.93		8,473,027.93	－4,922,316.69
3	2012.12	－4,922,316.69	6,600,000.00	590,000.00	1,520.00	7,191,520.00	9,498,316.47		9,498,316.47	－7,229,113.16
4	2013.12	－7,229,113.16	5,858,800.00	1,000,000.00	14,840.00	6,873,640.00	6,651,358.03		6,651,358.03	－7,006,831.19
5	2014.12	－7,006,831.19	8,575,800.00	500,000.00		9,075,800.00	7,602,913.79		7,602,913.79	－5,533,944.98
6	2015.12	－5,533,944.98	17,091,070.22	4,527,526.50	22,104.60	21,640,701.32	17,313,478.63	3,576,052.16	20,889,530.79	－4,782,774.45
7	2016.10	－4,782,774.45	4,478,803.00	3,183,856.00		7,662,659.00	2,392,583.00	4,005,099.91	6,397,682.91	－3,517,798.36
8	2017.12	－3,133,412.28	19,690,006.42	1,097,456.00	4,005,810.00	24,793,272.42	19,974,798.80	1,599,200.00	21,573,998.80	85,861.34
9	2018.08	85,861.34	4,026,600.00	911,454.00		4,938,054.00	4,706,801.44		4,706,801.44	317,113.90

二、财务管理制度

1. 认真学习贯彻执行中华人民共和国《会计法》,努力学习和钻研财会专业知识,及时掌握新制度、新法规,努力提高政策水平和业务技能。

2. 文明办公,礼貌待人。上班期间要举止文明,穿戴整齐,保持办公室安静,热情、耐心接待来人。

3. 学校财务、财产管理实行统一领导,集中管理、分工负责、权责结合,由校长审批,财务主管审核,财务人员办理收支业务。

4. 严格执行收支两条线管理制度。学校的一切预算内、外资金都必须由学校统一收、付,集中管理,及时入账,任何人不得搞账外资金,私设"小金库"。

5. 加强财务的计划管理,通过调查研究,由校长办公会议根据收入预算情况平衡后,合理调配。预算方案报财务后有计划地控制使用。一般情况下不得随意变更计划、盲目开支。

6. 严格遵守财务业务流程,严守财经纪律,不得擅自对外提供单位的财务信息。下班或离开工作岗位时必须关闭计算机终端及外设电源;禁止用外来光盘、硬盘及私自拆卸计算机。

7. 坚持财务公开制度。定期公开财务监督与服务的关系。

第二节　食堂管理

学校食堂管理,2012年至2015年3月,由王建涛副校长负责;2015年4月至今,由德育处主任蒋宏杰负责。管理人员先后有万永强、王海洋。学校餐厅设在餐饮中心大楼(共四层)。2010年7月至2012年6月,由三家私人承包,在大厅开业。2012年9月至今,由"蒲城金华餐饮公司"承包。餐厅设有防蚊、防蝇、防鼠设施,所有的米、面、菜、油等物品,必须经过学校餐饮专管人员检验方可使用,餐饮从业人员必须持健康证上岗。学校餐厅经过蒲城县食品安全局检查验收获B级标准。八年来,学校无一例食品不安全事故发生,师生灶得到大家的认可。

第九章

体育　艺术　卫生　五城联创

第一节　体育

一、体育课

2010年9月—2018年9月,体育课教学内容为:队列、广播操、体操、短跑、长跑、跨栏跑、篮球、排球、足球、羽毛球、铅球、跳高、跳远、武术等,在各年级交叉进行。各班每周体育课两节。

二、早操

2010年9月—2012年7月,每天的早操为跑步;课间操,学校播放"舞动青春"韵律操音乐,各班组织学生做操。2012年9月—2018年9月,学生只组织早操操练,停止课间操。

三、军训

2010—2016,每年8月新生入学前,在漫泉河"渭北国防教育基地"进行为期7天的军训,以加强新生的组织性纪律性,增强国防意识,养成服从命令听指挥的习惯。2017、2018年新生在"荣辉拓展训练中心"进行军训。

四、比赛获奖

1. 教师比赛获奖情况

2014年,在蒲城县干部职工第一届"中央公馆杯"运动会上,学校跳绳代表队代表教育局获得第二名。2015、2016两年,均获得第一名。2015年,学校体育教研组获得"渭南市体育优秀教研组"称号

2016年,在蒲城县教育系统迎"五一"教职工趣味运动会上,学校教师代表队获得总分第一名、集体跳大绳第一名、赶猪跑第一名、勇往直前第一名。

2. 学生比赛获奖情况

2012 年,学校男篮代表队参加全县中学生篮球赛,获得第三名。10 月,学校代表队参加全县中学生田径运动会,男子代表队获得总分第二名。

2013 年,学校男、女篮球代表队参加全县中学生篮球赛,男篮获第二名,女篮获得第三名。

2014 年,学校男、女篮球代表队参加全县中学生篮球赛,男篮获得第一名,女篮获得第三名。

2015 年,学校男、女篮球代表队参加全县中学生篮球赛,男篮获得第一名,女篮获得第三名。同年,男篮代表队参加渭南市中学生篮球赛,获得第六名。

2016 年,学校男、女篮球代表队参加全县中学生篮球赛,男篮获得第一名,女篮获得第三名。同年,男篮代表队参加渭南市中学生篮球赛,获得第四名。

2017 年,学校男、女篮球代表队参加全县中学生篮球赛,男篮获得第二名,女篮获得第三名。同年,男足代表队参加全县中小学足球联赛,获高中组第四名。

2018 年 4 月,学校男、女篮球代表队在全县中学生篮球赛中,男篮获得亚军,女篮获得季军。

五、体育工作突出的师生

体育教师李发民,2014 年、2015 年获得渭南市"优秀教练员"称号;2012 年、2013 年、2014 年、2015 年、2016 年、2017 年、2018 年获得蒲城县"优秀教练员"称号。

体育教师孙克礼,2012—2016 年获得蒲城县"优秀教练员"称号;2012 年获得蒲城县"优秀裁判员"称号。

体育教师郭晓栋,2012 年、2015 年获得蒲城县"优秀教练员"称号。

体育教师杨明辉,2015 年获得蒲城县"优秀教练员"称号。

体育教师姚建军,2012—2015 年获得蒲城县"优秀裁判员"称号。

体育教师李发民、孙克礼、姚建军,2017年3月获蒲城县篮球赛"优秀教练员"称号。杨晓龙获蒲城县足球赛"优秀教练员"称号。

体育教师苑坤,2018年获得蒲城县中学生篮球赛"优秀教练员"称号。

学生李晓兰,2011年6月参加渭南市"体彩杯"田径运动会,获得女子甲组800米第三名;2012年4月,参加渭南市"体彩杯"田径运动会,获得女子甲组400米第三名。

学生唐琦,2014年10月参加渭南市第十二届田径运动会,获得男子组5000米第二名。

学生彭豪杰,2015年11月参加渭南市中学生篮球赛,获得"优秀运动员"称号。

学生王圣尧,2016年11月参加渭南市中学生篮球赛,获得"优秀运动员"称号。

六、体育类招生与高考

2011—2018年,三中按县教育局规定的招收百分之五体育特长生,每年约招收体育特长生30—40名。2013年体育特长生参加高考,刘刚等三名学生被体育类本科院校录取。

第二节　艺术

一、艺术课程

高一、高二年级开设音乐鉴赏课、美术鉴赏课,每周一节,任课教师赵丹、猴艳平;高一、高二年级开设书法课,每周一节,任课教师赵岳峰;高二年级开设合唱、舞蹈与指挥课,每周一节,任课教师谭晶晶、王婧。

二、音、美社团

音美社团有:合唱社团,舞蹈社团,管乐社团,电子琴社团,书画社团。活动时间为周一、周三、晚7:00—9:00。

三、艺术活动比赛获奖

2010年12月,学校文艺代表队参加了蒲城县第四届校园文化艺术节,100名师生的大合唱获优秀表演奖。

2011年12月下旬,三中举办了师生庆元旦才艺大赛。同月,学校举办了庆元旦师生书画展。

2012年10月5日,学校举办了"激扬青春　放飞梦想"的学生才艺大赛。10月,蒲城县教育局举办第六届田径运动会。在开幕式上,三中900人组成的《扬帆远航》团体操表演,获优秀表演奖。

2013年5月,学校舞蹈队在第十届"星星火炬"青少年英才推选活动中荣获陕西省舞蹈专业高中金奖,教师王婧获高中组优秀指导奖。10月,学校文艺代表队参加了蒲城县第五届校园文化艺术节,获得优秀表演奖、优秀组织奖,师生合台表演的音舞快板"腾飞蒲城教育"获优秀节目创作奖。

2014年11月,学校举办了师生书画展。12月,举办了庆元旦师生才艺大赛。

2015年10月,举办蒲城县第七届田径运动会。在开幕式上,三中600人组成的《民族魂　教育情　中国梦》团体操表演,获优秀表演奖。12月,学校举办了庆元旦学生才艺大赛。本年,学校被渭南市教育局评为艺术教育示范校。

2016年12月2日,学校举办了三中和党睦片区校园文化艺术汇演。同月22日,教育局举办了蒲城县第七届校园文化艺术节,三中"多彩校园　放飞梦想"获得了"优秀组织奖";大合唱《祖国颂　复兴梦》获"优秀节目展演奖";舞蹈《民族大联欢》获"优秀节目展演奖";王婧　赵丹　緱艳平　谭晶晶　杨晓龙教师获"优秀指导教师奖";张芮　白梦凡两学生获"优秀表演奖"

2017年12月28日,高一、二年级举办了"激情旋律展风采,不忘初心砥砺行"为主题的2018庆"元旦"歌咏比赛。

四、艺术类招生与高考

2011—2018年,学校艺术类学生招生工作,是在每年5月份进行招生,约为20余名,分别参加音美社团活动。2013年学

校艺术类高考上线人数14人。2014年学校艺术类高考上线人数10人。2015年学校艺术类高考上线人数17人。2016年学校艺术类高考二本上线人数达15人。2017年学校艺术类高考二本上线人数达27人。2018年学校艺术类高考二本上线人数达47人。

第三节　卫生　五城联创

一、卫生

（一）医务室

工作人员：付艳

（二）设备

医务室面积100平方米，内有369微电脑治疗仪、紫外线灯管、担架、视力表、急救箱、听诊器、血压计、高压蒸汽灭菌锅、诊断输液床、常规消毒缝合的器械物品、急救药品和治疗药品一百多种。

（三）预防、保健、应急

学校医务工作人员非常重视师生的预防、保健工作，利用各种活动时间向学生进行预防、保健宣传，做好常见病、多发病、流行性疾病的预防、保健工作。

对于急诊、病危、特殊疾病患者，第一时间通知班主任、主管领导和学生家长，并拨打"120"急救电话，及时护送学生到正规医院进行治疗。

（四）校园卫生打扫要求

为了给全校师生营造干净、

整洁、舒心的校园环境，进一步提升学校环境卫生档次，现将教室、清洁区等卫生打扫及死角清理作如下要求：

1. 教室、宿舍、清洁区卫生要求

（1）教室、宿舍、清洁区必须定时打扫，随时保持干净、整洁。

（2）区域卫生死角清理到位，区域内附属物件抹洗干净。

（3）室内所有物品摆放整齐有序且物品表面、死角均抹洗干净。

（4）宿舍、教室应时常开窗通风，卫生间应用洁厕净刷洗，室内垃圾及时打包处理。

（5）区域内的电动门、花盆、果皮箱、报栏、提示牌、水池、楼梯扶手、乒乓球案子、门、窗等附属物件应每天抹洗，时刻保持干净。

（6）清洁区每节课间应派保洁值日生捡拾果袋、杂物等并监督、记录随意乱扔、乱吐的人和事。

（7）冬青、草坪每周彻底清理一次，平时注意捡拾。

（8）随时清理区域内的空中杂物、塑料袋、墙面乱涂乱画等。

（9）卫生打扫保持要养成习惯、形成常态化工作机制。

（10）各班主任要利用班会、晨会经常对卫生工作做动员、部署和总结。

2. 各处室卫生要求

（1）地面：要求每日清扫1—2次，不得有积灰、积水等。

（2）墙面：墙面清洁，无污迹、无蜘蛛网；墙上不随意张贴，公共通告等要集中张贴；私人物品不得挂放在公共场所；要保持清洁、美观。

（3）桌椅：办公室桌椅齐全完整，摆放整齐，桌椅面、腿必须干净整洁。办公桌摆放有序，适合办公需要。桌面清洁整齐，及时清理不必要的用品；桌面不得摆放出喝水杯以外的私人用品；桌面资料要有序摆放。

（4）物品：办公室内物品简要实用。文件资料柜等不得影响进出疏散的畅通。柜面四周、顶部清洁无尘；柜顶不得堆放杂物。柜内物品摆放必须整齐有序，不得过多存放私人物品。办公室内的小型垃圾桶，必须保持筐内清洁。

（5）门窗：办公室门窗干净整洁，玻璃要及时清擦，保持透亮，不得有水渍等；窗台上不得堆放物品，不得有积灰。窗体要保持干净，窗帘、门帘要干净，无污渍。门面要及时清洗并保持干净，门把手上不得有污垢，门面上不得有挂物。

（6）灯具：灯具要挂放安全，不得在灯具上吊挂物品，灯具要保持清洁。开关处不得有破损和污垢。

（7）电脑：电脑显示屏、机箱、打印机、电源插板等要保持清洁，电源线连接要符合安全用电要求。

（8）花盆：花盆、盆垫要保持盆面干净，无污垢。

（9）空气：办公室要保持空气的流畅，适当开窗通风。

（五）除"四害"工作

为搞好除"四害"工作，加强师生安全健康教育，切实提高师生员工对除"四害"工作的认识，使除"四害"工作进一步科学化、制度化、规范化，特制定除"四害"工作方案：

1. 指导思想

在上级主管部门的领导下，按照市爱委会部署，以巩固我市国家卫生城市创建成果为总目标，广泛发动全校教职工，以除四害规范化、制度化建设为前提，以治理四害孳生地和完善规范四害防范设施为突破口，巩固灭鼠、灭蚊、灭蟑螂达标成果，加大灭蝇工作力度，有效降低蝇密度，迎接国家对我市巩固创建国家卫生城市的成果复评，为我校各项工作服务。

2. 主要任务

巩固创建国家卫生城市成果，响应爱委会号召，保持除四害三项达标，重点巩固灭鼠、灭蚊、灭蟑螂成果，使蝇密度明显降低。以迎接国家对我市巩固创建国家卫生城市成果的复评为契机，加大除四害防治工作力度。

3. 灭鼠工作

(1)积极开展环境综合防治,以清理乱堆杂物,铲除鼠类隐蔽、孳生场所。

(2)积极从爱委会购置敌鼠钠盐杀鼠剂,组织专业人员发放,达到科学灭鼠效果。

(3)大力开展灭鼠活动。在10月中下旬统一开展灭鼠活动,对于各科室广泛发动,统一投放,并在有效期内统一清理死鼠,进行深埋。12月份,开展冬季灭鼠活动,并进行验收。

4. 灭蚊工作

10月份,在全校开展消灭越冬蚊蝇活动,用科学有效的方式统一杀灭。广泛发动教职工,开展爱国卫生教育,对于死角集中清理,杜绝孳生地及加强成蚊杀灭工作。

5. 灭蟑螂工作

坚持“标本兼治、以治本为主”的原则,合理使用环境、物理、化学等综合防治措施,全面规划,重点突破,提高防治效果。治理环境,清除室内外蟑螂栖息场所和堵洞抹缝工作,从而扼制其孳生和扩散。

6. 灭蝇工作

实行垃圾袋装化的环境治理工作,把完善防蝇设施建设作为工作重点。对生活区的生活垃圾污水重点治理,从源头上杜绝蝇类孳生。

7. 主要措施

(1)实行目标管理,对于各部门建立责任制,确定责任人,纳入年终工作考核。

(2)发动全校教职工,把除四害工作列入重要日程,做到层层落实,责任到人。

(六)健康教育

学校开设《环境教育课》和《健康教育课》,定期聘请专家来校讲课,使学生环境教育和健康教育知识知晓率达百分之九十五以上。

附:艾滋病知识宣传活动方案

2016年10月,为了切实做好学校预防艾滋病的宣传教育活动,根据县教育局文件精神,特制定此次活动方案。

一、总目标和工作目标

(一)总目标

通过开展预防艾滋病健康教育,建立起学校预防艾滋病健康教育的长效机制,营造学校开展预防艾滋病健康教育的良好环境,全面提高学生预防艾滋病能力,降低青少年感染艾滋病病毒的风险。

(二)工作目标

1. 建立学校系统、规范、制度化的预防艾滋病健康教育体系。

2. 配备专(兼)职任课教师,提高艾滋病、性病防治健康教育宣讲能力,建立起稳定的师资队伍。

3. 实现计划、大纲、课时、师资四落实,开课率达到100%。

4. 学校学生预防艾滋病基本知识知晓率达到90%以上,养成自觉预防艾滋病的行为和习惯,抵御艾滋病侵袭的能力明显提高。

5. 通过中学生将艾滋病防治知识向家庭和社会延伸、扩展,扩大教育覆盖面。

二、活动主题:"携手青少年 共抗艾滋病"

活动领导小组

组长:陈娟 副组长:蒋宏杰

组员:张涛 李莹 学部主任 班主任 校医

三、主要活动:(活动时间:2016年10月—2017年10月)

1. 举行艾滋病综合知识专题讲座及进行艾滋病基本知识知晓率调查问卷。(2016年10月完成)

2. 组建志愿者队伍:根据文件精神及要求,采取志愿报名及班主任推荐,组建每班由2名学生组成的艾滋病知识宣传志愿者服务队。(2016年11月完成)

3. 宣传板报:德育处组织全校各班出一期"预防艾滋病"的宣传板报。(2016年12月完成)

4. 校园广播宣传:校团委利用校园广播进行预防艾滋病知识的宣传。(2017年3月份开展)

5. 办公室负责制作艾滋病基本知识宣传栏及组织一次预防艾滋病知识专题讲座。(2017年4月份开展)

6. 全校利用班会课时间举行一次预防艾滋病知识宣传主题班会活动。(2017年5月份开展)

7. 在学生中开展一次艾滋病知识竞赛。(2017年10月份开展)

四、其他要求

各班级要高度重视艾滋病知识宣传活动工作,根据学校活动安排,开展好每一项活动,同时要注意收集相关活动资料。

为了进一步加强师生的毒品预防教育,深刻了解禁毒的重大意义,2017年5月19日上午,学校组织高一、二年级全体师生在多功能厅召开了禁毒教育报告会。县文明办主任屈小平、林则徐纪念馆老馆长高起胜、达仁村支部书记校雅茹参加了会议。首先县文明办主任屈小平作了动员讲话,倡导同学们远离毒品、珍爱生命,并从精神文明建设的高度明确了此次报告会的重要意义。随后林则徐纪念馆老馆长高起胜为大家作了题为"继承林则徐遗志 加强禁毒宣传 还华夏一片净土"的报告,告诫青少年如何防毒、拒毒,让大家远离毒品、珍爱生命、保持身心健康。

"6.26"国际禁毒日到来之际,2017年6月20日晚上,由蒲城县公安局强制隔离戒毒所主办的"无毒青春 健康生活"禁毒宣传巡回演出走进校园。公安局副局长王平安、戒毒所所长王建武等出席了此次活动,700余名师生观看了演出。戒毒人员以自己的吸毒、强制戒毒的经历与切身体会为内容自编自演节目,现身说法,主题突出,揭示了毒品对个人、家庭、社会的危害,展现了社会各界对戒毒人员的关爱。

2017年9月26日,为了贯彻落实全国青少年毒品预防教育"6.27"工程计划,加强青少年毒品预防教育宣传工作,提高广大青少年识毒、防毒、拒毒的意识和能力,举办了青少年禁毒知识大赛。

2017年10月25日,为了增强学生的健康意识,远离艾滋,拥抱健康,举办了"远离艾滋,拥抱健康"知识讲座活动。由蒲城县第二人民医院梁秋花医师主讲,普及艾滋病的防治及健康生活常识。

2018年3月18日,德育处组织各班召开"春季传染病防治"主题班会。

2018年7月1日,德育处组织高二年级学生开展禁毒知识测试。

2018年9月18日,根据县教育局、卫生和计划生育局相关文件精神,蒲城县第二医院组织医务人员对2018级新生进行结核病筛查。

二、五城联创

2013 年前称"双创"工作,即创建国家级卫生县城、创建省级环境卫生城市;之后称"五城联创",即创建国家卫生县城、省级园林县城、省级环保模范城市、省级文明县城、国家公共文化服务体系示范县。"双创"和"五城联创"活动,促进了学校各种创建工作,创建了规范化食堂,加强了学校卫生室建设,开展了"爱国卫生月"和"除四害"活动,开展了春季流行病的防控活动。同时,对学生进行体质检查、体质健康监控,确保学生体质健康发展;也促进了卫生校园、环保校园、文明校园建设。2012 年 2 月,蒲城县绿化委员会授予学校"园林式单位"称号。2017 年 3 月,学校被评为县级"文明校园"。2018 年 6 月 11 日,学校荣获渭南市绿色文明示范工程"绿色学校"称号。

第十章

安全管理

蒲城县第三高级中学是一所全日制寄宿制学校,实行全封闭式管理,安全工作是学校一切工作的保障。学校始终把校园安全放在第一位,树立"安全重于泰山"的责任意识,用高度责任心构筑校园安全屏障。

第一节　安全管理领导机构

一、组　长:澹台典谱(2010.08—2017.07)

苏耀锋(2017.07—今)

二、副组长:王建涛(2010.08—2015.04)

蒋宏杰(2015.04—今)梁双纪、姜新民、董洁、陈娟

曹育红、刘海林(2017.09—今)

三、法制副校长:赵晓锋(2010.08—2014.07)

甘军伟(2014.08—今)

常世平(2014.08—今)

四、成　员:梁双纪　姜新民(2010.08—2017.07)

杨　蕾(2010.08—今)

蒋宏杰(2010.08—2015.04)

李小平　仇小娥(2010.8—2013.7)

陈　娟(2012.09—2017.07)

梁建民(2013.08—2014.7)

董　洁(2013.08—2018.07)

张　涛(2014.09—2018.07)

曹育红(2016.6—2018.07)

蔡国栋(2010.8—2013.7)

姚建军　郭晓栋(2010.8—2014.7)

花　彬(2010.8—2013.7)

蒲战忙　李　旭(2010.8—2012.7)

杨晓龙(2011.08—2017.07)

王红军(2012.8—2014.7)

李发民(2012.8—2015.7)

张月宾　刘小利　王　军　韩　斌　李　莹　(2014.08—今)

杨　洪(2014.07—2017.07)

赵永刚(2014.08—2017.07)

杨立虎(2014.8—2015.7)　及全体班主任

第二节　校园安全工作管理

加强校园安全工作管理,使广大师生牢固树立"珍爱生命、安全第一、遵纪守法、和谐共处"意识。学生在校期间的安全,是学校维护正常的教育教学秩序的保障。为此,学校与各处室、各个管理部门层层签订了安全管理责任书。

一、班级工作安全管理责任书

1. 班主任必须加强对学生的安全教育,包括用电、用水、交通、饮食、防火、防盗、防伤害等安全教育。各班都要制订安全公约,并要宣传到人,坚持贯彻落实。

2. 班主任必须每天、每节课、每节自习掌握学生到校情况,学生无故缺勤一节课或一节自习,班主任必须问明情况;无故缺勤一天以上,必须及时通知家长,汇报学部、办公室领导。

3. 班主任必须掌握走读生的住宿地点、家长联系电话。

4. 班主任周日晚必须到校;每晚必须住校;早晨检查到校,晚上检查离校。班主任有事、有病请假,必须同时向学部和办公室请假。

5. 未经办公室和校长批准,班主任不得组织学生外出参观、旅游。各班大型劳动及活动,班主任必须亲临指导。学校或其他老师调用本班学生劳动,必须征得班主任同意。

6. 各班学生一律不准在校园私自接电、生火,不许骑摩托车进校,不许私带刀具、铁棍等危险用具。

7. 各班要负责教室、宿舍公物安全,严格交接手续,出现人为损坏的,由本班完全负责。

8. 班主任要经常教育学生文明礼貌,团结友爱。对于各种讹诈、欺辱、偷窃、诬陷、谩骂、拉帮结伙等事故苗头,要及时处理教育,平息事端。对已发生的伤害事故,必须及时处理,事不过夜(赔偿药费,写出检讨、保证,双方家长签字),不留后遗症。

9. 切实重视学生在教学楼上的安全。严格要求学生上下楼梯不拥挤,不在楼道打闹,不在后窗瞭望,不随手往楼下扔东西;若遇突然停电,班主任及时管理学生,服从学校统一安排,让学生有序下楼。

10. 各班主任对学校《学生严禁携带管制刀具的规定》,要做好宣传教育工作,不定期检查,做好记录总结。

12. 此责任书一式三份,班主任、学部、德育处各持一份。

13. 此责任书　年　月　日起生效。

高　　　班　　　班主任签名:

学部签字(盖章):　　德育处签字(盖章):

二、公寓管理员安全管理责任书

安全责任重于泰山,安全工作是各项工作的重中之重。为进一步规范学生行为,加强学校管理,强化安全管理意识,明确安全责任,确保良好的休息环境,创建安全和谐校园,根据学校具体情况,特制定本责任书如下:

1. 本责任书所指的责任范围包括责任区域和责任时段内的所有安全责任。在责任区域和责任时段发生的一切安全事故,由责任人承担后果。

2. 安全实行一票否决。在责任区域、责任时段出现安全问题,即取消责任人评优选模资格。

3. 本责任书一式二份,学校和责任人各执一份,自签订之日起生效。

4. 责任内容:

(1)在学校领导下,负责学生公寓楼的日常管理工作。

(2)负责本楼的水、电、暖、公物、门窗等设施的检查工作。

(3)负责本学生公寓的安全、卫生、纪律工作的落实,掌握本公寓的环境条件,做好防火、防盗、防事故工作,及时发现和消除安全隐患,发现紧急情况立即上报并提出处理办法。

(4)做好每日学生宿舍卫生、公共卫生情况的检查工作,并及时处理各种问题。

(5)代表学生公寓管理部开展工作,及时向公寓管理部汇报工作的督促、检查情况。

(6)负责学期末公物、设施的清点验收工作。

(7)定期召开宿舍舍长会议,加强对学生公寓管理部学生工作的指导。

(8)协助学校做好学生的思想教育工作,并做好本公寓内学生违纪行为的查处、登记工作。

(9)严于职守,认真值班,搞好值班室卫生工作,严禁将自行车置于楼内公共场所及安全通道口,检查消防设施的完好情况,如有异常应及时报告。

(10)严格掌握作息时间,按时开关电闸、开关大门,对晚归学生要严格登记。晚上熄灯后必须巡查各个楼层,并做好当天值班记录。

学校(盖章)　　　公寓管理员(签字):

校长(签字盖章)

三、安全保卫人员安全管理责任书

1. 认真学习有关法律和治安保卫常识;服从学校安全工作领导小组的领导;严格执行学校各项规章制度;积极维护校内秩序,做好安全保卫工作。

2. 按学校规定时间定时启闭校门,在教职工上下班、学生上学、放学期间,要打开大门;门口较为拥挤时,要对其进行交通疏导,要求学生出入下车,避免发生意外事故。在学校上课期间,关闭大门并保证始终有人值班。

3. 凡推销人员、闲杂人员,一律不准进校,对行迹可疑之人,应将其拒之门外。对未经同意强行闯入校园的人员,应及时报告学校领导(紧急情况下可拨打派出所电话或110报警),并及时跟随该人员,阻止事态的扩大。

4. 热情、规范做好来访人员的接待工作。对来访群众、家长及其他人员,要按保卫行业规范和学校有关规定,文明、热情接待,并做好来访人员登记。因被访对象不在学校等原因,不能满足来访需要的,要给予热情解释说明。

5. 热情规范做好领导来校的接待工作。事前接到学校有关部门通知的,要按通知精神执行;事前未接到通知的,在妥善按学校规范执行的同时,需及时与办公室联系,并按校长办公室通知精神执行。

6. 做好车辆进出校园及停放管理。来访车辆一律有序停放于学校停车场指定区域;因施工、送货等其它原因,机动车辆需进校行驶和停放的,要按学校规定引导行驶。

7. 做好巡逻工作。要深入各班进行巡视,指导学生在班级内完成作业、午休,维护各班学生纪律和秩序,杜绝学生在操场、走廊玩耍和追逐、打闹、大声喧哗、嬉戏。每天放学后的夜间、节假日,应加强巡视,发现问题立即报告有关人员,事态严重的直接拨打110、119等紧急电话。

8. 规范值勤行为。当班值勤保卫员需使用服务用语,严禁吸烟、喝酒;学生上学放学时间,需规范站立于门侧热情迎送。

9. 严格执行交接班制度,不擅离职守,上下岗之间要做好交接班手续,不准留空岗,因故请人代班,必须事前得到学校分管领导批准。

10. 认真完成学校领导布置的其它突击性工作。保卫人员应严格遵守履行以上职责,如有失职,必须承担相应责任,并交由校委会进行处理。

本责任书一式两份,由保卫人员和学校各自保存。

保卫人员:

四、门卫人员安全管理责任书

依据《安全管理规范》,结合学校实际,学校与门卫传达室签定本安全责任书。

1. 坚守岗位,履行职责,做好安全防范工作,把好校园安全的第一关。

2. 按规定时间准时上班;上班时间不得随便离开岗位,不做与本职工作无关的事。

3. 对带入、带出校门口的物品进行仔细检查。任何人不得将学校公共财物带出校门;如因特殊原因需将学校物品带出校门的,必须持有总务处开具的证明并经检查、登记核实后方可放行。

4. 严格门卫登记或验证制度,对进出人员的姓名、访问事由、进出时间及车辆号牌等情况进行详细的记载。禁止无正当理由的人员及校外机动车辆进入校园。

5. 学生放学时,及时打开大门,并做好维持秩序工作。在上学、放学、家长会和大型集会等车流量高峰时,对校门交通进行疏导。

6. 积极做好学校保卫工作,看好学校财物,发现学校财物被偷时,要勇于上前制止、劝解。提高警惕,发现异常情况,应立即报警。

7. 核实了要离校师生的出入手续后,方可让其离校。

8. 杜绝校外商贩入内出售物品,或在校门口摆摊设点出售物品。

9. 负责和打扫门卫室和校门附近的卫生。

10. 每晚清校后对校园巡查不少于3次,并且做好记录。

11. 服从学校工作安排。完成学校安排的有关临时性工作。

12. 遇特殊情况及时向学校政务部门反映,并及时处理。

13. 对违反门卫规定的校内、校外人员,门卫人员要及时通知其部门主管或校领导处理。

14. 夜班人员必须提高警惕,严守岗位,对外来人员主动查询。

15. 禁止将非教学用品、易燃易爆物品、有毒物品、动物和管制器具等危险物品带入校园;如遇强行进入的人员和校外机动车辆、或携带上述物品进入校园滋事的,门卫要及时向学校领导或"110"干警报告,并协助妥善处理。

此责任书一式两份,门卫人员、办公室各持一份。

学校(盖章): 　　　　门卫:

校长(盖章): 　　　　门卫负责人:

第三节　安全教育活动

一、安全教育活动目标要求

认真贯彻省、市和县教育局关于加强学校安全工作的有关文件,扎扎实实做好学校安全、综治、信访等各项工作。落实"安全第一、预防为主"方针,大力推进"平安校园"建设,切实保障师生安全和学校稳定,杜绝重大、特大恶性事故的发生,避免引发群体性事件,减少各类事故的发生。

二、工作要点

1. 教育教学安全

(1)各科任教师要与学生建立良好的师生关系,用科学的方法教育学生,积极研究学生的心理、生理变化,加强心理辅导,严禁体罚和变相体罚学生。

(2)学校组织的各项活动,各班都要周密考虑,分工明确,责任到人,严格管理。各责任人要切实负起责来,不能有丝毫麻痹大意。

(3)加强对各班各室的用电管理,不准私拉电线,乱接开关。

(4)体育课及其它室外游戏,教师应全程监督学生的活动。活动量较大的要向学生讲清要求,问清学生能否参加,不得勉强。

(5)定期不定期组织进行管制刀具、违禁物品大排查。

2. 交通安全:

(1)各班主任应把严格遵守交通法规作为每天晨会的必讲内容,在假期要教育步行、骑车的同学靠右行、靠边行。

（2）值班教师要加强责任心,等学生全部离校后方可回家。

（3）各班切实执行学校按时清校的规定。

（4）加强门卫的工作责任,校门口不得乱停车辆,禁止闲杂人员进入校园,外来人员进校要办理登记手续。

3. 校产校舍安全:

（1）定期组织校舍安全检查(开学初和期中),特殊天气随时检查,发现险情及时汇报排除。

（2）每个教师都应确立主人翁的思想,保持高度警惕,关心校产校舍及其它设施安全,发现问题及时汇报。

（3）加强保卫工作,防盗防火。

4. 教学设施安全:

（1）电器、教具使用前要进行安全检查,如有故障要及时排除。按规定接插线,插线前应检查电线绝缘皮是否完好,禁止乱拉电线。

（2）体育器械在使用前体育教师或活动课辅导教师要先认真检查一遍,确定完好后方可组织学生使用,使用时教师不得离开现场,要随时关注学生的活动,加强保护,防范事故的发生。

（3）加强对学生进行日常行为规范教育。

（4）加强对实验室、电脑房等特殊场所的管理,按规定操作。

（5）完善防火设施,加强操作培训,设置警示标志。

安全工作是学校的头等大事,全体教职工要积极行动起来,人人讲安全,个个关心安全,时时处处绷紧安全这根弦,为把学校建成安全、文明的学习乐土而努力。

5. 全年活动安排:

三月份:

（1）春季传染性疾病防控知识宣传

（2）全国安全教育日活动(最后一个星期一)。

四月份:(全国爱国卫生月)

（1）卫生知识教育

（2）交通安全教育

五月份:

（1）"母亲节"(第二个星期日)有关教育

（2）学生心理健康教育

六月份:

（1）"父亲节"(第三个星期日)有关教育

（2）学校安全工作例会,总结上半年学校安全工作

（3）学校安全工作档案检查

七月份:

（1）学校假期安全工作安排。

（2）学校校舍安全检查,做好灾害天气的安全防范工作

(3)学校校舍、安全设施维护

九月份：

(1)开展校车及道路交通安全集中宣传教育活动。

(2)部署国庆黄金周假期校园安全,并致家长"一封信",要求家长加强对学生假期的安全教育。

十月份：

(3)学校交通安全教育工作检查

(4)开展《未成年人保护法》《预防未成年人犯罪法》宣传教育系列活动

十一月份：

开展11·9消防安全宣传日及消防逃生演练系列安全教育活动

十二月份：

(1)开展12·2交通安全日安全教育活动

(2)部署元旦期间学校消防安全教育

6. 各类安全教育活动剪影：

第四节　校园安全工作各类预案

一、安全疏散演练方案

为切实做好学校师生安全疏散演练工作,提高安全逃生自救能力,确保学校师生生命财产安全,维护正常的教育教学秩序,最大限度地预防地震所造成的损失,根据上级主管部门指示精神,以预防为主,宣传教育为辅的原则,提高全校师生的安全意识,使全校师生真正掌握安全逃生自救常识和经验,制定本方案。

(一)安全疏散演练活动目的

克服麻痹大意思想,强化居安思危意识,进一步普及安全知识,切实增强学生安全意识,真正掌握发生地震时逃生、自救、互救的基本方法,提高抵御地震时的应急能力。

(二)演练时间、地点、范围、内容

1. 演练时间

2015 年 8 月 25 日下午 2:10(高一);2015 年 9 月 3 日下午 2:10(高二);2015 年 9 月 14 日下午 2:10(高三)(第一阶段);

2015 年 10 月 12 日下午 2:10(三个年级组)(第二阶段);

2015 年 11 月 9 – 11(分年级组)(第三阶段);

2015 年 12 月 3 日(分年级组)(第四阶段)

2. 地点

蒲城县第三高级中学(校内)

3. 范围

全体师生(分年级组)。

4. 内容

要求所有学生和教师用最短的时间,有秩序地疏散到安全地带(校园西南角),到达安全地带后,学生以班为单位集合整队,班主任清点上报本班人数。

（三）人员安排

总指挥：校长　副总指挥：副校长

现场指挥：德育主任

学生疏散：各班班主任、体育教师及上课教师

演练信号：德育副主任

场地记录：团委书记

（四）安全演练准备工作

1. 在演练前一天将本方案下发各班进行有目地的学习，真正使参与演练的人员懂得演练的过程。

2. 班主任提前做好准备，对学生进行宣传教育，明确逃生自救方法，使学生熟练掌握逃生自救技能，要讲清演练时可能遇到的意外伤害事故和应注意的事项。向学生讲明撤离要求，要求学生按学生座位有秩序撤离教室，任课教师必须在全班学生全部撤离后紧跟其撤离。

（五）演练操作程序

1. 下午2:10（实时时间），发出演练信号。

2. 根据演练所规定的路线，有秩序地撤离到安全地带，以班为单位集合整队。

3. 到达目的地后，各班清点人数报班主任，班主任将班级学生人数报告学部主任，由学部主任向副指挥汇报。

4. 总指挥进行本次安全演练总结，提出本次演练中存在的问题，为下一次演练积累经验，宣布安全疏散演练活动结束。

5. 演练结束，各班学生有秩序回到教室上课。

（六）安全疏散演练要求及注意事项

1. 疏散时，按学校制定的疏散路线有序撤离。

2. 集合要稳、静、齐。

3. 疏散迅速而不乱。

4. 听从指挥，演练过程中不得交谈喧哗、嬉戏打闹。

5. 室内避险自救时，双手抱头，蹲在课桌下或墙角处。教师检查学生自救姿势是否正确并及时纠正。

6. 钟声响过以后，撤离时将凳子推到桌子下，保证撤离道路畅通，然后双手抱头，目视前方，弯腰前行。撤离到安全地点后，应抱头蹲下。

7. 坚决杜绝因演练造成安全事故的发生。如造成安全事故，追究班主任相应的责任。

附件：安全疏散演练实施细则

为确保学校师生安全疏散演练工作顺利实施，结合《蒲城县第三高级中学安全疏散演练方案》，特制定本细则。

一、人员安排及职责：

（一）、信号

负责按时发出演练信号。

（二）楼道疏散

以学部为单位，王军和班主任及上课教师负责学部一处，杨蕾和班主任及上课教师负责学部二处。

负责演练期间楼道疏散秩序，控制楼道人流量和撤离速度，合理指挥，严防演练期间人员推拉、冲撞、拥挤、踩踏。

（三）学生组织

各班班主任，负责演练前对学生的演练注意事项的教育宣传工作和演练期间本班学生疏散工作。

（四）具体要求

1. 演练前组织本班学生认真学习本次演练方案和实施细则，确保每一位学生都掌握正确的演练疏散路线和逃生方法。

2. "警报"发出（警笛声）后，指导学生进行室内避险，纠正学生的不正确动作和姿势。具体要求为：

（1）要保持镇定，尽快躲避到安全地点，千万不要匆忙逃离教室。

（2）在室内的学生，应立即就近躲避，采用身体下蹲的方式，躲到两列课桌之间，以保护身体不被砸，但不要靠近窗口，以防被猛烈的摇晃甩出窗口。

（3）躲避的姿势：身体下蹲，将一个胳膊弯起来保护眼睛不让碎玻璃等物品击中，另一只手用力抓紧桌腿，闭上眼睛和嘴，用鼻子呼吸。在墙角躲避时，把双手交叉放在脖子后面保护自己，可以拿书包或其他物品遮住头部和颈部。

3. 警笛声停止后，带领学生迅速有秩序疏散到指定的"安全地带"——学校内西南角指定位置，统计学生人数，报告学部主任。具体要求如下：

（1）各班疏散路线和顺序：

1号通道为7班教室南边的通道，2号通道为升旗台的通道，3号通道为15班教室南边的通道，4号通道为西边马路。

疏散路线：16班、15班经16班教室前绕到4号通道；9班、10班从西楼梯下，经楼梯下通道到4号通道；14、13班走3号通道；11班、12班经中楼梯下走3号通道；学部二处教师走3号通道；8班、7班走1号通道；1班、2班经东楼梯下走1号通道；6班、5班走2号通道；3班、4班经中楼梯下走2号通道；学部一处教师走1号通道。共同向疏散地点疏散。

疏散顺序：一楼学生可同时成双列队从教室按疏散路线向西南角疏散，二楼师生按照离楼道由近及远的顺序有序疏散，一个班学生全部从教室疏散后，本班老师向下一个班级门口教师发出疏散信号，下一个班级方可开始疏散。

每个教室学生疏散顺序：从距离门口最近的一列开始依次疏散，注意一定要单列疏散，严禁三个以上学生同时并排通过走廊和楼梯间。

在楼道走廊和楼梯间疏散路线：应成双列疏散，不得两人以上并行，与前一疏散人员之间保持1米左右距离；在楼道走廊疏散时要紧靠墙壁，远离栏杆，疏散至在楼梯间时，应做到二楼师生靠近墙壁一侧成两列同时疏散，同时听从楼道疏散人员的指挥。

（2）疏散过程中教师、学生职责：

教师职责:警笛声响后,教师应提醒学生该如何正确应对。警笛声停止后,老师立即把门打开,站在本班教室门口外远离楼梯间的一侧,负责组织本班学生疏散;班长或主要班干部应站在本班队伍首位,带领本班学生有序撤离。本班学生疏散完毕后,老师向下一个班级发出撤离信号,然后紧随本班最后,跟随学生一同到操场指定位置清点人数。上报学部主任。

学生职责:学生将凳子推到桌子下,保证撤离道路畅通,撤离时双手或单手抱头,目视前方,弯腰前行。速度不要太快,尤其是在楼梯间,一定要慢速前行,防止拥堵踩踏,撤离到安全地点后,应抱头蹲下。班长或体育委员负责清点人数,及时报告老师。

4. 疏散过程中的注意事项

(1)疏散过程中,应以双手或单手护头,以防被砸。

(2)要迅速、有秩序前进,听取教师指挥,不要争先恐后,不要慌乱奔跑。

(3)疏散途中要尽量避开建筑物和电线以及其他有可能会掉下来砸在头上的物体。

(4)不准学生在楼梯或走廊互相拥挤,避免跌倒。如出现拥挤摔倒,后面学生及楼梯口老师应立即大声喊"停",各班老师组织本班学生停下,等险情排除后,再顺序撤出。

(5)班主任要自始至终跟在本班队伍之后,指导学生按疏散线路撤离教室,密切关注演练现场,维护活动纪律,防止意外发生。

二、安全教育日活动实施方案

为全面深入地推动中小学安全教育工作,大力降低各类伤亡事故的发生率,切实做好中小学生的安全保护,促进其健康成长,特制定本实施方案。

(一)指导思想

以教育部《关于做好中小学生和幼儿安全工作的通知》精神为指导,坚持"安全第一,预防为主"方针,切实做好学校师生安全教育,综合整治校园安全隐患,防患于未然,以保障学校广大师生人身财产安全和学生健康成长。为了更好地开展此次活动,学校将把安全教育纳入学校文化建设,在安全教育日期间,通过开展系列教育活动对学生进行有针对性地安全教育,培养学生的安全素养,使学生真正树立安全意识、掌握安全知识、提高安全能力、养成安全习惯。

(二)活动目的

每年中小学生安全教育日,根据学校实际情况,开展行之有效的安全教育日主题教育系列活动,并通过疏散演练活动,使学生在参与活动的过程中,熟悉疏散路线,掌握基本自救自护技能,养成良好的安全行为习惯,进一步强化学生安全意识,提高学生避险能力,并以此为契机进一步强化学校各项安全工作。

(三)"安全教育日"活动领导小组

组　长:校长　　副组长:副校长

成　员:其它领导及班主任

(四)活动时间:3月30日至4月3日

(五)活动安排:围绕主题开展"七个一"安全教育活动

1. 召开一次主题班会

各班级开展"我安全　我健康　我快乐"为主题的安全教育班会,对学生进行一次安全知识教育,加强安全防范意识,掌握事故发生的急救措施,提高学生自救自护能力。

2. 举办一次主题升旗仪式

3月31日(星期一),开展一次以"我安全 我健康 我快乐"为主题的升旗仪式。对全体师生进行以安全教育为主题的国旗下讲话。

3. 出一期以"食品卫生"安全教育为主题的专刊

各班出一期以"我安全 我健康 我快乐"为主题的黑板报。

4. 开展一次安全疏散演练

在教育日期间,要开展一次地震、火灾等灾害事故应急疏散演练。通过有序而行动迅速地撤离"事故"现场的疏散演练,使师生掌握避险、逃生、自救的方法,防止发生拥挤踩踏事故。真正达到教育一个学生、影响一个家庭、带动整个社会的目的。

5. 组织一次安全大排查

各班于3月30日至4月3日期间,要对学生布置一份安全隐患排查作业,主题是"学校安全隐患我发现,家庭安全隐患我排查"。对学生使用的教室、实验室、微机室、各项体育设施、各功能教室、校园围墙等重要设施进行全面细致的检查,不留"死角",班主任整理筛选出"学校安全隐患",于4月7日前书面上报学校。对发现的安全隐患,学校立即整改。

6. 开展一次宣传教育活动

悬挂安全警示标语,利用校园广播等宣传工具进行安全知识宣传。

7. 召开一次学生班长会议

3月30日至4月3日期间,召开各班班长会议,进行用水、用电设备安全教育,同时渗透节水、节电、节粮的"三节"教育。

(六)活动要求

1. 各班安全教育主题班会要认真准备,精心组织,抓好落实。

2. 今后各班要把应急疏散演练制度化、常态化、规范化。组织疏散演练的全体师生,要积极参与、密切配合,把安全教育活动落到实处。班主任要加强对应急疏散演练工作的指导,在疏散演练过程中坚决防止发生拥挤踩踏事故。

3. 充分利用校园网、广播、墙报、宣传栏等媒体,开展安全教育主题宣传活动。

4. 要加强校园防控和治安排查。要落实校门口值班和校园定时巡查,确保学校安全有人管、有人看、有人巡、有人防。积极协调交警部门定时到学校周边地区巡逻。

5. 按照教育部颁布的《中小学校岗位安全工作指南》有关要求,学校将进一步落实一岗双责制,将安全责任分解落实到每一位教职员工,明确各个岗位的安全职责任务,实现安全工作人人有事干,事事有人做,处处有人管,人人能管好。进一步完善考核制度,不断加大考核力度,将学生安全事故纳入班级工作考核,切实将安全教育和管理融入到班级日常工作的各个环节,保障广大师生生命安全。

教育是安全的前提,安全是教育的目的。要始终坚持把学生生命和安全教育贯穿于学校教育的全过程,落实人人参与的要求,警钟长鸣,常抓不懈,确保学生在安全环境中健康成长。

三、学校大排查大整治活动方案

为了认真贯彻落实上级安全工作会议精神,结合学校实际,特制定《第三高级中学安全隐患大排查大整治活动方案》。

（一）总体要求

本次活动坚持"安全第一、预防为主"，扎实落实上级有关指示要求，全面深入排查治理安全隐患和薄弱环节，集中打击和整治学校安全工作中的非法违法、违规违章行为，全面落实各项安全管理措施，增强广大师生的安全意识，提高学校安全保障能力。

（二）组建安全工作领导小组

（三）重点内容及整治范围

1. 安全保卫：门卫制度的建立、执行及夜查巡逻制度落实情况；学校安保队伍配备情况；学校安保设备购置及物防、技防措施和校园监控设施使用及记录情况；周末及节假日值班，门卫安排落实情况；学校突发事件应急处置流程及相关信息公示情况。

2. 校舍安全：查看校园环境治理情况；教室、仪器室、实验室、厕所、师生食堂、师生宿舍的安全管理情况；重点查看教学楼（教室）、宿舍等四周是否存在裂缝，房顶是否漏水，校园内外排水设施是否顺畅；防汛工作准备情况。

3. 交通安全：查看学校交通安全工作应急处置预案；学生上下学秩序及楼道管理情况，教师护送路队及履职情况；学校门口公路减速带、交通警示标志牌设立情况；学生上下学乘坐车辆情况。

4. 消防安全：各类仪器室、实验室、功能室、餐饮中心、水房等重点区域的消防灭火器材配备情况；学校用电线路使用情况；楼道、楼梯内逃生通道标志及应急照明灯的安装设立情况；学校建筑工地及其临近周边环境区域的安全管理情况。

5. 饮食卫生安全：学校食品采购制度建立和落实情况；食堂设备与环境卫生情况；食品贮存加工及留验制度建设、实施情况；从业人员是否持证上岗及体质健康检查情况。

6. 周边环境整治：建立校园周边环境综合治理制度情况；学校周边治安秩序是否良好，校园内外有无涉及学生的侵财、伤害案件；校园周边随意摆摊设点情况；防溺水教育落实情况。

7. 安全教育：开展各类安全教育活动情况；学生心理健康教育、法制教育、德育教育、行为规范养成教育开展实施情况；法制副校长及法制辅导员配备履职情况；缺课登记追踪制度落实情况；

（四）方法步骤

坚持各处室、各班级自查自纠与学校督查相结合，全面排查与重点整治相结合，联合相关部门监督检查与联合执法相结合。从每年10月份开始，到次年1月份结束，分三个阶段进行。

第一阶段：制定方案、自查自纠阶段（10月份）。学校结合实际，制定专项实施方案，迅速动员部署，全面开展自查自纠工作，及时治理纠正非法违规行为，消除安全隐患。在全面排查摸底的基础上，对长期以来一直未得到整改的隐患逐一登记，建档立案，督促整改。

第二阶段：全面检查、重点抽查阶段（11月份）。学校要针对重点区域、重点环节和突出问题开展专项检查、抽查，落实一把手负责制，明确监管人员责任，加强督促指导，推动"打非治违"及校园周边安全问题隐患集中整治，使其工作取得实效。

第三阶段：督查、巩固、提高阶段（12月－元月份）。学校要认真准备，积极配合相关部门，对学校安全隐患大排查大整治活动的做法和经验进行全面总结，全力做好配合上级部门的督查工作。

（五）工作要求

1. 加强领导，精心组织。学校要成立"安全隐患大排查大整治活动"工作领导小组，周密安排部署，精心组织实施，落实工作责任。要确保足够的人力、物力、财力投入，能够实实在在地解决实际问题。

2. 广泛宣传，营造氛围。学校要在开展专项活动期间，结合安全教育，向家长下发告知书，并通过各种途径广泛宣传"安全隐患大排查大整治活动"的重要意义，及时报道专项活动中的好做法、好经验，营造浓厚的社会氛围。要进一步畅通学校安全社会监督渠道，切实加强社会舆论监督，引导全体师生及家长积极参与，全力支持安全隐患大排查大整治工作，确保活动取得实效。

3. 标本兼治，综合治理。学校要坚持以查纠整改问题为重点，着重解决学校安全工作中存在的薄弱环节和突出问题，标本兼治，综合治理，全面提高校园安全保障能力。

4. 认真总结，及时上报。学校要及时总结治理活动取得的成效、经验和教训，努力构建校园安全长效机制。

四、校园管制刀具、危险物品排查实施方案

为了维护学校正常教育教学秩序，保障广大师生人身安全，特制定学校校园管制刀具危险物品排查实施方案

（一）组建组织机构

（二）治理内容

学校师生私藏、携带的管制刀具：包括匕首、三棱刀、带有自锁装置的弹簧刀以及其他相类似的单刃、双刃、三棱尖刀；无弹簧但有自锁装置的单刃、双刃刀和形似匕首但长度超过匕首的单刃、双刃刀；其他各类非学习所需刀具，如水果刀、餐用刀具等能够对人身造成伤害的刀具，木棒、铁器以及手机、电吹风、烧水器等。

（三）工作措施

1. 学校领导小组负责人是该项行动的第一责任人，班主任是直接责任人。每月领导小组要在全校最少组织开展一次集中检查，二次以上抽查，要确保班级全面检查和收缴。同时，各班主任要做好日常检查与发现工作。尤其是班主任老师，在工作中要做到高度重视，细致入微，一个环节、一个部位、一个学生都不能疏忽大意。要把"禁止管制刀具及危险物品进校园"检查作为一项长期任务，常抓不懈，并切实将管制刀具收缴工作做到日常化。

各任课教师要认真做好上课学生的安全管理工作，若发现学生藏有管制刀具的行为，要立即收缴。同时，告诉班主任进行处理。

2. 进一步严格门卫管理制度

门卫值班人员24小时坚守工作岗位，认真履行工作职责。严格实行来客登记制，不明身份的人不得进入校园，社会闲杂人员，精神病患者或以招生、推销等为借口的人员，要提高警惕，不得擅自准许进入学校。同时，发现带有管制刀具的可疑人员，务于第一时间上报主管领导及值周领导，并强行扣留，同时配合学校处理。

3. 切实加强公寓管理和防范工作。

公寓管理教师在上班期间,要加强对学生宿舍的巡查,尤其是晚休进行经常性的督查,一旦发现学生打架或持有管制刀具,必须及时处理,有效防止校园伤害事件发生。

(四)具体分工与排查时间

每学期开学第一周开始,必须组织专项排查和教育工作。针对中学生特点,该项工作的重点应该以教育和预防为主,以发现和及时收缴为主,要充分发挥学部主任、年级组长、班主任、管理员、保卫人员的作用,做到及时发现,及时处理,及时教育。

各年级组长带领班主任主要负责教室的排查及日常检查和教育。每次排查结束后,由年级组长检查签字后交德育处年级干事。公寓管理组长带领全体公寓管理员负责宿舍的排查和日常管理。每次排查结束后,由公寓管理组长检查签字后交学校办公室。

(五)基本要求

1. 在开展该项工作中要注意方式方法,注重宣传教育,使学生明白收藏、携带、使用管制刀具的违法性和危害性,主动远离管制刀具。

2. 要严格落实校园安全工作制度,进一步建立健全校园内部安全管理工作的各项规章制度,切实增强学校安全保卫力量,全面提升学校自身的安全管理水平。

3. 切实加强对校园及周边的治安管理经费投入,落实人防、物防、技防措施,切实提高学校发现能力、自防能力和自护能力。

4. 要进一步加强对学生的思想教育、法制教育和安全防范知识教育,增强他们的法制意识和守法观念,提高抵御不法侵害的能力。

5. 要加强协作配合。学校要切实加强与警区的协作配合,互通信息,形成工作合力,及时把各种安全隐患消除在萌芽状态。

五、学校火灾防控工作实施方案

为切实加强学校每年冬季和次年春季火灾防控工作,严防火灾事故发生,确保校园的消防安全,按照《蒲城县教育局关于今冬明春火灾防控工作方案》的文件通知精神,特制定本方案。

(一)工作目标

深入贯彻党的十八届五中全会精神,广泛开展消防宣传培训,全力做好灭火救援准备和应急演练工作,依法排查整治火灾隐患,努力实现学校不发生任何火灾事故,确保学校的安全稳定。

(二)工作时间

每年冬季和次年春季

(三)组建组织领导

(四)工作内容及措施

1. 强化火灾防控工作

(1)全面排查火灾隐患。对学校消防安全形势和冬春火灾特点进行分析研判,以学生宿舍、教学楼、实验室、餐饮中心、会议室等人员密集场所、易燃易爆场所为重点,坚持哪里问题突出就重点整治哪里,全面排查火灾隐患。要继续深入推进消防安全"打非治违"专项行动,加强对消防设施缺失损坏、安全出口疏散通道堵塞封闭等问题的整治。

(2)整治火灾隐患和消防违法行为。要坚持依法监督管理,排查整治火灾隐患,对消防违法行为"零容忍",对火灾隐患"零迁就",对发现的火灾隐患和消防违法行为,用足用好各种手段,坚决依法整治。

(3)全面加强重大活动和重要节日消防安全保卫工作。紧盯全国"两会"及元旦、春节、元宵节等重大活动和重要节日,切实加强消防安全防卫工作。圣诞、元旦、春节、元宵节等重要节日安排学校保卫人员组织开展"零点夜查"行动,落实各项火灾防控措施,确保消防安全。

(4)大力推动群防群治。德育处、各班主任要加大消防宣传教育力度,实行消防安全网格化管理,发动学校广大师生力量,对学校各个场所进行网格化排查整治。广泛发动师生举报投诉身边的火灾隐患。要将所有的师生都动员起来,落实自防自救措施,做到安全自查、隐患自除、责任自负。

2. 强化灭火和应急救援准备

(1)深入开展火灾救援。结合学校实际,加强对学校安保队伍的火灾救援训练,深入开展冬季训练活动,强化安保人员的体能和技能,切实提高初战控火、人员搜救等能力。

(2)强化消防应急疏散演练。结合实际,修订完善灭火救援预案和消防应急预案,并加强学校广大师生消防应急疏散演练的开展。

(3)完善消防设施。开展消防设施的排查整治,建立消防设施维护保养机制。要加大消防设施建设力度,全面落实建设经费,明确职能部门责任,限时完成建设任务。学校每月组织对消防设施进行检查,确保完整好用。

3. 强化消防宣传教育

各校要结合圣诞、元旦、春节、元宵节、"两会"及冬季防火工作特点,有针对性地开展消防宣传教育。针对家庭,组织学生开展"自查自改清除火患"行动,在家庭实行火灾隐患自查自改行动;针对圣诞、元旦、春节、元宵等节日,组织学生开展"平平安安过大年"宣传教育活动,对容易引发火灾的小孩玩火、燃放烟花爆竹、不安全取暖等行为开展宣传教育。

(五)工作要求

1. 提高思想认识。冬春历来是火灾多发季节,学校领导要高度重视,认真吸取其它地市的火灾教训,坚决克服松懈思想和厌烦情绪,将今冬明春火灾防控工作作为加强消防现实斗争、维护学校安全的重要举措,扎实做好今冬明春火灾防控工作。

2. 狠抓隐患查改。各成员认真履行消防安全工作职责,建立健全消防工作管理机制,落实常态消防巡查制度,加大消防安全投入和组织保障力度。各班主任按照要求组织开展消防安全隐患自检自查,巩固和深化火灾隐患排查整改工作成果。总务处、德育处继续加大火灾隐患整改力度。

六、突发事件应急处置预案

为了切实做好学校安全应急工作,确保校园安全和学校财产不受损失,根据县教育局文件精神,结合学校实际情况,特制定本工作预案:

(一)成立应急处置领导小组

领导小组职责:具体负责本校的突发事件处置工作,做好校园安全检查工作以及对周边环境进行排查,积极与周边单位联系协调安排好本校突发事件处置工作。通过多种形式对师生做好突发事件工作宣传教育,坚持贯彻"安全第一　常备不懈　以防为主　全力抢险"的方针,以科学发展观重要思想为指导,做好突发事件工作,确保学校财产不受损失,师生无伤亡。

（二）应急处置指挥机构及职责

1. 总指挥由校长担任,全面负责学校突发事件处置工作,及时听取事故的情况报告,视情况做出启动应急预案决定。

2. 副总指挥由副校长担任,分工负责事故现场救援、调查处理和善后等工作。

3. 指挥组办公室设在德育管理处,由主任担任办公室主任,负责日常工作的检查及落实。

（三）突发事件应急处置指挥机构下设小组及职责

下设应急指挥小组、医疗救援小组、现场控制小组、后勤保障小组、信息资料小组。

1. 应急指挥小组

组长由校长担任,成员为领导小组全体人员,其职能主要有:

（1）迅速到达现场,了解和掌握事故情况,控制局面,阻止事态发展,并研究事故处理的具体策略。

（2）尽早向上级教育行政部门汇报情况。

（3）组织力量并全程指挥其他各职能小组投入工作。

（4）密切配合医疗、公安等机构对事故的处理工作,认真执行上级教育行政部门有关指示。

（5）负责事故调查、分析和处理,查找原因和责任。

2. 医疗救援小组

组　　长:副校长

成　　员:德育处及各班主任

主要职责

（1）立即组织护送受伤人员去医院救治。

（2）配合医院救治工作,追踪了解伤情或病情动态,随时与指挥小组保持联系。

（3）接待受伤人员家属,并说明基本情况,做好安抚工作,防止出现情绪过激情况。

3. 现场控制及信息小组

组　　长:德育处主任

成　　员:各年级组长及全体保卫组成员。

主要职责

（1）控制现场,维护秩序,劝离无关人员,防止发生混乱局面。

（2）排查其他受伤人员,组织力量送往医院。

（3）接待家长,做好解释说明及思想工作。

（4）协助公安等部门组织疏散群众,不围观、不拥挤,防止学生慌乱、散失,维护学校秩序。

（6）汛灾事件过程的各种文字、图象信息资料采集,撰写书面报告,整理取证材料,做好相关数据分类统计、分析工作,及时提供各种资料。

（7）8小时内形成完整书面材料,逐级上报。

4. 后勤保障小组

组　　长:主管副校长　　副组长:总务主任

成　员：总务处工作人员

主要职责

（1）做好医疗救治、现场控制等工作的联络和后勤支援工作。

（2）密切配合医疗、防疫等机构，进行现场消毒、取样、分析等工作。

（3）做好上级来人和家长接待工作，为上级工作组现场办公做好后勤服务工作。

（四）报警程序

学校值班室→学校应急领导小组→学校校长→报告上级部门

（五）突发事件工作安排及措施

1. 成立学校的突发事件应急处置领导小组，具体负责学校的突发事件工作，确保师生安全和学校财产不受损失。

2. 做好突发事件宣传工作，提高全体师生的安全意识，确保师生无伤亡，校舍无塌方。

3. 坚持 24 小时值班。实行领导成员值班制度，值班人员要坚守岗位，不能离岗、脱岗、代岗，如遇突发事件，主要领导、班子成员及相关老师，必须及时到岗。

4. 抢险队成员要做到手机不关机，保证通讯工具畅通，及时联系。

（六）注意事项

1. 突发事件首要的任务是保护师生生命安全，救灾要在确保人员不受伤害的前提下进行。

2. 不得组织学生参与突发事件应急处置工作。

七、校园安全专项整治行动实施方案

为切实加强校园安全工作，保障师生身心健康和生命安全，维护校园和谐稳定，根据"平安校园"建设总体要求及蒲教发〔2016〕86 号文件精神，结合学校实际，决定开展校园安全专项整治行动，特制定本方案。

（一）指导思想

全面贯彻落实科学发展观，牢固树立安全发展理念，坚持"安全第一　预防为主　综合治理"的方针，深入开展校园安全专项整治。在对校园安全工作进行全面排查摸底的基础上，对校园安全隐患进行分类整治，通过专项整治，建立完善校园安全体系，提升安全管理水平，健全安全工作各项规章制度，使校园内部各种设施的安全隐患明显减少，校园及周边环境安全状况明显改善，师生安全意识和防范能力明显增强，全社会对学生安全保护意识明显提高，恶性刑事案件和校园重大责任安全事故得到有效遏制。

（二）组织领导

为确保此次校园安全专项整治工作扎实有效开展，特成立校园安全专项整治领导小组，主要负责制定校园安全专项整治总体方案和工作制度，对校园安全专项整治工作进行统一领导、部署、指导和督查。

领导小组及职责：

校园安全专项整治领导小组下设办公室，办公室设在德育管理处。办公室负责校园安全专项整治工作的总体安排，跟踪了解校园安全专项整治进展情况，协调解决专项整治中有关问题；负责对校园安全专项整治情况的收集、汇总、梳理、通报、上报等工作。

（三）整治内容

1. 贯彻落实法律法规情况。贯彻落实国家安全生产方针政策、法律法规以及有关文件、会议精神的情况。

2. 校园消防安全情况。对设施不齐全的要尽快完善,对电线、电缆等设施陈旧老化的要及时更新,对学生宿舍内的违章用电坚决取缔。重点检查消防设施、应急照明、指示标志、疏散通道、安全出口等符合国家有关标准的落实情况。

3. 校园安全防范情况。重点检查校园安全保卫工作机构是否健全,责任制度、检查报告制度是否完善落实;校园保卫人员是否按要求配备,校园技术防范设备、设施是否安装到位并运行正常,防护器械是否配备到位;外来人员入校排查登记、值班巡逻等制度是否落实。

4. 校园设施设备使用维护情况。损坏的照明设备是否及时更换,上下楼通道数量和楼梯宽度是否完全适应学生人数需要;锅炉等特种设备以及体育场地与器材等重要设施设备的使用、维护是否规范;易燃易爆危险化学品使用、存放管理是否符合要求;实验室、各部室、学生食堂、宿舍、厕所等重要场所是否存在安全隐患。

5. 校园周边环境治理情况。重点检查校园及周边交通环境、治安环境、食品卫生环境、教学环境等方面是否存在安全隐患。整治校门口游贩摆摊设点、堆放杂物、交通拥挤等混乱现象;整治校园周边开设的网吧、电子游戏厅、营业性歌舞厅及音像书刊摊点等文化娱乐场所;整治侵害师生人身、财产安全的各类违法活动和校园及周边存在的流氓团伙、黑恶势力等其他各类安全隐患;整治校内外小商店、食品摊点和各类非法经营无牌无证摊点;整治校园周边乱搭滥建和排污等问题。

6. 寄宿制管理情况。落实管理制度和安全措施情况。要严格实行夜间值班和巡查,组织一支由分管领导带队,专职工作人员和教师组成的专门队伍,深入校园及周边区域,有重点地展开周密巡逻。重点做好预防火灾、防溺水、防食物中毒、防传染病等工作。

7. 校园食品安全情况。依据相关法律法规,对校园的卫生设施、餐饮设施、日常饮用水、自备水源及二次供水设施的管理开展检查。重点加强食堂、水房、锅炉房等场所的管理,要落实各项规章制度,严把食品进货关、储藏关、加工关,对变质、超期或不符合规定的食品,坚决杜绝进入校园食堂。严防不法分子投毒破坏。

8. 校园安全教育开展情况。全校性专题安全教育开展情况,安全教育课落实情况,校园"安全教育日"活动开展情况,安全提示落实情况,家校无缝连接开展情况,法制副校长的聘用情况,组织学生开展应急疏散和自救逃生演练情况,校长、教师、安保、食堂从业人员安全培训开展情况,反邪教警示教育和毒品预防教育开展情况,特异体质和心理异常学生排摸登记、教育管理落实情况。

9. 校园交通安全情况。《中华人民共和国道路交通安全法》《校车安全管理条例》的贯彻落实情况;交通要道校园周边路段警告、限速、慢行、让行等交通标志,施划人行横道线及交通安全设施的设置完善情况;治理校门口及周边道路拥堵工作开展情况;整治校园门前交通拥挤混乱现象以及"三无"(无牌无照无证)车辆校外运载学生现象,坚决打击"黑校车""摩的"揽客营运等行为,落实交警护学岗制度。

10. 校园校舍安全情况。是否仍存在 D 级危房使用情况,破旧房是否及时加固检修,校舍是否位于可能受到滑坡、塌方等危害的位置并采取了切实有效的防范措施。

11. 校园应对突发事件和自然灾害的应急处置能力情况。校园应急管理机构、机制和规章制度是否健全、完善;是否针对重大危险源、各种自然灾害、各类突发事件及重大活动,建立相应的应急预案并落实应急准备。

（四）职责分工

1. 按照"属地管理"和"谁主管、谁负责"的原则,切实履行安全管理职责,确保整治工作组织到位、责任到位、措施到位、整改到位。主要负责同志要亲自过问,分管负责同志要经常深入进行检查、指导,研究协调解决发现的安全管理问题和安全隐患。

2. 督促制定具体实施方案,开展全面排查,对排查出的各类安全事故隐患,立即采取有效措施予以整改;协调相关部门,对校园及周边安全隐患开展整改。

3. 组织协调相关部门开展校园周边环境综合治理。

4. 配合教育部门,共同加强对在校学生的法制教育,规范法制副校长的选聘、培训工作,为广大师生提供法律咨询,积极参与调解校园及周边地区存在的矛盾纠纷。

5. 对内部保卫力量、守卫防护装备、安全管理制度、安全防范设施、应急处置机制等开展检查,加强对校园安全防范建设的检查和指导,开展校园安保业务和技能培训;对校园周边的黑网吧、"黄赌毒"等治安乱点及时进行清查,对涉校的矛盾纠纷以及校园周边精神病人等高危人员进行排查和管控;创新警校联动机制建设,建立健全辖区派出所到校巡逻工作机制;严厉打击涉校侵害师生违法犯罪活动;指导和监督校园做好消防安全工作,消除火灾隐患,协助校园组织师生进行消防安全教育和疏散逃生演练。

6. 对校园建筑安全状况进行监管,指导校舍安全检查鉴定工作,对校园工程建设各环节进行监督管理,对校园舍安全工程提供优质服务。

7. 加强对校园及其周边饮食行业的监督管理和查验工作,开展经常性地卫生监督执法工作,确保食品安全卫生;定期开展预防传染病知识的宣传教育,做好相关疫苗接种工作。

8. 对校园各种设施、设备安全状况开展检查。

9. 加强校园及周边食品销售经营的监管,负责查处取缔校园周边无经营执照的各种商户,坚决取缔"黑网吧"。

10. 依法规范校园周边文化娱乐场所,及时查处、取缔非法、违规经营的书刊店、音像店、电子游戏经营场所、互联网上网服务营业场所(网吧)及歌舞厅等娱乐场所。

11. 负责校园周边县容县貌的清理整治工作,严禁在校园门口及周边200米范围内摆摊设点、占道经营摊点。加大对校园门前和周边流动摊点的治理,确保校园门前和周边的交通通畅。

（五）整治措施

本次校园安全专项整治按照"校园全面自查自整、教育行政部门和当地政府对校园全面排查整治、部门联动分类整治"的方式进行。

1. 校园自查自整。按照国家、省市有关校园安全的法律、法规、规章、规程、行业标准和本次专项整治的内容等要求,对学校校园的安全状况,进行全面对照检查并分类采取措施。对安全隐患和整治情况,要分类登记并建立台帐。

2. 凡存在违反国家有关校园安全法律法规的违法行为,要立即停止,并主动向教育行政部门和当地政府有关部门如实报告。凡不如实报告的,要依法严肃进行查处,同时追究主要负责人和相关人员的责任。

3. 凡存在重大安全隐患,要建立台账,立即制订整改方案,并明确整改责任人,落实整改资金,限期进行整改。无力整改的要报告教育行政部门和当地政府,并落实防范措施;能整改而不积极整改的,要追究主要负责人和相关人员的责任。

4. 要进一步规范校园安全管理,完善管理制度,做好工作台帐,加强日常检查监督,落实安全措施,确保校园安全。

(六)专项整治步骤

校园安全专项整治工作分四个阶段进行

第一阶段:部署和宣传发动阶段。校园成立校园安全专项整治领导小组,根据校园安全专项整治领导小组的总体部署,制订学校安全专项整治实施方案,建立专项整治责任制,利用各种形式,广泛宣传发动。

第二阶段:校园自查自整和教育行政部门、当地政府排查整治阶段。按照相关要求,对校园存在的安全隐患和问题进行自查自整,制订整改方案,采取有效措施进行全面整改。

第三阶段:部门联动分类整治。校园安全专项整治领导小组对校园安全整治情况进行检查,对存在的隐患进行分类整治。

第四阶段:"回头看"再检查及总结阶段。为巩固校园安全专项整治成果,确保取得实效。

(七)整治行动要求

1. 加强领导,落实责任。相关负责人要站在讲政治、讲大局的高度,深刻理解校园安全专项整治工作对于推进平安建设的重要意义,切实加强对校园安全工作的指导,认真组织好校园安全专项整治工作,并从人力、物力、财力等方面进行统筹安排。通过层层签订专项整治目标责任书,把专项整治各项具体工作落实到各班级,落实到具体人员。

2. 广泛宣传,完善机制。要充分利用广播、校报、网站、黑板报、微信平台等媒体,加大对校园安全专项整治工作的宣传力度,通过各种途径广泛宣传开展校园安全专项整治的重大意义。对开展专项整治工作的好做法、好经验要广泛推广;对专项整治工作认真,组织得力,成效显著的部门或班级要进行表扬奖励,对专项整治工作不认真、整治工作走过场的部门或班级要公开曝光,推动校园安全专项整治工作的深入开展。

第十一章

教育人物

第一节　人物简介

澹台典谱,男,出生于 1963 年 8 月,陕西省富平县人。1984 年 7 月毕业于陕西师范大学化学系,研究生学历,中学高级教师。1992 年 11 月加入中国共产党。

1984—1993 年在蒲城县尧山中学任教;1993—1995 年任蒲城县教研室教研员、中教组组长;1995—2000 年任蒲城县教研室副主任;2000—2003 年任蒲城县孙镇中学党支部书记、校长;2003—2005 年任蒲城县教研室主任、党支部书记;2004—2015 年任蒲城县教育局副局长;2010 年 7 月—2017 年 7 月任蒲城县第三高级中学校长。曾被评为渭南市教学能手、市管优秀教师、市先进教师、市"三三人才"、蒲城县"十佳校长""优秀党员"。曾参加陕西省第 17 期、20 期中学校长提高培训班,陕西省中学校长任职资格培训班。撰写的论文《浅谈"说课"》获陕西省优秀论文一等奖;《浅谈化学"说课"的内容与要求》获渭南市优秀论文一等奖;《抓素质教育,从培养青年教师入手》获渭南市优秀论文二等奖;参与编撰《初中化学导学》《农村中小学远程教育项目管理模式的研究》获省二等奖,负责完成的《现代学校管理制度的深化与研究——实施学部制管理模式的实践与思考》获得国家"十二五"全国重点课题一等奖,多篇论文获奖或发表。

自担任第三高级中学校长以来,锐意改革、勇于创新。在渭南市教育系统首创学部制管理模式:把学校管理分为两个学部,各自独立运作,形成竞争格局,极大地激发了教职工的工作热情。在学生管理方面,实行全封闭式管理,推行家校无缝链接制度:每位教师包联 10—15 名学生,从学习、生活、心理各方面全方位跟踪服务,拉近了师生之间的距离。七年来,学校高考连创佳绩,受到了社会各界广泛赞誉,先后获得"全国和谐校园先进学校""陕西省标准化高中""陕西省德育工作先进集体""陕西省平安校园""陕西省标准化考点",渭南市"阳光体育活动先进单位""依法治校示范校""平安校园"等荣誉。2013—2015 学年度,又获渭南市七类示范校建设荣誉称号。蒲城三中已成为享誉东秦大地的一颗明珠。

苏耀锋,男,汉族,生于1977年7月,蒲城县孙镇人。大学本科学历,1995年7月参加工作,1998年7月加入中国共产党,高级教师。1995年7月,在原东陈镇初级中学任教,期间曾任教导处副主任;2001年11月,在蒲城县教育局办公室工作,先后任办公室副主任、主任、机关支部书记;2011年8月,任蒲城县教育局工会主席,期间2013年10月,任蒲城县《教育志》办公室主任;2014年2月,任蒲城县教育局党委副书记、教育局关工委主任;2017年7月,任蒲城县第三高级中学党总支书记、副校长(主持工作);2018年7月,任蒲城县第三高级中学党总支书记、校长。二十余年来,曾获得"渭南市教学能手""陕西省教育宣传先进个人""陕西省优秀工会积极分子""蒲城县优秀党员""蒲城县优秀党务工作者"等荣誉。

在第三高级中学任职以来,他扑下身子、投入一线,深入师生、全面调研,潜心研究、精心谋划,打造团队、提升素养,严抓常规、精细管理,为把三中打造成渭北名校竭诚尽智。2017年12月5日,做客渭南广播电视台《教育访谈》直播间,全方位展示学校风采,畅谈学校教育理念、办学特色。直播中,阐述学校在"立德树人""名师培养""因材施教、分类推进"及学校民主、科学、人文、管理方法的亮点。一年来,学校先后获得"蒲城县目标责任考核先进单位""蒲城县德育工作先进单位""蒲城县文明校园""蒲城县绿色校园""蒲城县教育信息化工作先进单位"。

张化林,男,汉族。1966年生,蒲城县椿林乡敬母寺村人,中共党员,中学高级教师。1985年参加工作,1993年获渭南地区高中地理教学能手,1997年在罕井中学任教,先后任罕井中学教导处副主任、主任、副校长职务。2010年7月至2013年8月,任蒲城县第三高级中学副校长,2013年8月至2017年5月,任学校党支部书记。2017年6月,学校党总支成立,任党总支书记。2010年7月蒲城县第三高级中学组建以来,负责学校的日

常工作。在澹台典谱校长的领导下,带领三中一班人敢为人先,开拓创新,锐意进取,励精图治,使学校日常管理工作和高考成绩均连创佳绩,深得家长、学生和社会各方面一致好评。学校先后获得国家级、省级、市级、县级多项荣誉;2012年7月,代表渭南市参加了陕西省德育工作表彰大会,并在大会上做了经验交流,得到参会代表一致好评;在教育教学管理工作中,勤奋好学,善于思考,精于教学,长于管理;曾多次担任渭南市教学能手、教师职称评审教学能力测试、招聘教师教学能力测试等专职评委;先后获得"陕西省高中地理骨干教师""渭南市先进教育工作者""渭南市教学能手""渭南市三三人才""渭南市优秀责任区督学""蒲城县十大杰出青年""蒲城县优

秀校长""蒲城县首批有突出贡献的中青年专家"、蒲城县"校长论坛之星"等荣誉称号。主持编写的《现代学校管理制度的深化与研究——实施学部制管理模式的实践与思考》获得国家"十二五"全国重点课题一等奖,多篇论文获奖或发表。

陈　娟,女,汉族,1967年7月出生,蒲城县椿林镇汉村六组人。毕业于宝鸡师范学院中文系专业。1991年8月参加工作,1999年12月加入中国共产党,研究生学历,高级教师。1991年在蒲城县矿区中学任教,先后担任教研组长、办公室主任、副校长职务。2012年在蒲城县第三高级中学任教,先后担任教研处主任、学部主任、课程处主任,党支部副书记,现任校党总支副书记。

参加工作以来,一直热爱语文教学工作,锐意改革语文课堂教学,成绩显著。曾先后荣获蒲白矿务局先进教师、教学能手、巾帼创新人才、科技拔尖人才,蒲城县教学能手、县三八红旗手,全国特色教育先进工作者等荣誉。论文《课文改写三得》《诗意文学　诗意人生》《来自〈我与地坛〉的实验报告》分别获得国家、省级一等奖、二等奖;《三言两语说长短　七嘴八舌话〈项链〉》获国家特等奖并刊登在《中国教育研究》第五期杂志上;散文作品《永远的声音》《此情可待》,诗歌作品《深深照耀》等在《陕西工人报》发表。辅导学生参加第六、第七届全国"圣陶杯"中学生作文大赛,获得国家级指导三等奖、优秀指导奖。参加"传承中华文化　共筑精神家园"爱国主义读书教育征文活动,获得渭南市优秀辅导教师奖。

在三中任职以来,工作求真务实、激情饱满、亲力亲为、率先垂范。在担负的各项工作中,扎实细致,高效完成。带领教师组织实施高效课堂,顺利通过专家组评估验收,完成了渭南市高效课堂示范校创建工作。主持完成国家十二五全国重点课题《现代学校管理制度的深化与研究——实施学部制管理模式的实践与思考》获得国家级一等奖,被授予"先进个人"。

梁双纪,男,汉族,1969年8月出生,蒲城县椿林镇岳兴村人。中共党员,高级教师。1992年7月毕业于陕西师范大学物理专业,本科学历,获理学学士学位。同年8月参加工作,在蒲城县孙镇中学任物理科教学并担任班主任工作;先后担任学校教导处副主任、主任职务。曾获蒲城县教学新秀、中小学德育工作先进个人、新长征突击手、师德标兵等荣誉称号;自制教具获市级鼓励奖、三等奖;在学科竞

赛辅导中成绩突出,获市级优秀辅导教师奖和省级表彰奖励;多篇论文在省、市级获奖或发表。2010年8月,调入蒲城县第三高级中学,任物理科教学工作并担任课程管理处主任;2012年2月任学校党支部副书记;2013年9月任学校副校长,分管学校教学、科研工作,期间曾3次参加国家级、省级培训,理论认识水平明显提高。工作认真负责、扎实细致,成绩突出。连续五年学校高考成绩稳中有升,受到师生和社会的普遍认可。主持编写的《现代学校管理制度的深化与研究——实施学部制管理模式的实践与思考》获得国家"十二五"全国重点课题一等奖。

王建涛,男,汉族,生于1969年10月,蒲城县洛宾镇人,中共党员。1992年7月毕业于渭南师专数学系,大学本科学历,同年8月参加工作。先后在马湖乡初级中学、蔡邓乡初级中学、孙镇初级中学、平路庙初级中学任教;2010年8月至2015年3月,在蒲城县第三高级中学任教,先后任德育处主任、工会主席、副校长等职。自担任蒲城县第三高级中学德育处主任、副校长以来,以校为家,辛勤工作,乐于奉献,学校的德育工作取得了丰硕成果,先后获得国家级、省级、市级、县级多项荣誉称号。2013年被渭南市教育局、人力资源和社会保障局评为渭南市德育工作先进个人。

姜新民,男,生于1971年11月,蒲城县苏坊镇姜杨村人,中学高级教师。1994年7月毕业于渭南师范专科学校,同年7月参加工作,1996年7月加入中国共产党,1998年9月自修毕业于陕师大汉语言文学本科专业,取得本科学历。曾先后在苏坊镇初级中学、蒲城县教育局、孙镇高中工作。2010年7月参加第三高中筹建工作,9月担任第三高中总务主任,2014年7月起担任第三高中副校长。

2010年7月参与三中筹建时,面临校舍破旧、教学设施缺乏、道路坑洼不平、水电线路需整修的严峻现实。在学校领导大力支持下,勇挑重担,积极筹划,得当安排,夜以继日地工作在学校,督促各项筹建工作顺利推进,确保了9月1日正常开学。

2012年因学校生源增加,需要新建教学楼、公寓楼、师生生活服务中心各一栋。积极协助校长协调各种关系,与基建小组成员吃住在校,现场办公,督促进度,严把质量关,保证了新建工程高质量按时竣工,为师生提供了优美、舒适的工作生活环境,为三中的创建与发展做出了应有贡献,得到学校师生和上级管理部门的认可。2012年、2013年连续两年,学校被教育局授予"后勤管理工作先进单位"。2013年个人荣获蒲城县"校园好管家"称号。

董　洁,男,生于1970年9月,陕西洛川县人。1996年毕业于西安外国语学院,中学高级教师。现担任蒲城县第三高级中学课程处主任、高三补习班班主任及英语教学工作。参加工作22年来,曾19年担任班主任工作,教育教学成绩突出。先后被授予"陕西省优秀教师""陕西省中小学德育工作先进工作者""渭南地区优秀教师""渭南市教师标杆""渭南市最美教师""渭南市教

学能手""渭南市模范班主任""蒲城县感动校园人物""蒲城县先进教师""蒲城县县管拔尖人才""蒲城县模范班主任""蒲城县教育教学实践创新活动先进个人"和"蒲城县百名课改标兵"。多次被评为中学生英语竞赛优秀辅导员。2017年9月被评为蒲城县首批名师。先后有多篇论文获奖并在《英语周报》等不同刊物上发表。2018年8月,被任命为第三高级中学副校长。

曹育红,男,1979年4月生,蒲城县罕井镇北兴村人。2003年7月毕业于宝鸡文理学院思想政治教育专业。本科学历,法学学士。中共党员。2003年9月至2006年2月,任蒲城县平路庙乡乡长助理;2006年3月至2009年12月,任蒲城县平路庙乡副乡长,在任期间参加中共陕西省委组织部举办的全省优秀选调生培训班;2010年1月至2011年1月,任蒲城县大孔乡副乡长;2011

年1月至2016年5月,任蒲城县高阳镇副镇长,在任期间参加中共陕西省委组织部举办的优秀选调生赴台现代农业培训班;2016年5月任蒲城县第三高级中学纪检组长,认真履行岗位职责,抓好党风廉政建设。

梁建民,男,1968年3月出生,陕西省蒲城县紫荆街道黄家村人。1990年7月毕业于渭南师院物理系物理专业,高级教师。2012年8月至2013年8月,在第三高级中学担任工会主席职务,负责学校工会工作,并分管学校办公室和学区工作。在校工作一年期间,配合学校领导,以大局为重,完成好各项任务。经常深入教师中了解工作、生

活、学习等方面遇到的问题,为教师排忧解难,让其在学校能安心工作,感受学校的关怀和温暖。为丰富教师的文化生活,培养教师的一技之长,组织成立了教师健身舞蹈团、教师篮球协会、教师书画协会,定期开展活动,让教师在枯燥的工作之余找到快乐,练好本领,提升工作效率。为改变教师的办公环境,开展文明办公室评比活动,组织有关人员,定期对各办公室的环境卫生、整洁程度、文明礼貌等情况进行全面检查评比,使各办公室的布置更加温馨,环境更加优美。

刘海林,男,汉族,生于 1972 年 5 月,陕西省宝鸡县人。中共党员,高级教师。1992年进入宝鸡文理学院物理教育专业 92 级本科班学习,1996 年 7 月毕业,获得理学学士学位。同年进入蒲城县兴镇中学工作。从工作时起共担任了 10 年高三物理教学工作,在兴镇中学历任班主任、物理组组长、理综组组长、高三年级组长、政教副主任、教导主任、副校长等工作。2017 年 9 月起担任第三高级中学工会主席,分管工会及教研处工作。工作中,立足课堂教学,关注青年教师成长和专业养成,组织了以杜金山为代表的专家团队来校举行专题讲座、规范和优化了备课组活动、青蓝工程师徒结对、基本功大比武、西电跟岗学习等教研活动。教学之余,深入教师之中,积极听取他们的意见和建议,及时慰问生病或家中有重大变故的教职工,积极维护教师合法权益。多年来,深入教学一线,主持并完成了五个市级教研课题。多次荣获县级先进教师、优秀教育工作者、优秀党员、有突出贡献的专业技术人员、市级优秀教师等荣誉称号。

蒋宏杰,男,生于 1978 年 8 月,蒲城县桥陵镇日光人,中共党员,一级教师。毕业于西安体育学院,大学本科学历。2003 年 8月参加工作,在蒲城县兴镇中学任教。2010年 8 月调蒲城县第三高级中学,任德育管理处主任。配合校委会负责学校德育、安全工作。工作勤奋,团结同志,善于思考,钻研业务,工作业绩突出。学校先后被评为陕西省中小学德育工作先进集体、陕西省平安校园、渭南市级阳光体育先进集体、德育工作示范校、平安校园示范校、艺术教育示范校、优秀体育教研组等荣誉。个人荣获"蒲城县先进教育工作者""优秀共产党员""青年突击手""优秀学员""先进个人""素质教育先进个人""高中教学质量提升先进工作者""全国特色教育先进工作者""渭南市 2015 年中小学幼儿园校园安全管理先进个人""党员手抄党章作品展先进个人"等荣誉称号;2010 年 9 月撰写的论文《浅谈高中女生体育课学习兴趣的培养》获得省级二等奖;2015 年 3 月承担的课题《现代化学校管理制度的深化与研究》

（研究报告）荣获"十二五"规划全国重点课题"中国学校特色教育建设与发展研究"优秀教育科研成果一等奖。曾多次参加国家级、省级、市级各类培训。

仇小娥，女，汉族，1979年8月出生，蒲城县紫荆街道办春兴人。1999年8月参加工作，中共党员，本科学历，一级教师。自参加工作以来，先后在东杨初级中学、兴镇中学、蒲城县教学研究室、第三高级中学从事教学与管理工作，现任蒲城县招生办公室副主任。三中担任学部主任期间，在教育教学与管理工作中锐意进取，积极创新，推进了学校学部各项管理工作，获得多项荣誉。个人也先后获得"蒲城县优秀教育工作者""蒲城县优秀党务工作者""蒲城县优秀主持人"等荣誉称号；撰写的多篇论文公开发表并获奖。

李小平，男，1972年8月出生，中共党员，中学高级教师，陕西省蒲城县龙池镇人。1996年毕业于汉中师范学院生物系生物教育专业。2010年7月，调入蒲城县第三高级中学任教并担任学校学部主任，主管学部二处的日常教学和班级管理工作，2013年8月调教研室工作并担任教研室副主任。在三中期间，曾荣获"渭南市高考质量提升先进个人""县级先进教育工作者"等光荣称号，《新课改下的生物学教学》等多篇论文在省市刊物上发表。连续三年负责中考、高考考务工作，无一例意外事故发生。能够全面深入到教学一线指导青年教师成长，为三中的教学规范和发展起到了很好的作用。

杨蕾，女，生于1984年7月，蒲城县党睦镇蔺家村人。2004年12月加入中国共产党，2007年7月毕业于渭南师范学院汉语言文学专业，大学本科学历，一级教师。2007年8月参加工作，在蒲城县孙镇中学任教；2010年8月调入第三高级中学任学校团委书记、党务工作者；2014年9月任学部二处主任。曾多次被评为"优秀指导教师"；先后荣获县级"优秀党务工作者""青年突击手""三八红旗手""先进教师""先进教育工作者""优秀共产党员"等荣誉称号。撰写的论文《新课改前后语文课堂教学内容的比较》,在《考试指南》报及《教育周刊》上发表;《用行动诠释人生的真谛》在"争做四有好老师"征文活动中荣获县级优秀奖、市级三等奖;《新管理体制下的语文教学》(阶段性成果)荣获全国优秀教育科研成果一等奖。并参与了"教师科研基金'十二五'规划全国重点课题——实施学部制管理模式的实践与思考"的研究。2018 年 8 月,任课程处主任。

张月宾,男,1969 年 11 月生。2002 年 7 月加入中国共产党,毕业于西安文理学院,本科学历,高级教师。1992 年至 2010 年在孙镇中学任教,2010 年 9 月调入第三高中任教,2014 年 9 月担任蒲城县第三高级中学教研处主任。从教以来,长期担任教研组组长、备课组长,在教学教研方面有丰富经验,有多篇教学教研论文发表或获奖,教学科研方面有国家级、市级、县级课题获奖。同时,还获有"新长征突击手""青年标兵""优秀共产党员""优秀中青年教师""校本研修先进个人"等荣誉称号。

张　涛,男,生于 1981 年 5 月,紫荆街道祥塬村人,中共党员,本科学历。2001 年 6 月参加工作,先后在椿林镇保南初级中学、党睦中学任教,现任第三高级中学办公室副主任。在教育教学管理工作中,成绩突出。荣获蒲城县"中学理化生实验技能竞赛"优胜指导教师、"工会工作先进积极分子""陕西省中小学教师教育技术能力骨干教师""蒲城县远程教育应用工作先进个人""蒲城县教育系统优秀共产党员""先进教师""教育宣传先进个人"称号,参与研究的《平安校园建设课题》获"全国优秀教育科研成果一等奖"。2015 年特聘为渭南电视台公共教育频道通讯员。

自担任办公室副主任以来,协助主管领导加强安全管理,配合学校建立健全各项安全制度措施,不定期对管制刀具进行排查;召开"安全教育会""法制教育会""预防疾病传播安全会""交通安全专题宣传会";参与"防震、防火、逃生演练"活动;确保信息的上传下达;勤于公文处理、安全巡查、来访接待、值班签到管理及临时事务和突发事件的快速处理。2018 年 8 月,担任办公室主任。

刘小利,男,生于1968年5月,苏坊镇高义村人,一级教师。1988年毕业于蒲城师范学校。曾在兴镇兴西中心小学任教并担任中心校副校长,1995年7月加入中国共产党。1999年9月在兴镇教育组担任教育组会计。2000年取得渭南教院大专学历。2007年在县教育局内审股工作。2014年9月调第三高级中学任总务主任职务。在担任三中总务主任期间,先后实施了学校多处暖气管道改造;完成了学校多功能厅修缮;新建了学校操场。为了全方位改善学校办学条件,确保学校各项设施、设备的正常运转,对学校很多已年久老化的设施设备,如厕所里的高位水箱、教室里的电灯、电扇,还有学校的暖气管道、锅炉、下水管道、学生宿舍加压泵等,逐个进行维修,为学校节约了不少开支,使后勤保障工作走在前列并跟踪服务。2014年学校后勤工作荣获蒲城县"收支两条线管理先进单位";2015年荣获蒲城县"后勤管理服务工作先进单位"。

王 军,男,1979年3月出生。2002年毕业于渭南师范学院数学专业,本科学历,一级教师。2006年7月加入中国共产党,2012年9月调入蒲城县第三高级中学,担任备课组长,年级组长及班主任工作。2014年9月任学部一处主任。所带班级成绩优异,曾多次得到家长、师生的好评。曾获蒲城县模范班主任、课改先进教师、教学能手等称号。教学研究中所写论文《中学教师的师德与师能》在中学数学教学参考中发表;《学部制管理对教师积极性的调动》课题荣获国家级一等奖。

韩 斌,男,1982年1月出生,蒲城县紫荆街道小董村人,本科学历,二级教师。2006年8月参加工作,曾在翔村镇初级中学任教;2010年8月,调入蒲城县第三高级中学任课程管理处干事;2014年9月担任课程管理处副主任。

在蒲城县第三高级中学任教期间,爱岗敬业,勇于担当,并用自己所学,将岗位工作做到最好,每学期均获学校先进教育工作者

称号。参与教育局组织的各类考试工作,2011年—2013年,连续三年被县招生办评为"招生工作先进个人",2015年被渭南市教育局评为"高中教学质量提升先进工作者"。2018年8月,调县招

办工作,任信息组组长。

张天龙,男,汉族,1980年9月出生,蒲城孙镇甘北村人,中共党员。2002年7月,毕业于渭南师范学院计算机科学系,计算机教育专业,本科学历,中学一级教师。先后在蒲城县孙镇中学、兴镇中学任教,曾担任教导处副主任。2017年8月调入蒲城县第三高级中学,担任德育处副主任。参加工作以来,工作认真努力,团结同志,在教学方面刻苦钻研,承担市级、县级课题多次获奖,同时被评为"县级优秀共产党员""一师一优课,一课一名师"市级优课、"陕西省教育学会二等奖"论文等荣誉。2018年8月,任第三高级中学学部二处主任。

姚建军,男,生于1981年8月,蒲城县高阳镇姚家村人。中共党员,大学本科学历,二级教师。曾担任过田径训练队教练、备课组长、年级组长,多次参加、参与市、县大型团体操排练演出工作。参加工作以来,一直担任班主任管理工作。2006年被评为"县级优秀教练员",2011年建党90周年党史知识万人竞赛获得二等奖。2015—2017年,三年连续被评为"蒲城县优秀裁判员",连年被评为学校先进教师和模范班主任。2018年8月被任命为学校德育处副主任。

范志刚,男,生于1980年5月,汉中市汉台区宗营镇范寨村人。大学本科学历,一级教师。参加工作以来,一直担任班主任管理工作,在教育教学各项工作中,取得了较为突出的成绩。先后被授予"省优秀辅导教师奖""渭南市优秀班主任""蒲城县模范班主任""蒲城县师德标兵""三中最美教师"等荣誉。在"一师一优课,一课一名师"活动中被评为省级优课,荣获蒲城县班主任技能竞赛三等奖,先后多次被评为学校先进教师和模范班主任。2018年8月任三中德育处副主任。

张海潮,男,生于1979年4月,富平县老庙人。2003年参加工作。毕业于陕西理工学院。中学一级教师,蒲城县教学能手,蒲城县百名课改优秀教师,蒲城县模范班主任;连年荣获学校模范班主任、先进教师、最美教师称号。在日常教育教学管理中,秉承"心系学生,宽容为怀"的教学理念,严格要求学生,课余与学生以友相待;所带历届学生在高考中都能够超额完成高考任务,获得了学校同行、学生及其家长的高度赞誉。2018年8月,任第三高级中学课程处副主任。

曹东峰,男,生于1979年2月,蒲城县罕井镇东党村人。本科学历,陕西省数学学会会员,高级教师,数学备课组长。参加工作以来,一直担任班主任管理工作,在教育教学各项工作中,取得了较为突出的成绩,2009年被评为蒲城县百名课改标兵;2010年在渭南市高中优秀课评比活动中获三等奖;2012年参加了蒲城县首届教师论坛;2013年参与并主持蒲城县第二届教师论坛数学分坛;2013年牵头完成市级教研课题;2014年被评为蒲城县教学能手、蒲城县青年标兵;2015年被评为市级教学能手;2016年被评为市级优秀辅导教师。有多篇教学论文获奖或发表在省级刊物上。2018年8月,任第三高级中学课程处副主任。

侯胜斌,男,生于1980年10月,陕西省合阳县百良镇人。中共党员,大学本科学历,一级教师。2012年被学校评为"骨干教师";2013年5月被渭南市教育局评为"高考优秀监考教师";2014年被评为"渭南市教学能手";2015年9月,被学校评为"最美教师"和"先进教师";2016年被评为"蒲城县师德标兵"。参与的市级课题《"以信息技术"促进英语课题改革》已结题。所撰写的论文多次获省、市、县级奖励。2018年8

月,任第三高级中学教研处副主任。

万永强,男,生于 1976 年 3 月,蒲城县孙镇人,中共产党员,本科学历,一级教师。1995 年 9 月,参加工作,曾任教于党睦中学,多次被评为"先进教育工作者"。2002 年 11 月,调教育局工作。2014 年 9 月,任兴镇中学总务主任,多次荣获"优秀党员""先进教育工作者"称号。2017 年 9 月,任第三高级中学总务处副主任,主要负责学校餐厅管理及后勤服务工作。期间建立了一套科学规范的管理机制,组织餐厅"厨师赛菜"、师生品尝提意见等活动,提高了餐厅的服务质量,赢得了师生与家长的认可,2017 年学校餐厅获得市级"文明餐桌"称号。参与了校内多处设备设施的维修、维护工作,完成了学校阶梯教室、门房的修缮,电路、水路的维修,确保了学校各项工作的正常运转。

李 莹,女,生于 1986 年 3 月,蒲城县兴镇兴南人。毕业于西安外国语大学,大学本科学历,二级教师。2005 年元月参加工作,2010 年 6 月加入中国共产党。先后在蒲城县坡头镇初级中学、兴镇中学、蒲城县第三高级中学任教;2014 年 9 月任蒲城县第三高级中学团委书记。任职期间,工作一丝不苟、兢兢业业,主管的校团委工作取得了优异成绩,2014 年校团委被评为"蒲城县共青团工作先进集体"。在第二轮"316"工作中,被蒲城县人民教育督导室评为"素质教育先进个人";2015 年 6 月,被共青团蒲城县委评委"青年突击手";2015 年 12 月被渭南市教育局评为"学生资助工作先进个人";2016 年 5 月被共青团蒲城县委评为"共青团工作先进个人";2016 年 7 月在庆祝建党 95 周年纪念活动中,被中共蒲城县教育局委员会评为"党员手抄党章"作品展先进个人;2016 年 12 月被共青团陕西省委员会授予"陕西省优秀共青团干部"荣誉称号。

第二节 三中"蒲城县首批名师"人物简介

董 洁 男,生于 1970 年 9 月,陕西洛川县人。1996 年毕业于西安外国语学院,中学高级教师。现任高三补习班班主任并兼任英语科教学。参加工作以来,教育教学成绩突出。先后被授予"陕西省优秀教师""陕西省中小学德育工作先进工作者""渭南市教师标杆""渭南市最美教师""渭南市

教学能手""渭南地区优秀教师""渭南市模范班主任""蒲城县感动校园人物""蒲城县先进教师""蒲城县县管拔尖人才""蒲城县模范班主任""蒲城县教育教学实践创新活动先进个人"和"蒲城县百名课改教师"等荣誉,多次被评为中学生英语竞赛优秀辅导员;先后有多篇论文获奖并在《英语周报》等不同的刊物上发表。2017年9月被评为蒲城县首批名师。

【从教心语】静下心来教书,潜下心来育人。

李　芳,女,生于1974年9月,永丰镇温汤村人。1993年7月参加工作,本科学历,一级教师。在教育教学工作中,成绩突出,曾获渭南市教学能手;蒲城县百名课改先进教师;全国青少年"五好小公民"征文活动优秀辅导教师;陕西省教育厅"喜迎党的十八大"征文活动优秀辅导教师;蒲城县骨干教师;学科带头人。所撰写的论文多次在国家级、省级、市级刊物发表并获奖;2014年参与的市级重点课题于2015年12月结题;2017年9月被评为蒲城县首批名师。

【从教心语】　我热爱这份事业,不管它是平凡还是贫穷。

樊云芳,女,1977年10月出生,陕西省澄城县交道镇人。本科学历,高级教师。1999年参加工作,先后在孙镇初级中学、孙镇中学、第三高级中学任教并担任语文教研组组长、班主任、校报编辑等工作,教学成绩突出。2008年被评为"渭南市教学能手";2009年被评为"市级优秀辅导员";2010年被评为"青年突击手""优秀中青年教师";2011年被评为"市级高考优秀监考教师";2012年被评为"陕西省教学能手";2013年被评为"蒲城县先进教师";2014年经市局批准成立"樊云芳教学能手工作站",并被任命为站长;2014年被评为蒲城县"校本研修先进个人";2015年在市教育局举办的"四有好教师"征文活动中荣获三等奖;2016年《陕西教育》(第11期)刊登个人先进事迹,语文课《陈情表》获"一师一优课,一课一名师"省级优课;2017年9月被评为蒲城县首批名师。撰写的教学论文《如何进行语文阅读教学》《读出文言之美》《引导学生自主学习　构建高效语文课堂》《弘扬个性　妙手立意》等分别在省级刊物上发表。

【执教心语】爱是教育的源泉,真是做人的根本。

曹东峰,男,生于1979年2月,蒲城县罕井镇东党村人。本科学历,陕西省数学学会会员,高级教师,数学备课组长。参加工作以来,一直担任班主任。在教育教学工作中,取得了较为突出的成绩。2009年被评为蒲城县百名课改标兵;2010年在渭南市高中优秀课评比活动中获三等奖;2012年参加了蒲城县首届教师论坛;2013年参与并主持蒲城县第二届教师论坛数学分坛;2013年主持完成省级教研课题《高中数学教学学案应用研究》;2014年被评为蒲城县教学能手、蒲城县青年标兵;2015 年被评为市级教学能手;2016 年被评为市级优秀辅导教师。有多篇教学论文获奖或发表在省级刊物上;2017 年 5 月,参与完成省级课题《高中数学任务导学型课堂教学模式研究与实践》;11 月,在市级教学能手培养工作中被评为县级优秀辅导教师;同年《3.2 平面向量基本定理》课,获"一师一优课,一课一名师"部级优课;2017 年 9 月被评为蒲城县首批名师。

【执教心语】　用知识的钥匙开启学生智慧之门,努力使学生得法于课内,得益于课外。

　　樊雪梅,女,生于 1986 年 1 月,党睦镇冉家村人。2010 年 7 月,毕业于渭南师范学院,本科学历。2010 年 8 月参加工作,二级教师。2015 年在"第十五届全国多媒体大赛"中获得二等奖;2015 年 8 月,教学课件《天气系统——气团和锋》荣获第八届高中组一等奖;2016 年 1 月,微课《冷锋与天气》获县级一等奖;2016 年 12 月,在蒲城县"第二届中小学教师信息技术应用大赛"中,英语公开课获得高中组三等奖;2017 年 9 月被评为"蒲城首批名师",撰写论文《多媒体技术在高中地理教学中的应用》获得国家级一等奖,并录入期刊《教育现代化》。曾多次被评为"先进教师"。

【从教心语】　融爱于教,融乐于教

　　马卫国,男,生于 1968 年 11 月,临渭区阳郭人。1992 毕业于渭南师范学院化学系。大学本科学历。一级教师,参加工作二十余年来担任高三班主任及化学课教学工作,曾担任年级组长、教研组长。2010 年 9 月,撰写的论文《在试验中培养学生的观察力》获省级教育教学二等奖;2011 年 8 月,获市级"2011 年度全省基础教育优秀教学成果"一等奖;2012 年 8 月,被评为"渭南市师德先进个人";2012 年被评为渭南市"师德标兵";2015 年 9 月,被评为蒲城县"最美教师";2017 年 9 月被评为蒲城县首批名师。

【从教心语】勤于学,乐于教

第三节　教学能手名录

一、省级教学能手名录

姓名	性别	学段	学科	颁授单位	获得年度
樊云芳	女	高中	语文	陕西省教育厅、省人力资源和社会保障厅	2012.08
任焕娣	女	高中	语文	陕西省教育厅、省人力资源和社会保障厅	2014.08

二、市级教学能手名录

姓名	性别	学段	学科	颁授单位	颁授时间
李 芳	女	高中	语文	渭南市教育局、人力资源和社会保障局	2011.12
王凤莲	女	高中	物理	渭南市教育局、人力资源和社会保障局	2011.12
刘宇清	女	高中	政治	渭南市教育局、人力资源和社会保障局	2013.02
董 洁	男	高中	英语	渭南市教育局、人力资源和社会保障局	2013.02
侯胜斌	男	高中	英语	渭南市教育局、人力资源和社会保障局	2014.05
任焕娣	女	高中	语文	渭南市教育局、人力资源和社会保障局	2014.08
曹东峰	男	高中	数学	渭南市教育局、人力资源和社会保障局	2015.10
王 军	男	高中	数学	渭南市教育局、人力资源和社会保障局	2017.08
李宇鹏	男	高中	数学	渭南市教育局、人力资源和社会保障局	2017.08
段 磊	男	高中	化学	渭南市教育局、人力资源和社会保障局	2018.05
张天龙	男	高中	信息技术	渭南市教育局、人力资源和社会保障局	2018.05

三、县级教学能手名录

姓名	性别	学段	学科	颁授单位	获得年度
李 芳	女	高中	语文	蒲城县教育局	2010.12
王 宁	女	高中	化学	县教育局、人力资源和社会保障局	2012.02
程高锋	男	高中	物理	县教育局、人力资源和社会保障局	2014.09
曹东峰	男	高中	数学	县教育局、人力资源和社会保障局	2014.09
蒋兴春	男	高中	英语	县教育局、人力资源和社会保障局	2015.10
孟 璞	女	高中	政治	县教育局、人力资源和社会保障局	2015.10
李东荣	男	高中	数学	县教育局、人力资源和社会保障局	2015.10
闫 菲	女	高中	化学	县教育局、人力资源和社会保障局	2017.11
李发民	男	高中	体育	县教育局、人力资源和社会保障局	2017.11

第四节 各级各类模范先进人物名录

一、受国家部级表彰的模范先进人物表

姓名	性别	荣誉称号	颁授单位	颁授时间
王东周	男	省高中教师继续教育远程培训优秀学员	全国中小学教师继续教育网	2011.10

续表

姓名	性别	荣誉称号	颁授单位	颁授时间
孟　璞	女	全国基础教育科研先进教育工作者		2013.10

二、受省厅级表彰的模范先进人物表

姓名	性别	荣誉称号	颁授单位	颁授时间
樊云芳	女	省第三届科普知识竞赛先进个人	省教育厅、精神文明建设指导委员会	2011.03
董　洁	男	陕西省中小学德育工作先进工作者	陕西省教育厅	2011.09
蒋宏杰	男	省第六届青少年科普知识竞赛先进个人	省教育厅、精神文明建设指导委员会	2014.05
董　洁	男	陕西省优秀教师	陕西省教育厅	2014.09

三、受市级表彰的模范先进人物表

姓名	性别	荣誉称号	颁授单位	颁授时间
马卫国	男	师德先进个人	渭南市教育局	2012.08
雷江海	男	优秀教研员	渭南市教育局	2013.01
张化林	男	2013年度优秀责任区督学	渭南市教育局	2014.02
蒋宏杰	男	2014年度消防安全优秀学员	渭南市消防协会	2014.05
程高峰	男	市优秀教师	渭南市教育局	2014.09
董　洁	男	最美渭南教师	渭南市教育局	2014.09
蒋宏杰	男	2013—2014学年度高中教学质量提升先进工作者	渭南市教育局	2014.11
董　洁	男	渭南市教师标杆	渭南市教育局	2015.09
董　洁	男	渭南市模范班主任	渭南市教育局	2015.09
秦凤英	女	中小学才艺展示二等奖	渭南市教育局	2015.11
马卫国	男	2014－2015年度高中教学质量提升优秀教师	渭南市教育局	2015.12
韩　斌	男	2014－2015年度高中教学质量提升先进工作者	渭南市教育局	2015.12
李　莹	女	市2015年度学生资助工作先进个人	渭南市教育局	2015.12
蒋宏杰	男	校园安全管理工作先进个人	渭南市教育局	2016.01
李　娜	女	2015－2016学年度高中教学质量提升优秀教师	渭南市教育局	2016.09
范志刚	男	渭南市优秀班主任	渭南市教育局	2017.09
张海潮	男	渭南市德育工作先进个人	渭南市教育局	2018.06

续表

姓名	性别	荣誉称号	颁授单位	颁授时间
张水玲	女	渭南市党建工作渭南好老师	渭南市教育局	2018.07

四、受县级表彰的模范先进人物

姓名	性别	荣誉称号	颁授单位	获奖时间
仇小娥	女	先进教育工作者	蒲城县教育局	2010.09
董洁	男	先进个人	蒲城县教育局	2011.01
楚黎明	女	三八红旗手	蒲城县妇联	2011.02
仇小娥	女	教育系统第五届校园艺术节文化汇演优秀主持奖	蒲城县教育局	2011.09
李小平	男	先进教育工作者	蒲城县教育局	2011.09
董洁	男	蒲城县模范班主任	蒲城县教育局	2011.09
张水玲	女	先进教师	蒲城县教育局	2011.09
张化林	男	2012年第四期校长论坛"论坛之星"	蒲城县教育局	2012.09
蒋宏杰	男	蒲城县先进教育工作者	蒲城县教育局	2012.09
李娜(语)	女	蒲城县模范班主任	蒲城县教育局	2012.09
雷靖鸿	男	蒲城县先进教师	蒲城县教育局	2012.09
张战军	男	2012年度教育信息化优秀辅导教师	蒲城县教育局	2013.04
蒋振明	男	模范班主任	蒲城县县委办、教育局	2013.09
孙克礼	男	体音美工作先进教师	蒲城县教育局	2013.09
韩雪芹	女	先进教育工作者	蒲城县教育局	2013.09
张海潮	男	模范班主任	蒲城县教育局党委、教育局、教育工会	2013.09
王凤莲	女	先进教师	蒲城县教育局党委、教育局、教育工会	2013.09
张小艳	女	先进教师	蒲城县教育局党委、教育局、教育工会	2013.09
刘博	女	先进教师	蒲城县教育局党委、教育局、教育工会	2013.09
刘伟	女	安全卫生先进个人	蒲城县教育局	2013.09
张慧慧	女	教坛新秀	蒲城县教育局	2013.09
党芳	女	模范班主任	蒲城县教育局党委、教育局、教育工会	2013.09
孟璞	女	师德标兵	蒲城县县委	2013.09
雷江海	男	先进教师	蒲城县教育局党委、教育局、教育工会	2013.09

续表

姓名	性别	荣誉称号	颁授单位	获奖时间
樊云芳	女	先进教师	蒲城县教育局党委、教育局、教育工会	2013.09
杜红茹	女	生活管理先进教师	蒲城县教育局	2013.09
张化林	男	优秀校长	蒲城县教育局	2013.09
姜新民	男	校园好管家	教育局党委、教育局、教育工会	2013.09
董洁	男	先进教师	蒲城县人民政府	2013.09
蒋宏杰	男	316工作中被评为素质教育先进个人	蒲城县人民政府教育督导室	2014.01
万永新	男	2012年度决算先进个人	蒲城县教育局	2014.02
李华平	女	2013年度教育信息化工作先进个人	县电教中心	2014.03
李发民	男	2014年中学生篮球运动会优秀教练员	蒲城县教育局	2014.03
张化林	男	2013年度教育督导工作先进个人	县人民政府教育督导室	2014.03
李娜(语)	女	"巾帼"建功先进个人	蒲城县妇联	2014.03
韩斌	男	2013年度招考工作先进个人	蒲城县教育局	2014.05
李森	男	先进教师	蒲城县人民政府	2014.09
董洁	女	感动校园人物	蒲城县人民政府	2014.09
李莹	女	316工程中被评为素质教育先进个人	县人民政府教育督导室	2014.10
张涛	男	2014年度教育宣传工作先进个人	蒲城县教育局	2015.03
樊云芳	女	2014年校本研修工作先进个人	蒲城县教学研究室	2015.03
李华平	女	2014年度教育信息化工作先进个人	蒲城县电化教育中心	2015.03
王婧	女	2015年文艺汇演优秀指导教师	蒲城县教育局	2015.06
刘继宏	男	在316工作中被评为素质教育先进个人	蒲城县教育督导室	2015.07
马卫国	男	最美教师	蒲城县人民政府中共蒲城县委	2015.09
万永新	男	先进教育工作者	蒲城县教育局	2015.09
李华平	男	蒲城县2015年度教育信息化工作先进个人	蒲城县教育局	2016.03
万永新	男	2015年度非税收入收缴管理工作先进个人	蒲城县财政局	2016.04
董洁	男	蒲城县县管拔尖人才	蒲城县政府	2016.06
万永新	男	2016年优秀财务学员	蒲城县教育局	2016.08
李华平	男	先进教育工作者	蒲城县人民政府	2016.09
侯胜斌	男	蒲城县师德标兵	蒲城县人民政府	2016.09
范志刚	男	蒲城县模范班主任	蒲城县人民政府	2017.09
王宝红	男	蒲城县师德标兵	蒲城县人民政府	2017.09
李宇鹏	男	蒲城县师德标兵	中共蒲城县委	2018.09
程红茹	女	蒲城县先进教师	中共蒲城县委	2018.09

第五节 优秀共产党员、党务工作者名录

姓名	性别	荣誉称号	颁授单位	获奖时间
王东周	男	优秀党员教师	教育局党委	2011.06
姚建军	男	党史知识竞赛二等奖	教育局党委	2011.06
雷靖鸿	男	优秀共产党员	教育局党委	2011.06
仇小娥	女	优秀党务工作者	教育局党委	2011.06
李娜(语)	女	优秀党员教师	教育局党委	2011.06
弥小兵	男	优秀党员教师	教育局党委	2011.06
张水玲	女	优秀共产党员	教育局党委	2011.06
杨 蕾	女	2011 - 2012 学年度优秀党务工作者	教育局党委	2012.06
强永堂	男	优秀共产党员	教育局党委	2012.06
杨 蕾	女	2011 - 2012 学年度优秀党务工作者	教育局党委	2012.06
蒋宏杰	男	2012 - 2013 学年度优秀共产党员	教育局党委	2013.06
弥小兵	男	优秀共产党员	教育局党委	2014.06
李华平	女	优秀党务工作者	教育局党委	2014.06
李艳宁	女	优秀党员	教育局党委	2016.06
万永新	男	党员手抄党章先进个人	教育局党委	2016.07
李 莹	女	建党 95 周年党员手抄党章先进个人	教育局党委	2016.07
王 婧	女	建党 95 周年节目演出先进个人	教育局党委	2016.07
王倩文	女	建党 95 周年党员手抄党章先进个人	教育局党委	2016.07
蒋宏杰	男	建党 95 周年党员手抄党章先进个人	教育局党委	2016.07
党苗苗	女	学党章演讲赛三等奖	教育局党委	2016.06
强永堂	男	优秀共产党员	教育局党委	2017.06
王 军	男	渭南市优秀党务工作者	市教育局党组	2018.04
李 娟	女	优秀共产党员	教育局党委	2018.06
张水玲	女	渭南市学校党建工作好老师	市教育局党组	2018.07

第六节 "蒲城县百名课改教师"三中人名录

姓名	性别	荣誉称号	颁授单位	获奖时间
张淑丽	女	百名课改优秀教师	蒲城县教育局	2010.12
李 芳	女	百名课改优秀教师	蒲城县教育局	2010.12

续表

姓名	性别	荣誉称号	颁授单位	获奖时间
张水玲	女	百名课改优秀教师	蒲城县教育局	2010.12
孟璞	女	百名课改优秀教师	蒲城县教育局	2010.12
刘伟	女	百名课改优秀教师	蒲城县教育局	2010.12

第七节　三中高级教师名录

姓　名	出生年月	性别	文化程度	专业名称	取得时间
王忠民	1964.03	男	本科	数学	1996.12
王九德	1962.09	男	专科	物理	1997.12
澹台典谱	1963.08	男	研究生	化学	2001.03
苏耀锋	1977.07	男	本科	数学	2012.03
陈娟	1967.07	女	本科	语文	2001.12
梁双纪	1969.08	男	本科	物理	2005.12
张化林	1966.10	男	本科	地理	2005.12
方忠孝	1966.01	男	本科	数学	2005.12
惠智龙	1961.02	男	专科	化学	2007.10
唐建民	1959.10	男	专科	化学	2007.10
王亚玲	1974.01	女	本科	语文	2007.10
屈建民	1959.01	男	专科	化学	2007.10
张林虎	1962.04	男	专科	物理	2007.10
贺社利	1968.09	男	本科	数学	2007.10
杨海信	1967.12	男	本科	语文	2007.10
张月宾	1969.11	男	本科	历史	2009.07
梁高奎	1970.03	男	本科	生物	2009.07
王永奇	1972.05	男	本科	数学	2010.12
姜新民	1971.11	男	本科	语文	2010.12
尹婧	1969.10	女	本科	政治	2012.03
史文华	1969.08	男	本科	政治	2012.03
王东周	1975.10	男	本科	语文	2012.03
梁建民	1968.03	男	本科	物理	2012.03
李亚红	1970.08	女	本科	英语	2013.03
郝兴成	1971.01	男	本科	物理	2013.03
董洁	1970.03	男	本科	英语	2013.03
姜银芳	1971.09	女	本科	化学	2013.03

姓　名	出生年月	性别	文化程度	专业名称	取得时间
段玉红	1969.05	女	本科	语文	2013.03
李华丽	1970.05	女	本科	语文	2014.05
王建丽	1971.01	女	本科	政治	2014.05
段冬梅	1975.10	女	本科	历史	2014.05
雷江海	1971.05	男	本科	语文	2014.05
刘宇清	1976.08	女	本科	政治	2014.05
马建义	1967.05	男	本科	语文	2015.08
雷靖鸿	1971.10	男	本科	物理	2015.08
王晓莉	1972.03	女	本科	英语	2015.08
常桂叶	1970.12	女	本科	语文	2015.08
路改妮	1975.02	女	本科	政治	2015.08
程高锋	1972.11	男	本科	物理	2015.08
任焕娣	1976.11	女	本科	语文	2015.08
李　剑	1976.10	女	本科	语文	2016.12
孙克礼	1972.12	男	本科	体育	2016.12
曾淑会	1973.10	女	本科	政治	2016.12
樊云芳	1977.10	女	本科	语文	2016.12
卢艳荣	1977.09	女	本科	历史	2018.04
李文宾	1975.07	男	本科	语文	2018.04
曹东峰	1979.02	男	本科	数学	2018.04

第八节　"蒲城县首批感动校园人物"三中人名录

姓名	性别	荣誉称号	颁授单位	颁授时间
董　洁	男	蒲城县感动校园人物	蒲城县委、县政府	2014.09

第十二章

办学荣誉

　　建校八年来,在校党总(支)、校委会的直接领导下,经全体师生的共同努力,第三高级中学获得了多项荣誉,如下表所示:

学校党总(支)部获奖一览表

(2010.09—2018.09)

荣誉名称	颁奖单位	颁授时间
先进基层党组织	中共蒲城县教育局委员会	2011.06
先进基层党组织	中共蒲城县教育局委员会	2012.06
先进基层党组织	中共蒲城县教育局委员会	2015.06
先进基层党组织	中共蒲城县委	2018.06
渭南市先进基层党组织	中共渭南市教育局党组	2018.07
学校党建工作渭南好学校	中共渭南市教育局党组	2018.07

学校获奖一览表

(2010.09—2018.09)

荣誉名称	颁奖单位	颁授时间
渭南市依法治校示范校	渭南市教育局、渭南市公安局	2011.01
渭南市阳光体育先进单位	渭南市教育局、渭南市体育局	2011.01
渭南市平安校园示范校	渭南市教育局	2011.01
陕西省标准化高中	陕西省教育厅	2011.12
陕西省标准化考点	陕西省考试中心	2011.12
渭南市学生资助标化校	渭南市教育局	2012.01
园林式单位	蒲城县绿化委员会	2012.02
蒲城县十佳法治校园	蒲城县教育局	2012.02
蒲城县2012年度高中学生篮球运动会男子代表队第三名	蒲城县教育局	2012.03
陕西省中小学德育工作先进集体	陕西省教育厅	2012.09
第六届中学生田径运动会团体总分第三名	蒲城县教育局	2012.10
2010年度和谐校园	蒲城县教育局	2012.10
陕西省第五届和谐校园先进集体	和谐校园先进集体评委会	2012.10

续表

荣誉名称	颁奖单位	颁授时间
渭南市校园建设示范校	渭南市教育局	2012.12
国家和谐校园	教育部基础教育一司、中国教育学会学校安全教育、安全管理专业委员会	2012.12
陕西省平安校园	陕西省社会管理综合治理委员会、陕西省教育厅、陕西省公安厅	2013.02
2012年度教育宣传工作先进单位	蒲城县教育局	2013.03
蒲城县2013年度高中学生篮球运动会女子代表队第三名	蒲城县教育局	2013.03
2012年度目标责任考核工作先进单位	蒲城县教育局	2013.03
2012—2013学年度先进基层党组织	中共蒲城教育局委员会	2013.06
渭南市第十二届运动会篮球青少年男子组第一名	渭南市教育局、渭南市体育局	2013.07
蒲城县"十佳法制校园"	蒲城县教育局	2013.09
2013届高考工作应届生奖	蒲城县教育局	2013.10
2013届高考工作先进集体	蒲城县教育局	2013.10
2013届高考工作先进教研组	蒲城县教育局	2013.10
2013届高考工作先进班集体	蒲城县教育局	2013.10
蒲城县第六届校园文化艺术节一等奖	蒲城县教育局	2013.12
蒲城县第六届校园文化艺术节优秀创作奖	蒲城县教育局	2013.12
蒲城县第六届校园文化艺术节优秀组织奖	蒲城县教育局	2013.12
2013年度目标责任考核先进单位	蒲城县教育局	2014.03
2013年度宣传工作先进单位	蒲城县教育局	2014.03
2013年度安全工作先进单位	蒲城县教育局	2014.03
2013年度优秀组考学校	蒲城县教育局	2014.03
2013年度社会保障工作先进单位	蒲城县社会保障事业管理局	2014.03
2014年中学生篮球运动会男篮第一名	蒲城县教育局	2014.04
2014年中学生篮球运动会女篮第三名	蒲城县教育局	2014.04
获蒲城县中华经典诵读比赛高中组三等奖	蒲城县教育局	2014.05
渭南教育系统师德先进集体	渭南市教育局、教育工会	2014.09
蒲城县"收支两条线管理先进单位"	蒲城县教育局	2014.09
2014届高考工作先进集体	蒲城县教育局	2014.11
2014届高考工作先进教研组	蒲城县教育局	2014.11
2014届高考工作先进班集体	蒲城县教育局	2014.11
渭南市规范办学示范校	渭南市教育局	2015.01
渭南市德育示范校	渭南市教育局	2015.01
渭南市平安校园示范校	渭南市教育局	2015.01
渭南市信息化示范校	渭南市教育局	2015.01

续表

荣誉名称	颁奖单位	颁授时间
渭南市艺术教育示范校	渭南市教育局	2015.01
渭南市中小学优秀体育教研组	渭南市教育局	2015.01
2014 年度目标责任考评先进单位	蒲城县教育局	2015.03
2014 年度学校安全工作先进单位	蒲城县教育局	2015.03
2014 年度教学常规管理工作先进单位	蒲城县教育局	2015.03
2014 年度后勤管理服务工作先进单位	蒲城县教育局	2015.03
2015 年中学生篮球运动会男篮第一名	蒲城县教育局	2015.04
2015 年中学生篮球运动会女篮第三名	蒲城县教育局	2015.04
中小学德育工作先进集体	陕西省教育厅	2015.09
蒲城县"后勤管理服务工作先进单位"	蒲城县教育局	2015.09
2015 届高考工作先进单位	蒲城县教育局	2015.10
2015 高考先进班级	蒲城县教育局	2015.10
2015 高考先进教研组	蒲城县教育局	2015.10
开幕式优秀表演奖	蒲城县教育局	2015.10
第七届中学生田径运动会高中女子组 4＊400 米第三名	蒲城县教育局	2015.10
2015 青少年科技大赛优秀单位	蒲城县教育局	2015.10
渭南市第十届中学生篮球赛体育风尚	渭南市教育局	2015.11
2015 科技大赛优秀组织单位	渭南市教育局	2015.11
第 29 届化学奥林匹克陕西赛区获优秀组织奖	陕西省化学竞赛委员会	2015.11
渭南市高效课堂示范校	渭南市教育局	2015.12
渭南市 2015 年度学生资助工作先进学校	渭南市教育局	2015.12
读美丽蒲城话魅力家乡征文大赛优秀组织奖	蒲城县教育局	2016.01
蒲城县首届微课大赛优秀组织奖	蒲城县教育局	2016.01
蒲城县 2016 年中学生篮球运动会高中女子组第三名	蒲城县教育局	2016.03
蒲城县 2017 年中学生篮球运动会高中男子组第一名	蒲城县教育局	2016.03
2015 后勤管理服务工作先进单位	蒲城县教育局	2016.03
2015 教育信息化工作先进单位	蒲城县教育局	2016.03
2015 年度目标责任考评先进单位	蒲城县教育局	2016.03
2015 年学校安全工作先进单位	蒲城县教育局	2016.03
2016 年高考先进单位	中共蒲城县委县人民政府	2016.09
蒲城县第二届微课大赛优秀组织奖	蒲城县教育局	2016.09
2016 年安全工作先进单位	蒲城县教育局	2017.03
2016 年度教育信息化工作先进单位	蒲城县教育局	2017.03
2016 年度目标责任考评先进单位	蒲城县教育局	2017.03
2017 中学生篮球运动会高中女组第二名	蒲城县教育局	2017.03
2017 中学生篮球运动会高中男子组第三名	蒲城县教育局	2017.03
2017 中小学男子足球联赛高中组第四名	蒲城县教育局	2017.03

续表

荣誉名称	颁奖单位	颁授时间
文明校园	蒲城县教育局	2017.03
2017 高考先进单位	中共蒲城县委县人民政府	2017.09
2017"阳光生活,秀我风采"健身运动优秀展演奖	蒲城县教育局	2017.09
第三高级中学获蒲城县首批名校	蒲城县人民政府	2017.09.
当代青年实践活动先进单位	蒲城县教育局	2017.09
"一师一优课、一课一名师"优秀组织奖	蒲城县教育局	2017.09
"渭南市绿色文明示范工程"绿色学校	渭南市环境保护委员会办公室	2017.12
2017 年度中小学经典诵读比赛三等奖	蒲城县教育局	2017.12
渭南市体育教育示范校	渭南市教育局	2017.12
渭南市校园文化示范校	渭南市教育局	2017.12
渭南市学校建设示范校	渭南市教育局	2017.12
2017 年度德育工作先进单位	蒲城县教育局	2018.03
2017 年度责任目标考评先进单位	蒲城县教育局	2018.03
2017 年度教育信息化工作先进单位	蒲城县教育局	2018.03
陕西省第十三届青少年儿童书信文化活动渭南赛区"优秀组织单位"	渭南市教育局、少工委等五部门	2018.03
2018 高考先进单位	中共蒲城县委县人民政府	2018.09

大事记

（2010 年 3 月—2018 年 9 月）

【2010 年】

3 月 6 日，渭南市人民政府常务会议 2010 年第二次会议决定，将渭南职业技术学院蒲城校区移交给蒲城县人民政府。

5 月 25 日，渭南职业技术学院和蒲城县人民政府签订移交协议。

7 月 9 日，蒲城县教育局成立接收领导小组，副局长澹台典谱任组长，下辖四个小组开展接收工作。

7 月 15 日，接收工作全部结束。成立学校筹建办公室，时任教育局副局长澹台典谱任办公室主任，开展学校的筹建工作。

7 月 21 日，组建学校领导班子，全面推进开学准备工作。

7 月 22 日，确定校名为"蒲城县第三高级中学"。召开第一次学校行政会议，研究制定领导班子人员分工，做好教师聘用、招生的前期宣传工作。

7 月 23 日，召开第二次学校行政会议，研讨教师招聘及工作人员的配备等项事宜。

7 月 25 日，开始聘用教师。原蒲师高中班高三学生移交蒲城县职教中心补课。

7 月 31 日，学校召开行政会，讨论制定各类管理制度及校园文化建设。

8 月 5 日，修缮工作完成，部室及校园文化建设基本就绪，办公用品购置到位，开学报到工作有序进行。

8 月 10 日，蒲城县第三高级中学首届高一新生报名注册。

8 月 15 日，教师定岗及岗前培训。

8 月 18 日，完善各部室制度，制定各种计划及课程安排。

8 月 15—20 日，学生军训。

8 月 29 日，安排开学报到有关事宜。

9 月 1 日，正式开学，师生统一着正装，佩戴胸牌胸卡，展示三中风采，全体教师和学生见面。

9 月 10 日，召开首届开学典礼，邀请县、局、室领导及各兄弟学校领导参加，主管教育副县长李全友讲话。

9 月 14 日，星期二晚自习各班召开"我为三中争风采"主题班会并对学生进行学习生活养成教育。

10月22日,安排听评课与常规检查工作,开始实施高效课堂公开课。

11月4—5日,进行期中考试。

11月14日,星期日学校组织第一次大家访,要求家访教师着正装,佩戴校徽和持工作证登门进行家访。

11月16日,学校迎接县人大来校检查工作。

11月26日,学校党支部组织机构建立。

11月27—28日,学校教师参加渭南市优质课展示活动。

11月29—30日,学校进行多媒体调试。

12月8日,举办学区文艺汇演。

12月10—11日,学校组织第二次质量检测。

12月16日,迎接县政府来校检查指导工作。

12月20—23日,进行法律考试;组织课改展示课活动。

12月27—29日,继续组织听评课,开展课改展示课的推广工作。

【2011 年】

1月6日,参加教育系统文艺汇演。

1月10—12日,期末考试。

1月16日,进行年度考核。

1月19日,宣布各类评优结果。

2月19日,开学报到。

2月23日,召开备课组长会。

2月24日,召开班主任工作会。

3月1日,召开三月文明礼貌月活动动员会,总结上学期工作,布置本学期工作。

3月8日,举办庆祝"三八"妇女节活动。

3月10日,传达县教育工作会精神,宣布教育局2010年目标责任考评先进单位及先进个人。

3月14—18日,召开"文明伴我行"养成教育主题班会。

3月21—25日,选拔名师及骨干教师参加陕"西省名师和骨干教师"培训。

3月28日,组织学生参观杨虎城纪念馆。

4月8日,队列队形广播操比赛。

4月10日,学校进行安全大排查。

4月4日,迎接县"双创办"来校检查。

4月20日,教职工普通话比赛。

4月19日,成立资助办公室。

4月25—29日,迎接渭南开发区高中来校参观,师生参加在县大剧院举办的窦铁成事迹报告会。

5月11日,教师参加粉笔字基本功展示活动。

5月12日,学校进行"5.12"防震演练。

5月13日,学校召开家长会。

5月16—20日,学校开展课改展示课活动,备课组长赴电力学校学习新课改。

5月27日,市招生办来校检查高考准备情况。

6月6日——9日,高三毕业班学生参加高考。

6月23日,迎接汉中市略阳考察团来校考察。

6月25—26日,进行中考。

7月4—7日,进行教师年度职务考核。

8月25日,组织教师观看三中宣传片。

8月26—27日,教师参加暑期学习会。

9月1日,公布收费标准,开学报到。

9月5—8日,教研组办公室安装无线路由器,新增多媒体16台,图书室配置图书5万册。

9月9日,举行开学典礼暨庆祝教师节。

10月8—14日,申报"省级文明校园";上报"十佳师德标兵"。

10月21日,教师职称评定各类积分排名公示。

10月26—28日,创"省标化"市级验收。

11月26—27日,进行大家访活动。

12月2日,"省标化"验收团来校验收。

12月5日,在三中举办"以例说法巡回报告会"。

12月16日,组织学校高级教师在渭南实验小学参加能力测试。

12月26日,教育局对学校进行年度责任目标考评。

【2012年】

1月10日,公布年度评优结果。

2月13—15日,召开开学教育工作会义。

2月16日,省教研所吴积军教授来校做"校本教研"专题报告。

2月20—22日,接受县食品监督局、纪检委、物价局、市容局来校检查工作。

2月23日,韩城象山中学来校交流学习。

2月24日,学校派17名教师参加县局教师论坛。

3月8日,庆"三八"活动。

3月9日,县药监局、打假办、环保局来校卫生室检查工作。

3月29日,华彬赴省参加省级技术人员培训。

3月30日,举办学区教师论坛。

4月8日,组织年级组长和全体教师赴宜川中学考察学习。

4月13日,举办学区教师论坛。

4月22日,迎接原蒲城师范83级4班校友来校参观并给学校10名品学兼优的学生捐助。

4月27日,西庄中学来校参观。

5月11日,学校部分教师在桥山中学参加省级教学能手相关会议。

5月20日,在职教中心举行数学学科竞赛。

6月22日——24日,进行2012年度中考。

7月3日,学校荣获陕西省德育工作先进集体,副校长张化林作为渭南市唯一代表参加了省中小学德育工作会议,并作了大会经验交流。

7月4日,县局对领导干部年度考评,公务员职称考核。

7月8日,公示各类先进及年度考核结果。

8月25日,迎接教育局关于开学及教师吃空饷检查。

9月10日,庆祝第28个教师节暨开学典礼;

10月15日,"校校行"赴尧山中学观摩。

10月16日,迎接"校校行"观摩团。

10月17日,迎接渭南师院学生来校实习。

10月29日,上报国家级和谐校园交流材料。

11月12日—16日,进行教师职称评定。

11月23日,迎接县局对公寓、餐厅检查。

12月10日,央视来校拍摄、采访。

12月21日,开展学区教师论坛。

12月28日,教育局召集全县校长来校召开"学生食堂管理"现场会。

【2013年】

1月10日,创办校刊《起步》。

1月20日;教育局对学校年度目标考评。

2月22日,全体领导参加县局领导干部培训会。

2月27日,召开高三年级百日冲刺誓师动员大会。

3月8日,参加省级班主任、骨干教师培训。

3月9日,召开第四届学生论坛。

4月7日,协助重泉路派出所进行管制刀具大排查。

4月8日,上报申报省级文明校园材料。

5月8日,迎接大荔县教育考察团来校参观交流。

6月7—8日,2013首届毕业生参加高考。

6月26日,公布2013首届高考结果。

8月24日,召开行政会,党支部书记张化林宣布三中领导班子调整情况。

9月9日,举行开学典暨庆祝第29届教师节。

9月12日,西安电子科技大学党委书记陈治亚、副书记龙建成一行来校开展定点帮扶工作。

9月16日,迎接县物价局、财政局来校检查工作。

9月17日,上报吃空饷专项治理情况核查。

9月18日,选派部分学生干部赴卤阳湖监狱接受教育。

10月7日,省教育厅、公安厅联合对校园安全工作进行明察暗访。

10月8日——12日,德育处开展"讲文明、树新风、扬正气、除陋习"主题班会。

10月14日,团县委组织班干部赴富平县参观习仲勋陵墓。

10月23日,学区文艺汇演。

10月25日,教育局党委书记杨西庆一行对挂职干部进行考核。

10月28日,县司法局、教育局对学校授予"十佳法治校园"称号

11月15日,迎接市级"校园文化建设示范校"验收评估。

11月18日,接待渭南师院物理实习生43人来校实习。

11月22日,接待渭南高级中学、各店中学、大荔城郭中学校长来校参观交流。

11月29日,党睦中学高三教师来校交流。

12月4日,安排"双高双普"工作。

12月15日,校团委开展"献爱心"捐款活动,共捐资18,428.80元。

12月22日,组织学生参观中国科技馆蒲城巡展。

12月29日,服务楼处置办法与县财政局沟通。

【2014年】

1月3日,商讨教代会提出的议案。

1月6—12日,进行教师年度目标责任考评。

1月15日,落实教代会提案。

2月17日,对管制刀具及违禁物品大检查。

2月24日,相关教师赴渭南参加课题开题会。

2月28日,开展"为蒲城教育发展献计出力"活动。

3月3日,迎物价局、国资局、县能源中心、环保局来校检查。

3月7日,市教研室来校对高三复课工作进行检查指导。

3月9日,9名教师赴西安参加高三复课研讨会。

3元14日,市资助中心来校检查。

3月16日,教研室在校举行全县生物竞赛。

3月24—28日,"开展严管严查"30天活动。

3月31日,审计局来校审计2013年财务账目。

4月9—13日,评审"蒲城县教育志"志稿,上报《蒲城县教育志》修订意见。

4月14日,迎接渭南市"316"督导评估验收。

5月6日,召开学区"双高双普"工作会。

5月16日,组织学生参加在尧山中学举行的"中华经典"诵读比赛。

5月24日,参加县团委组织的"志愿者服务活动日"活动。

6月1日,召开2014届毕业典礼。

6月7日——8日,2014届学生参加高考。

6月20日,举行百名教师"阳光早操、秀我风采"健美操训练。

6月26日,通报2014年高考成绩。

7月6日，公示教师年度考核结果。

7月7日，早8时，教育局来校考核领导班子。

7月12日，公示本学期各类先进、优秀人物名单。

8月25日，邀请渭南师院专家给教师做专题讲座。

9月9日，庆祝教师节暨开学典礼。

9月15日—18日，听新上岗教师的上岗课。

9月19日，召开民主生活会。

10月17日，参加资助中心组织赴澄城县资助档案管理交流会。

10月22日，合阳县教育局观摩团来校观摩交流。

10月27日，教育局对校财务及三公经费进行统计。

11月3日，县局对校"德育教育、平安校园、艺术教育"示范校初次模拟验收。

11月20日，召开专题会，关于学校西侧服务楼处置与北关村委会协商补偿一事达成共识。

12月5日，县局来校进行常规检查。

12月8日，创建九类市级示范校验收。

12月12日，市督导室来校对校长履职进行考核。

12月22日——26日，组织安全大排查。

【2015年】

1月4日，开启"一师一优课"评选活动。

1月16日，教育局对学校2014年责任目标考评。

1月25日，公示各类评优名单。

3月9日，启动文明礼貌月活动。

3月16日，推荐市县教学能手。

3月22日，2015年全县生物竞赛在校举行。

4月1日，邀请"全国教育系统劳动模范"呼秀珍老师为全校教师做题为《加强师德修养，做人民满意的好老师》的师德报告会。

4月2日，市教育局莅临学校检查高三复课工作。

4月8日，组织学生参观"蒲城林则徐纪念馆"社会实践活动。

4月9日，学校"'樊云芳'省级教学能手工作站"正式启动。

4月17日，召开高三50天动员大会。

4月23—28日，举办三位教学能手示范课。

5月4—8日，高一、二学生仪容仪表大检查。

5月11日，财务标准化检查。

6月2日，召开2015届毕业生毕业典礼。

6月7日——8日，2015届学生参加高考。

6月10日，张化林书记一行七人赴渭南高级中学、杜桥中学参观学习。

6月15日，制定高效课堂方案。

7月2日,学校党支部组织开展全体党员"三严三实"专题教育——书记上党课活动。

7月3日,教研室来校抽查高效课堂。

7月10日,市"双高双普"检查。

7月13日,组织学习《关于严禁教育系统党员干部公职人员操办参与"升学宴"、"谢师宴"》的通知。

9月3日,校党支部开展纪念抗战胜利七十周年活动。

9月7日,庆祝教师节暨开学典礼。

9月21日,开展语文科汉字书写规范活动。

10月12日,迎接渭南师院实习生来校实习。

10月15日,组织"三严三实"专题学习。

10月19—23日,开展示范课的听评课活动。

10月30日,组队参加县级运动会,校团体操在运动会开幕式上表演。

10月31日,召开高三教师对2016届高三学情分析工作会。

11月2日,进行高效课堂听评课总结。

11月9日,安排渭南师院第二批实习生。

11月27日,召开冬防安全防范工作会。

11月30日,县教育局来校进行常规检查。

12月14日,举办"责任伴我成功"学生论坛。

12月21日,对高一、二学生进行"艾滋病"知识普及教育。

12月31日,庆"元旦"师生才艺大赛。

【2016年】

1月4日,教育局进行常规检查。

1月8日,公示高效课堂对抗赛评选结果。

1月13日,县局对2015年度责任目标考评。

1月18日,教职工年度考核。

1月22日,召开"三严三实"民主生活会。

2月23日,组织学习《事业单位工作人员管理条例》、《事业单位工作人员处分暂行规定》。

2月29日,召开"文明礼仪我先行"主题班会。

3月7日,完善定员定岗工作并颁发聘书。

3月14日,周一赴敬老院开展"关爱老人,志愿者在行动"活动。

3月21日,建立健全法制副校长结构。

4月1日,配合县食品药品管理局检查学校工作。

4月5日,论证2016年度责任目标及个性目标。

4月8日,行政会决议:硬化运动场地1100㎡;形成三中特色德育工作体系;创建常规教学管理(精细化)星级学校;编撰三中校志(2010年7月——2016年7月)。

4月11日,组织女教职工孕前检查(5人)。

4 月 15 日,组织教师参加各类高考科目研讨会;

4 月 18 日,参加"全国德育创新"培训会。

4 月 19 日,宣布教师岗位聘任改革细则。

4 月 29 日,组织学习《蒲城县教育局关于加强五一、端午节期间监督执纪问责工作的通知》。

4 月 26 日,专题讨论两个议案:《蒲城县第三高级中学教职工岗位聘用实施方案》、《蒲城县第三高级中学绩效工资考核分配办法》。

5 月 3 日,县局对"精细化星级学校"来校检查。

5 月 6 日,法制副校长做"七五"普法报告。

5 月 10 日,召开第一届教代会。

5 月 23 日,学校增设纪检组,组长由曹育红同志担任。

6 月 2 日,学校召开 2016 届毕业典礼,主题为:"青春 立志 成长 收获"。

6 月 7 日——8 日,学校 2016 届毕业生参加高考。

6 月 24 日,中考。

6 月 26 日,通报 2016 年高考成绩。

7 月 1 日,庆祝建党 95 周年活动。

7 月 4 日,组织教师讨论《绩效工资百分之四十的考核结果修订》。

8 月 24 日——30 日,举办暑期教师学习会。

9 月 5 日,召开班主任工作会。

9 月 9 日,召开开学典礼暨庆祝教师节大会。

9 月 13 日,召开《我是三中人》主题班会。

9 月 28 日,第一次常规教学检查。

10 月 5 日开展"好家训,我传承"社会实践活动。

10 月 12 日,"小手牵大手,共走文明路"标语征集活动。

10 月 18 日,高一、二年级口才与演讲比赛。

10 月 28 日,第二次常规检查。

11 月 3 日,高三教学质量检测。

11 月 9 日,高一、二年级期中质量检测。

11 月 16 日,教师基本功比赛。

11 月 23 日,安全隐患大排查。

11 月 30 日,2017 高考报名。

12 月 9 日,高三教学工作会。

12 月 14 日,班主任经验交流会。

12 月 23 日,庆祝"元旦"文艺汇演。

12 月 26 日,新上岗教师汇报课。

【2017 年】

1 月 5 日,推门听课、示范课活动总结。

1月9日,市一模检测。

1月16日,财产清查。

2月14日,召开安全法制教育活动。

2月19日,高考体检。

2月26日,高三百日动员会。

2月28日,分类招生考试报名;高三县对抗赛。

3月2日,"三月文明礼貌月"活动动员会。

3月14日,"奉献是一种幸福—学习雷锋精神"主题班会;家校交流电话家访。

3月19日,高一年级诗词朗诵大会。

3月23日,高一、二质量检测。

3月28日,祭扫烈士陵园。

4月3日,"回顾历史、继承遗志"主题团会。

4月9日,第二次教学常规检查。

4月16日,高一、二期中质量检测。

4月23日,召开学生家长会;期中检测分析会。

4月30日,高三省三模检测。

5月3日,高一年级英语情景剧表演赛。

5月8日,"防震减灾"主题活动。

5月14日,第三次教学常规检查。

5月21日,召开安全教育报告会。

5月25日,学校党总支成立。

5月28日,召开高三毕业典礼。

6月2日,学校"小课题"结题。

6月7日——8日,高考。

6月11日,教学新秀赛教。

6月13日,"防溺水"主题教育活动。

6月20——24日,考前准备;中考。

7月1日,庆祝建党96周年高一年级"红歌"比赛。

7月3日,高一、二期末质量检测。

7月6日,学校财产检查验收。

8月24日——30举办暑期教师学习会。

8月31日,开学报到,整理校园。

9月7日,开学典礼暨庆祝第33个教师节大会。

9月8日,"阳光生活 秀我风采"健身操展演

9月13日,班主任会

9月19日,青蓝工程师徒结对子赛教活动。

9月27日,与西安电子科技大学附属中学签订了结对帮扶协议

9月30日,对贫困学生建档立卡,教师结对精准帮扶,登门家访。

10月1日——7日,庆国庆

10月8日,第一次教学常规检查。

10月9日,德育处举行班主任基本功大赛

10月11日,特邀著名教育专家杜金山莅临学校指导教育教学 工作。

10月12日,交互智能平板应用专题培训会。

10月15日,赴西电附中进行为期一周的跟岗学习。

10月16日,渭南师范学院实习生来校实习。

10月18—19日,党员李芳、马卫国老师示范课。

10月23日,举办首届校本研修教材讲座。

10月26日,市教育扶贫督导小组对学校脱贫攻坚工作进行督导检查。

10月31日,副县长张武军莅临学校检查指导工作。

11月5日,学习"十九"大文件,各班召开了"不忘初心,做奋斗青年"主题班会。

11月6日,第二次教学常窥检查。

11月7日,西安电子科技大学附中校长周接夏一行五人,来校检查指导工作。

11月9日,第二次教学常规检查。

11月10日,特聘"陕师大心理学硕士研究生—刘倩老师"为全体女生举行"珍惜青春,把握未来"的心理生理健康教育讲座。

11月12日,"119"消防安全演练。

11月13日,高一、高二年级进行期中质量检测。

11月18日,县财政局工作组对学校"吃空饷"工作进行检查。

11月21日,渭南市电教馆馆长孙建军,县电教中心主任徐长德对学校电教等工作,进行了检查指导。

12月4日,组织开展"弘扬宪法精神,建设法治校园"主题宣传教育活动。

12月5日,校党总支书记苏耀锋、工会主席刘海林、德育处主任蒋宏杰、课程处主任董洁、教师代表王娜及学生代表做客渭南电视台直播间,畅谈蒲城三中教育理念、办学特色。直播中,苏书记介绍学校在"立德"、"树人"、"名师培养"、"因材施教、分类推进"以及学校民主、科学管理方法的具体措施,并列举了学校先进人物董洁、樊雪梅、张海潮等老师的感人事迹。全面细致的向观众介绍了在创名校活动中具体做法。当晚8点10分,全体师生通过新媒体一体机观看了直播节目,增强了师生荣誉感,取得了较好的效果。

12月12日,市教研所来校进行教学常规检查。

12月13日,蒲城县委巡查组对学校党建、精准扶贫、廉政建设、学校管理等工作进行检查;全体学生观看纪念"南京大屠杀"80周年公祭活动仪式。

12月14日,县局高三复课工作"校校行"工作组,来校进行全面检查。

12月18日——23日,高一、二进行教学质量检测。

12月21日,县教育督导组对我校 "双高双普"工作进行了督导检查。

12月22日,学校举行17-18学年度上学期普通高中国家助学金发放仪式。

12月28日,高一、二年级庆元旦"激情旋律展风采 不忘初心砥砺行"主题歌咏比赛。

12月29日,召开2017年度教师专业技术职务评审推荐工作会。

【2018年】

2月25日,开学第一次升国旗仪式。

2月26日,学校部分领导及教师代表在苏耀锋校长的带领下,赴澄县澄城中学进行参观学习。

2月27日,县教育局副局长董新庄及教研室主任杨彦军等来学校慰问高三年级全体教师。

2月28日,学校召开2018届高考百日冲刺誓师大会。

3月6日,学校召开了本学期第一次班主任工作会。

3月7日,召开文明礼貌月动员暨安全纪律卫生教育大会。

3月9日,召开高三年级对抗赛工作会。

3月12日,县委组织部来我校检查党建工作会。

3月14日,课程处董洁主任带领体、音、美教师赴渭南高级中学进行观摩学习。

3月18日,组织开展"春季传染病防治"主题班会。

3月25日,高一质量检测。

3月28日,组织学部主任、年级组长、备课组长及骨干教师对各科教学常规进行检查。

4月1日,各班召开"防欺凌"主题班会。

4月3日,教研处组织开展高一语文"同课异构研讨课"教研活动。

4月4日,校党总支、团委组织了50余名师生,赴陕西省爱国主义教育基地——习仲勋陵园,缅怀革命先辈,追思老一辈无产阶级革命家的光辉历程。

4月9日,为建立健全学生健康档案,组织全体高一、二学生进行身体常规体检。

4月11日,教研处开展高一数学学科"同课异构"研讨课活动。

4月12日,教研处全面推进"优课"工作,组织开展2018年"一师一优课"活动。

4月17日,组织开展教学能手选拔赛活动。

4月18日,教研处组织召开赴江苏省句容市跟岗教师学习汇报会。

4月22日,邀请西安电子科技大学附属中学名师,来校指导高三学生进行学习方法专题报告会。

5月2日,针对"米脂校园安全事件"对全体学生进行警示教育。

5月3日,校教研处组织召开青年教师培养暨师徒结对子推进会。

5月4日,纪念五四爱国运动99周年暨"不忘初心,牢记使命,让青春之光在奋斗中闪耀"的主题教育大会。

5月8日,高一、二年级期中质量检测。

5月14—15日,校团委和学生会组织召开学生模拟"联合国大会"。

5月21日,总务处组织进行全校性的校园卫生消毒。

5月27日,德育处组织高一、二学生开展以"崇尚英雄,精忠报国"为主题班会活动。

6月3日上午,以"感恩母校 扬帆远航"为主题的2018届毕业典礼隆重举行。

6月7—8日,高考。

6月9日,德育处组织高一、二年级学生,召开"梁家河"精神主题学习班会。

6月10日,举行2017—2018学年度下学期高三年级国家助学金发放活动。

6月11—12日,赴梁家河开展"梁家河读写思行"学习教育活动。

6月19—20日,18名高三骨干教师赴西电附中跟岗学习。

6月25日,2018年高考成绩揭晓,高三学生家长为班主任赠送锦旗、感谢信。

6月27—29日,中考。

7月1日,党总支隆重召开庆祝建党97周年大会。

7月3——6日,高一、二年级期末质量检测。

7月8日,召开2019届高三工作会。

7月9日—14日,校本课题答辩与研修学时认定。

8月24日——30举办暑期教师学习会。

8月31日,开学报到,整理校园。

9月1日,观看央视《开学第一课》并召开主题班会。

9月3日,全体师生举行新学期第一次升旗仪式。

9月6日,举行2018-2019学年开学典礼暨庆祝第34个教师节大会。

9月13日,召开高三年级教学工作会议。

9月18日,蒲城县第二医院医务人员来校对2018级新生结核病筛查。

9月19日,召开2018年教育扶贫资助工作会。

9月26日,渭南市学生后勤服务管理中心张胜哲主任一行来校检查指导食品安全卫生工作。

9月30日,庆祝中华人民共和国成立69周年,学校全体师生参加升国旗仪式。

编后记

　　编撰校志,以志補史,关乎历史兴替,传统继承。一部校志,可以传承学校精神,铭记创业艰难,承载光辉业绩。

　　编修《蒲城县第三高级中学校志》是学校领导和同志共同的心愿。2016 年 10 月,校志编纂工作正式启动。学校成立校志编纂委员会,设立校志编撰办公室,聘任蒲城县教育局教育志编纂办公室主编谢德运、副主编魏伯余两同志,指派张涛、马建义、李华平、王东周、李芳、李华丽、樊云芳、程红茹八名兼职编辑,在学校领导和各部室的积极配合下,反复研究校志设立章节目方案。确定志书分为图片、序言、凡例、综述、十五个章节、大事记、编后记、附录二十五部分。后分配编撰任务,相互协作,查阅档案,联系当事人,进行现场考察。历经寒冬风雪冰冻恶劣气候,不辞劳苦,精心编撰,历时五个月,完成了 22 万余字的志稿编写任务。主编谢德运负责编写序言、凡例、综述、第八、九、十、十三章和编后记。副主编魏伯余负责图片,编写第七、十四、十五章和大事记、附录。张涛编写十二章,马建义编写第一章,李华平编写第十一章,王东周编写第二章,李芳编写第三章,李华丽编写第四章,樊云芳编写第五章,程红茹编写第六章。

　　校志初稿完成后,经过主编、副主编细心两次修改,交学校领导和各部室同志审改,在征求意见的基础上,2018 年 1 月至 9 月,经魏伯余、王正杰两位老师重新修定,在志书初稿的基础上,删繁就简,志书由原十五章改为十二章,并添加了新内容,使志书下线由原2016 年底,延续至 2018 年 9 月底。再次送交学校领导及各部室进行审改,后对影照进行了大量的筛选,以大家满意为止。

　　感谢教育局局长庞建军,教育局办公室主任、教志办副主任王伟,教志办王晋军等同志的支持,感谢县志办领导和同志的热心指导。感谢关心和帮助学校修志工作的社会各界人士。

　　在《蒲城县第三高级中学校志》出版之际,我们特向从策划到推介出版发行此书的联合国教科文组织红钻战略基金会顾问、香港孔教学院名誉院长、北京大学南燕文化创意研究会会长王少峰同志,蒲城县北关小学校长王东升同志和线装书局的有关同志,深表敬意和衷心地感谢!

由于时间仓促,编写水平有限,志书难免存在不足,敬请广大校友和读者匡正赐教,以便再印更加完美。

校志编撰办公室

2018 年 9 月

附　录

一、校长瞻台典谱
在庆祝教师节暨首届开学典礼讲话稿

各位领导、老师、同学们：

上午好！

秋高气爽，丹桂飘香。在这个桃李金黄、喜悦洋溢的九月，我们全体师生欢聚一堂，共同庆祝蒲城县第三高级中学首届"教师节暨开学典礼"。在此，首先向全体教职工致以节日的祝贺和诚挚的敬意！同时，向满怀理想和抱负，选择了我校就读的720余名新同学，表示热烈的欢迎！

同学们！你们从不同的乡镇，带着骄人的成绩，带着父母的嘱托，带着对我们学校的信任，满怀朝气地向我们走来，带给我们几多惊喜，几多感动，几许希望！同学们！新的学年已经开始，新的画卷刚刚展开，你们就要褪去稚嫩走向成熟；告别懵懂走进智慧；告别浮躁走向沉稳；告别庸俗走向高雅。

学习是枯燥的也是快乐的。"不积跬步，无以至千里；不积小流，无以成江海"。蜜蜂没有枯燥的忙碌就享受不到香甜的蜂蜜；雄鹰没有枯燥而单调的练习，就没有翱翔天空的英姿。同学们，没有枯燥的学习，没有不懈的奋斗，就不会有辉煌的明天。"宝剑锋从磨砺出，梅花香自苦寒来"，拼搏才会无怨无悔，奋斗才能感受成功。

俗话说"有信心的人，可以化渺小为伟大，化平庸为神奇"。那就请同学们热爱你自己，坚信你能行！宽容你自己，坚信你会行！鼓励你自己，坚信你就行！

开花结果园丁愿，望子成龙父母心。

"人间春色本无价，笔底耕耘总有情。'甘将心血化时雨，润出桃花片片红。'"作为教师，我们早已做好准备，我们愿倾己所有，全力以赴，一切为了孩子，为了孩子的一切！因为，同学们，你们是幸福的，我们才是快乐的；你们是进步的，我们才是欣慰的；你们是成功的，我们才是优秀的。

今天在这特殊的时刻，我谨以人民教师的名义，以三中教职员工的名义，用我们的全部身心，用我们的满腔热忱，用我们的青春生命，向社会、向家长、向每一位学生庄严宣誓：

忠诚教育事业，为人师表，教书育人；

信守团队精神，艰苦创业，携手共赢；

热爱三中,履行职责,修身立人,博学笃业;为三中谋发展,为三中倾热血,为三中创辉煌!

热爱学生,以高尚人格陶冶学生,以博爱之心感化学生;以博学之才服务学生,以模范之行引导学生!

我们庄严承诺:为学生的终身发展和幸福奠基!让每一位家长放心,让每一个学生成才!

老师们,同学们,千里之行,始于足下。在新学年开学之际,我再一次衷心祝愿同学们在自己新的零起点上,鼓足力量,奋勇冲刺,争创新成绩;祝愿老师们节日快乐,工作顺利,身体健康,心想事成;祝愿我们三中的明天更加美好、更加辉煌。谢谢!

2010 年 9 月 10 日

二、创标纪实(摘要)

（一）聚心智　创新学　育新人
办好人民满意的教育
——蒲城县第三高级中学创建省级标准化高中自评汇报

第一部分　学校基本情况

　　蒲城县第三高级中学位于蒲城县尧山路46号,成立于2010年7月,是蒲城县委、县政府2010年十大民生工程之一,是由原蒲城师范学校改建的一所全日、寄宿制公办高中。学校占地110亩,建筑面积2.8万平方米,建有教学楼、实验楼、图书楼、艺术楼、男女学生公寓楼、综合楼各一栋,多功能厅一座,建筑面积共计2.8万平方米。在建教学楼一栋,报建学生服务中心、学生公寓各一栋,明年九月投入使用,各类建筑布局科学协调。

　　学校建有一流的微机室、校园网络主控室、多媒体视听教室、音乐室、美术室、舞蹈室、综合活动实践室、物理实验室、生物实验室、化学实验室、通用技术教室、地理教室和历史教室、多功能餐厅等,凡所应有,无所不备,这些均达到了省级标准化高中的配置要求。图书楼藏书5万多册,报刊杂志近200种,这已成为学生获取知识的第二课堂;标准的800米环形操场,篮球场、足球场、室外乒乓球台、双杠、爬梯等体育器材,为学生强身健体提供了物质保障,同时也增添了学生生活的无限乐趣。

　　学校现有32个教学班,1789名学生,有教职工145人,其中,中学高级教师18人、中学一级教师56人、市级优秀教师5名,研究生3名,教师本科学历达到100%,在办学不到两年的时间里,先后有30多名教师在全国、省、市教学比赛和论文评选中获奖,教师在学生中的亲和力和满意度不断提升,一支智慧型教师队伍崭露头角。

　　学校以"为学生的终身发展和幸福奠基"为办学理念,以"毓德、敦行、博学、笃志"为校训,树立了"厚德、爱生、善教、创新"的教风,强化了"博闻、乐学、思辨、求异"的学风。依法办校,以德治校,质量立校,创新强校,办学特色鲜明,办学成效显著,已成为蒲城教育一颗璀璨的新星。

第二部分　创建工作的主要做法和成效

我校自成立初被破格确立为市级标准化高中后,就将创建省级标准化普通高中学校作为办学目标。围绕这一工作核心,校领导班子结合学校现状,认真学习研究了省级普通高中标准化学校评估指标,统一思想认识,把创建工作作为促进学校全面发展的契机和动力。

一、坚持正确的办学方向,以人为本,狠抓师资队伍建设。

二、加强精神文明建设,彰显特色,形成德育教育网络。

1. 学校坚持把德育工作摆在首要位置,将学生的文明养成教育当作学校的头等大事常抓不懈。

2. 实施家校交流无缝链接制度

3. 强化学生养成教育,培养良好习惯。

4. 加强校园文化建设。

三、推进课程改革,深化科研,提高教育教学质量。

1. 加强教学常规管理,努力提高教育教学质量。

2. 学校全力推进课堂教学改革,

四、强化校本研修,促进教师专业发展。

1. 加强教研组建设,每学期都有具体的教研计划,以校本教研为主要内容,以课题研究为主要途径。

2. 强化教研组的建设和管理,发挥教研组团队精神。

五、大力推进校园设施和文化建设,创建一流的教育环境。

1. 校舍方面:先后投资360万元对教学楼、综合办公楼、实验楼、师生餐厅及操作间、单身教职工住宿楼、学生公寓楼进行加固维修,对校门进行改造,维修面积达到18290平方米;投资32万元维修了校内供水设施、排污管道、供电线路等;投资26万元购置架子床280套,衣柜90套;投资6.5万元购置餐厅学生用餐碗、盘1800套、消毒柜等设施设备。目前投资600余万元的教学楼已开始建设;投资1500万元的学生公寓楼、三层学生服务中心已报建,近期开工,明年九月投入使用。

2. 教学设施方面:投资48.6万元购置课桌凳1100套,办公桌椅150套;投资132万元为每个教室安装了教学用多媒体,并给各办公室配置了30多台电脑及打印机;投资97万元安装了设备齐全的校园广播系统、通讯系统、网络系统、照明系统、安保监控系统等;投入305万元健全了图书室、阅览室、音乐室、美术室、舞蹈室、健身室、综合活动实践室、物理实验室、生物实验室、化学实验室、通用技术教室、地理教室、历史教室等多功能教室。

3. 校园环境方面:学校先后投入资金5万元加大绿化面积,改善绿化设施,总绿化面积为21800平方米;投资20余万元进行校园文化建设。

六、积极参与教育交流,发挥示范带头作用。

学校轮流选派教师到知名学校参观交流。去年3月份,学校派相关教师到衡水中学参观学习。

七、加强落实安全工作,创建和谐校园。

一是组建了《安全工作领导小组》《平安校园建设领导小组》等,健全了《学校安全管理制度》《夜间巡逻和假期值班制度》《宿舍安全管理制度》等制度;二是签订了安全责任书;三是开展"安全教育会""交通安全专题宣传会""防震、防火演练"等活动;四是注重校园周边环境治理,学校设立了警务室,成立了巡逻队;五是对学生餐厅、商店把好"三关",即卫生关、质量关、价格关;六是师生灶设有防蚊、防蝇、防鼠设施,所有的米、面、菜、油等物品必须经过学校餐饮专管人员检验方可使用,餐饮从业人员和服务人员必须持健康证上岗;七是医疗室坚持定期为师生作卫生防疫知识报告,对肝炎、流感等传染病、流行病严密监控。

八、硕果累累、桃李满园。

1. 一年来,我校1名教师获省级奖励,两名教师获市级奖励、9名教师获县级奖励、40名教师获学校奖励。

2. 2010年度学校被评为渭南市阳光体育活动先进单位、市依法治校示范校、市平安校园;2010年度被评为县局目标责任考核先进单位、规范化食堂、教育教学创新实践活动先进集体,文艺节目被评为县第五届校园艺术节一等奖,同时学校被评为优秀组织奖;2011年度被评为陕西省德育工作先进集体,学校党支部被局党委表彰为先进党支部,高中学生篮球运动会被评为道德风尚奖,学校实施的"家校交流无缝连接"管理制度获得了由教育局颁发的教育管理成果奖等。

以上是一年来我们所做的一些具体工作。我们坚信:在各位领导和专家的亲切关怀和正确指导下,我们一定会迈出创建省级标准化高中坚定的第一步。聚心智,创新学,育新人,我们有信心、有决心、也有能力将我校建成省级标准化高中,以一流的奉献精神、一流的教育教学质量,办人民满意的教育!

蒲城县第三高级中学

二零一一年十一月

(二)蒲城县人民政府
关于第三高中申报为省级标准化高中的申请验收报告

渭南市教育局:

蒲城县第三高级中学是我县2010年7月利用原蒲城师范学校改建的一所公办寄宿制高级中学,学校占地110亩,建筑面积3.8万平方米,现设32个教学班,学生1789人,教师145人。

去年9月份开学,我县就确定了第三级中学今年创建成为省级标准化高中的目标。一年多来,学校坚持把创建工作作为学校的一项重要工作,建立健全组织机构和工作机制,精心安排部署创建工作,对照《陕西省普通高级中学标准化学校评估验收评分细则》,加大力度,严格标准,查漏补缺,自我完善,努力加快学校

标准化建设步伐。县教育局也先后多次组织对学校的创建工作进行了督查,促使创建工作取得了突破性进展和显著成效。10月份,市教育局对学校的创建工作进行了初验,通过对学校办学条件、师资队伍、教育管理、办学效益等方面的全面评估,认为该校办学理念先进、目标明确、条件优越、师资雄厚、管理规范、办学效益突出,各项指标基本达到了省级标准化高中办学标准。按照程序,恳请市教育局上报省教育厅组织对我县第三高级中学省级标准化高中创建工作进行验收。

特此报告

蒲城县人民政府

二〇一一年十二月五日

(三)蒲城县第三高级中学创建省级标准化高中评估验收整改方案

12月2日,以省教育厅基础教育资源研发中心副主任赵克礼为组长的8名专家组成的评估验收组,在市教育局副局长王建国、副处调研员李龙、蒲城县人民政府副县长张锋的陪同下,对蒲城县第三高级中学创建省级标准化高中工作进行了全面的评估验收……

在评估验收反馈会上,验收组各位专家对学校扎实有效的

创建工作以及所取得的成绩给予充分肯定,总结了创建工作的亮点、成效和宝贵经验。针对创建工作中存在的薄弱和不足提出了具体的整改要求和中肯的建议。

一、专家组对第三高中创建省级标准化高中工作的整体评价

专家组认为,蒲城县第三高中2010年9月份创建以来,全面贯彻党的教育方针,坚持正确的办学方向,确立了"为学生的终身发展和幸福奠基"的教育理念,认真落实"让教师享受终生执教的幸福,给学生锻造一把成功的钥匙"的办学思想,以"教育理念先进、办学条件优越、校园文化浓郁、教师队伍精良、学生全面发展、管理科学规范、示范作用明显的新形势带高中"为办学目标,围绕"注重学校内涵发展,注重教师专业发展,注重学生全面发展"的思路,坚持文化立校,以人为本,实行全员参与、全过程管理、全方位服务的"三全精细化"管理,层层落实责任,促使学校的教育教学质量快速提高,短期内赢得了各级领导的充分肯定和广大人民群众的普遍认可……

围绕创建省级标准化高中的目标,学校制定了创建规划和实施方案,强化"标准意识、建设意识、全员意识、求真意识",发动全员广泛参与创建活动,达到了以评促改,以评促建,以创建促发展的目标。创建省级标准化高中以来,学校先后投资1020余万元,对教学楼、综合办公楼、实验楼、学生公寓楼、师生餐厅等进行加固维修,按标准完善部室建设,配齐配全教学设施,突出校园

文化氛围,实现了教学手段现代化、学生住宿公寓化、校内学习生活一体化。教师队伍建设方面,以师德师风教育为先导,以继续教育培训为手段,以提高教师师德水平和专业技能为目标,强化管理,务求实效,把教师队伍建设成为一支水平高、能力强有责任心的战斗队伍。突出教育的针对性、实效性,逐步形成了学校序列化德育、自我教育、学科渗透的德育模式。狠抓学校规范化建设,强化校园内部管理,加强教师队伍建设和基础教育科研,立足实际,走特色发展之路。依照《陕西省标准化评估细则和评估标准》,按照114项三级指标认真完善了创省标档案251盒,档案工作规范扎实、编排有序、过程资料翔实。编印了《校本教研论文集》一辑,编印了历史、语文校本教材两本。验收组对第三高级中学扎实有效的创建工作以及所取得的成绩给予了充分的肯定,基本达到了《陕西省标准化评估细则和评估标准》。

二、专家组对蒲城县及蒲城县第三高级中学创省标的整改要求和中肯的建议

专家组提出了创建工作中存在的问题和不足,经过我们认真分析、归类、梳理,主要表现:1. 学校办学理念在资料和版面上存在多个版本解释,理性阐述不够凝练;2. 教师队伍建设有待进一步加强,教师的教育科研活动应进一步深入开展,个人专业发展的自由空间有待拓宽;3. 学校的制度化建设有待进一步加强,常规管理部分资料不翔

实,家长委员会资料缺失;4. 学校体育设施设备的使用效益偏低;5. 特色教育的突破口有待商榷,应在突出素质教育的基础上,形成自己独特的风格和特色文化,提高办学质量;6. 学校的教育信息化资源有待整合,教育信息化装备水平有待提高。

三、整改内容和整改期限

1. 关于办学理念的表述

验收反馈会后,我们及时召开班子会议,虚心接受专家的意见和建议,完善办学理念:"为学生的终身发展和幸福奠基",确立了"依法治校、质量立校、创新兴校、科研强校"的治校方略,切实践行"让教师享受终生执教的幸福,给学生锻造一把成功的钥匙"的办学思想。目前已整改到位。

2. 关于教师队伍建设问题

学校根据陕西省教育厅《关于做好全省普通高中制定＜出名师育英才创特色上水平三年行动计划＞(2011—2013年)工作的通知》,制定了《第三高级中学出名师育英才创特色上水平三年行动实施方案》,计划用三年左右的时间,优化师资队伍结构……

切实发挥教研对教学工作的指导和提升作用,学校逐步完善了"课程处－学部－备课组－教师"四级教研体系,要求教科研工作的出发点和落脚点要放在重实际、求实效上。

注重中青年骨干教师等后备力量的培养,采取"走出去,请进来,校本培训"等方式,大力培养骨干教师和学科带头人,提升教师自身素养,提高教师学历水平。

培养省级优秀教师 4 名,市教学能手 4 名,县级教学能手 7 名,校级教学能手 20 名以上;30 余人在省级以上刊物上发表论文。教职员工积极参加普通话培训,并经普通话水平测试,做到持证上岗;骨干教师达到二乙标准的占到 80%,其中语文教师达到二甲标准的占到 90%。2012 年 7 月前整改到位。

3. 关于学校制度化建设和精细化管理的问题

验收反馈后,我们进一步完善教育管理机制,健全各项规章制度,优化强化管理,加强教学过程的精细化管理。特别是在学校管理中充分发挥了教代会、学生会、家长委员会参与学校管理的作用,强调"制度管理"和"人文关怀"的和谐统一,树立以人为本的理念,将制度与人文关怀融合在一起,不断培养师生的主人翁意识,通过激励机制,树立良好的教学氛围,有效促进了学校各项工作的顺利开展,真正实现了管理制度的科学化、规范化和精细化,达到了向管理要质量,向管理要效益的目标。2011 年 12 月底整改到位。

4. 关于学校体育设施设备的使用效益偏低的问题

验收反馈后,我们立即行动,在加强篮球队、乒乓球队、舞蹈组等兴趣小组正常活动开展的同时,广泛开展"阳光体育运动"活动,积极落实中小学生每天锻炼一小时基本要求,运用现有各项体育设施设备,大力开展各类体育活动,有力地促进了各项体育活动在学校的蓬勃开展。已修改到位。

5. 关于特色办学问题

加强学习,认真反思,进一步明确坚持走特色发展之路,创特色名校的办学目标,实行两手抓的策略,一手抓普通高考,一手抓特色教育……。为此,制定了学校发展规划,确定了"一年有变化,两年有提升,三年见成效,五年打造陕西特色高中"的特色学校创建目标。目前,全体三中人正信心百倍,朝着既定的目标奋力迈进。

6. 关于教育信息化

合理有效地使用现代教育手段辅助教学,提高课堂教学效率,提升教学品味,实现优质教育资源共享,已成为教师的共识。目前学校给全体教师配发笔记本电脑,方便教师学习、备课和上课;开通学校教育专网、学科资源网,方便教师查阅资料。今年,我们计划新建 2 个微机室,安装电脑 100 台,进一步提高学校教育现代化的水平。同时,增添专职管理人员并进行培训,进一步规范学校信息化管理。后面,我们将筹措资金,加大投入,建立学校中心机房,统一管理和使用,进一步提高学校的教育信息化水平。

四、整改工作组织机构

为了切实整改落实评估验收组各位专家提出的建议和意见,确保高效快捷整改到位,县教育局成立整改工作领导小组:

组　　长:雷林瑞(教育局长)

副组长:澹台典谱(教育局副局长、第三高中校长)

成　　员:

张化林(第三高中副校长)

梁双纪(第三高中支部副书记)

王建涛(第三高中工会主席)

仇小娥(第三高中学部主任)

李小平(第三高中学部主任)

姜新民(第三高中总务主任)

蒋宏杰(第三高中教导处副主任)

赵新文(蒲城县教育局基教二股副股长)

领导小组下设办公室,由张化林任主任,全面负责整改落实工作,保证按时限落实到位。

二〇一一年十二月七日

三、创建"全国和谐校园先进学校"纪实

加强教育管理　创建和谐平安校园(摘要)
——陕西省蒲城县第三高级中学创建和谐校园经验交流材料

学校基本情况:蒲城县第三高级中学创建于 2010 年 7 月,是由原蒲城师范学校改建的一所全日、寄宿制公办高中。学校占地 110 亩,建筑面积 3.8 万平方米,现有 48 个教学班,学生 2710 名,教师 199 名,其中省级先进德育工作者 1 名,市级优秀教师 8 名,高级教师 23 名,专任教师 158 人,研究生学历 16 人,学历达标率 100%。学校现有教学楼、实验楼、图书楼、艺术楼、学生服务中心、男生公寓楼、综合楼各一栋、多功能厅一座、女生公寓楼两栋、教师办公楼两栋。

校园布局合理规范,育人环境优雅,教育教学设施齐全。微机室、校园网络主控室、多媒体教室、音乐室、美术室、舞蹈室、健身室、综合活动实践室、物理实验室、生物实验室、化学实验室、通用技术教室、地理教室、历史教室、体育器材室、医务室等均达到了省级标准化高中的配置要求,基本满足教育教学的需求。图书楼藏书 54258 册,报刊杂志 406 种,这已成为学生获取知识的第二课堂。

自学校创建以来,学校坚持正确的办学方向,全面贯彻党的教育方针,落实素质教育的基本要求,以"为学生的终身发展和幸福奠基"为教育理念;以"让教师享受终生执教的幸福,给学生锻造一把成功的钥匙"为办学思想;以"教育理念先进、办学条件优越、校园文化浓郁、教师队伍精良、学生全面发展、管理科学规范、示范作用明显的新型时代高中"为办学目标。以"聚心智、创新学、育新人"为校园文化核心,遵循"毓德、敦行、博学、笃志"的校训,确立"注重学校内涵发展、注重教师专业发展、注重学生全面发展"的"三发展"思路;坚持文化立校,以人为本,实行全员参与、全过程管理、全方位服务的"三全精细化"管理,层层落实责任,促使学校的教育教学质量快速提高,两年来学校赢得了各级领导的充分肯定和广大人民群众的普遍认可。学校先后被评为陕西省标准化高中、陕西省德育工作先进集体、陕西省标准化考点;渭南市 2011 年度阳光体育活动先进单位、市依法治校示范校、市平安校园;蒲城县 2011 年度县局目标责任考核先进单位、高中教学工作先进单位、教育教学创新实践活动先进集体、和谐校园、先进基层党支部、高中学生篮球运动会三等奖、园林式单位等。

　　学校坚持以科学发展观统揽工作全局。在党的十六届三中和四中全会上,中共中央先后提出了以科学发展观统领经济社会发展全局和构建社会主义和谐社会的重大战略决定。科学发展观把"以人为本"作为其本质和核心,将人的全面发展与社会的全面进步作为其出发点和落脚点。坚持"以德治校、依法治校、科技兴校、质量强校"的治校方略,把蒲城三中建成教育理念先进、办学条件优越、校园文化浓郁、教师队伍精良、学生全面发展、管理科学规范、示范作用明显的新型高中。以提高学生思想政治素质、创建平安和谐校园为目标,以学生思想品德教育和安全管理为重点,加强管理,积极开展各种类型的学生活动,及时消除各种安全隐患,全面打造和谐校园。

　　学校作为培养人的场所,是引领社会发展与文明的重要基地。从教育的作用来看,学校教育具有促进人的发展和促进社会发展两大功能,在启迪心智、传授知识、确立人生价值、实现人类进化上具有极为重要的作用。两年来,在各级领导的大力支持和关怀下,我校以科学发展观为指导,以争和谐校园创建为工作支点,积极响应上级号召,加强和谐学校创建工作,全民动员、全员参与、全力投入,切实将我校和谐工作推向深入,并取得积极成效。

　　一、加强领导班子建设,构建和谐校园

　　学校领导班子是构建和谐校园的第一要素。学校办得好不好、水平高不高,关键取决于领导班子建设。我校领导班子牢固树立起为教师、为学生服务的思想,始终将和谐校园创建工作纳入重要工作议程,建立健全和谐校园创建目标机制,充实完善创建工作管理体制,坚决做到了创建工作各个环节均有目标、有重点、有计划、有落实、有整改、有提高。同时,为确保我校和谐校园工作的规范化与常态化,形成和谐创建长效工作机制,我校还调整充实了以校长为组长的蒲城第三中学和谐校园创建工作领导小组,完善了《蒲城第三高级中学和谐校园创建规划》,健全了学校一把手亲自抓,学校德育处具体抓,工会、团委、办公室、总务处、课程管理处、学部处等各处室密切配合、齐抓共管的和谐校园创建领导体制,推进了强化责任落实、信息反馈与整改反思的服务模式,不断掀起"以管理抓和谐,以和谐促发展"的和谐校园创建工作热潮。

　　二、坚持依法治校,构建和谐校园

　　依法治校是实施学校有效管理的法律保障。两年来学校以教育法律、法规为依据,以规章制度为基础,建立健全学校管理制度,运用政策法规和学校管理制度管理学校事务,正确行使权力,严格依法行政和管理,不断推进学校事业沿着法治轨道健康发展,取得了显著的成绩。

　　在实施依法治校过程中,我校始终保持高度的法治意识和观念,认真抓好师生的普法教育。在普法教育过程中,根据普法的基本要求,结合学校的实际和特点,成立了由校长任组长、分管校长任副组长的普法工作领导小组,负责全校普法工作的实施,聘请了法制副校长。领导小组成员分工明确,各负其责。学校德育处、办公室做好学校的安全防范工作。在学校普法领导小组的正确领导下,学校普法工作扎实、有效地开展,做到了每年有安排、有总结,普法活动顺利开展。组织师生学习了《教育法》《教师法》《未成年人保护法》《预防未成年人犯罪法》《学生伤害事故处理办法》等法律法规以及《中小学生守则》《中学生日常行为规范》等管理规章,使师生做到学法、知法、守法、用法,为依法治校打下了法制基础。

　　学校师生无一违纪、违法事件发生,发案率为零,使依法治校成效显著。

　　三、强化德育教育,构建和谐校园

　　德育工作是和谐校园创建的根本落脚点。我校积极开展行为习惯养成教育,始终坚持把育人放在第一位,通过开展丰富多彩的教育活动,突出抓好学生的思想品德教育,增强育人功效。

1. 彰显一个主题——主题论坛。

2. 狠抓一个教育——养成教育。

3. 培养一种意识——感恩意识。

通过这些活动的开展,我校学生的和谐程度有了明显改观,和谐校园的创建工作也稳步推进。

四、深化课堂改革,构建和谐校园

教学质量是学校教育的生命线,和谐校园的创建,是办人民满意学校的根本与关键。为此,我校于 2010 年 9 月积极推进课堂教学改革,以"1223"高效课堂为依托,潜心钻研新学课、习题展示课、复习反馈课、试卷讲评课,细致梳理教学疑难点,认真诊断学生学习效果,以学生课堂"参与、评价"为中心环节,充分运用学生自主学习、合作交流、分层训练、自我反思等教学流程的一体设计,持续拓展并深化我校学生的"能学""会学"能力。通过深化课堂教学改革,建立起了和谐的人际关系。使教师与学生之间建立起了民主、平等、和谐的师生关系。师生之间的相互合作、彼此尊重,分享彼此的思考、经验和知识,交流彼此的情感、体验与观念,实现了教学相长、共同发展。同学之间也建立起了相互尊重、相互激励、互相学习、平等互助、共同进步的和谐关系,保持了一个融洽、正常的交往。全校教职工之间更加和谐相处,形成了心往一处想,劲往一处使,汗往一处流、团结和谐、共促发展的良好氛围。

五、筑牢安全防线,构建和谐校园

为切实营造一个安全和谐、文明健康的育人环境,我校以"预防为主、安全第一"为原则,各处室密切配合、紧密协作,细化责任分解,突出安全防范,逐步建立健全了各级各类的校园安全工作组织及高效畅通的校园安全工作体系,充实完善了以校长为组长的校园安全工作领导组,并在分管副校长具体领导下,以安全保卫人员为中心,以学校职能部门为主线,以安全专项投入为保障,对学校安全工作进行了全员、全方位、全过程的安全管理,切实形成了责任层层落实到位,信息及时互通反馈,齐抓共管、协同作战的良好安全工作格局,确保了校园的和谐与稳定。

1. 加强安全教育,提高学生安全意识。

2. 加强安全管理,规范学生行为。

3. 加强校园周边综合治理,营造和谐校园环境。

4. 加强住宿生管理,创造安全住宿环境

六、营造文化氛围,构建和谐校园

和谐健康的校园文化环境,具有催人奋发向上、积极进取、开拓创新的教育力量。它可以使学生在一种无形的巨大力量推动下,在积极向上的氛围中受到激励、鞭策,从而健康成长。我们主要做了三项工作:一是始终坚持学校可持续发展这一目标,坚持以育人为中心,求真务实。在学校教育中,通过和谐去寻求一种动态的平衡,使学校与社会、家庭达成默契,形成合力。二是创设富有育人氛围的物质环境,校园面积、布局、建筑、设施等物质环境既是学校物质条件的外显标志,又是学校精神风貌的体现。学校占地 110 亩,学校教学楼、学生公寓楼、教师办公楼、多媒体教室、微机室、现代远程教育等现代化教学设施功能齐全;三是在教学楼、办公楼,公寓楼,悬挂了校风、学风、教风等标语。办公室内各种规章制度及育人理念,教室内激励警句、名言、守则、规范等内容的充实。教学楼过道悬挂的中外著名科学家、教育家的画像、警句,校园的绿化带、餐厅内富有人性化的宣传标语,等等,学生的格言墙、班级格言、班主任寄语等,让师生的"心灵感受心灵、智慧碰撞智慧、情感赢得情感"达到了充分体现。因我校实施寄宿制管理,所以在学生公寓文化建设上,我们也倾尽全力,给学生营造一种舒心、舒适的就寝环境,每个宿舍有学生的舍友全家福,彰显出一种和谐的氛围,通过和谐校园文化建设,真正让学生喜欢、家长放心、社会满意。

七、创设特色管理,构建和谐校园

1. 坚持把德育工作摆在首要位置,强化学生养成教育,培养他们良好的行为习惯。

2. 实施家校交流无缝链接制度。

3. 加强校园文化建设。

4. 开展具有三中特色的文化活动,丰富师生生活。

我校通过和谐校园创建工作,更加规范和推进了学校各项工作的发展,同时还有许多工作存在不足和有待提高,我们将继续努力,谱写蒲城第三中学和谐发展的新篇章。

蒲城县第三高级中学

2012 年 10 月 23 日

四、校长詹台典谱在首届毕业典礼上的讲话

尊敬的各位老师、同学们:

大家上午好!

今天是我们蒲城三中的盛大节日,也是全体 2013 届毕业生人生当中将永远铭记的时刻。历经 3 年风雨历程的三中,即将送走第一批学子。你们经过这个毕业典礼,即将告别母校,踏上新的人生征途,书写新的人生篇章。此刻,我的心中充满了幸福和欣慰,也充满了对大家的留恋和牵挂。首先,我代表学校党政领导向顺利完成学业的首批毕业生表示热烈的祝贺!并借此机会,向不畏艰辛、无私奉献的全体高三教师和教辅管理人员,向支持关心学校工作的社会各界、学生家长,表示衷心的感谢和由衷的敬意!

三年前,来自全县 24 个乡镇的 720 名学生,带着父母的殷切厚望,怀着对高中生活的美好憧憬和对科学知识的强烈渴求,步入刚刚组建的三中校园,开始了你们新的求学生涯。在这里,你们勤奋苦读、孜孜进取,校园的每一条道路、每一片花草上都留下了你们青春的足迹,见证了你们奋斗的汗水。寒来暑往,春华秋实。经过三年的高中生活,你们在为人、为学、为事各个方面更加趋于成熟。同学们收获的不仅是丰富的知识和健全的人格,还有全体师生以实际行动对"敢为人先,乐于奉献"等三中精神文化的诠释与传承。

我相信,以后的日子里,不管你们身处何地,居于何职,三中一定会在你们的梦境和闲谈中出现。高中生活会成为你们人生一笔宝贵的精神财富。期望与傍徨,欣喜与忧伤,成功与失败,你们都经历了,感受了,这是你们成长历程中必不可少的东西,会成为你们一生抹不去的记忆。而留给你们印象最深的应该还有老师们脸上加深的皱纹,增添的白发。

　　三年来,学校始终把促进学生的成长成才作为核心任务和终极目标,不断地在努力,在改善。与刚进校相比,我们的硬件设施,办学水平都有了长足的进步。三年来,同学们在亲身经历和见证学校快速发展的同时,深深感受了你们的老师在尽心尽力地为你们的成长在付出,在奉献。在三中的每一天,我都会被熟悉的景象和气氛所感染,所激励。我在心底里常常发出这样的感叹,我们的学生是可爱的,我们的老师是可敬的。三年的朝夕相伴,让师生相互理解,感情笃深。但愿这一切和高中生活一起铭刻在同学们的心中,让你们带着这份感动和骄傲飞得更高、走得更远、发展得更好!

　　不经意间,三年的时光随着校园朗朗的读书声从我们身边悄然而逝。如今你们每个人都已经羽化成蝶,即将展翅高飞。今天的毕业典礼之后,你们将走进高考试场,经历你们人生的第一次重大挑战,验证你们三年的艰苦付出。毕业不是一个了结的终点,而是一个需要再次进行冲刺的起点。对你们而言,六月,是一个舞台,更是一个战场。所以,我今天的致辞权且当做一杯壮行的美酒吧。希望大家能够抓住最后的时光,调整好状态,只争朝夕,精心备考。我热切地期待你们能够在高考试场上一鸣惊人,成为母校的荣耀,成为后来者的榜样。同学们,加油!

　　在你们即将告别母校之际,我代表学校向同学们提出几点希望和嘱托,和大家共勉。

　　第一、希望同学们品格高尚、志存高远。

　　一个优秀的人才首先要具备高尚的品格,这是融入社会成就事业的基础。希望同学们要有开阔的心胸,坚强的意志和荣辱不惊的态度。坚持把做人、做事和做学问结合起来,坚持把自己的人生目标与祖国和民族的发展紧密结合起来,坚持把爱国、奉献作为自己永不动摇的人生信条,明确肩上的责任与使命,不断塑造和完善自己的人格,追求高尚、志存高远,以积极达观的人生态度去造福社会,报效祖国。

　　第二、希望同学们勤于学习、厚积薄发。

　　高中毕业,人生才算是真正的起步。无论你们是继续深造还是步入社会,我真诚地希望同学们能够始终保持对知识的渴求。在科技进步日新月异,知识竞争日趋激烈的形势下,学习比以往任何时候都变得更加繁重而迫切。同学们必须要树立终身学习的理念,永葆学习热情,努力在实践中探索新的知识,在学习中获取前进的力量。一点一滴去积累,一步一步去奋斗,自强不息,厚积薄发,在学习和工作上有所建树,使自己成为国家建设需要的有用人才。

　　第三、希望同学们正视挫折,勇于挑战。

　　人生的道路没有坦途,未来充满了各种困难和挫折。在以后的岁月里你们会遇到各种压力和困难。对此,你们一定要注意培养自己积极健康的情绪,提升心理素质,以平常心面对生活中的苦与乐、荣与辱、得与失,乐观对待人生挫折,任何时候都要有百折不挠的执着,都要有永不言弃的勇气,不辜负国家、社会、学校和家庭的培育,做一个敢于担当社会责任,勇于接受挑战和困难的强者!

　　第四、希望同学们饮水思源,爱校荣校。

　　学校之强,乃学生之强。学生是学校最活跃的因素,最亮丽的风景,也是最重要的成果。你们是三中最具有纪念意义的一届毕业生,三中不会忘记你们。请你们记住,也许你们会走得很久很远,但一生也走不出母校的关注。当你们取得成功或收获时,记得让母校分享你们成功的喜悦。当你们失意或者迷茫时,母校就是你们精神的家园和坚强的后盾。饮水思源、知恩图报是中华民族的传统美德,母校的发展也离不开你们的关心和支持。常回母校走走看看。我真诚地希望你们能够关注母校,支持母校,宣传母校,做母校热心与忠诚的校友。

风雨兼程三春秋,扬帆远航正当时。同学们,让我们勿忘母校培育之恩、牢记老师教导之情,秉承优良校训,传承三中精神,踏上明天的征途,用你们的聪慧和才智奉献社会,用你们的精神和品质影响他人,做有益于人民的人。我们期待着你们从四面八方传来好消息。

最后真诚地祝福同学们:生活美好,前程似锦!

谢谢大家。

2013 年 6 月

五、316 督导评估纪实(摘要)

(一)渭南市普通高中学校素质教育督导评估汇报材料

各位领导、专家:

大家好!

近年来,我校在提高办学水平及推进素质教育方面,全面贯彻党的教育方针,树立"让教师享受终生执教的幸福,给学生锻造一把成功的钥匙"的办学理念和"为学生的终身发展和幸福奠基"的教育理念,紧紧依靠各级领导、部门的大力支持,团结带领全校师生,发扬高效、严谨、务实、创新的工作作风,狠抓管理,夯实措施,始终坚持以质量和效益为中心,全面实施素质教育,积极推进新课程改革,扎实构建和谐校园,使我校的各项工作逐步实现了制度化、规范化、科学化和人性化,取得了教育质量和管理水平的全面提高。

现将实施"陕西省素质教育督导评估 316 工程"我校近年来所做的工作汇报如下,请各位领导、专家批评指正,并提出宝贵意见。

一、学校基本情况

蒲城县第三高级中学是一所省级标准化高中,创建于 2010 年 7 月,是在原蒲城师范学校基础上改建的一所全日、寄宿制公办高中。学校现有教学班 49 个,学生 2658 名,在岗教职工 200 名,专任教师 156 名,均属大学本科及以上学历,外教一名,岗位达标率 100%。

二、开展自评工作

我校全体班子成员能高度认识到实施"316 工程"、推进素质教育的重要性,从贯彻落实省市县有关教育优先发展战略、深化教育改革的高度上充分认识质量工作和素质教育的重要意义。

自 2013 年 12 月份接到县督导室关于"陕西省素质教育督导评估 316 工程"文件通知后,我们主要做了以下三项工作:

一是全面宣传,达成最广泛的共识。

二是广泛动员,成立最全面的组织。

三是全面自查,得出最真实的结论。

三、自查评估结论

本着"公正客观,务实求真,硬件从实,软件从严"的原则,结合三年来我校推进素质教育和实施新课改的开展情况,严格对照《陕西省学校素质教育督导评估 316 工程普通高中指标体系》,我校自评得分 1144 分,自评为"优秀"档次。

四、主要做法和成效

近年来,在谋求学校发展、实施素质教育工作中,我校主要围绕队伍建设、学校管理两个核心做了如下七个方面的工作:

(一)立德树人 规范办学 全面落实素质教育

1. 坚持党的教育方针政策 树立社会主义办学理念

2. 建立制度评价机制 规范学校科学发展

3. 做好规范招生工作 促进教育公平合理

(二)注重师德 科学管理 狠抓两支队伍建设

1. 注重班子建设做好党建工作。

2. 创新管理体制,建设现代学校制度。

3. 强化教育科研,促进教师专业发展

4. 积极培训交流,注重示范引领作用。

(三)深化课改 探索教研 全面构建高效课堂

学校本着"质量立校,科研兴校"的原则,不断加强对教研工作的管理力度,通过教研工作的扎实开展,进一步营造了我校教科研兴校的浓郁氛围。

1. 从实际出发推进课程改革,全面提高教育教学质量。

2. 扎实实施高效课堂工程,大面积提高课堂教学效率。

3. 强化监督检查,加强教学常规管理。

4. 三中始终把教学质量作为学校的生命线。

(四)立德树人 彰显特色 注重德育的时效性和针对性

1. 坚持把德育工作摆在首位,强化学生养成教育。

2. 实施家校交流无缝链接制度。

3. 培养学生科学探索意识。

4. 加强校园文化建设与宣传。

5. 开展具有三中特色的文化活动。

(五)严格管理 改善条件 保障学校科学发展

1. 认真抓好财务管理工作。

2. 维护教职工权益,提高教职工待遇。

3. 校产管理到位,学生资助工作公开公平

4. 改善办学条件,推进校园软硬件设施建设。

(六)加强监督 强化安全 大力创建平安校园。

安全工作是学校一切工作的保障,我们始终把校园安全放在第一位,树立起"安全重于泰山"的责任意识,用高度的责任心筑起了校园安全的屏障。

（七）群策群力　民主办学　加快党风廉政建设。

1. 重视支持工会工作。

2. 积极实行校务公开制度。

五、目前存在问题

尽管我们在实施"陕西省素质教育督导评估316工程"工作中做了大量工作,但鉴于我校办学条件及师生资源所限,我们的办学理念和办学行为与时代要求仍有偏差。主要问题有:

1. 教师队伍建设还有待加强,教师整体素质还有待提高。

2. 教育教学条件只能部分达标,还不能完全满足教学需求。

以上种种软硬件方面的原因,是当前存在且亟待解决的问题,严重制约了我校的持续发展。

各位领导,各位专家,回顾近两年来的素质教育工作,令人鼓舞,催人奋进。今后,我们将进一步加大实施素质教育力度,推进新课程改革,抢抓机遇,谋求发展,提高管理水平和教育质量,办人民满意的学校。

谢谢大家!

蒲城县第三高级中学

2014年4月

（二）渭南市素质教育督导评估

蒲城县第三高级中学督导评估报告

按照省教育厅统一安排,渭南市普通高中素质教育督导评估组一行11人,于2014年4月14日,依据《陕西省素质教育督导评估普通高中指标体系》的具体要求,对蒲城县第三高级中学进行了为期两天的指导和督查。专家组按照督导内容,在听取学校领导汇报后,对学校校园建设、校园文化、办学条件等进行了实地考察。并且通过分头查阅资料,随机推门听课,观看课间操,召开教师、学生、家长座谈会等形式,全面了解学校目前的发展状态,形成了督查报告。

一、学校基本情况

二、学校特色与亮点

（一）办学理念和发展规划

（二）学校组织与管理

学部制管理模式的基本方案如下:

学部设置:根据学校实际,共设两个学部,分学部一处和学部二处管理,形成竞争格局。

管理编制:本着学部机构设置精简的原则,各学部设学部主任一名,及时了解学部情况,传达学校总体工作意见,全面主持学部日常工作,主抓德育、教学等工作,每个学部分年级确定年级组长三名,协助学部主任共同参与学部管理。

管理网络:学校设德育管理处、课程管理处、总务处,与学部、群团组织一起组成网络式管理组织,各管理处在正常开展工作的同时为学部、群团组织提供指导和保障,还可以通过学部落实具体工作,学部作为学校管理的一线组织机构,多渠道网络化落实学校整体管理方略。

考核方法:以学校行政组(包括教辅、后勤等)、学部为单位进行月考核,考核内容为师德规范、履行职责、教学常规、工作纪律、教育效果五大类,由校考核小组进行集体考核,再由行政组、学部内部对教职工进行个人考核。

会议制度:除召开全校教职工工作会议布置学校整体活动、通报重大事项等外,其余时段分学部召开工作会议,结合学部特点强调管理要求、总结学部阶段工作等。

日常管理:学校设值周小组和值周领导,负责一周学校总体日常管理工作,各学部主任负责学部日常管理工作,并具体检查教师的工作情况,这样学校日常管理工作层次清晰,职责分明,优化了学校日常工作的过程管理。

学部制管理模式运作三年来,各项工作在稳定中取得了明显的成效,成为"新"学校管理的成功案例。

(三)学校制度建设

学校确立了"领导聘任　教师聘用　学部管理　精细服务"的办学原则,实行了"学部制管理精细化服务"的管理体系。通过民主讨论、反复修改,相继制定和完善了岗位职责和各项管理制度,如《蒲城县第三高级中学教学常规管理要求实施细则》《蒲城县第三高级中学班主任工作职责》《蒲城县第三高级中学备课组工作制度》《蒲城县第三高级中学班级工作安全责任书》《蒲城县第三高级中学教师评优考核制度》《蒲城县第三高级中学家校无缝链接制度》等97项学校管理制度、《蒲城县第三高级中学校园生活规定》等17项学生管理制度,并将这些制度进行科学分类,归档整理,作为学校对教师、学生评价的标准。学校全体教师均能严格遵守《中小学教师职业道德规范》,爱国守法,教书育人,不体罚或变相体罚学生,不组织参与有偿家教。学校大小工作做到了有规可依,有章可循,有责必究,有功必奖。

(四)注重德育工作　强化养成教育

1. 思想引领　活动育人

2. 家校交流　无缝链接

3. 学校生活　温馨如家

(五)文化特色活动　彰显学校精神

1. 文化宣传　育人为先

2. 社团活动　异彩纷呈

三、严格标准　规范办学

1. 做好规范招生　促进教育公平

2. 严格执行国家收费规定,学校每学期开学向社会公示各项收费标准,张贴校长公开承诺书,从未擅自提高收费项目,无向学生推销教辅资料等违规办学行为。

3. 严格执行国家课程标准,开足开齐大纲规定的课程,设立每节课40分钟时限,不延长学生上课时间,不加大学生作业量,按照新课标要求,保证了学生课堂自主学习时间、课外活动时间、作息时间的合理分配和使用。

（三）站在新的高度起步
——蒲城县第三高级中学"316 督导评估"纪实

2014 年 4 月 14 日,蒲城县第三高级中学迎来渭南市普通高中素质教育督导评估组,开始接受评估组对学校三年来办学水平素质教育的全面督导评估。

4 月 16 日,督导评估工作进入了第三天。上午 9 点,督导评估反馈会召开。会议首先由各个专家小组负责人对所检查评估项目做详细的反馈。各小组专家负责人汇报了他们检查的情况,充分肯定了学校在各方面工作所作出的显著成绩,极大地肯定了学校学部制管理、餐饮宿舍管理、家校无缝链接及大家访等工作方面所做的开创性实践和取得的突出成绩;他们纷纷表示,学部制管理、家校交流无缝链接管理制度、餐饮、公寓管理水平在渭南市堪称楷模,值得全市推广。同时也诚恳地指出了学校在硬件设施、课程课时开设、教师基本功、师资不足等方面存在的问题、不足,并从学校长远发展的角度提出了他们科学合理化的建议。

紧接着在教师代表参加的第二个反馈会上,评估组领导杨春成从评估组和学校两方面整体总结了此次督导评估工作的过程、工作人员的表现,全面评价了蒲城第三高中建校以来的各项工作,当场宣布了本次评估结果:第三高中得分 1095 分,评定为"优秀"等级,会场发出了热烈的掌声。

随后,澹台校长做了表态发言,对专家组一行的辛苦和高度负责的督导评估工作表示了诚挚的感谢,针对专家们从对教育的高度负责态度、对教育的深层次理解、对教育的高目标追求三个层面上所提出的意见和建议,做了表态:第三高中不会让专家、教师、学生、家长失望,三中人会当机立断整改存在的问题,继续努力办人民满意的教育。

最后,渭南市政府教育督导室副主任佀青义做了重要的讲话。他对第三高中领导班子及教职工留给专家们的团结奋战、善于思考、勤于钻研、敢于担当、积极进取的印象给予了高度的赞扬,希望学校以此次评估为契机,认真研究问题,加快整改,构建新的发展蓝图,为蒲城高中教育做出贡献。

六、创市级九类示范校纪实（摘要）

（一） 抓常规　创高效　提质量　促发展
——创建市级高效课堂示范校汇报材料

第一部分　学校基本情况

第二部分　近年高效课堂创建工作开展情况

高效课堂是教育教学追求的极致目标,在今天高效课堂改革此起彼伏的形势下,我们认为高效离不开常规,常规工作的有效开展与落实是实施高效课堂的基本保障。因此三中自创建以来,坚定不移地走以德立校、科研兴校、质量强校的办学路子。一方面努力更新教育观念,紧跟课程改革步伐,以课堂教学为主阵地,争创高效;一方面狠抓常规求质量,认真落实教学常规和各项教学教研计划,在严谨精细而有序的常规工作中力求教育教学的最大效果,办学几年来成绩显著。下面,我就这两大方面进行汇报。

一、狠抓常规求高效

(一)竞争与合作并行的教学管理与制度建设

(二)教学过程突破常规"七个一"

每周一次教研活动。

一月一次教学常规检查,加强了教学质量的有效性管理。

每学期一次教师全员讲、听、评课活动。

两月不止一次学情反馈。

两月不止一次教情反思。

每学期不止一次教学工作会议。

每学期一次教科研经验交流大会。

(三)技能培养促进学生素质教育。

加强音体美兴趣小组活动及微机操作、实验操作等考查学科的常规教学是我校始终不渝的有效做法。

实验教学以提高学生的实际操作能力,激发学生学习兴趣,深化理性认识,达到牢固掌握知识为目的。

(四)加强毕业班管理确保三中质量线稳步上升。

(五)加强校本课题研究,提高教学效率。

二、高效创新建示范

所谓高效,是在生源实际的基础上达到课堂教学的最大效果,而课堂效果的绝对体现者是学生。提高课堂教学质量的课堂模式就是高效课堂,高效课堂亦包括传统的常规教学方式。基于此,学校在常规教学的基础上,开始了新的高效课堂探索。

(一)创建条件和理念形成

1. 现实必要

2. 现状与思考

(二)目标确定与措施保障

我们的教学目标是:

1. 优化教学目标。

2. 注重环节设计。

3. 创新教案设计。

4. 达到讲课高效。

5. 发挥学生主体。

6. 实行分类推进。

7. 建立师生关系。

8. 形成高效机制。

我们的办学目标是:

1. 顺利通过市高效课堂示范校验收。

2. 打造三中教学质量高效品牌,从目前"管得严、管理好"的良好社会声誉向"教的好,质量高"的层次迈进。

(三)活动开展与实施情况

第一阶段 准备工作:

一是一师一优课的带动。二是精心部署全员动员。三是进行教师培训,充分理解高效含义。四是研究讨论,出台学校《高效课堂实施意见》。

第二阶段 活动开展

一是进行初探课演示上课。二是进行教师座谈。三是进行了学生问卷调查。四是进行学科组长或骨干教师的示范展示。五是教研处负责收集整理编订了高效课堂导学案合订本,初步形成校本研修教材。

第三阶段:对抗赛。以学部为单位分科分部对抗评比。

第四阶段:长远规划。在高一高二年级的实践探索下,通过三年的努力,高效课堂将在全校范围全面展开,并常态化落实坚持,使之成为我们的新常规。

(四)高三年级的高效课堂

三、校园文化与学校发展

2015 年 11 月

(二) 精抓德育常规 创新德育方法 勇创德育佳绩
　　　　　　——创建市级德育工作示范校汇报材料

第一部分 学校基本情况

第二部分 理念的产生及发展

一、管理理念的产生。

二、德育理念的传承。

第三部分 德育模式体系的建构过程

一、完善德育机制,加强德育工作领导。

二、制定德育规划,常规工作科学有序。

三、优化措施、扎实推进、努力开创德育工作新局面。

1. 校园文化 营造育人氛围

2. 常规教育 彰显德育功能

3. 主题活动 深化德育内涵

4. 社团活动 展示个性特长

5. 社会实践 树立服务意识

6. 家校互动 拓展德育渠道

第四部分 德育效果

第五部分 德育效果评价

一、让社会主义核心价值观教育进入课堂
二、让社会主义核心价值观教育成为校园文化
三、让社会主义核心价值引导德育实践活动
第六部分　存在问题及今后工作设想
1. 规范机制是提高德育实效性的基础
2. 加强活动创新是开展德育的动力。
3. 加强德育科研是德育工作科学化的保证。

蒲城县第三高级中学

2014 年 12 月

(三)搭建艺术教育发展平台　创建艺术教育示范学校

——创建市级艺术教育示范校阶段性总结

一、更新观念,走特色办学之路
二、加强队伍建设,确立教师的人本地位
三、抓课堂及"体艺 2 + 1",夯实艺术教育基础
四、加大投入,创设优雅的育人环境
五、喜迎硕果,增强品牌意识

课堂艺术教育教学的有效实施,为我校艺术教育工作打下深厚的根基。学校为丰富同学们的文化生活,为学生个性化发展搭建平台,成立了形式多样的艺术类兴趣小组,活动计划落实到位,且重点定时、效果显著。学校每学年举办艺术节,参与人数均为 80% ,并定期举办各类丰富多彩的艺术活动,让学生寓学于乐,促进学生全面发展。学校舞蹈队在第十届"星星火炬"青少年艺术英才推选活动中荣获陕西省舞蹈专业高中金奖;文艺节目被评为县局第五届、第六届校园艺术节一等奖、优秀组织奖、优秀节目创作奖;800 人的团体操被评为优秀演出奖;今年高考,我校艺术类二本上线人数达 20 余人。在保证普及的基础上,我校的艺术教育、艺术节力求创新,具有特色。

蒲城县第三高级中学

2014 年 9 月

（四）打造平安环境，创建和谐校园
——创建平安校园示范校汇报材料

一、健全机构，加强领导

1. 我校成立"平安校园"创建工作领导小组。

2. 建立"安全工作逢会必讲"的安全会议制度。

3. 学校制定创建"平安校园"工作规划和实施方案。

4. 学校聘任重泉路派出所所长担任学校法制副校长。

5. 不断健全完善安全工作各项规章制度、考核制度。

二、完善管理，常抓不懈

1. 警校共建，积极与重泉路派出所建立联防联动机制。

2. 成立由门卫、学校安保人员及教官组成的校园安全保卫工作队伍。

3. 学校执行值周行政领导、值日教师和楼层值周教师的巡视制度。

4. 学校成立食品安全卫生工作领导小组，加强对食堂工作的管理

5. 学校加强教学环节和实验室安全管理。

6. 认真执行安全事故报告制度。

三、齐抓共管　防患未然

1. 认真开展形式多样的法制、交通安全、饮食卫生安全、消防安全、预防溺水、预防违法犯罪等教育活动。

2. 每年的四月份，学校开展以交通和食品安全教育为主题的主题团队会和班会活动。

3. 学校充分利用多种形式加强对全校师生的法制教育。

4. 全面开展"创健康促教育"活动。

5. 加强心理健康教育，搞好心理咨询。

6. 学校积极推进素质教育，对全体学生负责，加强对痴迷网络、学习困难、生活困难、单亲家庭和经常违纪等学生的教育管理。

四、综合治理　确保平安

1. 学校配合公安机关参与社会治安综合治理工作

2. 学校定期召开保安人员和食堂人员的安全工作会议。

3. 建立健全切实可行的治安、地震、火灾、洪灾、食品卫生、流感防控等突发性事件应急处置工作预案。

4. 建立畅通的信息渠道和严格的信息上报机制。

5. 充分发挥工会组织的作用。

6. 加大创建工作力度。

蒲城县第三高级中学
2014 年 12 月

（五）规范办学行为　提升办学品位

——蒲城县第三高级中学规范办学行为示范校申报材料

一、学校的基本情况

二、主要工作情况

（一）严格执行招生政策，规范办学行为

1. 做好规范招生，促进教育公平。

2. 学校严格执行陕西省中小学学籍管理规定。

3. 严格执行办班政策，确保教育资源均衡分布。

（二）严格执行教育部颁布的课程方案，规范教学行为

1. 严格执行国家课程标准，开足开齐大纲规定的课程。

2. 严格执行节假日放假通知。

3. 严格控制作业量

4. 严格规范考试行为。

（三）严格执行教育收费政策，规范收费行为

1. 严格按照国家收费规定，实行"三公开，五不准"管理制度

2. 严格财务管理和收费审计，接受财务监督。

（四）学校依法治教，规范教师行为

（五）严格按照规定，规范教育惠民政策的发放。

1. 制定科学的学生资助工作流程。

2. 为确保学生资助金真正落到实处，发挥其专款专用职能。

蒲城县第三高级中学

2014 年 11 月

（六）蒲城县第三高级中学

——创建"渭南市教育信息化示范校"汇报材料

一、创建工作落实情况：

（一）创建理念

（二）机构设置

1. 成立校园信息化领导小组。

2. 制定教育信息化中长期发展规划和年度计划。

3. 建立健全各项信息化管理制度。

4. 设立信息中心，统筹全校信息化建设。

（三）硬件建设

1. 光纤接入互联网，宽带达到百兆，通过有线和无线方式实现校园网络全覆盖。

2. 为每一位教师配备有笔记本电脑，学校现有一个微机室（51 台电脑）并配备多媒体交互

设备。

3. 学校现有 52 个教学班,均配备有多媒体,其中,电子白板 16 套。

4. 建有 176 个摄像头的安防监控系统。

5. 建有覆盖全校的广播网。

6. 建有 LED 电子屏信息发布系统。

7. 建有 2 个通用技术教室。

8. 现投入 20 余万元正在建设一个微机室与数字阅览室兼用的教室。

(四)资源建设

1. 教师积极利用信息化手段进行备课,全体一线教师能充分利用相关教育资源和素材进行电子备课。

2. 建设校本化的教学资源库。

(五)经费投入

先后投入资金 360 余万元,进行信息化校园建设。

(六)教育科研

1. 学校创建以来,一直很重视教育信息化课题研究,申报立项了一个省级课题,现正在结题中。申报立项了 4 个市级课题,现已展开课题研究。

2. 所有一线教师均参与课题研究,每学期每个备课组推出一节新媒体新技术的校本教研探索公开课。

(七)师生素养和应用水平

1. 制定信息技术校本培训制度,每学年定期对全体一线教师进行课件制作、多媒体应用的培训,并积极选派教师参加各级教研主管部门组织的各种教育技术培训、观摩、研讨等活动。

2. 积极利用信息化手段开展网络环境下的教学,实现信息技术与学科教学的有机整合。

3. 信息技术教师能够协助教学人员、行政管理人员收集整理符合教学需要的学习资源,能够为教学人员的教学和科研提供技术支持与服务。

4. 按照课程标准要求,开设信息技术课,提高学生掌握和运用信息技术的能力。

5. 每位教师都加入第三高级中学 QQ 群,学校利用 QQ 群进行公文发布,资源的共享,并积极开展校内外网上研讨交流。

(八)应用成效

1. 教师能在现代教育理念的科学指导下,积极利用多媒体进行的辅助教学,优化教学设计,创新教学方法,提高教学效率,实现信息技术与学科教学的有机整合。

2. 我校全体一线教师均能使用多媒体进行辅助教学,多媒体辅助教学达到课时覆盖率 50% 以上。

3. 积极参与信息技术领域的各类师生竞赛评比活动,先后有 1 名教师获省、市级奖励,4 名教师获县级奖励,3 名学生获省级奖励,2 名学生获县级奖励。

蒲城县第三高级中学

2014 年 12 月

（七）加大建设力度　创建优美和谐校园
——学校建设示范校汇报材料

根据《蒲城县创建市级中小学建设示范校自评表》11 个方面,30 个具体指标,逐项对照排查,具体部署创建的各项工作,具体工作汇报如下:

1. 基本情况:

学校占地 110 亩,建筑面积 3.83 万平方米,绿化面积 2.56 万平方米。目前在校教职工 225 人,在校学生 2050 名,分为两个学部,48 个教学班。校园建筑布局规范,规划合理,教育教学设施齐全,由教学办公区、生活区和运动区三部分组成,校内绿树成荫,环境优雅静谧,总体规划和谐统一。

教学办公区建筑面积 1.45 万平方米,包括教学楼、实验楼、艺术楼、图书楼、办公楼和多功能大厅、多媒体视听教室 48 个、计算机教室 2 个。图书室有图书 9.5 万余册,设有教师、学生阅览室,英语读书角、借阅室等,能满足全体师生课外阅读。有音乐、美术、书法、舞蹈、健身室、地理教室、历史教室、理化生实验室、通用技术教室等专业教室 18 个。有微机室、校园网络主控室、功能完善的计算机网、广播网和程控电话网,实现了教学手段现代化。

生活区建筑面积 2.37 万平方米,包括 3 幢公寓、师生生活服务中心、配电室和锅炉房。学生公寓集学习生活于一体,每个宿舍配有独立的学习台、卫生间、洗漱台、晾衣架、衣柜、电风扇,为学生提供良好的休息环境;餐饮中心分为三层,能满足 3000 人同时就餐,为师生提供各种口味的饭菜,一楼配有 LED 屏,方便学生在就餐时观看新闻、各类比赛。

运动区包括操场、体育看台、400 米标准跑道、足球场、篮球场和乒乓球场等。校园信息系统、监控系统、智能广播系统、照明系统、消防系统设备齐全,设计合理。建有生态停车场 2 个。

2. 具体情况

学校占地面积 73370 平方米,生均占地面积 33 平方米(不含食堂、宿舍用地面积);校舍建筑面积 38350 平方米,生均 13 平方米(不含食堂、宿舍建筑面积)。

教学办公区建筑面积 1.45 万平方米,生均 8 平方米。教学楼 2 幢,面南背北,光线充足,设计合理,建筑面积 6137 平方米,生均 3 平方米;教学楼拥有多媒体视听教室 48 个,每间教室使用面积 70 平方米。实验楼面积 2192 平方米,其中物理、化生、生物实验室 12 个,理、化、生三科实验室分别设有仪器室和准备室,实验室内部设备完善、布置合理。艺术楼 1650 平方米,包括音乐、美术、书法、绘画等专用教室。综合办公楼面积 2567 平方米,包括行政办公室、会议室、校园网络总控室、计算机教室,历史、地理演示教室。学校图书阅览室、网络总控室、多媒体教室、微机室,均有专职人员进行管理。部室内安全防范设施齐全。

师生服务中心为三层框架结构,面积 5917 平方米,分区合理,设施齐全,功能完备,达到省级标准。布局科学规范,可容纳 3000 多人同时用餐。

学校有学生公寓 3 幢,标准宿舍 370 间,面积 14334 平方米,生均 6.9 平方米。宿舍装修墙面使用白色乳胶漆,配有塑钢窗户及防盗设施,达到省颁标准。学生公寓设计合理,温馨舒适,每间宿舍设有独立卫生间和阳台,装有电风扇,设施完善。

教学辅助用房有集中供暖房、门卫室、公共卫生间等用房,面积1020平方米。校内有两个生态停车场,可容90个车位,满足了教职工停车需求。学校拥有50平方米,投资25万元的开水锅炉房,使用燃气锅炉,环保无污染,每天为师生供开水三次。同时,由专业公司为师生供应纯净水,水质经有关部门检验符合国家标准水样,纯净水直接供至每个教室及办公室,完全满足师生的饮水需求。厕所建筑面积1012平方米,布局合理,全部为室内蹲坑水冲式,蹲位能满足师生入厕需要。

运动区总面积2.3万平方米,生均11.2平方米。活动场地包括操场、体育看台、400米标准跑道、足球场、篮球场。

我校是蒲城县园林式示范单位。校园绿化面积25600平方米,绿化率35.2%,生均12.4平方米。其中景观绿化区3处,园林面积10300平方米。

创建优美和谐校园是我们始终不懈的追求目标。今后,我们将加大建设力度,改善办学条件,为学校可持续发展奠定坚实的基础。

(八)实施文化引领 形成和谐向上校园文化
——校园文化示范校汇报材料

1. 营造文化氛围。

文化核心:学校成立伊始,我们就确立了"为每位学生的终身发展和幸福奠基"的办学理念,"以人为本,和谐发展"的办学方向,"聚心智 创新学 育新人"的校园文化核心,以"社会主义核心价值观"引领师生,以"中学生核心发展素养"引导学生教育。

制度文化:依据相关的法律法规,制定了三中的各项规章制度,形成了凸显学校优势、体现校本意识,具有三中特色的组织管理体系和制度体系。让制度成为规范师生行为的自觉规范,激发师生积极向上的工作和学习的热情,营造和谐、愉悦的人文环境。

环境文化:从教室、走廊、楼道、餐厅、操场、花园、学生公寓到校徽、校报、校园网等方方面面都进行了精心的设计,让环境发挥"润物细无声"的感染作用。

2. 拓宽活动载体,丰富校园文化活动。

学生文化素养活动:

(1)充分发挥学校德育的主渠道作用,注重加强学生道德情操和行为习惯养成教育。每周一次的国旗下讲话掌声雷动、振奋人心;每月一次的"学生论坛"异彩纷呈、碰撞思想;"我的价值观 我的中国梦"遵守交通规则、冬防安全教育、青春期健康教育、诚信友爱、禁毒知识宣讲竞赛等主题教育活动,不断提高学生道德意识和文明意识;"红色经典朗诵""挥洒青春励志高三演讲"、感恩父母的社会实践、班级模拟法庭开庭活动、情景剧表演、才艺展示、英语话剧、汉字书写等校园文化在活动彰显特色,校篮球队、田径队、足球队、舞蹈队、合唱团、管乐队、素描特长班等社团培养学生的兴趣爱好,促进学生的全面发展。

(2)从培养学生特长与个性入手,组建国旗班、合唱队、器乐队、舞蹈队、运动队、美术社团等各类兴趣小组和学生社团,注重教育教学活动与团队活动有机结合,不断培养学生的审美情趣和个性特长。

大力开展读书活动,营造好读书、爱科学的良好氛围。通过师生读中华传统经典精华、励志格言、诸子家训等,养成好读书、读好书的习惯,真正形成浓郁的书香氛围。

(3)充分利用节日、纪念日开展系列主题教育活动。三八节、"五四"青年节、"七一"建党日、教师节等重大节庆日,清明节、端午节、元旦等传统节日,设计、开展丰富多彩的纪念和宣传活动;利用学生入学、入团、毕业等有特殊意义的日子,开展主题教育活动。形成学生热爱传统文化、发扬传统文化的良好品质。

教职工文化素养活动:成立了师生合唱团、篮球队、乒乓球队,开展教职工拔河赛、乒乓球赛、篮球赛、登山活动、钢笔字等比赛,每学期举办青年教师培训会、党员骨干教师展示课、优秀教学设计、课件设计比赛、青蓝工程师徒结对子、微课设计、名师大讲堂等活动,极大地丰富了教师精神生活。学校正在通过努力打造一支"有理想信念、有道德情操、有扎实知识、有仁爱之心"的四有教职工队伍,为学校的可持续发展奠定坚实基础。

在教师人际关系评价上,淡化挑刺,强化相互欣赏、相互学习,努力营造适合教师发展和成长的温馨舒畅的人际氛围和多元文化兼容并蓄的教学氛围。

3. 让社会主义核心价值观教育深入人心。

在校园醒目位置布置社会主义核心价值观、学生发展核心素养、教师职业道德、学生日常行为规范等宣传牌;在道路围墙上布置红色精神文化墙;在教学楼及墙壁上布置了校训及名人名言等宣传内容,明确学校办学目标,营造校园文化氛围。充分利用国旗下讲话、宣传栏、板报、广播、网站等文化传播载体,宣传正能量,传播体现社会主义核心价值观内涵的文化。通过组织学生深入军营参观学习、进行军训等活动,培养学生的组织纪律观念和国防意识;组织学生开展进社区服务活动,培养学生的公民意识、责任意识和道德观念;每年3月都会组织学生进行植树活动,提高学生保护环境、爱护森林的意识;组织学生干部参观"杨虎城纪念馆""林则徐纪念馆"、祭扫烈士陵园等爱国教育基地,加强学生爱国主义教育;学校已将林则徐纪念馆、永丰烈士陵园作为我校革命实践教育基地,学校定期组织学生参观学习,努力使学生形成正确的价值观和人生观。学习十九大精神活动如火如荼,党总支、各支部的学习交流会,教学上的"十九大进课堂"研讨会,德育上的学习十九大争做有为青年的主题教育等形式多样,深入人心,效果显著。组织学生志愿者走上街头,走访敬老院,广泛开展社会调查,多渠道、全方位提高了学生的社会实践能力,引导青少年树立正确的世界观、人生观、价值观。

4. 加强教师培训,不断提升教师文化素养和教育教学水平。

学校制定了《蒲城三中教师培训制度》,明确了教师专业发展的校本培训计划,每一位教师根据自己的实际,制定了个人发展目标规划。①学校聘请专家团队,全员培训,全面提升。②利用暑期学习会机会邀请知名教育专家团队,为我校全体教职工进行全方位,覆盖式业务能力和教师素养提升培训。③开展以研促教,通过各级各类研讨会,促进教学工作的创新性实效性开展。狠抓青年教师培养,打造中青骨干团队。通过师徒结对子、基本功大赛、名师大讲堂等活动,培养优秀骨干教师队伍。④通过名校跟岗,学习先进经验。分批分类赴西电附中全程跟岗学习,提升业务能力。⑤实施名师引领工程。推广我校市级教学能手、县级名师,骨干教师,学科带头人,进行帮带式学习,带动更多教师向名师之路迈进。⑥同伴互助。通过强化集体备课、听评课活动,形成年级组、同学科互相找问题、互相帮助、共同学习提高的工作机制。

5. 加强特色文化建设,推进学校精细化管理。

(1)管理文化特色:创办以来,学校实施了"学部制管理,精细化服务"的管理体系,分学部一处和学部二处,形成竞争格局;小班额、寄宿制、"家校交流无缝链接"全员跟踪管理等已成为蒲城教育的亮点。提出"注重学校内涵发展、注重教师专业发展、注重学生全面发展"的"三发展"思路,确立了"立规治校、立德修身、立志成才"的"三立"德育模式。努力打造"教育理念先进、办学条件优越、校园文化浓郁、教师队伍精良、学生全面发展、管理科学规范、示范作用明显"的新型高中。

(2)德育文化特色:学校悉心打造具有三中特色的德育文化。每年九月份一开学,德育处就安排征集学生的励志格言和修身格言,班主任寄语、舍长心语、班委会寄语、班级口号,采集老师工作照、学生生活照、舍友全家福,制作班牌、学生格言墙、舍友全家福、学生修身格言牌、红色文化墙等,从教室、走廊、楼道、餐厅、操场、花园、学生公寓到校徽、校报、校园网都进行了精心的设计主题教育,彰显德育功能。各种社团活动,深化德育内涵。着力推行的"家校交流无缝链接,教师包联学生,定期家访、召开家长会"制度,为德育工作开辟了新途径,取得了新突破。学校将11月中旬的双休日定为家访日,加强了老师与家长、学生与家长、家长与家长以及学校与家长之间的联系,让家长亲身感受学生的进步和成长,赢得他们对学校工作的支持和理解,促使他们积极参与到学生的教育管理中来,最大程度上形成家校教育合力。"家校无缝连接、大家访"为三中首创,得到了省市领导的赞扬和兄弟学校的学习。

(3)教学文化特色:实施高效课堂,研磨建立了符合学科特点、学生实际的课堂模式。如语文的"三案五型"、数学的"三步四环"、英语及文科综合的"一二一"、理科综合的"三五一"模式,可谓百花齐放、百家争鸣。学校顺利通过了市教育局高效课堂示范校达标验收,并编辑形成校本教材20本。

学校致力于从管理、德育、教学和环境文化、班级文化、宿舍文化、活动文化等方面打造三中文化特色,做到让环境文化濡染规范学生行为习惯,班级文化凝聚学生团队力量,宿舍文化温暖学生生活,活动文化提升学生综合素质。并且创办微信公众号、校刊(三中周报、校报)、网站,校报《起步》创办18期作为文化前沿阵地,成为师生展示能力、抒发情怀的园地。

6. 优化校园环境,形成和谐优美的物质文化。

按照科学规划、精心设计、注重品位、突出特色的原则,通过加强绿化、硬化、亮化、净化、文化等"五化"建设,努力建设整洁、高雅、富有教育意义的校园文化。

(1)硬化、绿化。整个校园的树木、花园、景点布局合理、搭配协调,绿化带内有警示牌、提示语,学校专门聘请绿化人员,定期对全校花草树木进行修剪、养护,发动全体师生做好校园绿化管护工作,落实班级管护责任制,使全体师生在劳动中养成服务他人、爱校如家的良好风尚。

(2)亮化、净化。学校不断健全完善卫生保洁制度,增强师生环保意识,培养文明卫生习惯。彻底清理校园内建筑垃圾、生活垃圾及卫生死角。校园、教室、宿舍卫生坚持日打扫、日检查、周评比,做到墙面无污痕、桌面无刀痕、地面无污水、室内外无纸屑,物品摆放整齐,确保校园、教室、宿舍、厕所、食堂操作间及其他师生活动场所和各类设施干净整洁。认真做好校园周边环境卫生整治保洁工作,彻底清理校园周边及校门口垃圾。同时积极开展"最美教室""文明宿舍"等检查评比活动,为师生员工创设一个整洁舒适、绿色健康的工作、学习、生活环境。

（3）文化。以培养优良校风、学风为目标,充分发挥学校文化全面育人的功能,全力营造敬业爱生、乐于奉献的办公室文化;激励进取、催人奋进的教室文化;讲究卫生、营养节约的食堂文化;和睦友爱、温馨融洽的宿舍文化;大力营造积极向上、奋发有为的校园文化。在校园醒目位置悬挂张贴习总书记对老师、学生的寄语,作为所有三中人努力追求和前进的航向和标尺。校园的一草一木、一砖一石都有目的地塑造成教育学生的"老师"。雕塑、名人塑像充分显示了"处处育人"的风格。警句格言、中国经典传统文化选粹等,让学生在随处可见的审美活动中提升情感。富有班级特色的班级宣传栏,形成了一道亮丽的风景线。每天饭间都有校园广播和丰富多彩的课外活动,学生在学校的生活丰富多彩,学校处处充满了生机和活力。

7. 校园形象文化建设

一是教育师生仪表端庄,讲普通话,语言文明、礼貌。提倡教师着工装上班,学生在校一律穿校服。

二是重视校徽,并规范地使用到微信平台、校刊、网站、宣传册上。

三是办好三中校报、周报及校园广播站,及时更新微信公众号、校园网站内容,增设新栏目。

文化引领学校发展。校园文化创建将与时俱进,不断创新。

（九）强化体育教育,促进师生健康发展
——体育教育示范校汇报材料

1. 健全规范制度

为了全面贯彻国家教育方针,落实《学校体育工作条例》,切实抓好体育教育示范校建设,学校先后制定了《蒲城县第三高级中学体育工作管理条例》《蒲城县第三高级中学体育工作目标及计划》等一系列规章制度,有效推动了我校体育工作的进一步改革,促进了体育工作水平的进一步提高,为我校体育教育工作提供了组织保证。注重指导,强化督查。定期召开体育组工作会议,研究实施方案,对存在问题及时调控,总结提炼,不断完善。

2. 加强队伍建设

体育教育教师是关键。根据我校的现状,学校确保充足的师资配备,现有专职体育老师9人,器材管理员1名,其中本科学历8名,研究生1人;与此同时,我校非常重视体育教师的培训、进修、学习工作,采用"走出去,请进来"的方法,提高体育教师的业务理论水平。如:李瑛靓老师在北京参加渭南研究生学历教师培训,在上海参加青年教师助飞计划培训。另外,学校每学期对所有专职体育教师进行体育技能和业务常识的培训,通过学习、培训,他们在各自的专业上取得了可喜的成绩,如:李发民,孙克礼等老师多次参加区县篮球教练、篮球裁判工作;郭晓栋参加县足球教练、足球裁判工作;李瑛靓、姚建军、杨明辉等老师多次参加县级田径裁判工作,并且多人次获得优秀裁判员、优秀教练员等称号。

3. 严格课程管理

学校每年严格按照新课程标准制定学期教学计划,合理安排教学进度和教学内容,确保体育课和体育活动开齐开足。主要做了四个方面的工作:一是每周每班开设两节体育课。二是对大课间和体育活动课进行了科学、合理的安排,确保学生每天活动1小时。三是保证学校传统体育

项目训练的正常进行,每天下午三节课后,通过学校体育社团对学生进行培训。四是加强体育与德育的沟通渗透,丰富体育教育教学的内涵,学生在活动中得到锻炼,在活动中得到发展,为学校营造了积极向上的校园文化,学校逐渐走向特色发展之路。

4. 开展丰富多彩的体育活动

素质教育的根本任务就是根据青少年的发展规律,促进他们的基本素质得到全面和谐的发展。在体育教育方面我校一直坚持"课内打基础,课外求发展"。所谓"课内打基础"就是上好体育课,面向全体学生,通过有计划有部署的教育训练,从基础着手有序前进,让学生在课内打好基础,达到可持续发展。所谓"课外求发展"就是利用校外教育资源,结合学生特长,拓展课外活动。

(1)根据青少年的心理特点和成长规律,积极开展阳光体育活动。每天让学生到户外活动1小时,活动内容丰富多彩,有男、女篮球、足球、乒乓球、健美操、跳绳等。做到有活动计划,有实施方案,有记录。

(2)体育活动是我校实施素质教育,开创特色教学,培养学生兴趣爱好、特长的一个重要途径。活动形式多样,有十多个项目,全校所有学生参与,真正达到"全员参与、共同提高"的教学目标。

(3)常抓"两课一操活动"有序开展,一直以来,学校严格规范课间操和眼保健操的动作要领,要求学生做到动作规范、美观。

(4)通过开展学校各项竞赛,为学生提供更多主动发展和展示自己的机会,既锻炼了学生的能力,又培养了学生的特长,更强化了学生的参与意识和竞争意识以及集体荣誉感。本学年我们已经举办高一、二年级队列队形、跑操比赛;女教师参与"阳光早操,秀我风采"大型团体操;计划开展高二年级班级之间篮球赛、高三年级班级之间篮球赛、男教职工篮球赛、女教工跳绳接力赛。

(5)组建田径、男女篮球、健美操、乒乓球、武术、羽毛球、足球等多个社团,每天利用下午4:30—6:30进行训练,每个代表队都有系统的训练内容和计划安排。同时建立健全运动员档案,确保训练工作科学进行,取得实效。为学生提供了积极参与到运动中的平台,非富了学生的课外生活,提高了学生整体的运动水平。

(6)组建了教师广场舞、柔力球训练队,利用每天8:00—9:00进行训练,并制定有详细的训练计划。在渭南市组织的"阳光早操、秀我风采"活动中,得到各级领导的好评。

5. 加大投入。学校在年度教育经费预算中确保体育经费,2012年一次性投入20多万元用于购置体育器材,以后每学年都有2万多元的经费投入,确保每学期新增所需的体育器材和教具,确保体育教学工作和各项体育活动顺利开展。

6. 成绩突出

近年来,学校先后荣获渭南市"阳光体育活动"先进单位;2015年体育教研组被评为"市级先进教研组";校田径队在第六届中学生田径运动会上获得4金、6银、11铜的好成绩;校男篮2014年、2015年、2016年三次蝉联县冠军。男子足球在蒲城县举办的"盛鑫温泉杯"第一届足球比赛中获得亚军,在县中学生足球赛中多次取得好成绩。体育教师的多篇文章在各级刊物上发表,教案设计、课堂教学多次荣获县、校级的荣誉。

各位专家、各位领导,创建工作是对学校办学水平的促进和提升。今后,我们将不断规范管理,调动全体教师树立大局意识,敬业爱岗,团结协作,形成学校发展的强大凝聚力,让学校教育教学水平再上一个新台阶!

七、校长论坛

发扬"亮剑"精神　强化"三风"建设
全力打造蒲城名校

蒲城县第三高级中学　张化林

尊敬的各位领导,各位同仁:大家上午好!

四壁书声,一庭春色,沁润着尧山洛水的灵秀之气,承载着蒲城人民的殷切期望,渗透着各位领导和同仁的关爱支持。经过两年的不懈努力,蒲城三中这棵幼苗已经茁壮成长。在此,我代表蒲城三中的全体师生对两年来关心、支持三中发展的各位领导、各位同仁表示衷心的感谢!今天,我交流的题目是《发扬"亮剑"精神　强化"三风"建设　全力打造蒲城名校》

战国荀子云:"蓬生麻中,不扶而直",晋代傅立曰:"近朱者赤,近墨者黑"。为什么近几年"择校风"那么热?其根源就是家长们想为自己的孩子创造一个好的学习环境,想给自己的孩子选择一个校风好、教风正、学风浓的学校。因为良好的校风对孩子的学习和成长,甚至对孩子毕业走上社会以后的生活和工作都会发生久远的影响,所以关注"三风"建设就是关注孩子成长,关注孩子成长就是关注祖国的未来,关注民族的发展!

校风,简单地说,就是学校的风气,是学校领导、师生员工整体形成的学校精神面貌,是领导工作作风、教师的教风、学生的学风等多种风气的综合;教风,就是教师的风范,是教师德与才的统一表现,是校风的重要组成部分;学风,就是学生的风貌,是学生行为规范、思想道德和学习精神的集中表现。

优良的校风、教风、学风是学校生存的基石和发展的动力,是学校取信于家长,取信于社会的金字招牌。那么,良好的风气如何形成?一直热播的军旅片《亮剑》,李云龙的独立团"狭路相逢勇者胜",给出了答案。一支军队如此,一个学校、一个班级照样可以如此。我们三中在组建后的第一次教师大会上,澹台校长就明确指出:把蒲城三中建成教育理念先进、办学条件优越、校园文化浓郁、教师队伍精良、学生全面发展、管理科学规范、示范作用明显的新型高中,让学生向往、家长放心、社会满意。为此,我们三中人以"为学生的终身发展和幸福奠基"为教育理念,紧紧围绕"毓德、敦行、博学、笃志"八字校训,重点抓"三风"建设。经过两年多的顽强拼搏,孜孜以求,逐渐形成了"严谨、勤勉、和谐、进取"的校风,"厚德、爱生、善教、创新"的教风和"博闻、乐学、思辨、求异"的学风,使三中的办学品位不断提升,社会反响愈来愈好。下面,我结合学校实际,简单地谈谈我校三风建设的一些做法,与大家共勉。

一、锻造高素质的干部队伍。校风形成的关键是学校领导,学校领导是教师的教师,又是学生的榜样。领导的好作风能带出教师的好教风和学生的好学风,从而形成优良的校风。三中的领导班子是三中组建时由校长提名聘任的,校长对班子成员的思想作风、工作作风和生活作风诸方面都提出了明确要求,要求班子成员"以人为本",在生活中"关心人、理解人、帮助人";在工作中"率先垂范,务实高效,身先士卒,以身作则";树立全心全意为师生服务的思想,坚持理论联系实际、密切联系群众的思想方法和工作方法,遵纪守法,廉洁奉公,作风民主,工作既雷厉风行,又扎扎实实,既胸怀全局,又开拓创新。平时对干部严格考核,督促检查,逐步形成了具有三中特色的干部管理机制。我可以骄傲地说,三中的班子很团结,能吃苦,肯干事,能干事,无难事。从2010年7月学校创建到现在,三个暑假没过,大家毫无怨言。每天到校最早,离校最晚,大家心甘情愿。领导们深入老师,深入学生,深入教室、宿舍、餐厅,用思想去影响师生,用语言去沟通师生,用行动去感化师生。师生们对领导有认同感,对学校有归属感,对事业有成就感,对学习有使命感。三中领导班子的好作风为学校良好风气的形成打下了坚实的基础。

二、创建健康优美的校园育人环境。三中是一所全日寄宿制、封闭式管理的公办高中,在环境文化建设方面我们提出的目标是"七化四有"。"七化"即校园布局园林化、科室装备标准化、教学设施现代化、信息传输网络化、校园场地绿硬化、墙壁走廊育人化、橱窗专栏多元化。"四有"即做到春季有花、夏季有荫、秋季有果、冬季有绿,极力营造一个文明和谐、洁净美观的校园环境。三中校园整洁、优美,融教育性和艺术性为一体,每一面墙壁会说话,每一处景点都育人,使校园真正成为学生的"精神家园"。在富有启发性的优美环境中,师生净化了心灵,陶冶了情操,激发了灵感,启迪了智慧。同时学校努力挖掘育人因素,从关心每一名教师、爱护每一名学生的角度来建立一些人性化的温馨提示,采取一些人性化的教育活动,使学校中的每一个成员都感受到学校的温暖,使每一个人都觉得在学校中有一种归属感、成就感、自豪感。这样也有利于师生素质的提高、学校品位的提升和社会影响的扩大。

三、从细节入手抓教风,促学风。良好的教风是形成良好校风的基础,教师是教风的主体,也是学风建设的组织者、引领者。因此,在"三风"建设中加强教风建设尤为重要。我校率先实行教师管理聘用制,过程管理学部制,使三中"厚德、爱生、善教、创新"的教风很快形成。

一是以生为本,尊重学生。把学生当成实实在在的人,学生就会变被动学习为主动学习,学生的学习积极性才能真正发挥。我们要求教师做到"五要""五突出"。"五要"为:要加强素养,以高尚人格魅力影响学生;要敬业爱生,用爱心激发学生主动学习;要严谨治学,潜心钻研业务,认真上好每一堂课;要因材施教,注重教学反馈,提高教育教学质量;要乐于奉献,工作踏实肯干,努力提升育人水平。"五突出"为培养能力要突出,发展智力要突出,激发兴趣要突出,重点、难点要突出,自主合作要突出。

二是加强教学常规的管理,抓实教学各环节。首先抓住课堂教学这个主阵地,通过抓教学常规,抓学案导学、抓精讲精练、抓作业批改等常规教学工作来培养教师扎实的基本功。其次通过过程管理、目标管理,强化教师的"四抓"意识:抓双基(基础知识和基本技能)、抓三类(优等生、中等生、学困生)、抓四点(重点、难点、热点、考点)、抓五环(备课、上课、改作业、辅导、测试)。体现教学"八字"方针:精、实、细、活、准、巧、新、高,即讲的要精,步骤要实,难点要细,方法要活,知识要准,设计要新,效率要高。每节课用最经济的时间,达到教学质量最佳效果。每月要有计划、有重点、有检测、有奖励。对检测中发现的"问题学科""问题老师"要进行跟踪帮教与整改,尽可能做到环节准备仔细,过程落实精细,项目检查严细,努力规范教学秩序,提高教学质量。

三是深入开展骨干教师培养工作,鼓励教师加强业务学习,并为教师出外学习、培训开绿灯。学校还经常组织教师学习有关教育教学的新理念、新做法,举办论坛、学术研讨、课堂展示等活动,以提高教师的教学水平。

四是搭建活动舞台,展示教师风采。我们通过课堂教学评估、说课比赛、举行校级示范课、观摩课、推荐教师参加上级开展的教学比武等来给教师提供展示自己的舞台;通过集体备课等来培养教师的研究意识和合作意识,互相促进、共同提高。这一系列的活动,让"学高身正,严细勤实"成为教师们的自觉行动,并内化为自己的思想和行动准则,增强投身教育事业的自觉性、主动性和积极性。

四、重视习惯养成,抓班风学风。班级是学生在学校生活的主要场所,班风的好坏,对学生的成长有着重要影响。通过对班主任的培训、指导,提高他们的班级管理的水平和处理学生问题的能力;各位班主任都制定了班规班约,从一点一滴入手,培养学生良好的文明习惯、行为习惯,并让这些习惯内化为学生的品质。

通过主题班会、学生论坛、各种比赛来增强学生的班级凝聚力、向心力,增强学生的集体荣誉感、社会责任感;通过春游、集体劳动等培养学生的合作意识、团队精神;通过"一帮一""结对子"等培养学生的互助精神。帮助学生形成良好的学习风气、学习态度和学习习惯。

学风的培养既要靠教育,讲明道理,提高认识,更要靠实践和严格训练,使之养成习惯,变成自觉的行动。在学习质量上严格要求,决不能降低标准;在学习方法与学习习惯上严格训练,不能敷衍迁就,在道德行为上严格规范,不能流于形式。就是这样,三中学生良好的班风和学风才逐渐形成。

五、寓教育于活动之中,促进校风蓬勃发展。为了全面提高办学质量,蒲城三中全体教职工共同努力,走出了一条内涵丰富的特色发展之路。我们在新生踏入校门的第一步就精心设计,通过"首因效应"对学生开展教育,做到"事事都育人,处处都育人"。从接待新生开始,让新生感受到帮助和温暖;从入学教育开始,让学生了解学校的发展,从而激发对学校的自豪感;从新生军训、开学典礼、主题班会、格言解读、学生宣誓、文体比赛、内务整理、就餐礼仪、学习常规、家校无缝链接等,让新生直观地意识到新学校对自己有哪些要求,并初步了解一些自己学习的榜样。这样就使他们从进校第一天起了解新的作风,适应新的要求,控制自己的言行,并在以后的三中生活中不断地深入和强化。这样,学生良好的行为习惯、学风就会逐步形成,学校良好的校风也会得以延续和发展。

严明的校规,科学的管理,认真的检查,及时的教育,公允的表扬奖励和必要的批评惩罚等,都是强化的措施手段。只要经常抓、反复抓、抓反复,不断强化,校风就会越来越好。建校两年多来,学校先后被评为陕西省标准化高中、陕西省德育工作先进集体;渭南市阳光体育活动先进单位、市依法治校示范校、市平安校园;蒲城县目标责任考核先进单位、高中教学工作先进单位、教育教学创新实践活动先进集体、和谐校园等。这些荣誉都将成为我们不断走上新台阶的不竭动力。

各位领导,各位同仁,"风生于地,起于青萍之末"。学校工作的每一个细小环节都会影响到校风。我们必须发扬亮剑精神,以校风育人为出发点和归宿点,正教风,促学风,精心呵护每位学生健康成长,为每位学生的终身发展和幸福奠基!

谢谢大家!(恳请各位领导、各位同仁提出宝贵的意见和建议)

八、校报《起步》摘录

起步
QI BU

蒲城县第三高级中学主办　　Http://www.pcxsz.com

创刊号

2013年元月10日

星期四

创刊词

作者　赵岳峰　美术教师

迈进新学期　点燃新希望
——蒲城县第三高级中学2013—2014学年度上学期开学典礼

那青春的灵魂

高二(3)班　张雨晨

　　冬春的交替，时光的变迁，这么快。在我的感动之前，它已走进了我的生命，并带来了一点久违的绿色。那小堆的绿正在萌发，在成长，在向着冬天微笑。此时，我不得不佩服春的生命力。面对眼前的一片片、一簇簇，我才真正体会到春的到来是不容拒绝的。

　　窗外，并没有什么繁花似锦，确切地说，最多只有几个花苞，只有几棵正在酝酿着感情的树。我不知道，它们会在什么时候发芽，但我似乎真真切切地感到它的存在，是春。它的与众不同，它的嫣然一笑，才会使那么多人去追寻春天。也许，春天真的萌发着希望，不然怎么会有那么多双眼睛在热切地企盼?也许，自己一直都钟爱绿色，也就是这个原因吧!

　　春，真的走近了，带着灵魂，连同颜色。它带来的必定是希望的一年。

　　还记得昨日的风景和去年春的颜色，常寄希望于春天。因为春的牵挂，我们心中才有了那渗透着生命的画;因为春的潇洒，我们才会感受到放飞风筝时的飘散;因为春的灵魂，我们才会看到梦想和激情一起进发。

　　春之声，爱春的暖风那么柔和，微微吹过，留给我们无限遐想的天空，任我飞翔高歌。透过春的目光，沿着春的足迹，我还要去追寻，追寻那无限浩渺的世界!或者珍藏一片这个春天的自信嫩叶。

　　没有到田野里去看看农民们是否在忙着播种。但我想，他们一定种下了心愿，播下了欣喜的种子。也许，在收获的那个季节，快乐一定属于他们。

　　我们也要种下一点希望，不然会在人们忙着收获的时候而一无所获。为了明天的收获，现在就要马上播种!

　　眨眨眼睛，窗外已是碧草茵茵了……

（指导老师：李芳）

拟古山水

综合组　赵岳峰

《上山虎》　高二七班　白莹星

《水粉作品》　高一五班　王毅然

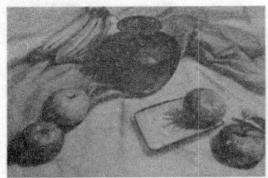

《素描作品》　高二十班　任正欣　　　《素描写生》　高二九班　史嘉豪

《荷韵》　理综组　姜银芳摄

书法作品　综合组　赵岳峰

素描　高二十班　原若晨

素描作品　高二八班　陈鸽

志存高远

战军

书法 高三综合组 张战军

素描 高二(7) 班樊兴光

指导教师：赵岳峰

寒江雪 综合组 赵岳峰

厚德载物

兴春学书

书法 高三英语组 蒋兴春

淡泊明志
宁静致远
业精於勤
行成于思

素描 高一(13)班 宁荣阳

指导教师：赵岳峰

书法 高二语文组 雷江海

書法　高三语文组　雷江海

讀萬卷書　行萬里路

素描静物　高一（11）班　高欣

指导教师：赵岳峰

长风万里图

综合组：赵岳峰

德育工作之家访篇

副校长　王建涛

　　家访一直是教师最基本的职责之一，也是学校和家庭沟通的有效手段。近年来，随着人口流动加快、通讯日益发达以及生活节奏的变化，家访活动渐渐被淡化。老师们尤其是城市的老师们越来越习惯通过召开家长会与家长见面，通报学生的思想、学习和表现。个别学校和教师甚至把"叫家长"作为一种常规的惩罚性教育，其结果是学生害怕、家长叫苦。教育效果往往适得其反。我校从2010年建校开始，就确立了"家校交流无缝链接"的家校携手育人模式，其中"大家访"活动是这一模式的重要内容之一。该活动旨在加强学校和家庭、教师和家长的联系，使家长能够全面了解学校的基本情况及学生在校表现，教师能详细了解学生的家庭状况和成长环境；同时通过"大家访"活动，收集家长对我校教育教学工作的意见和建议，提高我校的教育教学水平，促进家校教育有效衔接，形成学校、家庭、社会三位一体的育人合力。

　　开展"大家访"活动，就是要以家访为活动载体，教育和引导广大教师践行师德，帮助学生解决在学习、生活等方面存在的实际困难和问题，有针对性地做好学生的思想教育工作，提高德育工作的针对性和实效性，提高教育教学质量，促进广大青少年学生健康成长，顺利成才，办人民满意的教育。

文竹芳心

教研主任　陈娟

三年前，和他们一起走进这个集体时，她还很娇小，很文弱，恰似她的名字。只瘦瘦的一枝，颜色也嫩得没有绿意，梢梢泛起的鹅黄也浅淡得朦胧。我把她放在讲桌上时，五十多双眼睛里闪出怜爱，脸蛋上流动着惊喜。我说，从此以后，她是你们中间的一员，作为我的第五十七个弟子。原本我是想说，作为我的化身和眼睛陪伴看护你们，但终于改口一时敏感，怕他们多心我监视他们，也许是我多心了吧。

第二天去教室，发现她被放在窗台上，那儿正有一缕阳光洒在她的身上，纤细的身枝朝朝向着，针尖似的叶面上金光闪闪，像个刚出浴的小美人，整个儿挺身舒展着活脱脱，劲挺挺，兼着一股娇满满的可爱顽皮。我描起嘴角的微笑，眼光已不由自主地移向那一群，目光相触，他们正圆静着有所期待的眼睛，忽然又不由分说地顺向桌面，只是眼角眉梢都是笑，脸上的得意劲怎么也收敛不了。

第三天，依然是暖暖的时候，她的身边多了一只水瓶，花盆里，湿漉漉的；再看文竹，面容滋润，体态嫩嫩，到像个不会喝酒又偏偏喝多了的女孩子，正翘怎十足地独自陶醉在午后的梦里，一动不动。恬静得让人想去亲吻，去轻拍。点点水珠似一群淘气的顽童，把她的身体写作袄子在上面整整悠悠，时而又璀璨闪闪地在其间翘起了连被。小小盆地，动静之间让你很时有怦然心动的遐想，悄然而至的感动。我抬头看看那一片大点的空间里，他们也静得出奇，仿佛整个世界都静止了，只有纸落笔走动的声音，眼前似乎止春雨沙沙，我轻轻地离开教室，带上门出去。

此后，她就常需来往于讲台与窗台之间，偶尔也跑到哪张桌子上游瓦一番，和钟情于她的哪一个人默默地对视，悄悄地低诉，轻轻地触摸；或者只是看看她眼前的一自低着的头，移动的手。尔后又回到她的位置，很自然地站在高点的地方去凝望某一个人，去聆听每一种声音，和他们一起接受一个成熟的声音的春风化雨。所以当她看到眼前的一群人止盯着白纸上一个个鲜红的分数时，她不意识地看了看自己，啊！原先的嫩黄不见踪影，一袭翠绿正挂在她渐已颀长的身姿上，腰枝也健壮了许多，但苗条而柔韧，她已然是一位亭亭玉立的大姑娘了。清风吹来，她摆摆头，扭扭腰，遂得一袭袭羽儿翼成了一朵朵羽花，教室里氤氲着春日阳光般的气息，让人舍不得离开。

就这样，她在这里一住就是三年。

此去经年，怎可良辰好景虚设？

我常常觉得身于这一方天地，感觉自己是个欣赏风景并采撷果实的人，最后收获的全是生命的精彩馈赠，以至此刻撰文，心思迟迟从那时搜回不来。

文竹越拔越苗壮，枝叶繁密，需文个羽儿让她不断向高处攀升，她的位置已由讲桌移至墙角的墙垫上，此后很少再有人来和她亲近了，她也不再去打扰别人，只是每日安静静地看着看着听着，看他们愈来愈高的身影出出进进，听他们愈来愈快的脚步匆匆起起。更多的时候还是他们伏案挥笔的样子，让她隐隐心疼，所以偶尔看见谁不知不觉跌起了眼睛，轻轻地啊起了鼾声，她忍不住点点头，似乎在说，累了太累了，就睡一会吧。这样的日子持续了整整一年多，直到进入第三个夏天的六月。

六月伴随着炎热而来，空气也变得有些躁动。当教室里终于空无一人时，墙角的绿正茂盛得滂湃，如一团云雾把整个天空渲染得诗意盎然。这远望去又像是一个用绿色剪毛做成的精致的窠巢，鸟儿们都已欲飞，欢闹的气息此在。文竹初来的斯文青气早已浅褪。此刻她拥有一份或然豁达和静思幽思的情怀，在安宁和孤寂中继优雅地周守着一个信念，等待着和他们做最后的告别，目送他们纷纷踏上开往异乡高校的长途列车，面向最后一个离去，不管已将走向哪里。

后来，他们来电来信说：他现在参加了校篮球队，她竟选上了学生会外联部的部长，他拿到奖学金，她成为校庆大典的主持人……我开心地笑了，看看身边的文竹，她一定芳心有知，我心永恒！

《富贵春花图》　高二（7）班　谷晓鹏

家校沟通，三中因家访更精彩

本报讯 11月16日、17日是周末双休日，这个双休日天朗气清，惠风和畅，我校全体领导和高一教师，对高一年级820余名学生家庭进行了地毯式的大家访活动。

"大家访"活动是我校"端德、敦行、博学、笃志"的教育理念的基本体现。为了做好此项工作，校行政会周密部署，德育处牵头策划，成立了大家访活动组织机构，拟定了周全的计划。访前要求班主任和下班教师根据所包联学生半学期的表现情况及两次考试成绩进行对比分析，先与学生面对面交谈，对其进行全面、详细的"画像"，形成文字性的学生个人鉴定；另一方面对所有学生按任课教师和家庭所在乡镇区域进行分组，每一个区域由一名领导带队，每位教师都有明确的任务。

在学生家里，老师们详尽认真地向家长汇报孩子在学校各方面的表现，充分肯定孩子升入高中以后所取得的进步，并询问记录了学生在家里的表现，征求家长对学校工作的意见或建议。老师们的

满腔热情、高度的责任心感动着家长与学生；家长们的热情招待、对孩子的殷切希望和对学校的信任支持也感动着老师们。

桃李不言，下自成蹊。老师们叩开的，看似是一扇扇家门，连接起的却是家校合作的教育桥梁。两天时间，老师们足迹遍及全县28个乡镇近600个村庄820多户家庭，收到了显著的效果。

高一十六班　田佳音

归于根底
如命遨逛

当春来过
那绿的热血又再次流动
第一缕春的阳光照射鲜嫩的生命
出来吧
早已藏不住的青的新生的叶
呼吸　繁衍

当夏来过
那浓绿的叶色与之顽抗
第一季红的烈日烤着顽强的身躯
释放吧
早已耐不住的浓的成长的叶
忍耐　坚持

当秋来过
那暗墨的秋叶淡香余留
第一阵悲凉的秋风吹着瀀旧的叶
飘落吧
早已持不住的黯的离去的叶
飘荡　回归

当冬来过
那化的残枝环抱地母
第一朵雪花盖着无力的叶何
回归吧
早已撑不住的化的无影的叶
孕育　重生

生命轮回
仅此而已

（指导老师：杨蕾）

风中的琐忆

学部干事　党苗苗

安静而祥和
这傍晚的风
在灯火阑珊处
我踽踽而行

从何时起
孤独和我结缘
任凭那人和车辆
来来往往

微风拂过脸庞
柔和而温情
寻找着你
太久太久……

你是否依然在等待
不在，我会珍藏
在，我会笃守
一如这傍晚的风

秋到尧山

课程管理处主任　陈娟

这一季的山上
柿子正红　树叶正黄
跫音踏碎朝阳
人声欢笑　秋虫低唱

山路羊肠
心思匆忙
坡上发飞扬
枝下头高昂
亲草铺成羽裳
好梦来躺
寻秋的目光
流动蜜语甜言
顾盼　依恋　徜徉

这一季的山上
阳光清亮　晴风爽朗
秋色邀约山冈
一起走向　地久天长

校园里的白玉兰

高一语文组　雷江海

　　今年的春天来得似乎更晚一些，已经到了三月中旬，仍然没有感觉到春风拂面的温暖，杏花春雨更是遥遥无期，焦急中找一天天地盼望着能早点感到春天的气息。

　　一天，去二楼教室上课，无意间瞥见了窗外那一棵玉兰树不知何时已经开满了洁白的花朵，树干高直，修长的枝条极力伸向四周，完全高出二楼之上，好惊奇，平日里经常从树下经过，怎就没有留意到这如此的景象！

　　下课之后，迫不及待夹着书本奔至树下，目光所及之处我完全被陶醉了：那国欢伸眠的枝干上盛开着一朵朵洁白如玉的硕大的花朵，在这仍然有着丝丝寒意的早春天气里，抖擞着精神，散发着生机，展示着活力，无论是一棵棵还是一朵朵都是那样的纯洁，那样的无暇，简直就是那上善的白玉雕琢成的精灵，片片花瓣温润之中又透着令人窒息的细腻，微风中，花朵阵阵的颤动，简直就是一只只迎风飞舞的洁白的蝴蝶天使，迎着春风，笑对着人们，好像迫不及待地向路过的一切报送这春的消息，在这书声琅琅的校园里，洁白的玉兰花就是春天的使者，在其他的草木尚未萌芽之际，第一个毫不保留地向人们展示出纯洁的心灵，无私的情怀，展示出你那纯洁的热情，勃勃的生机，你就像那翩翩起舞的玉蝴蝶，不仅带给人们无比库的视觉享受，更带给人们心灵的愉悦、精神的陶醉。

　　虽然没有梅花的耐寒，但却出强于百花的娇柔；虽然没有牡丹的鲜艳，但却不失品格高雅和圣洁，你附带住初春的欲望，迳得那林地的春寒，毫不保留地向人们展示出春天来临的讯息，向大地挥洒出纯纯醉人的清香。

　　你总是那么的低调，那么的谦逊，没有招摇的喧嚣，没有炫耀的做作，任着自我的性情，摆弄着自己的性格，活出真实的自己，洒脱的自己，淬溢着一身散骨却不带有一丝的傲气，无意与争春，一任群芳妒，零落成泥碾作尘，只有香如故！这也正是你品格的写照。

　　拥有眼下这份扰的世界中，各色人等应有尽有，为了不同的目的，为了各自的利益，都在做着自己心里的文章，我们静下心来仔细的瞧一瞧，能否做个内心纯洁无暇之人，就像这满枝的白玉兰，坦坦荡荡，清清白白，我期望有一天，人人都做白玉兰，这个世界将会是春风荡漾的天堂。

　　杏花春雨扬柳风，玉兰默放春光中
　　妙曼似蝶翩翩舞，高雅素洁见品行

行文明事　做文明人

高一四班　曲泽路

　　原始人和现代人的区别是什么？有人说是科技，是创造，但我觉得，人类从嗜血的野兽变成具有高等智慧的地球最高主宰者，改变他们的，是文明。

　　每个国家都有其与众不同的文明，中国作为四大古国之一，拥有五千年的物质文明和精神文明，从国大发明到首次飞天，从《弟子规》到《文明守则》都演绎着人类的文明历程，文明，可以说造就了一个属于人类的时代，传递文明是我们每代人都义不容辞的责任。

　　随着社会的发展，文明的含义更为广泛，如何做一个现代文明人，是每个人都必须学的功课，今天你文明了么？不妨从电视的公益广告中看到许多不文明的行为，也从内心深处排斥这种行为，但当真正遇到这事的时候，可曾还会记起内心深处的那份禁止？也许会，也许不会，生活中的例子很多，如中国式过马路，为什么是中国式，我们应该明白，这是耻辱，当你面对能与不能这个简单的选择题的时候，你可曾提过：教为能少等十几秒的时间，而可能付出生命的代价，时间诚可贵，生命价更高！

　　当你游山之时，看到用身子将自己挂在陡崖之上为捡拾被游客随意丢下的瓶子的环卫工人，你是否会为他们的勇敢而竖起大拇指？或者，你是否会将自己即将丢掉的瓶子捏住？不难预料，可能就是这样一个小小的举动，或许避免了一场事故。

　　随处可见花丛之中的温馨标语，是人们的多此一举，还是我们的不文明呢？细细想来便觉，如果折花摘果的现象根本不存在，那么这样的标语还用出现么？从这些小事看来，我们需要改变的还有很多……

　　在写此文之前，我就因随地乱扔纸屑而被校长责备，当时我觉得自己很不幸，垃圾桶就在我身后一步之遥，随后在校长的指责下将纸屑拾起来，丢进了垃圾桶，之后反思这件事时，我才明白，我完全可以避免这一切，前提是，我一开始就将纸屑丢在垃圾桶。

　　文明，就是这样，也许没有人会因为你文明而称赞你，却会有人因你不文明而指责你。

　　做一个文明人吧！世界会因你的文明而更加美好，更加和谐，你也会因此而得到一个更美好的人生。

指导老师：马建义

走进狼牙山

办公室干事　孙芳云

　　三十年前
　　那一个清晨
　　那一篇课文
　　那一段抗战的故事
　　引导着我努力前进

　　又是一个清晨
　　我带着孩子
　　走向巍峨的狼牙山
　　心中树起了一座丰碑
　　我们一步步向前
　　追随着英雄的足迹

　　白云悠悠
　　清风阵阵
　　崇高的五壮士啊
　　面对凶残的敌人
　　就那么从山头奋力一跃
　　升华了一个民族不屈的灵魂

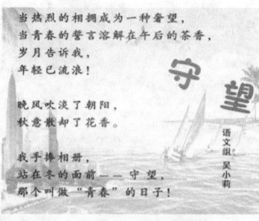

守望

当热烈的相拥成为一种奢望，
当青春的誓言溶解在午后的茶香，
岁月告诉我，
年轻已流浪！

晚风吹淡了朝阳，
快意散却了花香。

我手捧相册，
站在冬的面前——守望，
那个叫做"青春"的日子！

语文组　吴小莉

看着他离去的背影，眼前无法抹去孩子那真诚、坚定的眼神，他是否也真如樱花在承载着更病的领情？

他长期以来上课看闲书、睡觉、静坐，无法控制自己。他曾告诉我他上初二时已经这样，他也想改。我问他你真的想进入学习状态吗？他说真愿意从头再来。看到他想努力，我跟他一起制定了每一科的学习计划，他也郑重其事地保证完成任务！我也期待着他的真诚合作，可没过几天他又问我能否现在停下课到高三时再来？我耐心地开导他，渐渐地他的思想转变了。又一日，同学们在晚读，他对我说，"老师，我知道你的辛苦，我这种不学习尤师觉的行为现不光彩，也伤透了我妈的心，我也该好好想想我该做什么了，我不能再这样了！"

这番话一字一句出自我这位一直混日子的学生口中，我一惊，才缓回神："你能这样想，说明你真的在成长，老师感谢你的领悟，你也该担起自己的责任了，为你妈妈，也为了自己。"

有了这一层疏御心房的领悟，加上老师对他的赞扬，他信心倍增，2013年4月5日，他来郑重地向我道别，我的心中不知是惘然还是郁闷抑或无奈：孩子，你真的想好了？

社会是大课堂，你才17岁，要去承受多大的艰辛和苦难，你可曾知晓？

窗外的樱花还在风中摇曳，那除了退学别无选择吗？我尊重他的选择，我更期待着他在社会大课堂的终点满成功，祝福我的学生人生璀璨！

我依然坐在郁的位置上，看着可爱郁的樱花花瓣，幻想着可爱的学生们，看想着他们当中有多少人相省、一样在读书，甚至可能还会枕复如醉。相信他们也在继续向自己我们真正在做些什么？学习在进行时吗？做人在进行时呃？感悟在进行时吗？文明在进行时吗？价值在体现吗？我相信我想的与同一个学生在不同的时间点上实现着不同的价值，郁也不同界。祝福我的学生，祝福我的学校！

心语

文综组　刘宇清

窗外的樱花无忧无虑地轻舞飞扬，即使风再大雨再下也不能阻止她的翩翩多姿，哪怕是花瓣，一片一片散落，她依然微笑如初！好似她真的懂得"化作春泥更护花"之魅力！乍理想隐藏只为脚踏实地，真是这样吗？抑或是她的自嘲？

坐在郁同学曾经坐过的位置上，凝视樱花，此刻我的心情莫名其状：

郁昨天还是我的学生，可就在刚刚他对我说：

"老师，我来退学。"

"你想好了，退学了？"

"我想好了，我今天退学！"

"再想想！今天架导存书，你再等等！"

"老师，等着尖门回话吗，我退学了。"

教师的人格魅力

英语组　侯胜谈

"教师首先要用人格魅力感染学生。"——这是我作为一名教师的座右铭。

教师的模范性涉及思想政治素质和职业道德水平，直接关系到学生的健康成长，关系到国家的前途命运和民族的未来。那么，在日常的教育教学工作中，哪些方面最能体现教师的人格魅力呢？

一、为人师表，不断进取

在学生的眼里，教师就是一切美好的化身和仿效的榜样，教师的一言一行，都会通过这样或那样的方式，对学生产生深远的影响，让学生在"亲其师，信其道"的心理氛围中受到潜移默化的教育。其次，教师应不断提高自己、完善自己。当今世界，知识更新日新月异，身为人师应紧跟时代步伐，进一步开阔视野，拓宽学习领域，不仅要"精深"自己所学专业，相邻学科也要"广博"，努力成为"终身学习"的楷模。而教师对知识的不断追求，其本身对学生就有着强大的推动作用，它好像一种"催化剂"，不断激发学生刻苦学习科学知识、争做社会有用之才。

二、有良好的性格特征

性格是人格中的核心因素，最能折射出教师的人格是否完美。教师的性格在认识、情感和态度三个方面直接影响着学生，其主要表现是：教师理想的性格有利于创造和维持一种舒适而有活力的学习气氛，影响学生对教师及其所授课的态度以及对学校的态度。因此教师较强的教学组织能力只有与良好的性格特征相结合，才能密切师生关系，达到密切师生关系，达到情感共鸣，从而产生最佳的教学效果。

三、对学生真诚的爱

在日常生活中，学生都有希望得到老师真诚的爱。但有时会因此而受到伤害。因为我们有些老师对学生爱而不真，爱不得法，导致失去学生的信任，跌坏教师在学生心目中的形象。爱是一种行动，更是一种心理体验。教师的爱是一种高尚的、纯洁的爱，它应该是发自内心的、真诚的爱，没想到要得到回报，更不是为了做给学生看，但他必须让学生感觉到这种爱。只有让学生多次体会到教师的爱，才能在师生之间建立起深厚的感情，才能拉近师生间的心理距离。这就要求教师要爱得得法，爱得恰到好处。在全面了解学生的基础上，把整个心灵献给学生，将整个师爱均匀地撒向每一个学生，让这份爱感染他们、激励他们、教育他们、造就他们。这既是教师职业神圣之所在，更是教师人格魅力的最大体现。

四、富有幽默感

一名优秀的教师，不应该只把课堂当作传承知识的场所，更应把课堂当作师生交流思想感情、碰撞智慧火花、启迪智慧灵感的其乐融融的"磁场"，而风趣幽默正是这个"磁场"的"磁心"。它是教师人格魅力的展示，一个妙语连珠、别具情趣、具有独特的个性魅力的教师，在丰富的知识教学中，使学生紧绷的神经得到放松，让学生在开怀大笑中接受知识，这样的教师往往让学生铭记终生，永难忘怀。

总之，教育并非简单的知识传递，而是教师人格魅力的延续。因此，我们要在每个学生心中播下爱并播下诚实、正直、善良的种子，用自身良好的品格，睿智去点亮学生智慧的火花，使每一个学生都能成人、成才。

诗歌两首

文综组　秦凤英

三　月

又是一年春好
燕子啄泥筑新巢
着意儿拈丝弄巧
旖旎无限竟难描

风流人间无数
万类谁与争高
试看桃红柳绿处
人比花娇

回　忆

在时光的信笺里落座
听往事弹奏命运的交响
那些青春飞扬的笛音
和着烈士暮年的铿锵
甜蜜忧伤，激越彷徨
都是精彩华丽的乐章

打碗花装饰着少女的发香
高粱笑红了脸娇羞地躲藏
蒲公英载着理想和希望起航
稻草人在麦田坚定地守望

繁忙的都市热浪滚烫
红绿灯迎送着人来车往
犀利哥执着着家的方向
西单女孩歌唱着梦中的天堂
隐形的翅膀
让脚步更加坚强

翻捡岁月的碎片
感动　怀恋
重新在情绪中渲染
生活的片段
落叶一样翩飞　蝴蝶一样斑斓
在人生的过场
一幕一幕上演

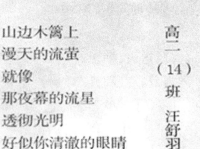

如你

高二（14）班　汪舒羽
（指导教师：李剑）

夏夜的微光
似水的凉风
流经
那雕花的窗棂
悄然无声
就如你纯美的心灵

山边木篱上
漫天的流萤
就像
那夜幕的流星
透彻光明
好似你清澈的眼睛

叠起的飞甍
凌空的彩虹
定格
那永恒的弧形
云卷云舒
恰如你唇畔的心情

时光如水
我看见
你站在时光尽头
对我微笑

山水团扇　综合组　赵岳峰

九、校长苏耀锋新学年开学典礼暨教师节表彰大会致辞

（2017年9月7日）

尊敬的各位老师，亲爱的同学们：

大家下午好！

金秋九月，清风送爽，艳阳高照。在这个洋溢着收获和喜悦的季节里，我们迎来了新的学年和第33个教师节。今天，我们全校2200余名师生在这里隆重举行新学年的开学典礼和教师节庆祝大会，在此，我谨代表学校向辛勤工作的全体教职工致以节日的问候和衷心的祝福！向新入我校的12位教师致以热烈的欢迎和真挚的问候！向平安归来的高二、高三同学和550

名高一新同学表示最热烈的欢迎和美好的祝愿！

刚刚过去的一学年里，全校师生在县教育局的领导下，齐心协力，团结务实，辛勤工作，努力拼搏，秉承"让教师享受终生执教的幸福，为学生锻造一把成功的钥匙"的办学理念，实施引领岗位聘任、绩效考核等机制激励措施，落实精细化过程管理，全力推进高效课堂，进一步优化办学条件，教育教学质量再攀高峰。

一年来，学校先后获得了首批蒲城名校、蒲城县目标责任考核先进单位、蒲城县高考先进单位、蒲城县学校安全工作先进单位、蒲城县教育信息化先进单位、"一师一优课、一课一名师"优秀组织奖、第二届微课大赛优秀组织奖、"读美丽蒲城　话魅力家乡"征文大赛优秀组织奖、县干部职工运动会跳绳项目获第一名等荣誉，2017届高考成绩优异，再创新高。学校各项工作都取得了长足的进步，向社会交了一份完美的答卷。

这些成绩的取得，是全体教职工艰苦创业、敢为人先、甘于奉献的结果，是全体同学不断努力、奋发拼搏的结果。我真诚地感谢大家！

老师们，同学们，成绩属于过去，目标还在前方。新学年，新开始，预示着我们将面临新的挑战，迎接新的机遇，谋求新的发展，收获新的希望。

新的学年，我们要围绕"让学校成为师生成长发展的乐园"的办学目标，努力向着"让学生快乐学习成长，教师幸福工作生活，家长信可支持，社会满意尊重"方向前进。抓住教师专业成长、学校管理和教育教学质量提升、校园安全稳定等重点工作，全面推进学校发展。在此，我代表学

校向老师们提出三点希望和要求：

一要树立主人翁意识，以学校发展为己任。走进校门我们是一家人，人人都是学校的主人，人人都是学校的管理者，努力学习，积极工作，以强烈的责任感和自身的不断发展为学校的可持续发展奠基。

二要树立品牌意识，以提高质量为中心。质量是学校发展永恒的主题，全校上下都要以教育教学质量为中心，团结协作，真抓实干，积极进取，勇创佳绩，办社会满意、家长放心的精品教育。

三是要树立学习和创新意识，以提高教师素养、促进专业发展为重点。学校要发展，教师是根本。这就要求我们要有一支受人尊敬的教师队伍。敬业爱生、为人师表、追求卓越应逐渐成为三中教师自觉的信念。学高为师、身正为范，行为示范既是对教育工作者的基本要求，更是学校教育里最重要的教育力量！因此，我们要更新观念，加强学习，强化素养，提升能力，勇于创新，敢于成功。壮大团队力量，推动学校发展。

同学们，你们是学校的主人，学校是你们成长的乐园。站在新学年的起跑线上，我希望你们做到以下几点：

第一、学会做人

在竞争激烈的现代社会，只有具备了美好的品德、高尚的情操，才能拥有光明的前途。因此，我们要以中学生行为规范和学校的各项规定为准则，时时处处严格要求自己。自尊自爱，文明守纪、注重仪表、讲究卫生、真诚友爱，勤劳俭朴，孝敬父母。只要不断地严以律己，规范自己各方面的行为，让自己具有坚定的信念、健全的人格、健康的体格，做一个受人尊重和赞赏的人，你的人生就有了可喜的进步。

第二、视学习为天职

学习是一件苦事，需要付出努力，需要有克服困难的意志，有战胜懒惰的勇气。但学习更是一件乐事，在学习中解除了自己的迷惑，在学习中增长了见识，在学习中发现亮点发挥自身优势。你们只有好好学习，才能让视野更开阔，让思路更敏捷，让心灵更充实，让人生有价值，让未来更美好。

第三、团结友爱共同进步

团队精神是一种校园精神、校园文化。它是学校良好学风、教风、校风的综合表现与集中反映，也是同学们取得进步的保证。我们在学习生活中，要发扬团队精神，学习上互相帮助，生活上互相关爱，为班集体多做贡献，从集体的凝聚力与荣誉感中取得信心和拼搏的力量，共同进步，创造自我的价值。

老师们，同学们，或许秋天不会带给我们完美和丰硕，但一定能孕育希望和成果。让我们把秋天作为新的开始，以崭新的面貌和姿态去迎接新的挑战；让我们以主人翁的精神，携起手来，为创造学校美好的明天努力奋斗！

最后，祝老师们身体健康、生活愉快、工作顺利、教师节快乐！

祝愿同学们学习进步，身心健康，快乐成长！

十、党总支书记、校长苏耀锋
做客渭南广播电视台《教育访谈》直播间

2017 年 12 月 5 日,学校党总支书记、校长苏耀锋(主持工作),工会主席刘海林、德育处主任蒋宏杰、课程处主任董洁、教师代表王娜及学生代表做客渭南电视台直播间,畅谈学校教育理念、办学特色。直播中,苏校长介绍学校成为蒲城名校的原因,进一步阐述学校在"立德树人""名师培养""因材施教、分类推进"以及学校民主、科学

管理方法的亮点特色工作,列举了学校先进人物董洁、樊雪梅、张海潮等老师的感人事迹。全面细致地向观众介绍了学校在创名校活动中的具体做法,全方位展示名校风采。

附:访谈内容

访谈内容提要

主持人:紧贴时代脉搏,服务教育民生,大家好,我是陶紫!您现在收看的是由渭南市教育局、渭南广播电视台联合推出,由海马汽车渭南润天 4S 店赞助播出的直播对话类节目《教育访谈》。今天我们节目邀请到的嘉宾是蒲城县第三高级中学校长苏耀峰,和我们一起畅谈教育理念,打造优秀团队,提升办学品质。欢迎苏校长,和电视机前的观众打个招呼。

苏校长:主持人好!观众朋友们大家好!非常高兴做客"教育访谈"。和大家共同讨论教育话题。

主持人：今天来到我们节目现场的还有学校领导班子成员、优秀教师和学生代表，同样欢迎你们。

首先通过一段视频来了解一下蒲城县第三高级中学。

主持人：蒲城县教育局启动了"三名工程"，蒲城三中荣登名校之列。苏校长，您认为三中被评为蒲城名校，"名"在哪里？

校长：蒲城三中建校 7 年来，在县委县、政府的亲切关怀和教育局的正确领导下，三中一班人带领全体教职员工，团结一致，齐心协力，付出巨大心血，克服无数困难，取得了优异的成绩，得到了上级的肯定，社会的认可，家长的好评，同行的尊重，成为蒲城名校。究其原因，大概有两点。一是硬实力达标规范，二是软实力特色鲜明、成效显著。硬实力主要体现在学校校园环境优雅整洁，布局相对合理，功能比较齐全，达到了省级标准化高中的要求。软实力主要体现在三个方面：一是拥有一套民主科学的管理体系，使学校的党务行政、教育教学、后勤保障等工作有序开展；二是拥有一支师德高尚、业务精湛的教师队伍；三是教育了一批批德正学优的高中毕业生，培养了合格公民，造就了优秀的人才。软实力和硬实力相比较，软实力更是三中具有影响力的品牌，也是三中成为名校的根本原因所在。

德育部分

主持人：此次去学校采访，进门看到东西两个花园里矗立着两个醒目的宣传牌：一个是社会主义核心价值观，一个是学生发展核心素养。据了解是新更换的。有什么新用意吗？

校长：我认为，教育人要始终站在讲政治的高度开展教育工作，特别是德育工作。所谓讲政治，就是要解决"为谁培养人""培养什么人""怎么样培养人"的问题。党的十八大确定了教育的根本任务是立德树人。那么立什么德？树什么人？就是我们教育人应该深入思考的问题。社会主义核心价值观和中国学生发展核心素养，给我们指明了方向，明确了目标。立德，就是要立社会主义核心价值观。习总书记在十九大报告中指出，要培育和践行社会主义核心价值观，要以培养担当民族复兴大任的时代新人为着眼点，把社会主义核心价值观融入社会发展的各方面。对此，我们教育有着义不容辞的责任，我们要把社会主义核心价值观作为教育的总方向，从学生抓起，从现在抓起，从身边抓起，从小事抓起，使学生形成正确的情感认同和行为习惯。树人，就是要树具有中国学生发展核心素养的人。最近，我看了华东师大崔允漷教授的一篇文章，他以开汽车为例，阐述了什么是核心素养。他指出，交通规则是知识，移库是技能，路考是能力，而安全驾驶、礼貌行车、尊重生命就是素养。由此可想而知，如果没有素养，有知识、有技能、有能力的意义又有多大呢？所以，我们的德育工作，应该以社会主义核心价值观和中国学生发展核心素养为总方向、总目标，围绕这两方面去思考、推动、开展工作。这也是我们在学校醒目位置树立这两块宣传栏的原因。关于我校德育工作的具体开展情况，我想请我们德育处主任蒋红杰给大家做个介绍。

蒋宏杰：学校自建校以来，就确立了"立规治校，立德修身，立志成才"的三立德育模式，并且分层制定了以养成教育为核心的行之美、以发展教育为核心的学之美、以理想教育为核心的志之美的年级德育目标。

我从三个方面谈谈德育工作：

首先，文化育人

每年一开学，学校就征集学生的励志格言、修身格言、家风家训，并利用晨会、班会进行解读，使学生在自己格言、家风家训的引领下，不断成长、进步，不断完善自我。

其次，活动育人

一是学校充分利用蒲城历史文化和当地历史名人，开展各类教育活动，引导学生树立正确的世界观、人生观和世界观。例如：组织学生参观杨虎城、林则徐纪念馆，组织学生祭扫永丰烈士陵园，等等。

二是学校每周安排一次主题班会，以学生辩论、情景剧表演等多种形式由学生自主开展，既对学生进行爱国、励志、感恩、安全、法治、理想、信念等各方面的教育又锻炼了学生自我教育管理的能力。同时学校还邀请专家来校给做报告。例如我们邀请陕西省禁毒大使高起胜老先生来校给学生作禁毒专题报告，邀请心理专家张倩老师给学生作心理健康报告，等等。还有我们苏校长亲自为学生们做了一次主题为"文化·恒"的教育报告。

三是学校各种学生社团，并常态地开展活动，且取得比较好的成绩。我们的篮球社团，在2016年渭南市中学生篮球赛中获得第四名，14、15、16连续三年在县局组织的中学生篮球赛中夺得冠军。

第三个方面就是我们的"家校交流无缝链接"和"大家访"活动。我们学校科任教师每人包联10－15个学生，定期和学生谈心、交流，掌握学生的学习、生活和思想动态，并及时和家长进行交流、沟通。每年11月中旬学校组织高一年级全体教师，深入每位学生家庭，进行地毯式的家访。自建校以来，我们家访的学生已达6000余名。大家访活动，真正拉近了家长与老师、学生与老师、家庭与学校的距离、赢得了家长对学校工作的理解和支持。

通过这些德育活动的开展，真正使之内化于心，外化于行，并逐步形成具有三中特色的德育的精气神！

主持人：在刚才蒋主任的介绍当中，提到了您就德育方面给高一学生作了一场非常精彩的报告，您能给我说说当时是什么情况吗？

校长：对，我以"文化和恒"为主题给学生做了一次报告。第一个主题是文化，我从文化是什么，有知识是不是就有文化为切入点，让学生们思考回答，然后引入并讲述了梁晓声在法国的一次经历后总结的关于文化的四句格言：根植于内心的修养，无需提醒的自觉，以约束为前提的自由，为他人着想的善良。触动学生深思，引导学生要做一个文明人，就是要做一个行为自觉、为他人着想的人，一个懂规矩、守规矩的人；就是要从我们身边的小事做起，从爱护校园环境、自觉排队、文明用餐做起，从尊敬师长、友爱同学做起。第二个主题是恒。我从王国维关于人生的三重境界给学生讲了"恒和坚持"的意义。教育学生一旦确定了目标,下定了决心,就要锲而不舍、坚持执着,不忘初心,方得始终。

主持人:今天,我们也听听当时参加会议的学生的感想。

学生一:主持人好!我是蒲城三中的一名高一新生,我叫秦正沂。进入三中这个大家庭以来,我们得到了学校给予的最好的教育。刚开学不久,我们学部二处召开了一次教育大会。会上,苏校长为我们作的以"文化·恒"为主题的教育令我记忆犹新。苏校长用平实有趣的语言,向我们讲述他自己的真实经历。当时,他向我们提到这样一个境界:衣带渐宽终不悔,为伊消得人憔悴。这句诗写出了诗人就算为所爱的人和事变得消瘦憔悴也毫不后悔。校长告诉我们,就应该像诗人那样为自己的信念、理想而坚持。这句诗和校长的话语从此就铭记在我的心中。因为,他不仅教会了我做事以恒,更让我明白了做事以恒在人生中的重要性。我相信在今后的日子里,我们所有的三中学子一定会在良好的环境熏陶下,在领导老师的关怀教育下,以恒为本,更好地学习、成长、生活,书写自己美好的未来。

教学部分

主持人:学校的德育工作确是卓有成效。我们都知道,学校工作德育为首,教学为重。在教学方面,咱们学校又是如何决策、开展工作的?成果怎样?

校长:教学是学校的中心工作之一,而课堂是教学的主阵地。我们始终将教学的主要精力集中在课堂上。

首先,我们注重课堂教学的目标导向和问题导向。我们要求我们的教师,每一节课都要有清晰具体的目标,要知道所需要解决的问题是什么,要完成的任务是什么。

其次,我们注重课堂教学的针对性和有效性。针对性,就是针对学生,针对课标和教材,要掌握学情,要吃透教学内容,有的放矢,有的教学。有效性,就是要向课堂要效率,要结果。教是手段,学是目的,学会是最终目的。如果老师在课堂上完成了自己的教,而学生没有学或者没有学会,我们的教学目标就没有实现,教学任务就没有完成,我们的课堂就是低效的、甚至是失败的。

第三,我们注重因材施教、分类推进。我们让学生在老师的指导下,自主确定两科基础薄弱的学科,采取走班制的形式进行分类推进。

正因为我们注重课堂教学,强调教、学并重,所以我们很多学生的学业成绩的变化和提升都很大。这方面,我用2017年的高考给大家举例说明。

2017届二本上线学生,高考成绩与中考成绩位次对比,提升1000位次以上占42%,提升500位次以上占58%,提升100位次以上占79%。

比如:张星同学中考成绩238,全县排名5111,高考479分,全县排名744,进步4367位次;李英杰同学中考成绩241,全县排位5066,高考426,全县排位1543,提升位次3523。正因为有了课堂教学扎实有效,我校高考成绩才能连年攀升,屡创佳绩。

主持人：现场我们也请到了一位参加推进以后，成绩进步特别大的学生来到演播室。我们请他来谈谈他的收获与感受。

学生代表：主持人好！我是蒲城三中高二学生袁心怡。进入高中后，我的学习很认真努力，成绩也不错，但我依旧有弱科，比如数学、物理，我总觉得使不上劲，隐约也知道是方法的问题，可是无从下手，自己平时不善于问老师。这学期开始，学校实施薄弱学科分类推进，我参加了物理数学的推进。经过半个学期的推进训练，我很快找到了方向，成绩有了明显的提高，物理从月考的 50 分提高到期中考试的 71 分，我妈妈对我物理的担心也没有了。这都要感谢我们的老师，他们在推进中为我们量身定做学习内容和方法，让每个人找到自己的有效途径。在老师们的精心指导下，我的思路开拓了，思维活跃了，学习进步了，信心更足了。现在高二了。我想我的高三是踏实的，因为有这样为我们付出的老师，有我们热爱的学校，我的大学梦一定能实现。

主持人收尾：提升学生的学习成绩，不止是在学生身上死下功夫，在教师身上的投资也是必不可少的。当然，学校在这一方面也做了许多工作。接下来我们通过一个短片了解一下。

教研部分

主持人：在短片中我们了解到，学校几乎每年都会让教师走出去或以请出来的方式进行研修，尤其在您来到这个学校之后，更加注重教师专业素养的提升。那在进行教师专业素养提升过程中，我们还采取了哪些举措？

校长：学校要发展，领导是关键，教师是根本。因此，我们特别注重教师的专业发展。短片上已经把思路与做法作了介绍，我不再重复说明，需要补充的请主管教研工作的工会刘主席来说明。

刘海林：学校进一步完善和优化了各项管理、评价、激励机制，确定了"理念引领、行为跟进、专家指点、同伴互助"的总体思路，采用"激发自主、加强互动、结对共进、制度保障、研讨提升"的具体措施，指导教师在工作中感受专业认同和职业幸福。学校与西北阳光师训中心合作，先后邀请全国高效课堂知名专家杜金山教授、我省教育权威扫阿联老师、新高考权威汤立宏老师等成功举办专题讲座十余场；学校与西电附中结为友好合作关系，开学至今已派出 25 名教师跟岗学习；全校教师研究高考题、撰写教后反思已成常态化工作。通过一系列"请进来、走出去"的做法，积极为教师搭建平台，引导他们理解先进的办学思想、办学理念、与时俱进的管理制度、校本研修方式方法、高考复课备考方向及策略等方面，让教师开拓了眼界、更新了理念、掌握了方法，取得了良好的效果。

主持人:教师专业成长,教师最有发言权。那就请现场的教师代表谈谈参加培训的感想。

教师王娜:大家好! 我是蒲城三中的一名班主任。学校在今年8月底,邀请了专家讲团为全校教师在课程改革、班主任工作、教师素养提升等方面进行了培训、学习,开展了有关团队精神建设的实践活动。并从11月份以来,学校先后安排了30多名教师前往西安电子科技大学附中进行为期一周的跟岗学习,很高兴我就是其中的一员。

通过培训和跟岗学习,我的感触很深。觉得比自己优秀的人都那么努力,自己怎么能松懈呢。只有再努力、再学习,才能让我们的眼界更宽,素养更高、能力更强,才能用自己的言行影响学生们成为更好的自己。在工作中,真正从爱学生体现出仁爱之心,从敬业体现出责任之心。感谢学校给我们搭建的工作平台,提供的学习机会! 我们校长常常说,人在一起叫群体,心在一起叫团队。是的,在三中这个温暖和谐、奋发向上的团队里,我们才会更好地提高、成长。时刻谨记:不忘初心,牢记使命。

主持人:我们知道,我们现在实施的是三级课程体系,分别是国家课程、地方课程和校本课程。校本课程它是针对县情、校情,由学校制作编排出来的课程。那我们学校的校本课程中,有哪些亮点?

校长:校本课程是对国家和地方课程的延伸补充。我校的校本教材立足蒲城历史名人资源,宣传蒲城历史名人,弘扬优秀传统文化,培养学生家国情怀。目前已初见成效。(出示书籍)

这就是样书《蒲邑人物小传(古代部分)》。该书约10万字,共辑录蒲城古代历史名人149人,分三类:"政治军事类""文教医学类""孝行义举类"。配有古籍图像、珍贵文物照、拓片照等150余张。很有趣味性、可读性。

书籍刊印出来后,我们将开设课堂,作为校本教材,激发学生们热爱家乡、报效国家、服务社会的志向。

学校管理

主持人:我记得去咱们学校采访的时候,很多学生一点都不怕您,向您打招呼,气氛非常好,校园一片和谐。我很诧异,为什么这些学生一点都不害怕您。请问,您的管理理念是什么?

校长:我们学校管理的总体思路是民主管理、科学管理、人文管理。

民主管理就是要让广大教职工成为学校的主人,让他们真心地、真正地参与学校管理,发挥大家的智慧和力量,推动和促进学校健康持续发展。本学期开学伊始,学校就开展了"自我提升,建言献策"活动,收集到各类意见建议62条,目前,我们已经落实了40余条,让汇聚的民智变成学校发展的动力,让学校工作更符合教职工的期待。

主持人:科学管理呢?

校长:科学管理就是要建立和完善公正公平、公开透明的制度体系,激发教职工干事创业的热情。我们依据县、委县政府和教育局关于落实三项机制要求的精神,提出了"三注重两侧重"的原则(注重态度、能力、实绩,侧重于教学一线和班主任),强力推进涉及教师切身利益的绩效考核、岗位聘任、职称评审、评优树模等事项的改革,真正体现"多劳多得、优劳优酬",让干与不干不一样、干多干少不一样、干好干差不一样。

主持人:还有人文管理。

校长:人文管理就是以人为本,让学校充满爱。让三中人充分感受到领导的关怀、组织的关爱、集体的温暖,有一种归宿感。今年教师节,我们表彰了一位"最美校工"——我们的园丁刘月庄老师傅。刘师傅是一位退休职工,我们的临聘园丁。他勤劳的身影经常出现在学校的花园和树丛,修修剪剪,好像总有干不完的活。记得颁奖时,我特意走到主席台前为刘师傅颁奖,台下的师生给予了非常热烈而且持久的掌声。通过设立"最美校工"奖,我们想体现和传递的信息是:三中是每一位想干事、会干事、干成事的人的乐土。不管你是教学一线的还是教辅岗位,是正式职工还是临聘人员,只要你为三中付出了、贡献了,三中就会铭记你,感恩你。

这就是我们的管理理念。

除了理念,我们还有一个管理特色,就是学部制精细化管理。这个问题想请我们课程管理处董主任介绍介绍。

董洁:所谓学部制,就是结合我校实际,将所有老师及学生分成两部分,实行学校直接领导下的分部管理。每个学部设学部主任一名,全面主持学部日常工作,每个学部确定年级组长三名,共同参与学部管理。

学部制模式的管理成效主要体现在两方面:

一方面:形成竞争格局,提高管理效率。

各学部充分发挥自主管理的优势,创新管理方法,积极开展丰富多彩的文体和专题教育活动,学部间追赶超越,形成了良好的竞争氛围。你方唱罢,我方登场,学部一处开展经典诵读,学部二处则进行英语话剧表演;学部一处进行班际间篮球比赛,学部二处则举办趣味运动会;此类活动的竞相开展,点燃了激情,激活了学生。

当然各学部老师们的竞争也是精彩纷呈,教师对抗赛教、基本功大比武、最美教师评比及学部间拔河比赛等各项活动,极大地增强了学部教师的凝聚力,同时也提升了管理效率。

另一方面:有助于促进教师的专业成长。

学部内教研活动各具特色,组内听课、评课、磨课的常态化,不仅能够发挥集体智慧,优化资源配置,而且能够促进教师的专业成长。我校也先后涌现出樊云芳、李芳、曹东峰、侯胜斌等多名省、市、县级教学能手,师德标兵。

实践证明学部制管理模式切合我校实际,为我校办学质量的提升奠定了坚实的基础。

教师团队

主持人:和学生关系如此,那和老师之间,我想您也有自己的相处之道。那您来说说,咱们学校的教师团队,是个怎样的团队?

校长:提起我们的教师队伍,我内心真的是充满了感动。

首先,我们的教师队伍是一支有教育情怀和仁爱之心的队伍。他们热爱教育、热爱学生、热爱课堂。我想通过几个事例来说明:

1. 我们的党员教师樊雪梅。这是她学习十九大精神后写的心得体会,其中她这样写:(略)。这就是党员教师的教育初心和使命。她就是我们党员教师的缩影,今年被评为"蒲城名师"。

2. 我再讲一个我亲历的一件事。开学不久,我在校园检查时,发现了一名违纪学生,经过交谈,学生承认了他的错误,并承诺会坚决改掉错误。在谈话即将结束时,他给我提了一个请求,希望我不要把这件事告诉他们班主任。我问他为什么,他说他们班主任真的是爱他们,真心地关心他们,他不想让班主任伤心,不想让班主任对自己失望。这就是我们高二二班班主任张海潮在学生心目中的位置和分量。

3. 还有蒲城县感动校园人物、课程处主任董洁,骑行几十公里去学生家里做家访,感动了学生,感动了家长。他带过的每一届学生,都亲切地称他"董爸"。

类似还有我们的马卫国、梁高奎、刘继红、段磊等老师,他们表现出来的都是一种行为自觉,都是一种对教育和学生的爱。所以,我说我们的队伍是有教育情怀和仁爱之心的队伍。

其次,我们的教师队伍是在业务上善于钻研、精益求精的队伍。今天我带了几位教师的备课和教学反思,从中可以看出我们教师对待教学的态度,重视业务的程度。像我们的语文老师武巧娟的备课,她的备课除了密密麻麻之外,还用不同色彩的笔把教学的重点、难点都做了区分,而且每一节课后学生学习的情况都有一个记录,哪些同学听明白了,哪些同学还有困难,让听明白和没听明白的结成对子,互相去帮助;还有语文老师雷江海、英语老师雷高萍的课后反思;历史教师刘继红,研究 2010 到 2017 年的高考试题,逐题分析解读,非常细致,并且他结合十九大报告分析历史试题的出发点和落脚点。我们学校开展了十九大精神进课堂活动,他的研究报告引起了教师们的热烈反响;像这样的老师还有王永奇、李宇鹏、张爱宁、曹东峰、侯胜斌、卢艳荣、曹晓梅、李娜、刘博、姜银芳、李剑、王晓丽、刘文杰、申亚萍、张爱玲、雷涛等。

第三,我们的教师队伍是一支用自己的人生经历和人格魅力影响和感染学生的队伍。

比如,我们的郭瑞和孙克礼老师,用自己求学的挫折和困难激励学生珍惜时间,好好学习。而且,作为班主任和体育老师的孙克礼每天早读时间和学生一起读书,陪伴孩子,影响孩子,激励孩子。

比如我们的物理老师姜艳妮怀孕期间,从未耽搁教学工作,产假满后没有多休一天,就来到学校,走进她热爱的课堂。

还有年龄较大、临近退休但依然坚守岗位,认真负责的李水阁、姚民仓、李亚莉老师;充满激情和活力的青年教师党卫东、李娟等。

我经常说,人在一起是群体,心在一起是团队。我们三中教师队伍就是一个让人充满了感动的团队。

主持人:苏校长,我知道这么短暂的时间您给我们说不完这么优秀的教师们的工作。其实在这儿,有您这么高的评价,我们的老师也不会让您失望。在这儿,我们也有一个小小的礼物要送给您,之前您也不知道的,我们采访了老师。接下来一起听听老师们对教育教学的理解,又有什么话想对您、对学校说。一起来看看。

范志刚:我对教育的理解是,教育是一个良心活。曾经带过一个学生因为心理有障碍,而出现成绩下滑。她的父母到学校找到我想让我去家里跟学生交流。我12点下课去时,学生见到我只是哭,我和他谈了很久,说我们班级的活动啦、有趣的事啦、班里的成绩啦等。之后学生慢慢地和我说了起来,后来问题也解决了。我认为,学生们只有亲其师,才会信其道。

樊雪梅:做自己喜欢的事是一种享受。教师是我喜欢的职业,地理曾经是我在高中阶段最喜欢的科目。我很庆幸自己成为了一名地理老师。我们应该有耐心与责任,要用宽容的心了解每个孩子。

李森:我们和三中是一起成长一起进步的。三中成立这么多年来,一点一滴我是看在眼里,也记在心里。学校经常让我们出去培训,了解外面教育的情况。作为一名教师,真正要想把教育搞好,在自身的发展上是很关键的。三中,在苏校长的带领下,会越来越好。

党芳:我们教师在教育教学中,不仅注重学生的知识,更加突出学生的个人能力,充分发挥他们的潜能,这也是教育发展的风标。因此我们三中人将以自己的努力,为蒲城教育做出自己应有的贡献。

张海潮:在三中这个大家庭中,我热爱着、经营着我们这个小家,我们47名成员将会给202班创造奇迹,也会为三中的发展增添光彩。为三中的明天加油!

张水玲:每天最幸福的事情就是跟我的这帮孩子们在一起,听着他们读书,看着他们探究,陪着他们晒太阳,伴着他们一起成长。孩子们,在你们成长的路上,有我,有苏校长,有我们的大三中。(和学生一起说)我们爱三中!

主持人:怎么样,苏校长?看过这个短片之后,我是觉得特别暖心,您有什么样的感受呢?

苏校长:有这样一支爱岗敬业、无私奉献的团队,充满正能量的团队,让我内心充满感动。它也激励鞭策我和大家一起,把三中建设成师生发展、成长的乐园,办成人民满意的学校。我乐此不疲。

主持人:苏校长的这一席话,让我们感受到您对学校的教师有着深厚的感情。谈到教师们,苏校长说能不能再给我点时间,我还想来说说我们的老师。老师们兢兢业业、一心一意扑在工作岗位上,为学生、为学校的发展做努力,这其中也离不开苏校长的引领。今天在这,我们也为苏校长准备了一份礼物,是我们栏目组特别为您制作的,在现场要送给您。这是一个特制的水晶杯,上面写着:不忘初心　牢记使命　情系教育　心系师生。我相信这也是苏校长一直贯彻的一个教育理念。送给您。

　　校长:我也给栏目组带了一份薄礼,请我校的美术教师赵岳峰专门为栏目组画了一幅作品。赵岳峰老师的作品曾获当代中国山水画、湘中书画大赛等多项国家大奖。作品被中国纪检检察报社、陕西骊山女娲文化纪念馆、中原书画研究院等多家单位和个人收藏。

　　借这幅作品:长松落落,祝愿教育访谈节目像青松一样,常青常新,越办越好!

　　主持人:感谢我们的学校!感谢苏校长!今天非常开心能跟苏校长一起研讨、畅谈教育理念。再次感谢您!也祝愿我们的三中以后的发展越来越好!祝孩子们学习进步!老师们工作顺利!再见!